Crossmediale Konzentration und Sicherung der Meinungsvielfalt

Jan Hinrichsen

Crossmediale Konzentration und Sicherung der Meinungsvielfalt

Eine medien- und kartellrechtliche Untersuchung

PL ACADEMIC RESEARCH

Bibliografische Information der Deutschen Nationalbibliothek
Die Deutsche Nationalbibliothek verzeichnet diese Publikation in der Deutschen Nationalbibliografie; detaillierte bibliografische Daten sind im Internet über http://dnb.d-nb.de abrufbar.

Zugl.: Hamburg, Univ., Diss., 2012

D 18
ISBN 978-3-631-62579-8

Internationaler Verlag der Wissenschaften
Frankfurt am Main 2013

PL Academic Research ist ein Imprint der Peter Lang GmbH

www.peterlang.de

Vorwort

Die vorliegende Arbeit wurde im Mai 2012 von der Fakultät für Rechtswissenschaft der Universität Hamburg als Dissertation angenommen. Literatur und Rechtsprechung sind bis zum Oktober 2011 berücksichtigt.

Mein besonderer Dank gilt Herrn Prof. Dr. Hans-Heinrich Trute für die Betreuung der Arbeit, Herrn Prof. Dr. Wolfgang Schulz für die zügige Erstellung des Zweitgutachtens und all denen, die durch spannende und wertvolle Gespräche zum Gelingen der Arbeit beigetragen haben.

Inhaltsverzeichnis

Einleitung

Je nach Perspektive und Bezugsrahmen lassen sich den Massenmedien unterschiedliche Aufgaben zuschreiben. Im Kontext politischer Funktionszuschreibungen sind in legal-demokratisch organisierten Gesellschaften drei Hauptaufgaben zu unterscheiden[1]. Die Medien sollen als Informationsvermittler dienen. Sie sollen sich an den Prozessen der demokratischen Meinungs- und Willensbildung beteiligen, und ihnen ist aufgegeben, als unabhängige Instanz politischer Kontrolle und Kritik zu fungieren[2]. Allein diese Funktionszuweisungen legen es nahe, das Wirken der Massenmedien als einen Bereich des gesellschaftlichen Lebens einzuordnen, der aus rechtlicher Sicht nach bestimmten Ordnungsvorgaben verlangt.

Eines der vielleicht wichtigsten Ziele, die bei der Regulierung der Massenmedien eine Rolle spielen, besteht darin, der Entstehung besonders starker Machtstellungen einzelner Meinungsträger vorzubeugen. Es geht damit um den Schutz vor einer zunehmenden Konzentration publizistischer Einflusspotenziale und vor den daraus resultierenden Gefahren für die Meinungsvielfalt[3].

In seiner Rechtsprechung zum Verhältnis von Medien und Meinungsvielfalt hat sich das Bundesverfassungsgericht immer in erster Linie auf den Rundfunk und dessen besondere Bedeutung als „Medium und Faktor" der privaten und öffentlichen Meinungsbildung bezogen[4]. Schon in seinem ersten Rundfunkurteil von 1961 hat es festgestellt, dass im Rundfunk „alle gesellschaftlich relevanten Kräfte zu Wort kommen" müssten und dass das Medium aufgrund seiner besonderen Bedeutung für die Meinungsbildung weder dem Staat noch einer einzelnen gesellschaftlichen Gruppe überlassen und ausgeliefert werden dürfe[5].

Noch vor der Einführung des privaten Rundfunks in Deutschland im Jahr 1984 hat das Bundesverfassungsgericht dem Gesetzgeber in seinem dritten Rundfunkurteil aus dem Jahr 1981 aufgegeben, die verfassungsrechtlich vorgegebene Rundfunkfreiheit gesetzlich auszugestalten und Sorge dafür zu tragen, dass im Rundfunk die vorhandene Vielfalt der Meinungsrichtungen möglichst

---

1 Vgl. Kunczik/Zipfel, Publizistik, S. 72 f.

2 Meyn, Massenmedien, S. 23-29; vgl. auch Kunczik/Zipfel, Publizistik, S. 72 f., 84-91; ferner Pürer, Publizistikwissenschaft, S. 76 f.; vgl. zudem Wildenmann/Kaltefleiter, Funktionen der Massenmedien, S. 35; vgl. aber auch BVerfGE 35, 202, 222.

3 Vgl. insoweit z.B. die Ausführungen des Bundesverfassungsgerichts in BVerfGE 57, 295, 319 f., 323.

4 BVerfGE 83, 238, 296; vgl. aber auch schon BVerfGE 12, 205, 260.

5 BVerfGE 12, 205, 262 f.

umfassend zum Ausdruck gelangt[6]. Zudem sollte eine vorherrschende Mitwirkung einzelner Meinungsträger an der öffentlichen Meinungsbildung ausgeschlossen werden[7]. Einige Jahre später vollzog das Bundesverfassungsgericht einen weiteren Schritt, indem es sich in seinem so genannten Niedersachsen-Urteil von 1986 von der Beschränkung auf den Rundfunk löste und sich erstmals auch mit der Bedeutung medienübergreifender Konzentrationsentwicklungen befasste. Die Gefahreneinschätzung wurde dahin erweitert, dass eine verfassungsrechtlich relevante Bedrohung der Meinungsvielfalt auch dann eintreten könne, wenn publizistische Einflüsse im Rundfunk sich mit den Einflüssen anderer Medienformen verbinden[8].

Dieser letzte Gesichtspunkt, die Gefährdung der Meinungsvielfalt durch gattungsübergreifende Medienkonzentration, deutet an, mit welchen Fragestellungen sich die vorliegende Arbeit beschäftigen wird. Das Erkenntnisinteresse richtet sich auf die Auswirkungen medienübergreifender Verflechtungen auf die Meinungsvielfalt und auf die rechtlichen Möglichkeiten, den entstehenden Gefahren wirksam zu begegnen. Es werden die ökonomischen und publizistischen Risiken zu beleuchten sein, die sich infolge einer marktübergreifenden Kumulation von Medieneigentum und Meinungsmacht ergeben können. Ferner wird untersucht werden, welche Regelungsfähigkeit die Rechtsordnung gegenwärtig hat, um den resultierenden Gefahren entgegenzuwirken. Die zentralen Ansatzpunkte im Umgang mit medienübergreifenden Verflechtungen liefern die Vorgaben des Kartellrechts einerseits und des Medienkonzentrationsrechts andererseits. Dies gilt, soweit vorhanden, jeweils auf europäischer und auf nationaler Ebene.

Von Bedeutung sind der Fokus auf medienübergreifende Konzentrationsprozesse und die Frage nach der Wirksamkeit der vorhandenen Regelungsmechanismen vor allem deshalb, weil von der Erwartung auszugehen ist, dass die Bedrohung der betroffenen Rechtsgüter eine andere Qualität gewinnt, wenn sich starke publizistische Einflüsse insbesondere im Fernsehgeschäft mit vergleichbaren Einflüssen zum Beispiel im Bereich der Tageszeitungen verbinden. Bei zunehmender marktübergreifender Konzentration erhöht sich das Einflusspotenzial einzelner Unternehmen unter Umständen signifikant und mit ihm das Risiko einer gattungsübergreifenden Verkürzung der Meinungsvielfalt.

Die Gewährleistung eines wirksamen Schutzes, dies sei vorweggenommen, stellt sich dabei aus unterschiedlichen Gründen als eine vergleichsweise anspruchsvolle Aufgabe dar. Eine der Schwierigkeiten in der Regulierung besteht

---

6 BVerfGE 57, 295, 320 f.

7 BVerfGE 57, 295, 323 f.

8 BVerfGE 73, 118, 175-177.

namentlich darin, dass sich Größen wie Pluralität und Meinungsmacht rechtlich nur schwer erfassen lassen und dass sie begrifflich nur schwer zu operationalisieren sind. Zugleich ist zu berücksichtigen, dass die entstehenden Gefahren mit nachträglich eingreifenden, reaktiven Normkonzepten kaum mehr zu bewältigen sind. Das Spektrum der rechtlichen Handlungs- und Gestaltungsmöglichkeiten verkürzt sich damit weitgehend auf präventive Regelungsmechanismen[9].

Bereits an dieser Stelle sei darauf hingewiesen, dass der inhaltliche Schwerpunkt auf den publizistischen Wettbewerb in überregionalen Zusammenhängen gelegt werden wird. Überregionale Verflechtungen haben nach hier vertretener Ansicht eine ungleich größere Bedeutung für die öffentliche Meinungsbildung als lokale oder regionale Vermachtungserscheinungen[10]. Lokale und regionale Themenstellungen sprechen naturgemäß nur einen vergleichsweise kleinen Rezipientenkreis an und werden nur von ihm wahrgenommen. Darüber hinaus resultiert eine grundlegende Pluralität in lokalen und regionalen Kontexten schon aus der Vielzahl der Gebietseinheiten selbst. Wenn auch bestimmte Meinungsrichtungen einander nicht innerhalb eines bestimmten Verbreitungsgebiets gegenübertreten, so kann es doch zu einem zumindest indirekten Ausgleich über gegenläufige Tendenzen in der Berichterstattung in benachbarten Räumen kommen[11].

Die vorliegende Arbeit gliedert sich in sechs Kapitel. Das erste Kapitel wird seinen Ausgang in einer Einführung zu grundlegenden Begrifflichkeiten und zu möglichen Erscheinungsformen konzentrativer Prozesse nehmen. Anschließend werden die Grundzüge der verfassungsrechtlichen Vorgaben dargestellt werden. Die Vorgaben des Bundesverfassungsgerichts sollen den weiteren rechtlichen und außerrechtlichen Ausführungen vor allem deshalb vorangestellt werden, weil sie die Zielsetzung und den normativen Rahmen festlegen, an denen sich das einfache Recht orientieren muss.

Hieran anknüpfend sollen im zweiten Kapitel die ökonomischen Ursachen und Bedingungen medienübergreifender Konzentrationsprozesse beleuchtet werden. Der Blick wird zunächst auf die besonderen Ausgangsbedingungen medienökonomischer Wertschöpfung zu richten sein. Es wird hinterfragt werden, inwieweit schon diese Bedingungen selbst eine Begünstigung konzentrativer Entwicklungen implizieren und inwieweit sich aus der Abwägung möglicher Vor- und Nachteile auch strategische Anreize zu medienübergreifender Diversifikation ergeben können. Im Ergebnis soll mit dem zweiten Kapitel eine Ein-

---

9 Vgl. zu diesem Gesichtspunkt etwa BVerfGE 57, 295, 323; 73, 118, 160.

10 Anderer Ansicht das Bundesverfassungsgericht, vgl. etwa BVerfGE 73, 118, 176 f.; in der Tendenz ähnlich Leidinger, Medien Herrschaft Globalisierung, S. 164 f.

11 Vgl. Beucher/Leyendecker/von Rosenberg, Mediengesetze, § 26 RStV Rn. 11.

schätzung zur Attraktivität medienwirtschaftlicher Diversifikationsstrategien ermöglicht und letztlich eine Antwort auf die Frage gefunden werden, ob für die Zukunft mit einer weiteren Zunahme medienübergreifender Konzentrationsprozesse zu rechnen ist.

Aufgabe des dritten Kapitels wird es sein, sich mit den Folgen einer ansteigenden Medienkonzentration insbesondere in marktübergreifenden Konstellationen zu befassen. Im Sinne einer außerrechtlichen Folgen- und Gefahrenbewertung soll zum einen auf die ökonomischen und zum anderen auf die publizistischen Auswirkungen medienkonzentrativer Entwicklungen eingegangen werden. Die Untersuchung wird sich zunächst auf empirischer Grundlage mit der Frage beschäftigen, welchen Konzentrationsstand die relevanten Einzelmärkte erreicht haben und welche Verflechtungsgrade zwischen den unterschiedlichen Mediengattungen bestehen. Es wird ferner eine Auseinandersetzung mit den Folgen konzentrativer Entwicklungen, das heißt mit den Implikationen für die Markt- und Wettbewerbsbedingungen einerseits und mit den publizistischen Folgewirkungen andererseits erfolgen. In Hinblick auf die publizistischen Konsequenzen wird es unter anderem um etwaige Verkürzungen der Meinungsvielfalt infolge konzentrationsbedingter Ressourcenbündelungen und um die Möglichkeiten bewusst steuernder Einflussnahmen auf die öffentliche Meinungsbildung gehen. Das dritte Kapitel soll damit die Wirkungs- und Gefahrenzusammenhänge aufzeigen, die den aktuell vorhandenen Regulierungskonzepten in den Bereichen des Kartellrechts und des Medienkonzentrationsrechts zugrunde liegen.

Nach diesen außerrechtlichen Erwägungen wird sich das vierte Kapitel einem der Schwerpunkte der Arbeit zuwenden, nämlich den vielfaltsrelevanten Regelungswirkungen, die vom europäischen und vom deutschen Wettbewerbsrecht ausgehen. Es wird der Frage nachzugehen sein, welche Eignung das Wettbewerbsrecht hat, um trotz abweichender Regelungsziele zu einem wirksamen Schutz der Meinungsvielfalt vor den Gefahren medienübergreifender Verflechtungen beizutragen. Getrennt nach den Vorgaben des europäischen und des deutschen Rechts stellt sich diese Frage zum einen für das Missbrauchsverbot und zum anderen für die Zusammenschlusskontrolle. Mit Blick auf die Entscheidungspraxis in der deutschen Zusammenschlusskontrolle soll vor allem das Verfahren „Springer - ProSiebenSat.1" näher untersucht werden.

Nicht nur das Kartellrecht kann unter Umständen einen wertvollen Beitrag zur Vielfaltssicherung leisten. Von zentraler Bedeutung sind vor allem auch die Vorgaben des Medienkonzentrationsrechts, also diejenigen Bestimmungen, deren Ziel gerade darin besteht, die Meinungsvielfalt vor den Gefahren zunehmender Meinungsmacht zu schützen. Diese Vorgaben und ihre Regelungswirkungen sollen Gegenstand des fünften Kapitels sein. Ausgangspunkt wird auch hier eine

Darstellung der rechtlichen Rahmenbedingungen auf europäischer Ebene sein. Insoweit erhebt sich in erster Linie die Frage nach den Rechtsetzungskompetenzen der Europäischen Union. Mit Blick auf die deutsche Rechtsordnung wird sich die Untersuchung sodann auf die vielfältigen Regelungsansätze erstrecken, die in den einzelnen Bundesländern zur Umsetzung gelangt sind. Das Hauptaugenmerk wird allerdings auf die Vielfaltsschutzvorgaben des Rundfunkstaatsvertrags gelegt werden. Es wird darzulegen sein, welche Entscheidungsmaßstäbe sich in den vergangenen Jahren insbesondere für medienübergreifende Konzentrationsentwicklungen herausgebildet haben. Besonders zu erwähnen ist auch in diesem Zusammenhang das Zusammenschlussvorhaben „Springer - ProSiebenSat.1“. Seine rechtliche Bewertung durch die Kommission zur Ermittlung der Konzentration im Medienbereich (KEK) und die von ihr entwickelten Entscheidungskriterien geben Anlass zu einer kritischen Auseinandersetzung.

Im abschließenden sechsten Kapitel soll schließlich der Frage nachgegangen werden, welche Interpretations- und Regelungsmöglichkeiten aus rechtlicher Sicht in Betracht zu ziehen sind, um den Schutz der Meinungsvielfalt vor medienübergreifenden Konzentrationsprozessen zu verbessern und um etwaigen Defiziten in der gegenwärtigen Regelungslage abzuhelfen.

Erster Teil: Verfassungsrechtliche Grundlagen

I. Einleitung

In einer ersten Annäherung an die Themenstellung soll in diesem ersten Kapitel dargestellt werden, welche begrifflichen Unterscheidungen im Bereich publizistischer und medienökonomischer Konzentration eine Rolle spielen. Es wird darzustellen sein, wie die unterschiedlichen Konzentrationsrichtungen voneinander abzugrenzen sind und in welchen Erscheinungsformen Entwicklungen der Medienkonzentration begegnen können.

Im zweiten Abschnitt des Kapitels werden die verfassungsrechtlichen Rahmenvorgaben zum Schutz der Meinungsvielfalt nachgezeichnet werden. Im Mittelpunkt stehen die vom Bundesverfassungsgericht formulierte Zielvorgabe gleichgewichtiger Meinungsvielfalt und das Gebot einer effektiven Begrenzung medialer Meinungsmacht insbesondere im Rundfunkbereich. Die Darstellung der vom Bundesverfassungsgericht angestellten Erwägungen soll deshalb am Anfang der Arbeit stehen, weil sie das rechtliche Ausgangsproblem erkennbar machen, das es auf legislativer Ebene zu bewältigen gilt. Anhand der in diesem Kontext ergangenen Entscheidungen des Bundesverfassungsgerichts zeigen sich zum einen dessen sachliche Gefahreneinschätzung und zum anderen die daraus gezogenen Konsequenzen für den legislativen Umgang mit möglichen Gefährdungen der Meinungsvielfalt.

Das Hauptaugenmerk soll auf die vom Bundesverfassungsgericht entwickelten Vorgaben zum Schutz vor medienübergreifender Meinungsmacht gelegt werden. Für die vorliegende Arbeit sind sie deshalb von zentraler Bedeutung, weil sie den Rahmen für die Bewertung der wettbewerbs- und medienrechtlichen Regulierungsansätze in Hinblick auf die Eignung für die Vielfaltssicherung vorgeben.

II. Medienkonzentration aus publizistischer und ökonomischer Sicht

Ungeachtet der kontextspezifischen Eigenheiten, die sich mit dem Begriff der Konzentration verbinden, lässt sich in einer ersten begrifflichen Einordnung feststellen, dass der Terminus auf eine Ballung und Verdichtung bestimmter Bezugsgrößen verweist und dabei sowohl in einem prozess- wie auch in einem zustandsbezogenen Sinne verwendet werden kann[12]. In einem ähnlich abstrakten Begriffsverständnis wird der Begriff auch als eine Häufung bestimmter Merkmale auf bestimmte Merkmalsträger definiert[13].

Welche weitergehenden Implikationen der Begriff der Konzentration haben kann, namentlich im Sinne einer publizistischen und medienwirtschaftlichen Vermachtung, soll im Folgenden dargestellt werden. Der Rahmen der weiteren Ausführungen soll damit zunächst durch publizistische und ökonomische Zusammenhänge vorgegeben sein. Es sind dies die wichtigsten Grundlagen der später zu behandelnden rechtlichen Fragstellungen im Kontext von Medienkonzentration und Vielfaltsschutz.

A. Publizistische Konzentration

Der Begriff der publizistischen Konzentration verweist auf einen Rückgang medialer Produktionseinheiten und auf eine Schwächung des publizistischen Wettbewerbs. Relevante Indikatoren zur Erfassung publizistischer Konzentrationsprozesse bilden vor allem die Anzahl publizistischer Angebote und Produktionseinheiten, also die Anzahl von Medienerzeugnissen, Redaktionen oder Medienunternehmen.

Der Terminus der publizistischen Konzentration steht zumeist in engem Zusammenhang mit dem Begriff der publizistischen Vielfalt. Im Grundsatz kann von der außerrechtlichen Vermutung ausgegangen werden, dass sich eine Verringerung der Anzahl konkurrierender Medienerzeugnisse oder Medienunternehmen verkürzend auch auf die inhaltliche Vielfalt im publizistischen Angebot auswirkt[14]. Das Verhältnis von publizistischer Vielfalt und publizistischer Konzentration gilt allerdings als theoretisch und empirisch noch nicht umfassend geklärt. Schwierigkeiten ergeben sich unter anderem in Fragen der Messung und Bewertung medienkonzentrativer Zustände und Prozesse. Für den rechtlichen Umgang mit publizistischen Konzentrations- und Vielfaltsentwicklungen, dies sei vorweggenommen, ist vor allem von Bedeutung, dass sich die Pluralität von Inhalten kaum in einem rechtlich verwertbaren Sinne erfassen lässt. Unter anderem fehlt es an einem auch nur hypothetisch definierbaren Idealzustand, der eine Art Referenz- oder Vergleichswert bilden könnte. Deshalb bedarf es grundsätz-

---

12 Vgl. etwa Augst, Wortfamilienwörterbuch, Stichwort „konzentrieren“.

13 Baßeler/Heinrich/Utecht, Volkswirtschaft, S. 196; vgl. auch Herdzina, Wettbewerbspolitik, S. 68.

14 Vgl. Kruse, in: Altmeppen, Ökonomie der Medien, S. 25 ff.

lich des Rückgriffs auf operational leichter zu handhabende Hilfsgrößen, die als solche aber nur beschränkt aussagefähig sind[15].

B. Markt- und Unternehmenskonzentration

Im ökonomischen Kontext kann der Begriff der Konzentration zunächst marktbezogen interpretiert werden. Der Begriff begegnet dann entweder als marktstruktureller Zustand oder als „strukturverändernder Prozeß“[16]. Ansatzpunkte zur Analyse und Beschreibung der Marktkonzentration bieten vor allem die Anzahl der jeweils konkurrierenden Wettbewerber und die Verteilung der Marktanteile auf die einzelnen Unternehmen. Die Analyse kann im Ergebnis zum Beispiel eine atomistische, eine oligopolistische oder auch eine monopolistische Marktstruktur erkennbar machen.

Es ist aber auch möglich, den Begriff auf ein einzelnes Unternehmen zu beziehen. Insoweit kann der Begriff der Konzentration, dann verstanden als Unternehmenskonzentration, unter anderem über die noch zu behandelnden Kategorien internen und externen Wachstums erklärt werden. Typische Kennzahlen zur Erfassung des Wachstums eines Unternehmens sind der Umsatz und der Gewinn. Berücksichtigungsfähig sind aber auch zum Beispiel die Bilanzsumme und die Beschäftigtenzahl[17].

1. Konzentrationsrichtungen

Bevor darauf einzugehen sein wird, welche wirtschaftlich und rechtlich fassbaren Formen Prozesse unternehmerischer Konzentration annehmen können, sei auf die unterschiedlichen Grundrichtungen hingewiesen, die konzentrative Entwicklungen haben können. Gemeint ist die Unterscheidung zwischen horizontaler, vertikaler und diagonaler Konzentration[18].

---

15 Vgl. Heinrich, Medienökonomie Band 2, S. 231-233; vgl. auch Leidinger, Medien Herrschaft Globalisierung, S. 123-125, publizistische Konzentration impliziere eine Konzentration des Angebots, ökonomische Konzentration eine Konzentration der Anbieter.

16 Herdzina, Wettbewerbspolitk, S. 182; vgl. auch Bleymüller/Gehlert/Gülicher, Wirtschaftsstatistik, S. 191.

17 Vgl. Baßeler/Heinrich/Utecht, Volkswirtschaft, S. 196 f.; vgl. auch Schierenbeck/Wöhle, Betriebswirtschaftslehre, S. 58 ff.

18 Kiefer, Medienökonomik, S. 113 f.; Thommen/Achleitner, Allgemeine Betriebswirtschaftslehre, S. 94 f.; vgl. auch Beck'scher Kommentar zum RundfunkR - Trute, § 26 Rn. 3-5.

Den Ausgangspunkt dieser Abgrenzung bildet das Konzept der betriebswirtschaftlichen Wertschöpfungskette. Führt man sich vor Augen, dass ein Produkt, das am Markt seinen Absatz finden soll, typischerweise einen Herstellungsprozess durchläuft, dass es hierzu bestimmter Zuliefererleistungen bedarf und dass das Endprodukt über bestimmte Vertriebswege zum Abnehmer gelangen muss, so wird deutlich, dass sich ein Unternehmen grundsätzlich auf unterschiedlichen Ebenen dieses Wertschöpfungsprozesses positionieren kann, dass es sich nämlich – innerhalb einer bestimmten Branche – auf unterschiedlichen so genannten Wertschöpfungsstufen betätigen kann.

Von einer horizontalen Konzentrationsbewegung spricht man zum Beispiel, wenn es zu einem Zusammenschluss oder einer sonst konzentrationsrelevanten Verbindung von Unternehmen kommt, die innerhalb einer Branche auf derselben Stufe tätig sind und sich damit als unmittelbare Wettbewerber gegenüber stehen. Als klassischer Fall der horizontalen Unternehmenskonzentration wäre beispielsweise die Fusion zweier überregionaler Zeitungsverlage anzusehen.

Vertikale Konzentrationsvorgänge setzen demgegenüber eine Zusammenführung unterschiedlicher Wertschöpfungsstufen voraus. Auch dies muss definitionsgemäß innerhalb desselben, an der jeweiligen Wertschöpfungskette orientierten Branchenzusammenhangs geschehen. Erwirbt beispielsweise ein privater Fernsehveranstalter eine TV-Produktionsgesellschaft, also ein Unternehmen, das in der Wertschöpfungskette auf vorgelagerter Stufe tätig ist, so ist damit ein Prozess vertikaler Konzentration in Gang gesetzt. Aus betriebswirtschaftlicher Sicht wird auch von einer vertikalen Integration oder von einer Integration unterschiedlicher Wertschöpfungsstufen gesprochen[19].

Vorgänge der diagonalen Konzentration zeichnen sich schließlich dadurch aus, dass – etwa durch einen Zusammenschluss zweier Unternehmen – Geschäftsfelder zusammengeführt werden, die gerade nicht demselben relevanten Markt zuzurechnen sind. Im Sinne des so genannten Bedarfsmarktkonzepts, das insbesondere auch der Marktabgrenzung in der wettbewerbsrechtlichen Fusionskontrolle zugrunde liegt, ist insoweit maßgeblich, dass zwischen den jeweiligen, den Markt konstituierenden Produkten oder Leistungen aus Sicht der Abnehmer keine funktionale Austauschbarkeit besteht. Diagonal angelegte Konzentrationsprozesse haben im Gegensatz zu horizontalen und vertikalen Konzentrationsbewegungen also begriffsimmanent branchenübergreifenden Charakter[20]. Gesprochen wird alternativ auch von marktübergreifender oder konglome-

19 Kiefer, Medienökonomik, S. 98.

20 Vgl. Baßeler/Heinrich/Utecht, Volkswirtschaft, S. 198; Thommen/Achleitner, Allgemeine Betriebswirtschaftslehre, S. 95, sprechen von „lateraler Unternehmensverbindung".

rater Konzentration. Erwirbt etwa ein Unternehmen, das bislang ausschließlich als privater Fernsehveranstalter tätig gewesen ist, zusätzlich ein Hörfunkunternehmen oder einen Zeitschriftenverlag, um die verschiedenen Mediengattungen fortan parallel zu führen, so ist dies als Tatbestand zu werten, der die begrifflichen Voraussetzungen der diagonalen Konzentration erfüllt. Im medienwirtschaftlichen Kontext werden auch die Begriffe der intermediären Verflechtung und der crossmedialen Konzentration benutzt[21].

2. Erscheinungsformen unternehmerischer Konzentration

Ein weiterer wichtiger Differenzierungsansatz ergibt sich über die Kategorien internen und externen Unternehmenswachstums.

a) Internes Wachstum

Der Begriff internen Wachstums beschreibt eine Entwicklung, in der ein Unternehmen seine Marktanteile steigern oder, im Fall konglomerater Konzentration, neue Märkte erschließen kann und in der ihm dies allein auf Grundlage eigener Mittel und Ressourcen gelingt. Kein internes Wachstum liegt dagegen vor, wenn das Wachstum auf einem Erwerb anderer Unternehmen, auf einer rechtlichen Verbindung mit anderen Unternehmen oder auf der Eingehung kooperativer Beziehungen beruht. Synonym wird im Falle internen Wachstums auch von natürlichem Wachstum gesprochen[22].

b) Externes Wachstum

Demgegenüber resultiert externes Wachstum stets aus unternehmensverbindenden Aktivitäten. Häufig werden die Geschäftstätigkeiten der beteiligten Akteure insgesamt oder in Teilen zusammengelegt. Eine grundlegende Abstufung lässt sich nach der Intensität der jeweiligen Unternehmensverbindung vornehmen, das heißt danach, inwieweit die Entscheidungs- und Handlungsspielräume der

---

21 Nach Kübler, Medienverflechtung, S. 17, bezeichnet der Ausdruck Medienverflechtung „die zumindest teilweise wirtschaftliche Integrierung technisch oder organisatorisch unterschiedlich fungierender Ausdrucks- und Übertragungsmittel der Massenkommunikation“; bei Mestmäcker, Medienkonzentration, S. 35 ff., war 1978 in erster Linie die Rede von konglomerater Konzentration.

22 Thommen/Achleitner, Allgemeine Betriebswirtschaftslehre, S. 92; vgl. auch Baßeler/Heinrich/Utecht, Volkswirtschaft, S. 196.

Beteiligten rechtlich und wirtschaftlich eingeschränkt werden[23]. Typischerweise sollen Maßnahmen externen Wachstums eine strategische Koordination des Marktverhaltens bewirken[24].

Einen vollständigen Verlust der ökonomischen Eigenständigkeit auf Seiten mindestens eines der beteiligten Rechtsträger bringen Unternehmensfusionen mit sich. Im Fusionsfall fügen sich die beteiligten Subjekte zu einer neuen Einheit zusammen, wobei mindestens einer der Beteiligten seine Existenz als ehemals unabhängiges Einzelunternehmen verliert (vgl. §§ 2 und 3 UmwG)[25]. Der wirtschaftliche Zweck von Fusionen besteht regelmäßig in der Realisierung von Größenvorteilen oder anderweitigen Synergieeffekten und letztlich in der Steigerung des Unternehmenswerts und des Unternehmenswachstums.

Unternehmerisches Wachstum lässt sich auch zum Beispiel durch den Erwerb von Kapital- und Stimmbeteiligungen erreichen. Der Erwerb von Beteiligungen dient oftmals dazu, strategische Einflüsse auf die Geschäftspolitik eines anderen Unternehmens zu ermöglichen oder eine gemeinsame Zusammenarbeit zu ebnen[26]. Der Umfang des Einflusses bestimmt sich wesentlich nach der Höhe der Beteiligungen und nach den Regelungen des jeweiligen Gesellschaftsvertrages.

Erhebliches Gewicht besitzen auch in der medienwirtschaftlichen Praxis Unternehmungen, die rechtlich als Konzerne einzustufen sind. Ein Konzern kann gebildet werden, indem verschiedene Unternehmen sich unter Beibehaltung ihrer rechtlichen Selbständigkeit zu einer wirtschaftlichen Einheit zusammenschließen und sich als Gruppe einer einheitlichen Leitung unterwerfen (vgl. § 18 AktG, 290 Abs. 1 HGB)[27]. Eine eigenständige Gesellschaftsform bilden Konzerne nicht[28].

Eine relativ große wirtschaftliche Bedeutung haben zudem kooperative Unternehmensverbindungen in Form von Gemeinschaftsunternehmungen. In einer solchen Verbindung wird eine selbständige Gesellschaft von mindestens zwei Unternehmen getragen. Beide sind an ihr kapitalmäßig beteiligt und haben sich zugleich zu einer aktiven unternehmerischen Zusammenarbeit verpflichtet. Zu-

---

23 Zum Umfang des wirtschaftlichen Konzentrationsbegriffs andeutungsweise Kübler, Medienverflechtung, S. 17 Anm. 1; vgl. aber auch z.B. Leidinger, Medien Herrschaft Globalisierung, S. 125 f.

24 Vgl. Baßeler/Heinrich/Utecht, Volkswirtschaft, S. 196 f.

25 Vgl. ergänzend Eisenhardt, Gesellschaftsrecht, Rn. 813-818.

26 Thommen/Achleitner, Allgemeine Betriebswirtschaftslehre, S. 96.

27 Vgl. Wilhelm, Kapitalgesellschaftsrecht, Rn. 1250 ff.

28 Windbichler, Gesellschaftsrecht, § 1 Rn. 4.

meist beabsichtigen die Partner eine projektbezogene Unternehmenskooperation[29]. Die Bindungsintensität bleibt dabei vergleichsweise gering.

III. Verfassungsrechtliche Vorgaben zum Vielfaltsschutz

Den Ausgangspunkt für die rechtliche Steuerung und Kontrolle von Medienkonzentrationsprozessen innerhalb der deutschen Rechtsordnung bildet die zu diesem Themenfeld seit Anfang der sechziger Jahre entwickelte Rechtsprechung des Bundesverfassungsgerichts. Im Zentrum der gerichtlichen Vorgaben stehen das aus der Rundfunkfreiheit abgeleitete Gebot gleichgewichtiger Vielfalt und die mit ihm verbundene Aufgabe einer wirksamen Kontrolle und Begrenzung zunehmender Meinungsmacht durch den Gesetzgeber[30].

Zunächst hat das Bundesverfassungsgericht der Rundfunkfreiheit nach Art. 5 Abs. 1 S. 2 GG über ihre abwehrrechtliche Bedeutung hinaus eine dienende Funktion zugewiesen. Bezugspunkt dieser dienenden Funktion ist die umfassende und freie öffentliche und individuelle Meinungsbildung. Zu ihrer Gewährleistung ist dem Gesetzgeber durch das Bundesverfassungsgericht aufgegeben worden, einen rechtlichen Rahmen zu schaffen, mit dem sichergestellt wird, dass die „Vielfalt der bestehenden Meinungen im Rundfunk in möglichster Breite und Vollständigkeit Ausdruck findet“[31]. Es soll ein Gesamtangebot ermöglicht werden, „in dem die für die freiheitliche Demokratie konstitutive Meinungsvielfalt zur Darstellung gelangt“[32]. Durch die gesetzliche Ausgestaltung der Rundfunkfreiheit müsse der „Gefahr begegnet werden, daß auf Verbreitung angelegte Meinungen von der öffentlichen Meinungsbildung ausgeschlossen werden und Meinungsträger, die sich im Besitz von Sendefrequenzen und Finanzmitteln befinden, an der öffentlichen Meinungsbildung vorherrschend mitwirken“[33]. Mit negativer Zielrichtung hat das Bundesverfassungsgericht den Gesetzgeber insoweit darauf verpflichtet, der Entstehung vorherrschender Meinungsmacht vorzubeugen[34].

---

29 Vgl. Beck'sches Handbuch Personengesellschaften - Stengel, § 21 Rn. 1-5; vgl. auch Thommen/Achleitner, Allgemeine Betriebswirtschaftslehre, S. 98.

30 BVerfGE 73, 118, 160; vgl. auch BVerfGE 12, 205, 261 ff.

31 BVerfGE 57, 295, 319 f.; 73, 118, 152 f.; 90, 60, 88; 114, 371, 387 f.

32 BVerfGE 57, 295, 323 f.; vgl. auch BVerfG ZUM 2007, 712, 721; ferner OVG Münster DVBl. 1977, 207, 210.

33 BVerfGE 57, 295, 323 f.

34 BVerfGE 73, 118, 159 f.

Vor dem Hintergrund der genannten Vorgaben wird es Aufgabe der nachfolgenden Ausführungen sein, das Verfassungsziel gleichgewichtiger Meinungsvielfalt in seiner dogmatischen Einbindung im Kontext von Rundfunkfreiheit, freier Meinungsbildung und Demokratieprinzip genauer einzuordnen und die Begründung des Bundesverfassungsgerichts zu der von ihm bis heute betonten Rundfunkbezogenheit des Vielfaltsgebots nachzuvollziehen. Anschließend wird darzulegen sein, welche konkretisierenden Vorgaben zu Inhalt und Umfang des Vielfaltsgebots bestehen und welche Spielräume in der legislativen Umsetzung des Regelungsauftrags verbleiben. Aus diesen Überlegungen heraus soll schließlich zu der Frage übergeleitet werden, welche verfassungsrechtlichen Vorgaben das Vielfaltsgebot unter dem Gesichtspunkt medienübergreifender Verflechtungen entfaltet.

A. Kontext und Grundlagen des Vielfaltsgebots

In einer Mehrzahl von Entscheidungen hat das Bundesverfassungsgericht ein vergleichsweise komplexes Gefüge kommunikationsrechtlicher Festlegungen entwickelt[35], die über die textlichen Bezugspunkte des Grundgesetzes deutlich hinausgehen. Das Verfassungsziel gleichgewichtiger Meinungsvielfalt findet seine Grundlage in der Rundfunkfreiheit nach Art. 5 Abs. 1 S. 2 GG.

1. Rundfunkbezogenheit des Schutzauftrags

Die Freiheit des Rundfunks hat über ihre subjektivrechtliche Bedeutung hinaus auch eine dienende Funktion. Objektiv-rechtlich besteht ihre Aufgabe darin, dem Prozess der freien und umfassenden öffentlichen und individuellen Meinungsbildung in einem dienenden Sinne zur Verwirklichung zu verhelfen[36].

Die Sonderstellung der Rundfunkfreiheit im Verhältnis zu den anderen nach Art. 5 Abs. 1 GG geschützten Grundrechten begründet sich nach Auffassung des Bundesverfassungsgerichts über die von ihm hervorgehobene Rolle des Rundfunks als „Medium und Faktor" des Prozesses der freien Meinungsbildung. Insoweit sei die Rundfunkfreiheit als eine der freien Meinungsbildung primär dienende Freiheit anzusehen, die „unter den Bedingungen der modernen Massen-

---

35 Vgl. BVerfGE 12, 205 ff.; 31, 314 ff.; 35, 202 ff.; 57, 295 ff.; 73, 118 ff.; 74, 297 ff.; 83, 238 ff.; 87, 181 ff.; 90, 60 ff.; 95, 163 ff.; 95, 220 ff.; 97, 228 ff.; 97, 298 ff.; 119, 181 ff.; 121, 30 ff.; vgl. auch Gericke, Beurteilung von vorherrschender Meinungsmacht, S. 28-37; ferner Fechner, Medienrecht, S. 271 ff.

36 BVerfGE 57, 295, 319.

kommunikation eine notwendige Ergänzung und Verstärkung dieser Freiheit" bilde[37].

Der Prozess der freien Meinungsbildung ist danach als eigenständiger Rechtswert mit Verfassungsrang zu begreifen[38]. Dasselbe gilt für die Vielfalt der Meinungen, der das Bundesverfassungsgericht überdies konstitutiven Wert für das verfassungsrechtliche Demokratieprinzip zugesprochen hat[39]. Ohne eine freie Konkurrenz der Meinungen wäre eine offene politische Meinungs- und Willensbildung kaum denkbar[40]. Die demokratische Entwicklung ist auf eine undiktierte und unreglementierte Meinungsbildung unverzichtbar angewiesen[41]. Innerhalb dieses verfassungsrechtlichen Gesamtzusammenhangs begegnet das Vielfaltsgebot mithin als eine Art Zwischenziel. Um ihre dienende Funktion für den Prozess der freien Meinungsbildung erfüllen zu können, verlangt die Rundfunkfreiheit nach einer ausgewogenen Vielfalt der Meinungen im programmlichen Angebot. Ausgehend von der Funktionsbindung der Rundfunkfreiheit ist die Sicherung der gebotenen Vielfalt damit notwendiger Zwischenschritt zur Gewährleistung des Prozesses freier und umfassender Meinungsbildung.

Die Vielfaltsrechtsprechung des Bundesverfassungsgerichts ist damit explizit rundfunkbezogen[42]. Dies gilt nicht nur für die Herleitung des Schutzgebots aus der Rundfunkfreiheit, sondern auch für die Ausrichtung des aus diesem Gebot resultierenden Gewährleistungsauftrags. Ein eigenes, legislativ auszunormierendes Vielfaltsgebot beispielsweise für den Pressebereich ist verfassungsrechtlich nicht vorgesehen[43].

---

37 Vgl. BVerfGE 57, 295, 320; vgl. aber auch schon BVerfGE 12, 205, 260.

38 BVerfGE 57, 295, 319.

39 BVerfGE 57, 295, 323; vgl. in diesem Zusammenhang auch Alger, Megamedia, S. 20.

40 Vgl. BVerfGE 57, 295, 323, wo im übertragenden Sinne vom Entstehen eines Meinungsmarkts die Rede ist, „auf dem die Vielfalt der Meinungsrichtungen unverkürzt zum Ausdruck" gelangen kann; vgl. außerdem BVerfGE 8, 104, 112 f.

41 Zum Verhältnis von Art. 5 Abs. 1 GG und Demokratieprinzip Maunz/Dürig - Herzog, Kommentar zum Grundgesetz, Art. 5 Abs. I, II Rn. 4-6; die Bedeutung der Meinungsfreiheit für die demokratische Willensbildung und die demokratischen Strukturen überhaupt stellt das Lüth-Urteil heraus, BVerfGE 7, 198, 208.

42 BVerfGE 57, 295, 320; vgl. auch BVerfGE 12, 205, 260 f.

43 Vgl. BVerfGE 74, 297, 324 und BVerfGE 12, 205, 261 f., ferner BVerfGE 31, 314; 57, 295, 320; 73, 118, 152; 83, 238, 296; 87, 181, 198; 90, 60, 87. und BVerfGE 97, 228, 256 f.

2. Historische Sondersituation und publizistische Bedeutung

Die Notwendigkeit einer Vielfaltssicherung für das Rundfunkwesen ist in der Vergangenheit mit unterschiedlichen Erwägungen begründet worden.

In seinem ersten Rundfunkurteil von 1961 („Deutschland-Fernsehen-GmbH“) hatte das Bundesverfassungsgericht auf den relativen Vielfaltsmangel in der damals noch rein öffentlich-rechtlich organisierten Rundfunkordnung verwiesen. Als maßgeblich war von ihm erachtet worden, dass die technisch bedingte Knappheit der Frequenzen einer Ausdifferenzierung des Programmangebots vergleichsweise enge Grenzen setze. Gegen eine signifikante Erhöhung der Veranstalterzahl sprach für das Bundesverfassungsgericht aber auch der hohe finanzielle Aufwand für die Veranstaltung von Rundfunkprogrammen[44].

Angesichts dieser Einschätzungen hatte das Bundesverfassungsgericht die Notwendigkeit besonderer Schutzvorkehrungen für die „Verwirklichung und Aufrechterhaltung“ der Rundfunkfreiheit festgestellt[45]. Soweit gesetzlich eine öffentlich-rechtliche Organisationsform der Rundfunkveranstaltung vorgesehen sei, dürfe der Veranstalter allenfalls einer beschränkten staatlichen Rechtsaufsicht unterliegen. Überdies müsse veranstalterintern eine pluralistische Zusammensetzung der kollegialen Organe gewährleistet sein, um eine ausreichende Interessensvielfalt in der Programmgestaltung zu garantieren[46].

Auf Grundlage des 1981 ergangenen Urteils zum Saarländischen Rundfunkgesetz (FRAG-Urteil), mit dem erstmals in Deutschland gesetzliche Voraussetzungen für die Einführung privaten Fernsehens und Rundfunks geschaffen worden sind[47], kam es 20 Jahre nach dem ersten Rundfunkurteil zu einem bedeutenden Argumentationswandel[48]. Der ursprüngliche Gedanke einer vor allem technisch bedingten Begrenzung der Anzahl möglicher Veranstalter und des daraus resultierenden Vielfaltsdefizits ist wesentlich der Überlegung gewichen, dass die Besonderheiten des Mediums selbst und die mit ihm verbundene herausragende

---

44 BVerfGE 12, 205, 261 f.; vgl. auch BVerfGE 31, 314, 326 f.; damals war dies erforderlich, um das Gebot vielfaltsfördernder Gesetze im öffentlich-rechtlichen Rundfunk zu begründen; ergänzend zur Sondersituation des Rundfunks von Mangoldt/Klein/Starck - Starck, Kommentar zum GG, Band 1, Art. 5 Abs. 1, 2 Rn. 112.

45 BVerfGE 12, 205, 261.

46 BVerfGE 12, 205, 261 f.

47 Vgl. BVerfGE 57, 295, 296.

48 Vgl. BVerfGE 57, 295, 322 f.; inwieweit die zentrale Prognose zur Vielfaltsentwicklung aus dem Urteil von 1961 auch weiterhin aufrechtzuerhalten sein würde, hatte das Bundesverfassungsgericht in seinem 2. Rundfunkurteil aus dem Jahr 1971 erstmals offen gelassen, BVerfGE 31, 314, 326.

publizistische Bedeutung eine legislative Vielfaltskontrolle erforderlich machten[49].

Das Bundesverfassungsgericht brachte zum Ausdruck, dass sich ein Festhalten am rundfunkrechtlichen Vielfaltsgebot auch dann noch rechtfertigen würde, wenn die durch die allgemeine Frequenzknappheit gekennzeichnete Sondersituation eines Tages entfallen sollte. Die Entwicklung hin zu einer „begrenzten Vielfalt", wie man sie im Bereich der überregionalen Tagespresse vorfinde, sei zwar eine theoretisch denkbare Perspektive[50]. Ob aber innerhalb des privaten Rundfunks „kraft der Eigengesetzlichkeit des Wettbewerbs" jemals ein wirklicher Meinungsmarkt entstehen werde, sei ungewiss[51].

Für die besondere publizistische Bedeutung des Mediums Rundfunk hat das Bundesverfassungsgericht in späteren Entscheidungen drei Merkmale als prägend angesehen. Es sind dies die erhebliche Breitenwirkung, die sich vor allem aus der hohen Reichweite und der hohen durchschnittlichen Nutzungsdauer ergibt, ferner die besondere Aktualität in der Berichterstattung und die ausgeprägte Suggestivkraft der Rundfunkmedien[52]. Für den Hörfunk ist die Suggestivkraft mit der kombinierten Vermittlung von Text- und Toninhalten begründet worden. Im Fernsehbereich werde die potenzielle Suggestivkraft der Darstellung durch die Wiedergabe von Bewegtbildinhalten noch zusätzlich verstärkt. Für beide Rundfunkmedien sei davon auszugehen, dass gerade die Kombination der spezifischen Darstellungsformen den Anschein besonderer Authentizität hervorrufe[53].

Ergänzend hat das Bundesverfassungsgericht in seinem Urteil zur Festsetzung der Rundfunkgebühren aus dem Jahr 2007 festgestellt, dass die bislang schon vorhandenen „Wirkungsmöglichkeiten [...] zusätzliches Gewicht dadurch" erlangten, „dass die neuen Technologien eine Vergrößerung und Ausdifferenzierung des Angebots und der Verbreitungsformen und -wege gebracht sowie neuartige programmbezogene Dienstleistungen ermöglicht haben"[54].

---

49 BVerfGE 57, 295, 322 f; vgl. auch BVerwGE 39, 159, 167.

50 BVerfGE 57, 295, 322 f.

51 Ebenda.

52 Vgl. bereits BVerfGE 31, 314, 325; dann aber vor allem BVerfGE 90, 60, 87; 97, 228, 256; 103, 44, 74; 114, 371, 387; vgl. auch BVerfG ZUM 2007, 712, 721; vgl. auch das von der Direktorenkonferenz der Landesmedienanstalten vorgelegte Dritte Strukturpapier zur Unterscheidung von Rundfunk und Mediendiensten vom 6. November 2003, abgedruckt im Beck'schen Kommentar zum RundfunkR - Schulz, Anhang zu § 20.

53 BVerfG ZUM 2007, 712, 721; vgl. auch BVerfGE 97, 228, 256.

54 BVerfG ZUM 2007, 712, 721.

B. Inhalt und Umfang des rundfunkrechtlichen Vielfaltsgebots

Zum Schutz der freien individuellen und öffentlichen Meinungsbildung hat das Bundesverfassungsgericht das Gebot gleichgewichtiger Vielfalt aufgestellt. Ferner hat es den Gesetzgeber angewiesen, geeignete materielle, organisatorische und verfahrensrechtliche Vorkehrungen zu treffen, die sicherstellen, dass die Vielfalt der bestehenden Meinungen im Rundfunk in möglichster Breite und Vollständigkeit zum Ausdruck gelangt. Insbesondere sei Sorge dafür zu tragen, dass die verschiedenen gesellschaftlichen Kräfte und Meinungsrichtungen im Gesamtprogramm angemessen zu Wort kommen und dass der Rundfunk nicht einzelnen gesellschaftlichen Gruppen ausgeliefert wird[55].

Es soll also verhindert werden, dass einzelne Meinungsträger einen dominanten Einfluss auf die öffentliche Meinungsbildung gewinnen[56]. Nach den Vorgaben des Bundesverfassungsgerichts soll niemand eine Position vorherrschender Meinungsmacht erlangen und aus ihr heraus verzerrend auf den öffentlichen Diskurs einwirken können[57]. Der Rundfunk darf weder einer staatlichen Beherrschung und Einflussnahme unterliegen[58] noch wäre es verfassungsrechtlich legitimierbar, ihn dem freien Spiel privater gesellschaftlicher Kräfte zu überlassen[59].

Diesen Maßgaben liegt die Vorstellung zugrunde, dass sich gesellschaftliche Kommunikationsprozesse im Idealfall gleichberechtigt und diskursiv vollziehen. Lösungsmöglichkeiten für soziale Konflikte sollen über einen offenen Diskurs ermittelt werden[60]. Gewünscht ist ein demokratischer „Meinungsmarkt", eine Art natürlicher Ausleseprozess, in dem sich die öffentliche Meinung möglichst unverfälscht immer wieder von neuem herausbilden kann[61]. Der Begriff gleichgewichtiger Vielfalt kann dabei nicht als messbare Größe verstanden werden. In

55 BVerfGE 57, 295, 320, 322; 95, 220, 236; vgl. auch BVerfGE 12, 205, 262 f.; 31, 314, 325 f.; 83, 238, 315 f.

56 BVerfGE 73, 118, 160, 172; 57, 295, 322.

57 BVerfGE 57, 295, 323 f.; vgl. auch BVerwGE 39, 159, 167; vgl. zudem den Beck'schen Kommentar zum RundfunkR - Rossen-Stadtfeld, § 25 Rn. 9-15.

58 Vgl. zum Prinzip der Staatsferne unter anderem BVerfGE 57, 295, 320.

59 BVerfGE 83, 238, 296; vgl. aber auch schon BVerfGE 12, 205, 262.

60 Vgl. Stock, Medienfreiheit als Funktionsgrundrecht, S. 19 ff., 190 ff.; vgl. auch Jarren, AfP 1994, 191 f.

61 Vgl. BVerfGE 57, 295, 323.

ihm verkörpert sich vielmehr eine Zielvorgabe, die sich stets nur annäherungsweise erreichen lässt[62].

Wichtige weitergehende Vorgaben des Bundesverfassungsgerichts zur Ausgestaltung der einfachrechtlichen Vielfaltsschutzvorkehrungen betreffen die inhaltlichen Implikationen des verfassungsrechtlichen Vielfaltsbegriffs, mögliche Konzepte zur Verwirklichung der Schutzziele und die divergierenden Anforderungen an private und öffentlich-rechtliche Rundfunkveranstalter. Diese Vorgaben sollen Gegenstand der nachfolgenden Ausführungen sein.

1. Thematische und meinungsbezogene Vielfalt

Seinem Inhalt nach erstreckt sich das rundfunkrechtliche Pluralitätsgebot auf eine Vielfalt der Meinungen und auf eine Vielfalt der den unterschiedlichen Meinungsrichtungen zu Grunde liegenden Gegenstände[63]. Themenstellungen, die nur nachrangig betroffen oder dem Geltungsbereich des Vielfaltsgebots von vornherein entzogen wären, gibt es nicht[64].

Man mag einwenden, dass beispielsweise politischen Fragestellungen ein höherer Stellenwert für die öffentliche Meinungsbildung beizumessen sein dürfte als etwa Berichtsgegenständen, mit deren Darstellung allein unterhaltende Zwecke verfolgt werden. Was aber zum Objekt massenmedialer Kommunikation gemacht werden soll, kann in einer demokratischen Ordnung nur aus dieser Kommunikation selbst heraus ermittelt werden. Externe Maßstäbe, die geeignet wären, das Spektrum möglicher Themenfelder nach ihrer Relevanz für die demokratische Meinungs- und Willensbildung in eine natürliche oder allgemeingültige Stufenordnung zu bringen, lassen sich nicht entwickeln[65]. Ein solcher Versuch wäre stets mit dem Risiko behaftet, berechtigte Diskursinteressen durch willkürliche Normvorgaben zu verletzen.

2. Internes und externes Schutzkonzept

Für die Erfüllung der legislativen Schutzpflichten hat das Bundesverfassungsgericht dem Gesetzgeber frei gestellt, zwischen zwei Strukturkonzepten zu wählen.

---

62 BVerfGE 73, 118, 156, 159; vgl. auch Beck'scher Kommentar zum RundfunkR - Rossen-Stadtfeld, § 25 Rn. 30; ferner Mailänder, Konzentrationskontrolle im privaten Rundfunk, S. 33 f.

63 BVerfGE 83, 238, 315 f.; zu den Vielfaltsdimensionen auch Hoffmann-Riem, in: Handbuch des Verfassungsrechts, § 7 Rn. 60 f.

64 Vgl. BVerfGE 31, 314, 325 f.

65 Vgl. Beck'scher Kommentar zum RundfunkR - Rossen-Stadtfeld, § 25 Rn. 28 f.

Das binnenpluralistische Vielfaltsmodell bezieht sich auf die Programme je eines Veranstalters. Die Maßgabe gleichgewichtiger Vielfalt ist danach – in einem vergleichsweise strengen Maßstab – veranstalterintern umzusetzen[66]. Instrumente zur Verwirklichung dieses Modells bestehen beispielsweise in veranstalterbezogenen Organisations- und Aufsichtskonzepten. So können wesentliche Programmentscheidungen durch pluralistisch zusammengesetzte Gremien getroffen werden[67]. Möglich sind auch vielfaltsorientierte Programmbindungen oder eine „Stärkung berufsethischer Standards durch Absicherung professioneller Autonomie" innerhalb der jeweiligen Programmstrukturen[68].

Den Anforderungen des außenpluralistischen Modells ist demgegenüber schon dann Genüge getan, wenn die gebotene Pluralität im Gesamtprogramm der unterschiedlichen Veranstalter zum Ausdruck kommt. Dem einzelnen Programmträger verbleibt unter dieser Vorgabe allein noch die ohnehin bestehende Pflicht zu „sachgemäßer, umfassender und wahrheitsgemäßer Information und einem Mindestmaß an gegenseitiger Achtung"[69]. Zugunsten dieses zweiten Modells ließe sich etwa argumentieren, dass publizistischer Wettbewerb und publizistische Vielfalt in ausreichendem Maße durch ökonomisch motivierte Konkurrenz gewährleistet würden und dass letztere eine optimale Befriedigung der unterschiedlichen Kommunikationsbedürfnisse ermögliche[70].

3. Das Vielfaltsgebot im dualen System

In seiner weiteren Rechtsprechung hat das Bundesverfassungsgericht dem Umstand Rechnung getragen, dass sich die privaten Rundfunkveranstalter in der dualen Rundfunkordnung der Bundesrepublik Deutschland wirtschaftlichen und technischen Rahmenbedingungen gegenübersehen, die sich von denen des öffentlich-rechtlichen Rundfunks erheblich unterscheiden. Aufgrund der überwiegend werbewirtschaftlichen Finanzierung seien sie in der Regel gehalten, über

66 Vgl. Mailänder, Konzentrationskontrolle im privaten Rundfunk, S. 35 f.; denkbar wäre alternativ auch, nicht auf das Programmangebot des jeweiligen Veranstalters abzustellen, sondern – noch strenger und klarer – auf das einzelne Programm selbst. BVerfGE 57, 295, 325 f., aber nimmt ausdrücklich auf den Veranstalter Bezug; ebenso BVerfGE 73, 118, 153.

67 BVerfGE 57, 295, 325, spricht von einer Absicherung durch ein Organ, in dem die maßgeblichen gesellschaftlichen Kräfte vertreten sind; Mailänder, Konzentrationskontrolle im privaten Rundfunk, S. 35.

68 Hoffmann-Riem, in: Handbuch des Verfassungsrechts, § 7 Rn. 53.

69 BVerfGE 57, 295, 326; vgl. auch BVerfGE 12, 205, 262 f., und zum Gestaltungsspielraum des Gesetzgebers überhaupt BVerfGE 83, 238, 324 f.

70 Vgl. Hoffmann-Riem, in: Handbuch des Verfassungsrechts, § 7 Rn. 50 f.

massenattraktive Programminhalte bei möglichst geringem Kostenaufwand maximale Einschaltquoten zu erzielen. Publizistische Zielvorgaben müssten damit im Zweifel hinter wirtschaftlichen Erwägungen zurückstehen. Zudem hat das Bundesverfassungsgericht in seinem 1986 ergangenen Urteil zum Niedersächsischen Landesrundfunkgesetz (Niedersachsen-Urteil) angeführt, dass viele private Anbieter technisch noch nicht imstande seien, annähernd das Rezipientenpotenzial abzudecken, das von den großen öffentlich-rechtlichen Veranstaltern im Wege der terrestrischen Ausstrahlung erreicht werde[71].

Aufgrund der so gekennzeichneten Sachlage hat sich das Bundesverfassungsgericht dazu veranlasst gesehen, den privaten Programmen geringere Bindungen aufzuerlegen. Ihnen obliegt deshalb bis heute lediglich ein reduzierter, so genannter Grundstandard gleichgewichtiger Vielfalt[72]. Im Unterschied zum umfassenden Grundversorgungsauftrag der öffentlich-rechtlichen Sender[73] lässt die Pluralitätsverpflichtung der kommerziellen Anbieter einzelne Ungleichgewichtigkeiten in der Programmgestaltung durchaus zu. Seine Grenzen findet dieses Zugeständnis allerdings dort, wo konkrete und ernsthafte Gefährdungen für die „*wesentlichen* Voraussetzungen“ pluralistischer Meinungsbildung zu besorgen sind[74]. Hierzu zählt neben der Bedingung, dass alle Meinungsrichtungen, einschließlich derer von Minderheiten, zum Ausdruck gelangen können sollen, die Abwesenheit hochgradig ungleichgewichtiger Einflüsse einzelner Programme oder Veranstalter auf die öffentliche Meinungsbildung, mithin die Verhinderung vorherrschender Meinungsmacht[75].

4. Vorsorge- und Optimierungsgebot

Hervorzuheben ist schließlich die Vorgabe des Bundesverfassungsgerichts, einer zunehmenden Konzentration von Meinungsmacht im privaten Rundfunk so wirksam wie möglich entgegenzutreten. Hiervon umfasst ist insbesondere die Aufforderung zu einem präventiven Tätigwerden, dies mit der Begründung, dass

71 BVerfGE 73, 118, 155 f.; vgl. auch BVerfG ZUM 2007, 712, 721 f.

72 BVerfGE 73, 118, 155-160; 74, 297, 324 f.; 83, 238, 316.

73 BVerfGE 74, 297, 324 f.; 83, 238, 297 f; 90, 60, 90; vgl. auch Eifert, ZUM 1999, 595 f.; ergänzend zum Begriff der Grundversorgung, was seine Eigenschaft betrifft, seinem Gegenstand nach und „zeitlich offen und dynamisch“ zu sein, BVerfGE 83, 238, 299.

74 BVerfGE 73, 118, 160.

75 BVerfGE 73, 118, 159 f.

sich bestimmte Fehlentwicklungen, sobald sie einmal eingetreten seien, allenfalls unter großen Schwierigkeiten rückgängig machen ließen[76].

Angesichts der weitreichenden tatsächlichen und rechtlichen Folgen von medienwirtschaftlichen Konzentrationsprozessen lag es im Interesse einer rechtssicheren Handhabbarkeit und damit auch im Interesse der potenziell betroffenen Unternehmen nahe, den Gesetzgeber auf einen vorbeugenden, konzentrationsverhütenden Vielfaltsschutz zu verpflichten. Aber auch in Anbetracht der besonderen Bedeutung und Sensibilität der betroffenen Schutzgüter wäre ein Einsatz reaktiver Instrumente, deren Durchsetzung im Einzelfall möglicherweise nicht in vollem Umfang zu gewährleisten wäre, wenig zweckmäßig[77].

C. Multimediale Ausrichtung des Vielfaltsgebots

In seinen Urteilen zum Niedersächsischen Rundfunkgesetz und zum Nordrheinwestfälischen „Zwei-Säulen-Modell" stellte das Bundesverfassungsgericht in den Jahren 1986 und 1991 erstmals fest, dass die Rundfunkfreiheit auch dann bedroht sein könne, wenn sich publizistisch einflussreiche Positionen aus dem Rundfunk mit vergleichbaren Marktstellungen im Pressegeschäft verbänden. Der Gesetzgeber sei deshalb aufgerufen, besondere Vorkehrungen auch gegen „die Entstehung vorherrschender multimedialer Meinungsmacht" zu treffen[78].

1. Verbindungen von Rundfunk und Presse

Hintergrund der Einbeziehung medienübergreifender Verflechtungen in die Regelungsperspektive war die im Jahr 1984 vollzogene Öffnung des Radio- und Fernsehmarkts für private Veranstalter. Infolge technisch bedingter Kapazitätserweiterungen – die rechtliche Zulässigkeit privatwirtschaftlich organisierten Rundfunks hatte das Bundesverfassungsgericht im Grundsatz schon 1961 bejaht[79] – bestand erstmals auch für private Anbieter die Möglichkeit, sich in der deutschen Rundfunklandschaft einen Platz zu verschaffen. Gerade für Presseverlage stellte sich zum damaligen Zeitpunkt die Frage nach einer strategischen Ausdehnung der eigenen Betätigungsfelder auf den privaten Radio- und Fern-

---

76 BVerfGE 57, 295, 323; 73, 118, 160; Tschon, Cross Ownership, S. 273, spricht in diesem Zusammenhang auch von einem Optimierungsgebot der gesetzlichen Ausgestaltung.

77 Vgl. etwa Engels, ZUM 1996, 44, 49.

78 BVerfGE 73, 118, 175-177; 83, 238, 324 f.

79 BVerfGE 12, 205, 262; vgl. dann ferner BVerfGE 74, 297, 324; 83, 238, 296 f.

sehmarkt, um die befürchtete Abwanderung von Anzeigenkunden in den kommerziellen Rundfunk ausgleichen zu können.

a) Kein Grundsatz publizistischer Gewaltenteilung

Angesichts der neu entstandenen multimedialen Gefahren für die Meinungsvielfalt war in der Literatur zwischenzeitlich die Forderung nach einer umfassenden, rechtlich sanktionierten „publizistischen Gewaltenteilung" erhoben worden. Danach sollten Verflechtungen zwischen Rundfunk und Presse zur Aufrechterhaltung eines Wettbewerbs zwischen den unterschiedlichen Medienformen kategorisch unterbunden werden[80].

Zu dieser Auffassung, der zufolge der Gedanke einer publizistischen Gewaltenteilung zu einem rechtlichen Prinzip zu erheben sei, äußerte sich das Bundesverfassungsgericht in seinem Niedersachsen-Urteil von 1986 ablehnend. Einen Verfassungssatz, wonach Presseunternehmen sich im Interesse der freien Meinungsbildung auf die Herstellung und Verbreitung von Printmedien zu beschränken hätten, gebe es nicht. Durch das Grundgesetz werde Presseunternehmen der Zugang zum Rundfunk nicht verwehrt[81].

b) Lokale und regionale „Doppelmonopole"

Ein striktes Verflechtungsverbot hatte das Bundesverfassungsgericht also nicht vor Augen. Aus verfassungsrechtlicher Sicht erhob sich jedoch die Frage, ob die erwarteten marktübergreifenden Verflechtungen nicht gleichwohl ein Bedürfnis nach rechtlicher Kontrolle und Koordination begründen.

In der Annahme, dass die Gefahren multimedialer Meinungsmacht die Gefahren monomedialer Konzentrationsentwicklungen im Rundfunksektor sogar übersteigen könnten, bestätigte das Bundesverfassungsgericht ein gewisses Gefährdungspotenzial sowohl auf überregionaler Ebene wie auch für regional und lokal begrenzte Verbreitungsgebiete. In regionalen und lokalen Räumen stelle sich das Risiko einer politisch bedrohlichen Verengung der Meinungsvielfalt allerdings als ungleich größer dar als auf überregionaler Ebene. Gebietsweise hätten sich zahlreiche Alleinstellungen von Zeitungsverlagen herausgebildet, die sich durch Gründung privater Fernseh- oder Hörfunkprogramme oder durch

80 Vgl. Kübler, Medienverflechtung, S. 106; vgl. auch Herrmann, ZUM 1991, 325, 333; ferner Mestmäcker, Medienkonzentration, S. 218.

81 BVerfGE 73, 118, 175; später erneut BVerfGE 83, 238, 313; aufschlussreich auch Klein, Rundfunkfreiheit, S. 56-58; vgl. zudem Tschon, Cross Ownership, S. 272 f.

Verflechtung mit bestehenden Veranstaltern zu lokalen oder regionalen „Doppelmonopolen“ auswachsen könnten[82].

Insgesamt macht das Risiko einer Kombination von Presse- und Rundfunkeinflüssen nach Auffassung des Bundesverfassungsgerichts ein legislatives Einschreiten auch gegen eine multimedial sich bündelnde Meinungsmacht erforderlich. Entsprechend der genannten Schwerpunkte seien in regionalen und lokalen Verbreitungsgebieten allerdings strengere Anforderungen zu stellen als im überregionalen Bereich[83]. Wie der Gewährleistungsauftrag im Einzelnen zu erfüllen sei, überließ das Gericht der politischen Entscheidung des Gesetzgebers. Er genieße bei „der gesetzlichen Ausformung seiner Grundentscheidungen [...] weitgehende Gestaltungsfreiheit“. Auch eine „Modellkonsistenz“ verlange das Grundgesetz nicht[84].

2. Vielfaltsgebot und neue Medienangebote

Zu der Frage, inwieweit auch breitenwirksame Angebote aus dem Bereich der Onlinedienste unmittelbar dem Anwendungsbereich des rundfunkrechtlichen Vielfaltsgebots unterfallen, hat das Bundesverfassungsgericht bislang keine konkrete Aussage getroffen. Bereits im Jahr 1987 brachte es allerdings zum Ausdruck, dass das Vielfaltsgebot wenigstens potenziell auch auf „rundfunkähnliche Kommunikationsdienste“ zu erstrecken sei[85]. Eine Verengung der Pluralismusvorgaben auf den traditionellen Rundfunkbegriff war mithin schon damals nicht vorgesehen. An konkretisierenden Ausführungen zur Reichweite des Pluralitätsgebots ließ es das Gericht bis heute jedoch fehlen.

Auch der verfassungsrechtliche Rundfunkbegriff als solcher kann keinen hinreichenden Aufschluss über die konkrete Reichweite des Vielfaltsgebots geben. Zunächst mangelt es bereits an einer abschließenden und fest umrissenen Definitionsvorgabe zum Rundfunkbegriff des Art. 5 Abs. 1 S. 2 GG[86]. Im Rahmen des einfachen Rechts, das hier eine gewisse Orientierung geben mag, definiert sich der Terminus Rundfunk als ein „linearer Informations- und Kommunikationsdienst“ und als die „für die Allgemeinheit und zum zeitgleichen Empfang bestimmte Veranstaltung und Verbreitung von Angeboten in Bewegtbild

---

82 BVerfGE 73, 118, 175, 177; vgl. auch Bender, Cross-Media-Ownership, S. 292 f.; ferner Jöst, Verfassungsrechtliche Aspekte des Verhältnisses von Presse und Rundfunk, S. 81 ff.

83 BVerfGE 73, 118, 177.

84 BVerfGE 83, 238, 324 f.; vgl. auch BVerfGE 73, 118, 175-177.

85 BVerfGE 74, 297, 350 f.

86 Sachs - Bethge, Kommentar zum Grundgesetz, Art. 5 Rn. 90.

und Ton entlang eines Sendeplans unter Benutzung elektromagnetischer Schwingungen", § 2 Abs. 1 S. 1 Rundfunkstaatsvertrag (RStV). Auch verschlüsselte und nur gegen Entgelt empfangbare Angebote sind einzubeziehen, § 2 Abs. 1 S. 2 RStV. Auf verfassungsrechtlicher Ebene gilt Rundfunk dagegen vor allem als „Medium und Faktor" der individuellen und öffentlichen Meinungsbildung[87] und insoweit als ein Medium, das sich als besonders suggestivstarkes „Instrument der Vermittlung von Informationen und anderen Gedankeninhalten" charakterisieren lässt[88]. Der verfassungsrechtliche Rundfunkbegriff zeigt sich damit als wenig konturenscharf, zugleich aber als dynamisch und technisch entwicklungsoffen[89].

3. Bewertung der aktuellen Entwicklungen

Unabhängig von der Frage des Anwendungsbereichs des Vielfaltsgebots hat das Bundesverfassungsgericht in seinem Gebührenurteil aus dem Jahr 2007 seinen Blick auf die jüngeren Markt- und Konzentrationsentwicklungen gerichtet und seine Einschätzung zu den aktuellen Vielfaltsgefährdungen formuliert. Im Vordergrund standen dabei horizontale und vertikale Medienkonzentrationsprozesse. Daneben fanden aber auch die Risiken medienübergreifender Unternehmenskonzentration Erwähnung[90].

In seiner Urteilsbegründung hat das Bundesverfassungsgericht Gefahren für das verfassungsrechtliche Vielfaltsziel explizit auf die aktuellen Marktentwicklungen im Medienbereich und den zunehmenden Konzentrationsdruck innerhalb der privaten Rundfunkwirtschaft zurückgeführt. Verantwortlich sei unter anderem, dass in der jüngeren Vergangenheit nunmehr auch etwa internationale Finanzinvestoren und „Telekommunikationsunternehmen als Betreiber von Plattformen für Rundfunkprogramme" in Erscheinung träten[91].

Weiterhin heißt es, dass der „Prozess horizontaler und vertikaler Verflechtung auf den Medienmärkten" voranschreite[92]. Es sei ein erhebliches Potenzial zur Ausschöpfung von Größen- und Verbundvorteilen zu konstatieren, wobei ausdrücklich die Möglichkeit crossmedialen Marketings genannt wurde. Über

---

87 BVerfGE 12, 205, 260; 57, 295, 320.

88 Von Mangold/Klein/Stark - Starck, Kommentar zum GG, Band 1, Art. 5 Abs. 1, 2 Rn. 94.

89 Vgl. BVerfGE 73, 118, 154 f.; 74, 297, 350; 83, 238, 302; vgl. auch Sachs - Bethge, Kommentar zum Grundgesetz, Art. 5 Rn. 90 f.

90 BVerfG ZUM 2007, 712, 721 f.

91 BVerfG ZUM 2007, 712, 721.

92 Ebenda.

diese spezifisch medienübergreifenden Steuerungsmöglichkeiten hinaus sah das Bundesverfassungsgericht die Tendenz zur Verkürzung der Meinungsvielfalt auch dadurch verstärkt, dass die technische Entwicklung eine Beeinflussung des Rezeptionsverhaltens durch den gezielten „Einsatz von Navigatoren und elektronischen Programmführern" ermögliche[93].

IV. Zusammenfassung

Mit Blick auf die außerrechtlichen Grundlagen zu Fragen von Medienkonzentration und Meinungsvielfalt ist von der Vermutung auszugehen, dass sich publizistische Konzentrationsprozesse verkürzend auf die Vielfalt der im medialen Angebot repräsentierten Meinungsrichtungen auswirken. Eine publizistische Konzentration kennzeichnet sich dabei durch eine Verringerung der Anzahl von Medienunternehmen, von Redaktionen oder von Medienerzeugnissen.

Bei Einbeziehung auch wirtschaftlicher Gesichtspunkte und wirtschaftswissenschaftlicher Deutungsmuster rücken im vorliegenden Zusammenhang Entwicklungen der Marktkonzentration und des unternehmerischen Wachstums in den Vordergrund. Über deren Analyse wird eine Erfassung wesentlicher Grundbedingungen für die Entwicklung der inhaltlichen Vielfalt ermöglicht. Grundlegend kann man zwischen horizontaler, vertikaler und diagonaler Konzentration unterscheiden. Während sich der Begriff der horizontalen Konzentration auf eine Wachstumentwicklung bezieht, in der die Marktanteile eines Unternehmens innerhalb eines bestimmten Einzelmarkts erhöht werden, kommt es bei der vertikalen Konzentration zu einer Verbindung unterschiedlicher, einander vor- oder nachgelagerter Marktstufen entlang der betriebswirtschaftlichen Wertschöpfungskette. Diagonale Konzentration setzt dagegen voraus, dass weder eine horizontale noch eine vertikale Konzentrationsbewegung vorliegt, dass nämlich eine Erweiterung der bestehenden unternehmerischen Aktivitäten auf neue Märkte und Geschäftsfelder erfolgt. Diagonale Konzentration impliziert damit immer eine marktübergreifende Unternehmensausdehnung. Ein wirtschaftlicher Größen- und Machtzuwachs kann in allen drei Konzentrationsrichtungen auf externes oder auf internes Wachstum zurückgehen. Der Konzentrationsprozess kann sich also über den Einsatz vorhandener betriebswirtschaftlicher Ressourcen oder aber über die Eingehung von Verbindungen mit anderen Unternehmen vollziehen, im letzteren Fall beispielsweise auf Grundlage eines Zusammenschlusses oder durch Gründung eines Gemeinschaftsunternehmens.

---

93 BVerfG ZUM 2007, 712, 722, m.w.N.

Ausgangspunkt der rechtlichen Überlegungen sind die verfassungsrechtlichen Vorgaben zu Meinungspluralismus und freier Meinungsbildung. Das Bundesverfassungsgericht hat ausgehend von der Rundfunkfreiheit des Art. 5 Abs. 1 S. 2 GG ein Gebot der Meinungsvielfalt entwickelt, wonach die Vielfalt der bestehenden Meinungsrichtungen im Rundfunk in möglichster Breite und Vollständigkeit zum Ausdruck gelangen soll. Den Gesetzgeber trifft insoweit die Verpflichtung, eine positive Ordnung zu schaffen, um dieser Zielvorgabe Rechnung zu tragen.

Für das verfassungsrechtliche Verständnis ist zunächst von Bedeutung, dass das Vielfaltsgebot aus der dienenden Funktion der Rundfunkfreiheit abgeleitet wurde. Unter Berücksichtigung der Rolle des Rundfunks als „Medium und Faktor“ der freien individuellen und öffentlichen Meinungsbildung ist die Rundfunkfreiheit dazu bestimmt, diesem verfassungsrechtlich geschützten Prozess zu dienen. Um ihre dienende Funktion erfüllen zu können, verlangt die Rundfunkfreiheit nach einer ausgewogenen inhaltlichen Vielfalt, die im Medium Rundfunk zur Darstellung kommen soll und deren Schutz durch materielle, organisatorische und verfahrensrechtliche Vorkehrungen sicherzustellen ist. Zugleich enthält der Gewährleistungsauftrag die Maßgabe, der Entstehung hochgradig ungleichgewichtiger Einflüsse vorzubeugen. Kein Meinungsträger soll eine Stellung erlangen, in der ihm eine vorherrschende Meinungsmacht zukommt.

Die Rundfunkbezogenheit des Vielfaltsgebots hat das Bundesverfassungsgericht maßgeblich mit der herausgehobenen publizistischen Bedeutung des Rundfunks begründet, namentlich mit der besonderen Breitenwirkung, Aktualität und Suggestivkraft, die ihn von anderen Medienformen unterschieden. In der Umsetzung seines Regelungsauftrags ist dem Gesetzgeber ein weiter Gestaltungsspielraum eingeräumt. Insbesondere kann er frei zwischen binnen- und außenpluralistischen Schutzkonzepten wählen. Zu beachten ist allerdings, dass für den privaten Rundfunk grundsätzlich geringere Anforderungen bestehen als für das Angebot der öffentlich-rechtlichen Sender. Im weitgehend werbefinanzierten Privatfernsehen gilt lediglich ein so genannter Grundstandard gleichgewichtiger Vielfalt. Einzelne Ungleichgewichtigkeiten in der Programmgestaltung stehen dem verfassungsrechtlichen Vielfaltsziel deshalb nicht entgegen. Abgesehen von dieser Einschränkung ist dem Gesetzgeber jedoch aufgegeben, konzentrationsbedingten Gefährdungen der Meinungsvielfalt so wirksam wie möglich entgegenzuwirken und insbesondere für eine präventive Vielfaltssicherung Sorge zu tragen.

Darüber hinaus geht das Bundesverfassungsgericht von der Annahme aus, dass das rundfunkrechtliche Vielfaltsziel auch dann bedroht sein kann, wenn sich bestimmte Rundfunkeinflüsse mit publizistischen Machtstellungen im Pressebereich verbinden. Dazu hat es die Erwartung formuliert, dass multimediale

Einflüsse sogar ein noch größeres Gefahrenpotenzial für die freie Meinungsbildung haben können als rein rundfunkbezogene Vermachtungen. Soweit daher im Rahmen des bestehenden Gewährleistungsauftrags auch eine rechtliche Begrenzung multimedialer Konzentrationsentwicklungen geboten ist, sieht das Bundesverfassungsgericht das größere Gefahrenpotenzial regelmäßig in lokalen und regionalen Verbreitungsgebieten. Eine Verbindung von Rundfunk- und Presseeinflüssen würde hier aufgrund des zumeist allenfalls schwach ausgeprägten publizistischen Wettbewerbs schnell in eine Bildung so genannter Doppelmonopole münden. Auf überregionaler Ebene bestehe hingegen eine vergleichsweise große Mannigfaltigkeit von Presseerzeugnissen. Auch im überregionalen Bereich könne es zwar zu Gefährdungen der freien Meinungsbildung durch crossmediale Konzentrationsentwicklungen kommen, denen im Rahmen des angesprochenen Gewährleistungsauftrags Rechnung zu tragen sei. Die Anforderungen seien jedoch weniger streng.

Zweiter Teil: Konzentrationsursachen aus ökonomischer Sicht

I. Einleitung

Aus unternehmenspolitischer Sicht kann es sich in bestimmten Situationen anbieten, die geschäftliche Ausrichtung eines Unternehmens neu zu ordnen. Um zusätzliche Umsatzpotenziale zu erschließen oder um einer sinkenden Nachfrage in angestammten Geschäftsfeldern entgegenzutreten, kann es beispielsweise strategisch sinnvoll sein, in neue Märkte einzutreten.

Von ausschlaggebender Bedeutung für die Erfolgsaussichten eines geplanten Markteintritts ist häufig die Frage, ob sich die vorhandenen Kompetenzen auf das neue Geschäftsfeld übertragen lassen. Ob ein solcher Schritt tatsächlich vollzogen werden soll, muss deshalb sorgfältig abgewogen werden. Zu bedenken ist zunächst, dass eine marktübergreifende Erweiterung des Leistungsprogramms grundsätzlich einen steigenden Organisations- und Koordinierungsbedarf mit sich bringt und dass bei zunehmender Streuung der Geschäftsfelder Bürokratisierungsprozesse einzusetzen drohen[94]. Bei positiver Entwicklung können sich indessen wertvolle Synergien und Wettbewerbsvorteile ergeben, die im besten Fall nachhaltige Wachstumsentwicklungen auslösen.

Dieses zweite Kapitel wird sich mit den ökonomischen Ursachen und Bedingungen marktübergreifender Medienkonzentration beschäftigen. Ziel der Untersuchung ist es, zu einer Einschätzung in der Frage zu gelangen, ob in Zukunft mit weiteren Diversifikationsbestrebungen der Unternehmen und letztlich mit einer Steigerung marktübergreifender Konzentration im Mediensektor zu rechnen ist. Von Bedeutung sind diese Erwägungen vor allem deshalb, weil sich aus ihnen Anhaltspunkte für die nachfolgende Gefahrenbewertung und damit für die Beantwortung der Frage ergeben können, ob die vorhandenen rechtlichen Regulierungsmechanismen geeignet sind, den Gefahren medienübergreifender Konzentrationsprozesse für das verfassungsrechtliche Vielfaltsgebot angemessen zu begegnen. Über die genannten Untersuchungsziele hinaus soll der nachfolgende Überblick auch dazu beitragen, ein besseres Verständnis insbesondere der wettbewerbsrechtlichen Zusammenhänge zu ermöglichen, deren Regelungswirkungen im vierten Kapitel zu untersuchen sein werden.

---

94 Zu den begrenzten Synergieeffekten durch Unternehmenszusammenschlüsse und insbesondere bei diversifizierenden Zusammenschlüssen Schmidt/Röhrich, WiSt 1992, 179, 183 f.; vgl. auch Englert, in: Müller-Kalthoff, Cross-Media Management, S. 217 f.; ferner Seufert, in: Schatz/Jarren/Knaup, Machtkonzentration, S. 269.

Was den Aufbau und den Gang der Untersuchung anbetrifft, so sollen zunächst einige unternehmensstrategische Grundmodelle angesprochen werden, um das Konzept der Diversifikation in einen größeren Gesamtzusammenhang einzuordnen. Ebenfalls einführend wird der Frage nachzugehen sein, welche charakteristischen Merkmale und Besonderheiten medienwirtschaftliche Produktions- und Wertschöpfungsprozesse aufweisen, die sie von anderen Branchen unterscheiden.

Im anschließenden Schwerpunkt des Kapitels soll eine Analyse der Ursachen und Bedingungen crossmedialer Konzentrationsentwicklungen aus ökonomischer Sicht vorgenommen werden. Es werden zum einen die spezifischen Ausgangsbedingungen des medienökonomischen Wettbewerbs zu thematisieren sein, soweit sich aus ihnen schon objektiv eine Begünstigung konzentrativer Prozesse ergibt. Zum anderen werden mögliche Anreize und strategische Erwägungen zu erörtern sein, die im Rahmen der Entscheidung für oder gegen eine markt- und medienübergreifende Geschäftsausrichtung eine Rolle spielen können. Zu denken ist etwa an das Ziel einer Teilhabe an Wachstumsmärkten, an die Möglichkeit eines marktübergreifenden Risikoausgleichs, an Finanzierungs- und Rationalisierungsvorteile und an die Möglichkeiten crossmedialer Werbekonzepte.

II. Diversifikation als Unternehmensstrategie

Gegenüber seinen Abnehmern, den Zulieferern und seinen Konkurrenten kann ein Unternehmen sich auf sehr unterschiedliche Weise positionieren. Solchen Prozessen liegen strategische Entscheidungen zu Grunde, die häufig in Reaktion auf gewandelte Umweltbedingungen getroffen werden und deren Ziel es ist, die unternehmerische Wertschöpfung zu optimieren und eine möglichst vorteilhafte Wettbewerbsposition zu sichern[95]. Zu den grundlegenden wettbewerbsstrategischen Stoßrichtungen zählen die Differenzierung, die Simplifikation und die Diversifikation[96].

Mit der Simplifikation ist eine Unternehmenspolitik verknüpft, die eine Verengung des Leistungs- und Produktprogramms durch Spezialisierung zu erreichen sucht. Zumeist beinhalten simplifikatorische Gestaltungsansätze eine Fokussierung des Kerngeschäfts, und nicht selten gehen sie mit der Zielsetzung

95 Zu Strategien in der Medienwirtschaft Kiefer, Medienökonomik, S. 213 ff.; vgl. auch Hinterhuber, Strategische Unternehmensführung, S. 143 ff.; ferner Hungenberg, Strategisches Management, S. 411 ff.

96 Vgl. Porter, Wettbewerbsstrategie, S. 71-78.

einher, eine am Markt vorhandene Nischenposition zu besetzen[97]. Das Konzept der Leistungsdifferenzierung folgt dagegen dem Gedanken, dass ein bestehendes Angebot in bestimmten Eigenschaften variiert wird, um es präziser auf die Bedürfnisse der relevanten Zielgruppen abzustimmen. Ein bereits bestehendes Produkt wird in eine Art Produktlinie zerlegt, sodass der Nutzen über den hinzugewonnenen Besonderheitscharakter der angebotenen Güter gesteigert werden kann[98].

Im Mittelpunkt des hiesigen Interesses steht mit der Strategie der Diversifikation jedoch eine andere Option unternehmerischer Strukturplanung. In einem diversifizierenden Unternehmen soll das Angebot gestreut werden. Das Produktportfolio wird erweitert, und neue Märkte werden erschlossen[99].

Sachlich und terminologisch ist zunächst zwischen vertikaler und horizontaler Diversifikation zu unterscheiden. Vertikal ist die Strategie angelegt, wenn einander vor- oder nachgelagerte Wertschöpfungsstufen innerhalb eines Unternehmens zusammengeführt werden[100], wenn etwa neben der inhaltlich-redaktionellen Herstellung einer Zeitung auch der Druck und der Vertrieb in das Leistungsspektrum des betreffenden Verlages aufgenommen werden. Der entscheidende Vorteil einer vertikal diversifizierten Unternehmung liegt regelmäßig in der Ersparnis von Transaktionskosten. Es sind dies die Kosten, die im Kontext wirtschaftlicher Austauschbeziehungen für die Bestimmung, die Übertragung und die Durchsetzung von Verfügungsrechten entstehen[101]. Eine horizontale Diversifikation – nicht zu verwechseln mit der horizontalen Konzentration – setzt demgegenüber eine Ausdehnung des Produktportfolios auf Produkte oder Produktgruppen voraus, die innerhalb einer anderen Branche derselben Wirtschaftsstufe angehören. Besteht zudem ein sachlicher Zusammenhang zum bisherigen Absatzprogramm, so ist von verbundener oder verwandter Diversifi-

97 Gabler Wirtschaftslexikon, Band. 4, Stichwort „Simplifikation"; vgl. auch Sjurts, Strategien in der Medienbranche, S. 19.

98 Hungenberg, Strategisches Management, S. 200, 252 f.; vgl. auch Karst, Strategisches Management, S. 72 f.

99 Kiefer, Medienökonomik, S. 98, 217-220; Bühner, Managementlexikon, Stichwort „Diversifikation".

100 Zum Teil wird in Abgrenzung zum Begriff der vertikalen Integration zusätzlich gefordert, dass das hinzugewonnene Geschäftsfeld einen eigenen Absatzmarkt hat, so etwa Karst, Strategisches Management, S. 82 f.

101 Vgl. Porter, Wettbewerbsstrategie, S. 375 ff.; vgl. auch Schmidt/Röhrich, WiSt 1992, 179, 180; ferner Heinrich, Medienökonomie Band 1, S. 131 f.

kation die Rede, anderenfalls von lateraler oder konglomerater Diversifikation[102].

Bei Diversifiktationsstrategien handelt es sich in erster Linie um ein Instrument betriebswirtschaftlicher Wachstums- und Risikopolitik[103]. Grundsätzlich gilt, dass die Erschließung neuer Märkte als umso risikoreicher einzuschätzen ist, je weniger die vorhandenen Unternehmenskompetenzen auch innerhalb der neuen Branche fruchtbar gemacht werden können[104]. Umgekehrt setzt eine Ausdehnung auf verwandte Märkte oftmals erhebliche Synergiepotenziale frei. Spezialwissen wird zusammengeführt, und Ressourcen können effizienter eingesetzt werden. Durch eine verbesserte Auslastung personeller und sachlicher Kapazitäten können mittel- und langfristig unter Umständen beträchtliche Kostensenkungen realisierbar sein[105]. Der Eintritt in neue Märkte bringt in aller Regel allerdings auch erhöhte Ausgaben für einen wachsenden Koordinationsbedarf mit sich. Die eigentliche Herausforderung in der Führung eines diversifizierten Unternehmens besteht deshalb regelmäßig darin, die verbundenen Geschäftsfelder so zu organisieren, dass die Synergieeffekte nicht durch Reibungsverluste aufgezehrt und aufgehoben werden[106].

III. Wertschöpfungsmerkmale in der Medienbranche

Bestehend aus einem Komplex miteinander verzahnter Leistungsstufen, zählt die Wertschöpfungsstruktur in einer bestimmten Branche zu den zentralen Bezugsgrößen des betriebswirtschaftlichen Interesses. Eine Analyse der Wertschöpfungskette und der Positionierung eines Unternehmens darin kann gegebenenfalls wichtige Aufschlüsse darüber geben, wie das Unternehmen organisatorisch verfasst und strategisch ausgerichtet ist. Sie erlaubt unter Umständen Rückschlüsse auf wettbewerbsrelevante Beziehungen etwa zu Lieferanten, Abnehmern und Konkurrenten, beispielsweise auf das Vorhandensein wirtschaftli-

102 Müller-Stewens/Lechner, Strategisches Management, S. 280-285; vgl. auch Karst, Strategisches Management, S. 81 f.

103 Vgl. Hinterhuber, Strategische Unternehmensführung, S. 195 f., 200.

104 Vgl. Luther/Broich, in: Hungenberg/Meffert, Handbuch Strategisches Management, S. 155 ff.

105 Bühner, Managementlexikon, Stichwörter „Diversifikation“ und „Synergiemanagement“; vgl. auch Hungenberg, Strategisches Management, S. 508 ff.

106 Vgl. Kleinert/Klodt, Megafusionen, S. 96 f.; vgl. auch Hungenberg, Strategisches Management, S. 511 ff.

cher Abhängigkeiten, auf Möglichkeiten der Marktverdrängung oder auf anderweitige Einflussnahmemöglichkeiten innerhalb des Wettbewerbsgeschehens.

Getragen werden die Wertschöpfungsprozesse von verschiedenen betrieblichen Funktionseinheiten. Hierzu gehören regelmäßig die Bereiche Beschaffung, Produktion, Absatz und Marketing. Hinzu kommen in einem gleichsam flankierenden Sinne die Bereiche Organisation, Investition, Finanzierung und Rechnungswesen[107]. Die Unternehmensführung nimmt vor allem übergeordnete Aufgaben wahr. In ihr vereinigen sich die Kompetenzen der Organisation und Planung sowie die Aufgabe, die Einhaltung bestehender Vorgaben zu kontrollieren und durchzusetzen[108].

A. Inhalteproduktion und Stückkostendegression

Bevor mediale Inhalte in wirtschaftliche Wertschöpfungsprozesse eingebracht werden können, müssen die Inhalte durch unternehmenseigene Aktivitäten originär erzeugt oder im Wege des Lizenzerwerbs von Dritten hinzugekauft werden[109]. Durch welche allgemeinen Merkmale die Erzeugung von Medieninhalten gekennzeichnet ist, soll im Folgenden kurz dargestellt werden. Darüber hinaus wird zu beleuchten sein, welche Besonderheiten sich in der medienökonomischen Wertschöpfung unter anderem in Hinblick auf das Verhältnis von Kosten und Ausbringungsmenge (bzw. medialer Reichweite) ergeben.

1. Produktion medialer Inhalte

Ein zentraler Bestandteil der medienwirtschaftlichen Wertschöpfung besteht in der Produktion und im Einkauf fiktionaler und nichtfiktionaler Inhalte. Es folgen die Aufbereitung zu einem konsumfähigen Endprodukt und die Distribution der gebündelten Inhalte in Richtung auf die Rezipienten[110]. Erträge lassen sich insbesondere über den Absatz der publizistischen Produkte selbst und über den Verkauf von Werbemöglichkeiten erwirtschaften.

---

107 Die Rede ist auch von so genannten Primäraktivitäten, die von prozessunterstützenden Tätigkeitsfeldern begleitet werden, vgl. dazu Gabler Wirtschaftslexikon, Band 4, Stichwort „Wettbewerbsstrategie“.

108 Vgl. Schumann/Hess, Medienwirtschaft (2009), S. 192 ff.

109 Vgl. ebenda, S. 12 ff.; vgl. auch Breyer-Mayländer/Werner, Medienbetriebslehre, S. 232 f., 235-237, 225-232.

110 Vgl. etwa Englert, in: Müller-Kalthoff, Cross-Media Management, S. 206; vgl. auch Kruse, in: Altmeppen, Ökonomie der Medien, S. 26-28.

Die Produktion journalistischer Inhalte hat als „professionalisierte Dienstleistung“ typischerweise autonomen Charakter[111]. Im Regelfall sind die redaktionellen und journalistischen Schaffensprozesse so angelegt, dass die Recherche, das Schreiben, das Sprechen und das Redigieren innerhalb des jeweiligen Mediums nicht als personell getrennte Tätigkeitsfelder begegnen, sondern als Aufgaben, die vielfach von denselben Personen wahrgenommen werden. Es ist also insgesamt ein geringes Maß an arbeitsteiligen Produktionsstrukturen festzustellen. Dies gilt an erster Stelle für den Zeitungs- und Zeitschriftenbereich und mit Einschränkungen auch für die klassischen Rundfunkmedien[112].

Der Erarbeitung publizistisch verwertbarer Einzelbestandteile folgt die Bündelung zu einem medialen Endprodukt. Bei diesem Vorgang, der auch als Aufbereitung und Konfektionierung bezeichnet wird, sind je nach Medium und Inhaltetypus mehr oder minder aufwendige Anpassungs- und Standardisierungsleistungen zu erbringen[113]. So müssen bei der Verwendung von Bildern zum Teil markenspezifische Formatvorgaben eingehalten werden. Im Presse- und Onlinesektor sind neben der inhaltlichen Nachkorrektur von Texten häufig auch Modifikationen nach Maßgabe quantitativer oder stilistischer Vorgaben erforderlich[114]. Vor allem die hohen kreativen Anteile in der Medienproduktion sind dafür verantwortlich, dass eine Einbindung in industrielle Produktionsprozesse zumeist nicht möglich ist.

2. Prinzip der Stückkostendegression

Ein wirtschaftlich besonders bedeutsames Merkmal der Medienproduktion betrifft die Entwicklung der Kosten bei variierender Ausbringungsmenge. Es gilt das Prinzip, dass der Einsatz der Produktionsfaktoren und die Ausbringungsmenge kurzfristig voneinander unabhängig sind[115]. Seinen Grund hat dies darin, dass die Produktion massenmedialer Inhalte durch einen hohen Fixkostenanteil und vergleichsweise geringe variable Kosten charakterisiert ist. Es ist davon auszugehen, dass im Printsektor bis zu 65 Prozent der Kosten durch die Ausbringungsmenge nicht berührt werden. Noch ungleichgewichtiger zeigt sich die

---

111 Heinrich, Medienökonomie Band 1, S. 160, 171, m.w.N.

112 Die journalistische Tätigkeit ist in aller Regel nach Ressorts angelegt und weniger nach Tätigkeitsfeldern, vgl. dazu Heinrich, Medienökonomie Band 1, S. 174 f.; vgl. auch Weischenberg, Journalistik Band 1, S. 315 f.

113 Englert, in: Müller-Kalthoff, Cross-Media Management, S. 206, 209.

114 Vgl. Beyer/Beck, Wirtschaftsdienst 2004, 91, 93 f.

115 Vgl. Wirtz, Medien- und Internetmanagement, S. 745 f.; vgl. auch Kiefer, Medienökonomik, S. 168-170; ergänzend auch Schumann/Hess, Medienwirtschaft (2009), S. 83 f.

Verteilung von Fixkosten und variablen Kosten in den Bereichen Rundfunk und Online. Ein Anstieg der Reichweite beeinflusst in diesen Mediensegmenten nur etwa 10 Prozent der Gesamtkosten[116].

Für die Einführung neuer Produkte bedeutet dies einen relativ hohen wirtschaftlichen Aufwand. Aufgrund des hohen Fixkostenanteils in der Medienproduktion sind stets vergleichsweise umfangreiche Investitionen nötig, die naturgemäß auch dann aufgebracht werden müssen, wenn anfänglich nur geringe Ausbringungsmengen erreicht werden[117]. Gelingt es in der Folgezeit, die Reichweiten zu steigern, so fallen für diese quantitative Mehrleistung – bei anhaltendem Umsatzwachstum – nur vergleichsweise geringe zusätzliche Kosten an. Dieses Prinzip des relativen Kostenrückgangs bei einem ansteigenden Produktionsvolumen wird allgemein als Stückkostendegression oder auch als First-Copy-Effect beschrieben[118].

B. Absatz und Vermarktung – doppelte Marktausrichtung

Ein anderes Spezifikum der Branche besteht in der zweifachen Marktausrichtung von Medienerzeugnissen. Besonders deutlich wird dies im Bereich klassischer Printkonzepte. Hier werden zum einen die Rezipienten adressiert, die als Käufer ein vorgegebenes Entgelt leisten. Zum anderen dienen die medialen Endprodukte als Träger kommerzieller Werbebotschaften, einschließlich unter Umständen privater Kleinanzeigen[119]. Der Unternehmensumsatz speist sich insoweit sowohl aus dem Vertrieb des publizistischen Produkts selbst wie auch aus dem Verkauf gebündelter Aussagekapazitäten zu Zwecken der Absatzförderung zugunsten der werbetreibenden Wirtschaft.

Der private Rundfunk finanziert sich demgegenüber entweder durch Einnahmen aus dem Werbegeschäft oder aber auf Grundlage überwiegend werbefreier, direkt bezahlter Abonnementangebote. Ein doppelter Markt existiert re-

116 Schumann/Hess, Medienwirtschaft (2002), S. 68 ff., unter anderem mit Hinweis auf empirische Untersuchungen zur Kostenverteilung bei Zeitungen, Zeitschrifen, Rundfunk und im Bereich Online; vgl. auch Zerdick/Picot, Internet-Ökonomie, S. 163-165.

117 Vgl. Breyer-Mayländer/Werner, Medienbetriebslehre, S. 229-232, mit Ausführungen zum First-Copy-Effekt.

118 Vgl. Kruse, in: Altmeppen, Ökonomie der Medien, S. 33-37; vgl. auch Ludwig, Ökonomie der Medien, S. 382 f., 90-102.

119 Vgl. Kiefer, Medienökonomik, S. 154; zur doppelten Nutzenrichtung auch Schumann/ Hess, Medienwirtschaft (2002), S. 38 ff.

gelmäßig nicht oder lediglich in überschaubarem Umfang[120]. Der Finanzierungsschwerpunkt publizistisch relevanter Online-Angebote liegt ähnlich wie im Rundfunkbereich im Werbegeschäft[121]. In diesem insgesamt noch vergleichsweise jungen Mediensegment sind die Absatzkonzepte insgesamt allerdings stärker variierbar und die Übergänge zwischen frei zugänglichen und bezahlten Angeboten zum Teil fließend. Als Alternative zu einer werblichen Finanzierung dürften sich so genannte Paid-Content-Modelle vor allem für exklusive Inhalte eignen[122].

IV. Bedingungen und Ursachen crossmedialer Konzentration

Die Ausdehnung unternehmerischer Aktivitäten auf verwandte Geschäftsfelder bezweckt häufig eine Realisierung von Größen- und Verbundvorteilen[123]. Größenvorteile („Economies of Scale") erklären sich primär durch Effekte der Kostensenkung. In großen Unternehmen können bestimmte Aufgaben in weiterem Umfang zentralisiert wahrgenommen werden, und die betrieblichen Wertschöpfungsprozesse lassen sich feiner aufeinander abstimmen. Neben einer Degression organisatorisch bedingter Kosten implizieren Skaleneffekte typischerweise auch eine verbesserte Verhandlungsposition gegenüber Zulieferern und Abnehmern[124]. Bei Verbundvorteilen („Economies of Scope") handelt es sich demgegenüber um Wettbewerbswirkungen, die aus einem diversifizierten Produkt- oder Leistungsangebot resultieren. Auch in ihrem Fall kann es zu Kostenersparnissen kommen. Mögliche Kostensenkungen beruhen dann darauf, dass die Verbundproduktion unterschiedlicher Güter einen geringeren Aufwand bedeuten kann als die Herstellung derselben Erzeugnisse in getrennten Verfahren. Werden

---

120 Vgl. Goldhammer, in: Hofmann, Wissen und Eigentum, S. 88.

121 Vgl. Breyer-Mayländer/Werner, Medienbetriebslehre, S. 389.

122 Praktische Relevanz haben Paid Contents in der Online-Wirtschaft bislang vor allem in der elektronischen Presse und bei Archivdienstleistungen, vgl. Breyer-Mayländer/Werner, Medienbetriebslehre, S. 400 f., zu den Erlösquellen in der Internetökonomie allgemein ebenda, S. 387-405.

123 Beyer/Beck, Wirtschaftsdienst 2004, 91, 92; vgl. auch Schmidt/Röhrich, WiSt 1992, 179, 180; ferner Bühner, Managementlexikon, Stichwörter „Economies of Scope" und „Skalenerträge".

124 Zu Skaleneffekten im Allgemeinen vgl. Heinrich, Medienökonomie Band 2, S. 239, 241; vgl. auch Heinrich, Medienökonomie Band 1, S. 128 f.; ferner Kruse, in: Altmeppen, Ökonomie der Medien, S. 33 ff.

zudem technologisch oder sachlich verwandte Märkte zusammengeführt, können gewachsene Kompetenzen oftmals in angrenzende Bereiche übertragen und für die Herstellung eines zweiten Produkts gewinnbringend nutzbar gemacht werden[125]. Synergiepotenziale treten typischerweise im Bereich der Forschung und Entwicklung auf. Positive Auswirkungen können sich aber ebenso in der Organisation und in Finanzierungsfragen bemerkbar machen[126].

Einschränkend ist allerdings festzustellen, dass sich Größen- und Verbundvorteile nicht beliebig maximieren lassen. Wird die so genannte ideale Betriebsgröße überschritten, setzen typischerweise Bürokratisierungsprozesse ein, und es treten größenbedingte Ineffizienzen auf[127]. Bei zunehmender Streuung der Tätigkeitsfelder kommt es zu ansteigenden Organisations- und Koordinationskosten. Die vorhandenen Synergien können im Ergebnis überkompensiert werden und damit in so genannte Diseconomies of Scope umschlagen.

Vor dem Hintergrund dieser Annahmen und Voraussetzungen wird es Aufgabe der nachfolgenden Untersuchungen sein, zunächst die Umstände und Faktoren herauszuarbeiten, die in medienwirtschaftlichen Wirkungszusammenhängen schon für sich genommen eine Zunahme medienkonzentrativer Entwicklungen begünstigen. Anschließend soll der Blick auf die Vorteile und Risiken gerichtet werden, die als strategische Abwägungsgesichtspunkte in die Entscheidung über einen möglichen Eintritt in neue Märkte eingehen und sich insofern ebenfalls als einflussreiche Kausalfaktoren für publizistische Konzentrationsprozesse erweisen können.

A. Auflagen-Anzeigen-Spirale und Fixkostendominanz

In Hinblick auf die objektiven Vorgegebenheiten medienwirtschaftlicher Wertschöpfung sprechen wesentlich zwei Gesichtspunkte für die Annahme, dass nahezu alle Medienmärkte zur Bildung von Oligopolstrukturen neigen[128].

Von Bedeutung sind zunächst die Wechselwirkungen, die im Verhältnis von Rezipienten- und Werbemärkten zum Tragen kommen. Kann die Reichweite

---

125 Zum Begriff der Kernkompetenz z.B. Marquardt, Kernkompetenzen und Unternehmensentwicklung, S. 31, 33; aufschlussreich in diesem Zusammenhang auch Krüger, in: Glaum/Hommel/Thomaschewski, Wachstumsstrategien internationaler Unternehmungen, S. 190 ff.

126 Gabler Wirtschaftslexikon, Band 2, Stichwort „Economies of Scope“; mit medienbezogener Betrachtung Beyer/Beck, Wirtschaftsdienst 2004, 91, 92.

127 Die Rede ist auch von so genannten X-Ineffizienzen, vgl. Gabler Wirtschaftslexikon, Bände 2 und 4, Stichwörter „Economies of Scale“ und „X-Ineffizienz“.

128 Vgl. Tschon, Cross Ownership, S. 62.

eines Medienerzeugnisses erhöht werden, hat dies in aller Regel auch Konsequenzen für das Werbegeschäft. Die Nachfrage steigt, und es kann gegebenenfalls eine Anpassung der Werbepreise erfolgen (Mengen- und Preiseffekt)[129]. Die hieraus resultierenden Mehreinnahmen führen zu einer Erweiterung der wirtschaftlichen Handlungsspielräume, sie können eingesetzt werden, um in die Qualität des Produkts zu investieren und ermöglichen damit wiederum eine Stabilisierung oder sogar eine Erhöhung der Reichweiten.

Dieses Kreislaufprinzip, das auch als Auflagen-Anzeigen-Spirale bezeichnet wird[130], gilt letztlich gleichermaßen für Medienerzeugnisse, die nur durch Werbung finanziert werden, wie für solche, die auch selbst, das heißt als publizistische Endprodukte, gegen Entgelt vertrieben werden. Langfristig bewirkt der beschriebene Zirkel eine Polarisierung von Marktanteilen und eine Konzentration von Markteinflüssen. Denn während große und etablierte Akteure begünstigt und ihnen gute Chancen auf weiteres Wachstum eingeräumt werden, sehen sich Angebote mit sinkenden Reichweiten immer auch mit schwindenden Werbeeinnahmen konfrontiert. Eine mögliche Trendumkehr wird so zusätzlich erschwert[131].

Ein anderer Konzentrationsfaktor resultiert aus dem bereits angesprochenen hohen Fixkostenanteil in der Medienproduktion[132]. Aufgrund des hohen Fixkostenanteils hat eine Steigerung der Reichweite zumeist keinen bedeutsamen Anstieg der Produktionskosten zur Folge. Das führt dazu, dass die zusätzlich erzielten Einnahmen nahezu vollständig wieder dem publizistischen Produkt zufließen können. Es kann damit ein ähnlicher Kreislauf in Gang gesetzt werden, wie er in der Auflagen-Anzeigen-Spirale wirksam wird. Anders als Anbieter mit hohen Reichweiten sind insbesondere neue Wettbewerber mit geringeren Budgets häufig nicht in der Lage, profitabel zu wirtschaften. Denn schon die laufenden Kosten können typischerweise nur bei entsprechend hohen Ausbringungsmengen gedeckt werden.

B. Strategische Anreize zur Diversifikation

Nach dem Gesagten kommen also zunächst branchenimmanente Konzentrationsfaktoren zum Tragen. Sie beziehen sich in erster Linie auf Einzelmärkte und

---

129 Heinrich, Medienökonomie Band 1, S. 129 f.; vgl. auch Schumann/Hess, Medienwirtschaft (2009), S. 83 ff.

130 Kiefer, Medienökonomik, S. 320-324.

131 Vgl. Schumann/Hess, Medienwirtschaft (2002), S. 67 ff.

132 Siehe oben, Zweiter Teil, Gliederungspunkt III A 2.

damit auf horizontale Konzentrationsbewegungen. Darüber hinaus finden sich aber auch Ansatzpunkte, die Impulse für eine marktübergreifende Konzentration geben können. Es sind dies vor allem strategische Erwägungen, die mit Blick auf eine mögliche Diversifikation in neue Märkte eine Rolle spielen.

1. Wachstumsmärkte und Substitutionskonkurrenz

Häufig sind Diversifikationsstrategien deshalb reizvoll, weil sie eine Teilhabe an expandierenden Märkten ermöglichen[133]. Wachstumsbranchen sind oftmals attraktiver als reife und gesättigte Märkte[134]. Zudem kann vor allem für große Unternehmen, die sich in engeren, bereits verfestigten Oligopolsituationen befinden, die Chance bestehen, neu entstehende Märkte durch eine systematische Diversifikation frühzeitig zu besetzen und gleichsam untereinander aufzuteilen. Dies gilt insbesondere dann, wenn der neue Markt in seinem Produkt- oder Leistungsbezug Ähnlichkeiten zum angestammten Markt aufweist, sodass sich vorhandene Kompetenzen gegebenenfalls übertragen lassen. Auf diese Weise kommt es zu strategisch gewünschten Abschreckungs- und Marktschließungseffekten, und die Aussichten eines Marktzutritts durch Dritte sinken.

Darüber hinaus bieten Diversifikationsstrategien die Möglichkeit, etwaige Umsatzrückgänge zu kompensieren, die infolge aufkommender Substitutionskonkurrenz einzutreten drohen. Substitutionskonkurrenz liegt immer dann vor, wenn zwei sachlich voneinander zu unterscheidende Märkte einander doch so ähnlich sind, dass für die Abnehmer eine funktionale Austauschbarkeit der Produkte oder Leistungen besteht. Geht eine solche Substitutionskonkurrenz von einem Markt aus, der erst in der Entstehung begriffen ist, können Unternehmen der Gefahr einer sukzessiven Verlagerung der Nachfrage auf den neuen Markt dadurch begegnen, dass sie frühzeitig selbst Aktivitäten auf diesem Markt entfalten[135]. Für etablierte Medienunternehmen bedeutet dies, dass wirtschaftliche Einbußen, die zum Beispiel durch den Einzug neuer medialer Angebotstypen oder Verbreitungstechnologien entstehen, ausgeglichen werden können, indem sie den jeweiligen Markt von vornherein mit eigenen Initiativen erschließen[136].

---

133 Heinrich, Medienökonomie Band 1, S. 133; vgl. auch Kaufer, Industrieökonomik, S. 129.

134 Vgl. Hungenberg, in: Glaum/Hommel/Thomaschewski, Wachstumsstrategien internationaler Unternehmungen, S. 23; vgl. auch Beyer/Beck, Wirtschaftsdienst 2004, 91, 93.

135 Vgl. Sjurts, Strategien in der Medienbranche, S. 430 f., 393.

136 Vgl. Seufert, in: Schatz/Jarren/Knaup, Machtkonzentration, S. 270; vgl. auch Sjurts, in: Müller-Kalthoff, Cross-Media Management, S. 13 ff.

2. Verringerung der Erlösabhängigkeit von Einzelmärkten

Als einer der betriebswirtschaftlichen Vorzüge einer Ausrichtung der Geschäftstätigkeit auf unterschiedliche Produkte gilt allgemein, dass die Abhängigkeit von den saisonalen und konjunkturellen Schwankungen der Einzelmärkte reduziert werden kann. Einerseits bedingt eine Diversifikation zwar naturgemäß eine Begrenzung maximaler Umsatz- und Gewinnerwartungen. Denn auch positive Trends konjunkturstarker Branchen können durch gegenläufige Entwicklungen in anderen Segmenten nivelliert werden[137]. Andererseits aber hat eine Verflechtung unterschiedlicher Märkte den Vorteil, dass sich die Ertragslage insgesamt stabilisiert. Die Streuung der Tätigkeitsfelder bedingt auch eine Streuung des Risikos[138].

Im Kontext medienübergreifender Marktaktivitäten muss der Gedanke der Risikominderung zwar insofern relativiert werden, als die relevanten Einzelmärkte in überwiegenden Teilen durch eine Abhängigkeit von Werbeeinnahmen gekennzeichnet sind. Wenn die Erlöse aus dem Werbegeschäft schwinden, dann trifft dies mit Ausnahme der wenigen ausschließlich rezipientenfinanzierten Angebote zumeist sämtliche Branchen. An die Stelle der erhofften Minderung kann damit unter Umständen sogar eine „Verklumpung" von Risiken treten[139].

Bei aller Plausibilität dieser Erwägung bleibt jedoch darauf hinzuweisen, dass auch die Werbemärkte signifikante Unterschiede aufweisen. Die Nachfrage in verschiedenen Werbemärkten kann sich zum Beispiel aufgrund von Veränderungen in den Nutzungsgewohnheiten der Rezipienten unterschiedlich entwickeln, und nicht jede konjunkturelle Veränderung muss notwendig alle Teilmärkte in gleichem Maße erfassen. Zudem können sich innerhalb eines Portfolios auch schlechterdings unterschiedliche Reichweitenentwicklungen bei unterschiedlichen Medienerzeugnissen ertragsstabilisierend auswirken, ohne dass dies zugleich den Wachstumsentwicklungen der jeweiligen Einzelmärkte entsprechen muss. Trotz der marktübergreifenden Abhängigkeit von Werbeeinnahmen dürfte eine crossmediale Diversifikation also grundsätzlich auch einen strategisch erwünschten Risikoausgleich bewirken können.

---

137 Zu unterschiedlichen Kritikpunkten an Diversifikationsstrategien Hinterhuber, Strategische Unternehmensführung, S. 200-202; vgl. auch Seufert, in: Schatz/Jarren/Knaup, Machtkonzentration, S. 270.

138 Hinterhuber, Strategische Unternehmensführung, S. 195, 201 f.; Wirtz, Medien- und Internetmanagement, S. 747.

139 Beyer/Beck, Wirtschaftsdienst 2004, 91, 94 f., gehen von der Annahme aus, dass die betroffenen Märkte einander letztlich zu ähnlich und zu sehr miteinander verbunden sind, dies insbesondere durch die Abhängigkeit vom Werbegeschäft, als dass Risiken wirksam verteilt werden können.

3. Finanzierungsvorteile

Ein weiterer Vorteil einer diversifizierten Marktausrichtung liegt darin, dass sich marktübergreifende Spielräume in Finanzierungsfragen ergeben können.

Abgesehen davon, dass mit wachsender Unternehmensgröße die Bereitschaft von Kreditgebern zur Finanzierung kostenintensiver Investitionen zunimmt[140], eröffnet ein größeres Angebotsspektrum regelmäßig auch Möglichkeiten zu einem gezielten, marktübergreifenden Einsatz finanzieller Ressourcen. Für diversifizierte Unternehmen besteht damit häufig die Möglichkeit zur Querfinanzierung einzelner Produkte und Sparten. Gerade Medienprodukte – und es ist dies ein marktübergreifendes Charakteristikum – sehen sich tendenziell dem Problem mangelnder Kostendeckung ausgesetzt. Je breiter ein Unternehmen aufgestellt ist, desto weiter reichen seine Kapazitäten, absatzschwächere Produkte über die Erträge anderer Segmente vorübergehend oder dauerhaft im Markt zu halten.

In Ausnahmefällen werden Verbundprodukte zwar auch dann querfinanziert, wenn eine Gewinnerwartung selbst auf lange Sicht nicht im Raum steht[141]. Nach betriebswirtschaftlichen Parametern lassen sich Kapitalüberschüsse aus anderen Märkten aber vor allem nutzbar machen, um vorübergehende Schwächephasen zu überwinden, um neue Produkte am Markt einzuführen und um kostenintensive publizistische und medientechnologische Innovationen voranzutreiben[142].

Hinzu kommt, dass auch der Einsatz von Querfinanzierungstechniken strategisch erwünschte Marktschließungseffekte nach sich ziehen kann. Vor allem längerfristige Querfinanzierungen führen tendenziell zu Verzerrungen des Marktgeschehens, weil Umsatzpotenziale abgeschöpft werden, ohne dass dem eine Kostendeckung durch die erzielten Erlöse gegenübersteht. Für potenzielle Wettbewerber kann dies die Attraktivität eines Eintritts in den betroffenen Markt erheblich mindern.

4. Intermediale Werbekonzepte und crossmediale Eigenwerbung

Ein anderer strategischer Vorteil für multimedial ausgerichtete Unternehmen ergibt sich aus den Kombinations- und Differenzierungsmöglichkeiten im Wer-

---

140 Heinrich, Medienökonomie Band 2, S. 240.

141 Vgl. Heinrich, in: Leonhard/Ludwig/Schwarze/Straßner, Medienwissenschaft, S. 200, 209; vgl. in diesem Kontext auch Ludwig, Ökonomie der Medien, S. 391, zur langjährigen Querfinanzierung der Wochenzeitung „die Zeit“.

142 Vgl. Seufert, in: Schatz/Jarren/Knaup, Machtkonzentration, S. 270; vgl. auch Beyer/Beck, Wirtschaftsdienst 2004, S. 91, 92.

beangebot und aus den spezifischen Möglichkeiten zur Förderung der Reichweiten von Verbunderzeugnissen.

Was zunächst die Werbemöglichkeiten für Dritte anbetrifft, so ist davon auszugehen, dass die Ansprache der Rezipienten über mehrere mediale Plattformen zu besonderer Wirksamkeit verhelfen kann. Verantwortlich hierfür sind insbesondere die spezifischen Wirkungsweisen der Einzelmedien und die gesellschaftlich und kulturell geprägten Wertungen und Erwartungen, mit denen die unterschiedlichen Darstellungsformen assoziiert sind. Abonnementzeitungen beispielsweise ermöglichen in erster Linie eine kognitiv vermittelte Ansprache und gelten gemeinhin als seriös und vertrauenswürdig. Audiovisuelle Inhalte dagegen entfalten eine primär emotional-affektive Steuerungswirkung. Im Verbund können diese Eigenschaften so eingesetzt werden, dass die Einzelmedien auch als Werbeträger zu einer funktionalen Ergänzung finden. Multimedial angelegte Werbebotschaften sind im Regelfall erfolgreicher als monomedial geführte Kampagnen[143].

Von Mischunternehmen können marktübergreifend geführte Marketing- und Werbekonzepte überdies von vornherein im Paket angeboten werden (Gedanke der Preisdifferenzierung). Auf diese Weise lässt sich allein auf den Werbemärkten ein Verdrängungswettbewerb in Gang setzen, dem kleinere, monomedial agierende Medienhäuser unter Umständen nicht Stand halten können[144].

Darüber hinaus sieht sich ein crossmedial diversifiziertes Unternehmen in der Lage, die Vermarktung auch der eigenen Medieninhalte spartenübergreifend zu organisieren. Werberaum kann über unterschiedliche Plattformen hinweg kostenfrei oder jedenfalls zu Vorzugskonditionen zur Verfügung gestellt werden. Das Potenzial eines unternehmensinternen Überkreuz-Marketings ist dabei fast unbegrenzt. Es ergeben sich zwar gewisse Einschränkungen, wenn man sich vor Augen führt, dass die Zielgruppen der unterschiedlichen Medienprodukte nur teilweise übereinstimmen und mitunter sogar nur marginale Überschneidungen aufweisen[145]. Trotzdem können crossmedial angelegte Marketingstrategien der genannten Art Reichweiten- und Wettbewerbsimpulse geben, von denen ein Medienkonglomerat im Vergleich mit Einproduktunternehmen wesentlich profitieren kann[146].

---

143 Vgl. Riedel/Schoo, in: Müller-Kalthoff, Cross-Media Management, S. 151 f.

144 Vgl. Kübler, Medienverflechtung, S. 94; vgl. auch Englert, in: Müller-Kalthoff, Cross-Media Management, S. 215 f.

145 Vgl. Wirtz, Medien- und Internetmanagement, S. 740 ff.; vgl. auch Englert, in: Müller-Kalthoff, Cross-Media Management, S. 217; eher skeptisch Beyer/Beck, Wirtschaftsdienst 2004, 91, 94.

146 Vgl. Seufert, in: Schatz/Jarren/Knaup, Machtkonzentration, S. 270.

5. Zusammenlegung personeller und sachlicher Ressourcen

Beim Eintritt eines Unternehmens in andere mediale Teilmärkte sieht sich das Management im Regelfall vor die Aufgabe gestellt, die unternehmensinterne Funktionsaufteilung organisatorisch neu zu ordnen. Insbesondere wenn die Einbeziehung neuer Geschäftsfelder im Wege der Fusion oder Akquisition verwirklicht wird, kann es betriebswirtschaftlich sinnvoll sein, bestimmte Aufgaben branchenübergreifend zu koordinieren und vorhandene Ressourcen zusammenzuführen.

Möglich ist zunächst eine medienübergreifende Zusammenlegung redaktioneller Kapazitäten. Eine Verschmelzung redaktioneller Einheiten unterschiedlicher Mediengattungen zu einer multimedial ausgerichteten Gesamtredaktion dürfte sich in der Praxis allerdings regelmäßig als zweifelhafte Option darstellen. Zum einen entsteht durch eine Zusammenlegung ganzer Redaktionen zumeist ein erheblicher zusätzlicher Verwaltungs- und Koordinationsbedarf, und zum anderen sind die Anpassungsleistungen, derer es für eine mögliche Übertragung von Inhalten von einem Medium in ein anderes bedarf, zumeist mit einem relativ hohen Arbeits- und Kostenaufwand verbunden[147].

Besser geeignet für eine gemeinsame Ressourcennutzung sind demgegenüber Korrespondenten und gegebenenfalls ganze Korrespondentennetze[148]. Insbesondere Auslandskorrespondenten sind in ihrer Tätigkeit zumeist weder auf bestimmte Themenstellungen, etwa auf eine politische Berichterstattung, noch auf bestimmte journalistische Darstellungsformen festgelegt. Sicherlich sind die Anforderungen an die Aufgaben der Korrespondenten je nach Medium zum Teil sehr unterschiedlich[149]. Gleichwohl gibt es durchaus Potenziale auch für marktübergreifende Synergien. Da es sich bei Auslandskorrespondenten um eine sehr kostenintensive Ressource handelt, die zumindest in den privaten Medien nur vergleichsweise sparsam eingesetzt wird[150], sprechen aus medienbetriebswirtschaftlicher Sicht gute Gründe dafür, Korrespondenten oder Korrespondententeams innerhalb eines diversifizierten Medienunternehmens bei Bedarf auch medienübergreifend einzusetzen. Etwaige Vorteile bestehen in der Möglichkeit zur Zulieferung besonders aktuellen Materials[151], in einer Verdichtung des Kor-

---

147 Vgl. Englert, in: Müller-Kalthoff, Cross-Media Management, S. 214 f.; vgl. auch Seufert, in: Schatz/Jarren/Knaup, Machtkonzentration, S. 270.

148 Vgl. Bruderer, Redaktionelle Zusammenarbeit von Tageszeitungen, S. 9, 16 f.

149 Wagner, Auslandskorrespondent/in, S. 43 ff.

150 Vgl. Müller/Schröder in: Hahn/Lönnendonker/Schröder, Deutsche Auslandskorrespondenten, S. 110 ff.

151 Vgl. Wagner, Auslandskorrespondent/in, S. 54.

respondentennetzes insgesamt, in erweiterten Informationsmöglichkeiten und in eventuellen Kostenersparnissen.

In Bezug auf sachliche Ressourcen bietet sich unter anderem eine übergreifende Nutzung von Archiven und Datenbanken an[152]. Archive und Datenbanken bilden wichtige Grundlagen für die journalistische Recherchetätigkeit und dies prinzipiell unabhängig vom Medientypus, in dem die Berichterstattung erfolgen soll. Aus betriebswirtschaftlicher Sicht stellt sich ein erweiterter Zugriff auf entsprechende Quellen grundsätzlich als vorteilhaft dar, zumal wenn die erweiterten Informations- und Recherchemöglichkeiten ohne relevante Mehrkosten verfügbar sind. Es stellt sich allenfalls die Frage nach dem organisatorischen Aufwand, vorhandene Archive, etwa umfangreiche Handarchive, für Redaktionen zugänglich zu machen, die sich an unterschiedlichen Standorten befinden.

Mediale Mehrproduktunternehmen bringen es außerdem mit sich, dass urheberrechtliche Nutzungsrechte in größeren Umfängen erworben werden können. Eine einheitliche Organisation des vergleichsweise kostenintensiven Rechteeinkaufs würde neben Ersparnissen im personellen Bereich vor allem eine gesteigerte Nachfragemacht gegenüber den Rechteinhabern ermöglichen[153]. Außerhalb des produktiven Bereichs bestehen Potenziale zur Kostensenkung in erster Linie über Zusammenlegungen in der Verwaltung und im Management. Die Perspektiven synergetischer Koordinationsleistungen und Ressourcennutzungen sind aus unternehmerischer Sicht also durchaus viel versprechend[154].

6. Mehrfachverwertung von Content

Für Medienkonglomerate besteht prinzipiell die Möglichkeit, vorhandene Inhalte über unterschiedliche mediale Plattformen mehrfach zu nutzen. Ein Zeitungsartikel kann beispielsweise für Onlinepublikationen genutzt werden, und die Inhalte einer Fernsehreportage und das gegebenenfalls umfangreich recherchierte Material hierzu können unter Umständen auch für einen Zeitschriftenartikel Verwendung finden.

Eine relativ häufig anzutreffende Verbindung in der marktübergreifenden Nutzung publizistischer Inhalte besteht im Verhältnis von Printmedien und Fernsehen. Zudem können bestimmte Fernsehinhalte – zumeist in Form von Ausschnitten – für das Medium Radio nutzbar gemacht werden. Das technisch

152 Beyer/Beck, Wirtschaftsdienst 2004, 91, 92; so auch Heinrich, Medienökonomie Band 1, S. 133; vgl. auch Breyer-Mayländer/Werner, Medienbetriebslehre, S. 234 f.

153 Vgl. Englert, in: Müller-Kalthoff, Cross-Media Management, S. 211, 214; ferner Seufert, in: Schatz/Jarren/Knaup, Machtkonzentration, S. 270.

154 Vgl. Heinrich, Medienökonomie Band 1, S. 133.

bestgeeignete Zielmedium für sekundäre Verwertungsprozesse bildet in seinen variablen Darstellungsmöglichkeiten sicherlich das Internet. Dies gilt in erster Linie für Ableger aus dem Zeitungs- und Zeitschriftenbereich, aber auch für Hörfunkinhalte und in immer größerem Umfang auch für audiovisuelle Inhalte[155].

Festzustellen ist zunächst, dass das Potenzial zur crossmedialen Mehrfachverwertung medialer Inhalte nicht unbegrenzt ist. Zu berücksichtigen ist etwa, dass branchen- und unternehmenskulturelle Differenzen bestehen können, die sich für Überkreuzverwertungen als hinderlich erweisen können[156]. Daneben können sich aber auch thematische und formal bedingte Unvereinbarkeiten auswirken[157]. So korrespondieren die Interessen- und Berichtsschwerpunkte einer regionalen oder überregionalen Tageszeitung regelmäßig nicht mit denen von Publikumszeitschriften, und mediale Inhalte, die ihren Reiz aus der Darstellung von Bewegtbildern beziehen, sind für den Hörfunk tendenziell unbrauchbar. Hinzu kommt, dass vor allem die Erwartungen der Rezipienten, aber auch etwa die technischen Vorgegebenheiten nach medienspezifischen Anpassungen bestehender Inhalte verlangen und damit nach Leistungen, die in ihrem Aufwand an die eigentliche Contentproduktion durchaus heranreichen können[158].

Trotz der genannten Schwierigkeiten können aber auch gewichtige Vorteile zum Tragen kommen. Möglichkeiten zur Mehrfachverwertung sind trotz der dargestellten Anpassungserfordernisse und Unvereinbarkeiten sicherlich vielfältig gegeben. Durch eine erneute Verwertung vorhandener Inhalte können Recherchetätigkeiten entfallen oder zumindest reduziert werden. Dasselbe gilt für gegebenenfalls arbeits- und zeitaufwändige Gestaltungsprozesse. Publizistische Inhalte lassen sich entweder innerhalb des diversifizierten Unternehmens mehrfach verwerten, oder sie können zur Wertschöpfung beitragen, indem sie zur Nutzung an Dritte weitergegeben werden. Im Ergebnis lassen sich die Umsatzpotenziale des Unternehmens steigern, ohne dass der hinzu tretende Kostenauf-

---

155 Vgl. Englert, in: Müller-Kalthoff, Cross-Media Management, S. 214 f.; mit etwas anderer Differenzierung und Gewichtung Hess/Schulze, Das Wirtschaftsstudium 2003, 1377, 1382; vgl. auch Heinrich, Medienökonomie Band 1, S. 131;.

156 Vgl. Strunck, Mergers & Acquisitions in der Medienindustrie, S. 156 f.

157 Vgl. Beyer/Beck, Wirtschaftsdienst 2004, S. 91, 93 f.

158 Siehe oben, Zweiter Teil, Gliederungspunkt III A 1; vgl. auch Englert, in: Müller-Kalthoff, Cross-Media Management, S. 214 f.; mit einem etwas anderen Ansatz Sjurts, Strategien in der Medienbranche, S. 433. Für den Erfolg von intermediären Diversifikationsstrategien sei ausschlaggebend, ob das jeweilige Unternehmen sich auf die Produktion von qualitativ hochwertigem Content konzentriere, dies unter dem Gesichtspunkt der Substituierbarkeit und Imitierbarkeit des Angebots; ähnlich Strunck, Mergers & Acquisitions in der Medienindustrie, S. 293.

wand die entstehenden Synergien wieder aufheben muss. Nicht zuletzt die fortgeschrittene Digitalisierung medialer Inhalte bildet eine begünstigende Grundlage für gattungsübergreifende Mehrfachverwertungen[159].

7. Möglichkeit medienübergreifender Markenführung

In einem engen Zusammenhang mit dem Phänomen multimedialer Mehrfachverwertung steht die Möglichkeit crossmedialer Markenführung, also die Möglichkeit, die Marke eines bereits bekannten Medienerzeugnisses auch für Produkte anderer Mediengattungen zu verwenden[160].

Der Vorteil etablierter Marken liegt darin, dass sie von Abnehmern und Konsumenten mit bestimmten Qualitätserwartungen verbunden werden. Publizistische Markenprodukte versprechen bekannte und gewohnt-präferierte Inhalte und Qualitätsstandards. Sie erleichtern die Auswahl unter konkurrierenden Angeboten und fungieren so als einflussreicher Orientierungsmaßstab im Nutzungsverhalten der Rezipienten[161]. So genannte Markenableger finden sich am häufigsten im Fernseh- und Online-Bereich. In der Vergangenheit konnten sich hier vor allem solche Formate erfolgreich positionieren, deren Markenursprung im Print- bzw. im Fernsehgeschäft liegt.

Generell gilt, dass der Wert einer bestehenden Marke erweitert wird, wenn die mit ihr verbundenen Qualitätserwartungen erfolgreich auf ein anderes Produkt übertragen werden können. Ein solcher Imagetransfer erzeugt für das neue Produkt einen wichtigen Vertrauensvorschuss[162]. Speziell in reiferen Märkten, in denen die Chancen eines erfolgreichen Marktzutritts zumeist begrenzt sind, kann dieser Vorschuss entscheidende Wettbewerbsvorteile stiften. Zum einen ist die potenzielle Zielgruppe bereits grob vorherbestimmt, sie erkennt sich als Zielgruppe wieder, und zum anderen erhalten die Rezipienten durch das bekannte Markenbild zumeist ohne kritische Verzögerung Kenntnis von dem neuen Produkt.

Trotz dieser wertvollen Wettbewerbsvorteile sind Markenverlängerungen nicht gefahrlos einsetzbar. Ein mögliches Risiko medialer Ablegerstrategien be-

---

159 Vgl. Hess/Schulze, Das Wirtschaftsstudium 2003, 1377, 1381 f.; eher skeptisch Englert, in: Müller-Kalthoff, Cross-Media Management, 217 f.; vgl. auch Beyer/Beck, Wirtschaftsdienst 2004, 91 f., 93 f.

160 Vgl. Beyer/Beck, Wirtschaftsdienst 2004, 91, 92.

161 Vgl. Bruhn, Marketing, S. 145 f.; vgl. auch Schumann/Hess, Medienwirtschaft (2002), S. 60 f.; vgl. ergänzend Gabler Wirtschaftslexikon, Band 3, Stichwort „Markenstrategien";

162 Vgl. Schumann/Hess, Medienwirtschaft (2002), S. 60 f.; vgl. auch Goldhammer, in: Hofmann, Wissen und Eigentum, S. 95 f.

steht darin, dass der Zusatznutzen des Zweitprodukts gering ausfallen kann. Käufer und Konsumenten gehen unter Umständen dazu über, nur entweder das Ausgangs- oder das Zweitprodukt zu nutzen. Für das Unternehmen bedeutet dies gegebenenfalls eine signifikante Erhöhung der aufzuwendenden Kosten, denen im Ergebnis allenfalls geringfügige Umsatzsteigerungen gegenüberstehen. Ein zweiter Risikofaktor liegt in den möglichen Rückwirkungen des Ablegerprodukts auf die Wertschätzung und den Markenwert des Stammerzeugnisses. Kann sich das Ablegerangebot nicht etablieren, weil es die Nachfrage verfehlt oder die Erwartungen der Rezipienten nicht erfüllt, kann dies zu einem Imageverlust auch für das Ausgangserzeugnis führen und damit zu einem Schaden, der möglicherweise schwerer ins Gewicht fällt als die wirtschaftliche Erfolglosigkeit des Ablegers[163].

Im Ergebnis ist also zu konstatieren, dass Markenverlängerungen mit hohen Qualitätsansprüchen umgesetzt werden müssen. Trotz der genannten Risiken dürfte die Möglichkeit von Markentransfers in benachbarte Märkte indessen zu den wichtigsten Wettbewerbsvorteilen zählen, die sich im Rahmen massenmedialer Diversifikationsstrategien realisieren lassen[164]. Wettbewerbsrelevante Synergieerwartungen betreffen dabei weniger die Kostenseite, sondern in erster Linie die Reichweiten- und Umsatzentwicklungen.

V. Zusammenfassung und Ausblick

Bei der Diversifikation handelt es sich um eine Unternehmensstrategie, die anders als zum Beispiel die Differenzierung oder die Simplifikation darauf ausgerichtet ist, das Produktprogramm eines Unternehmens zu erweitern und auf diese Weise die vorhandenen Wachstumspotenziale auszuschöpfen. Der Eintritt in neue Märkte ist prinzipiell deshalb attraktiv, weil er zu wertvollen Größen- und Verbundvorteilen führen kann, beispielsweise zu Synergieeffekten, die sich durch eine bessere Ressourcennutzung ergeben. Es entsteht typischerweise aber auch ein erhöhter Kosten- und Koordinierungsbedarf. Ob ein Eintritt in neue Märkte Erfolgsaussichten hat, hängt häufig davon ab, ob sich bestehende fachliche Kompetenzen auf das neue Geschäftsfeld übertragen lassen.

Zu den besonderen Merkmalen der medienwirtschaftlichen Wertschöpfung zählen der hohe Fixkostenanteil in der Produktion publizistischer Inhalte, das

163 Vgl. Beyer/Beck, Wirtschaftsdienst 2004, 91, 94 f.; vgl. auch Riedel/Schoo, in: Müller-Kalthoff, Cross-Media Management, S. 148.

164 Vgl. Englert, in: Müller-Kalthoff, Cross-Media Management, S. 217-224; vgl. auch Wirtz, Medien- und Internetmanagement, S. 742.

mit ihm verbundene Prinzip der Stückkostendegression und die doppelte Marktausrichtung der Medienprodukte. Viele Erzeugnisse adressieren neben dem jeweiligen Rezipientenmarkt auch einen Werbemarkt und können in beide Richtungen Umsätze generieren.

Richtet man den Blick auf mediale Konzentrationsprozesse, so lässt sich feststellen, dass sich in der Medienwirtschaft ganz unterschiedliche Faktoren und Bedingungen auswirken können. Von Bedeutung sind zunächst diejenigen Konzentrationsimpulse, die den ökonomischen Besonderheiten der Branche selbst entspringen. So begründen die Auswirkungen der so genannten Auflagen-Anzeigen-Spirale für alle Medienmärkte eine Tendenz zur Konzentration. Zusätzlich begünstigt werden konzentrative Marktentwicklungen durch den vergleichsweise hohen Fixkostenanteil in der Produktion medialer Inhalte, der den Marktzutritt für unabhängige Wettbewerber zum Teil erheblich erschwert.

Weitere wichtige Faktoren für die Entwicklung der Konzentrationsverhältnisse bestehen in den betriebswirtschaftlichen Anreizen, die aus unternehmenspolitischer Sicht dafür sprechen können, eine Strategie Diversifikation zu verfolgen. Zu den wichtigsten Vorteilen, die aus subjektiv-strategischer Sicht eine Rolle spielen dürften, zählen die Teilhabe an Wachstumsmärkten und die Möglichkeit, sich vor aufkommender Substitutionskonkurrenz zu schützen, indem möglichen Verlagerungen der Nachfrage von vornherein mit eigenen Aktivitäten auf den neuen Märkten begegnet wird. Eine diversifizierte Marktausrichtung kann sich zudem in Hinblick auf saisonale oder konjunkturelle Schwankungen positiv auswirken. Denn markt- und medienübergreifende Geschäftsaktivitäten haben als solche grundsätzlich eine risikomindernde und ertragsstabilisierende Wirkung. Regelmäßig bestehen für marktübergreifend positionierte Unternehmen auch größere Spielräume, finanzielle Ressourcen spartenübergreifend einzusetzen. Etwaige Querfinanzierungen können beispielsweise zur Überwindung vorübergehender Schwächephasen hilfreich sein, denen sich einzelne Produkte ausgesetzt sehen. Über diese branchenneutralen Gesichtspunkte hinaus können sich aber auch medienspezifische Verbundvorteile ergeben. So sind crossmedial diversifizierte Unternehmen in der Lage, multimediale Werbekonzepte anzubieten. Nicht zuletzt über marktübergreifende Preisdifferenzierungen besteht die Möglichkeit, große Werbekunden besser an das Unternehmen zu binden. Die vorhandenen Werbemöglichkeiten lassen sich aber auch für unternehmenseigene Zwecke nutzen. Zu denken ist sowohl an eine redaktionelle Eigenwerbung wie auch an eine gegebenenfalls kostenlose Weitergabe kommerzieller Werbekapazitäten an Verbundmedien. Die Verbindung unterschiedlicher Mediengattungen innerhalb eines Unternehmens kann überdies Vorteile in der Nutzung personeller und sachlicher Ressourcen mit sich bringen. Von einer marktübergreifenden Ressourcenkoordination können die unterschiedlichen Medien zum Beispiel bei der Nutzung von Archiven und Korrespondenten profitieren. Vorhandene Inhalte können gegebenenfalls mehrfach verwertet werden. Einen hohen strategischen Wert dürften zudem marktübergreifende Markenverlängerungen haben. Verfügt ein Unternehmen bereits über etablierte und reichweitenstarke Medienmarken, können umsatzseitig erhebliche Synergien vor allem dann freigesetzt werden, wenn sich vorhandene Qualitätserwartungen erfolgreich auf andere Produkte übertragen lassen.

Trotz der angesprochenen Risiken sprechen aus medienunternehmerischer Sicht also gute Gründe für einen Eintritt in neue Märkte und damit langfristig für eine Zunahme gerade auch markt- und medienübergreifender Konzentrationsentwicklungen. Neben der Auflagen-Anzeigen-Spirale und den vergleichsweise hohen Fixkosten in der Medienproduktion machen vor allem die genannten strategischen Wettbewerbsvorteile eine Steigerung der crossmedialen Konzentration wahrscheinlich.

Dritter Teil: Konzentrationsanalyse und Folgeneinschätzung

I. Einleitung

In der Praxis gesellschaftlicher Kommunikation liefern die Massenmedien einen verlässlichen Bezugsrahmen für den öffentlichen und privaten Diskurs. Sie nehmen nicht nur eine wichtige Funktion in der Vermittlung von Informationen und Meinungsvielfalt wahr, sondern treten auch selbst als einflussreiche Faktoren der Meinungsbildung in Erscheinung[165].

Reduziert sich die Pluralität der Inhalte im medialen Angebot, so lässt dies eine Verkürzung auch für die Vielfalt der Anschauungen und Überzeugungen auch in anderen gesellschaftlichen Zusammenhängen erwarten. Das Bundesverfassungsgericht konstatierte in seinem zweiten Rundfunkgebührenurteil aus dem Jahr 2007, dass Gefahren für die Meinungsvielfalt durch Konzentrationsprozesse insoweit begründet würden, als sich aufgrund der Werbefinanzierung eine zunehmende, am Maßstab der Massenkompatibilität ausgerichtete „Standardisierung des Angebots" vollziehe, als Risiken einseitig steuernder Einflussnahmen bestünden und als der Trend zu besonders aufmerksamkeitsbindenden, zum Teil „wirklichkeitsverzerrenden Darstellungsweisen" einen Vielfaltsverlust begünstige[166].

Nachdem im vorausgegangenen Kapitel festgestellt wurde, dass mediale Diversifikationsstrategien als betriebswirtschaftlich prinzipiell attraktiv anzusehen sind und dass insofern langfristig mit einem Anstieg der crossmedialen Konzentration zu rechnen sein wird, besteht das Ziel des vorliegenden Kapitels darin, die Folgen crossmedialer Konzentrationsentwicklungen insbesondere für die Meinungsvielfalt zu untersuchen. Dabei werden die vielfaltsrelevanten Vorzüge crossmedial konzentrierter Marktverhältnisse ebenso zur Darstellung zu bringen sein wie die Risiken und Gefahren, die durch medienübergreifende Wachstumsprozesse ausgelöst werden.

Zu diesem Zweck soll zunächst eine empirische Erfassung der bestehenden crossmedialen Verflechtungen vorgenommen werden. Berücksichtigt werden dabei im Wesentlichen die unterschiedlichen Rundfunk- und Pressemärkte, der

---

165 Vgl. u.a. BVerfGE 12, 205, 260. Die Rolle als Medium und Faktor der Meinungsbildung ist in der Rechtsprechung des Bundesverfassungsgerichts allerdings auf das Medium Rundfunk bezogen.

166 BVerfG ZUM 2007, 712, 721; vgl. auch BVerfGE 103, 44, 67.

Markt publizistisch relevanter Onlineangebote und schließlich die vorhandenen Verbindungen im Verhältnis dieser Märkte zueinander.

Im Anschluss wird zu untersuchen sein, welche ökonomischen und publizistisch-vielfaltsrelevanten Konsequenzen sich bei steigenden crossmedialen Konzentrationswerten ergeben können. Die ökonomischen Auswirkungen sind vor allem deshalb von Bedeutung, weil sie zu den zentralen Grundlagen publizistischer Vielfaltsentwicklungen zählen und die jeweiligen Wirkungszusammenhänge zum Teil eng miteinander verwoben sind. Zudem erleichtert die Auseinandersetzung mit den ökonomischen Gefahren das Verständnis der wettbewerbsrechtlich relevanten Bewertungen marktübergreifender Handlungszusammenhänge, die im nachfolgenden Kapitel im Vordergrund stehen werden.

Unter dem Gesichtspunkt ökonomischer Implikationen crossmedialer Verflechtungen wird zunächst darzulegen sein, welche Aufgaben das Koordinationsprinzip Wettbewerb im Idealfall erfüllen soll und welche Auswirkungen marktkonzentrative Entwicklungen auf die Erfüllbarkeit bestehender Funktionsansprüche haben können. Sodann wird der Frage nachzugehen sein, welche konkreten Vor- und Nachteile crossmediale Konzentrationsprozesse für den ökonomischen Wettbewerb mit sich bringen können.

Bezogen auf den publizistischen Wettbewerb soll untersucht werden, wie sich eine Zunahme der crossmedialen Konzentration auf die Meinungsvielfalt auswirken kann, welche positiven Folgewirkungen zu erwarten sind und inwiefern eine crossmediale Bündelung von Unternehmenseinflüssen eine Verkürzung des Vielfaltsspektrums zur Folge hat oder begünstigt.

II. Empirische Konzentrationserfassung

In der nachfolgenden Analyse der medienwirtschaftlichen Konzentrations- und Verflechtungsverhältnisse soll auf erster Stufe dargestellt werden, welche Konzentrationsniveaus bezogen auf die einzelnen Medienformen in Deutschland gegenwärtig vorzufinden sind. Dabei soll es nicht um eine präzise differenzierende Untersuchung der vielfältig abgrenzbaren Einzelmärkte gehen, wie sie etwa nach wettbewerbsrechtlichen Maßstäben zu Grunde zu legen wären. Beabsichtigt ist vielmehr eine Betrachtung, in der die unterschiedlichen Mediengattungen vereinfachend gegenübergestellt werden sollen. Soweit im Folgenden der Begriff des Marktes Verwendung finden wird, soll damit kein juristisches, sondern ein untechnisches und eher alltagssprachliches Begriffsverständnis verbunden sein.

Auf der zweiten Stufe wird der Frage nachzugehen sein, welche crossmedialen Verflechtungen im Verhältnis der zuvor dargestellten Einzelmärkte heute als besonders ausgeprägt einzustufen sind. Es sollen aber auch diejenigen Bereiche benannt werden, in denen die medienübergreifenden Verflechtungen noch vergleichsweise wenig fortgeschritten sind.

Aufgrund der höheren Aussagekraft für die Entwicklung von Meinungsvielfalt und freier Meinungsbildung werden im Vordergrund der Untersuchung die Konzentrationsverhältnisse auf den Rezipientenmärkten und nicht auf den Werbemärkten stehen. Auf die Frage, ob im Einzelfall tatsächlich ein unmittelbares Austauschverhältnis im Sinne entgeltlicher Leistungsbeziehungen besteht, soll es dabei nicht ankommen. Entscheidend ist vielmehr, in welchem Umfang bestimmte Unternehmen welche Reichweiten auf sich vereinigen. Der Schwerpunkt wird in diesem Analyserahmen auf die Angebote privater Medienunternehmen zu legen sein, nicht auf die Reichweiten der öffentlich-rechtlichen Rundfunkveranstalter. Denn es ist vor allem die private Medienwirtschaft, in der umfassende crossmediale Verflechtungsentwicklungen überhaupt möglich sind und in der sie ein erhöhtes Gefährdungspotenzial für die Meinungsvielfalt mit sich bringen können.

Im Einzelnen sollen nachfolgend zunächst die Konzentrationsverhältnisse im Fernsehbereich, auf den Hörfunkmärkten, auf den Märkten für Zeitungen und Zeitschriften und auf dem Markt für publizistisch relevante Onlineangebote untersucht werden. Im Anschluss werden die übergreifenden, crossmedialen Konzentrationszusammenhänge zu analysieren und darzustellen sein.

A. Fernsehmarkt

Das Medium Fernsehen ist in seinem Einfluss auf die öffentliche und private Meinungsbildung nicht nur nach dem Verständnis des Bundesverfassungsgerichts als besonders bedeutsam einzuschätzen[167]. Für das Leitmedium Fernsehen lässt sich zunächst feststellen, dass sich der überregionale private Fernsehmarkt in Deutschland durch ein relativ stark verfestigtes Duopol kennzeichnet[168].

Die beiden großen Veranstaltergruppen, die zur Bertelsmann AG gehörende RTL Group S.A. und die ProSiebenSat.1 Media AG, verfügen jeweils über eine Mehrzahl von Vollprogrammen. Bis zur Veräußerung des Senders N24 durch die ProSiebenSat.1-Gruppe im Sommer 2010 verfügten beide auch je über je einen Spartenkanal im Bereich Nachrichten. Die Anzahl und Vielfalt der für die Rezipienten insgesamt verfügbaren privaten Programme geht zwar über die den

---

167 Siehe oben, Erster Teil, Gliederungspunkt III A 2; vgl. aber auch z.B. van Eimeren/ Frees, Media Perspektiven 2009, 334, 342.

168 Vgl. Landesmedienanstalten, Crossmediale Verflechtungen, S. 66 f.

zwei Sendergruppen zuzurechnenden Angebote deutlich hinaus[169]. Ordnet man jedoch die mit den Programmen erzielten Reichweiten den jeweiligen Eigentümern und Anbietergruppen zu, zeigt sich ein ausgesprochen hohes Konzentrationsniveau. So konnte die ProSiebenSat.1 Media AG im Jahr 2009 monatsdurchschnittliche Zuschaueranteile zwischen 20,6 und 23,0 Prozent erzielen. Für die RTL Group haben sich im selben Jahr monatsdurchschnittliche Zuschaueranteile zwischen 24,1 und 26,8 Prozent ergeben[170]. Da die öffentlich-rechtlichen Sender mit ihren Angeboten im Jahr 2009 Zuschaueranteile zwischen 41,3 und 45,3 Prozent erreichten, bewegten sich die Zuschaueranteile der verbleibenden unabhängigen Anbieter zumeist im Bereich der 10-Prozent-Marke[171].

Bezieht man in der überregionalen Perspektive auch den Pay-TV-Sektor mit ein, ist der Vielfaltszuwachs, der sich aus diesem spezifischen Programmangebot in der deutschen Fernsehlandschaft ergibt, deutlich begrenzt. Zwar ist der Veranstalter Sky Deutschland (ehemals Premiere) als der größte deutsche Pay-TV-Anbieter derzeit mit keinem anderen deutschen Medienunternehmen verbunden[172]. Doch haben die Programme des Premiere-Angebots im Jahr 2008 lediglich einen Zuschaueranteil von 1,5 Prozent erreicht[173].

Eine gewisse Relativierung des konzentrationsbedingt unter Umständen zu befürchtenden Vielfaltsdefizits folgt allein aus dem breiten Programmangebot der öffentlich-rechtlichen Sender. Ihre aggregierten Zuschaueranteile entsprechen etwa den Reichweiten, die auf die RTL Group und die ProSiebenSat.1 Media AG zusammen entfallen[174]. Aber auch unter Berücksichtigung dieses publizistischen Gegengewichts[175] ändert sich nichts an dem Umstand, dass der private Fernsehmarkt in Deutschland von einem stabilen Duopol dominiert wird und damit vermutlich die höchsten Konzentrationsraten aufweist, die gegenwärtig innerhalb der vorliegend zu vergleichenden Medienformen bestehen. Dies gilt zumindest im überregionalen Vergleichsmaßstab[176].

Was im privaten Fernsehen schließlich die regionalen und lokalen Märkte anbetrifft, so bestehen in den jeweiligen Verbreitungsgebieten überwiegend Monopolsituationen und nur vereinzelt oligopolistische Wettbewerbsverhältnis-

---

169 Vgl. allein Landesmedienanstalten, Crossmediale Verflechtungen, S. 57, 64.
170 KEK, Dreizehnter Jahresbericht (2010), S. 326.
171 Ebenda; vgl. auch Landesmedienanstalten, Crossmediale Verflechtungen, S. 67.
172 Vgl. KEK, Dreizehnter Jahresbericht (2010), S. 351.
173 Ebenda, S. 326 f., mit Verweis auf Unternehmensangaben.
174 Vgl. ebenda, S. 326.
175 Vgl. z.B. Landesmedienanstalten, Crossmediale Verflechtungen, S. 67.
176 Vgl. auch Beyer/Carl, Einführung in die Medienökonomie, S. 127, m.w.N.

se[177]. Seine Gründe hat dies unter anderem in den von vornherein beschränkten absoluten Reichweiten, in den relativ geringen Umsatzpotenzialen und in dem erheblichen Konkurrenzdruck, der unter anderem von den dritten Programmen erzeugt wird[178]. Angesichts des vergleichsweise geringen Nutzerinteresses an privaten Regionalprogrammen[179] und des insoweit begrenzten Einflusses auf die öffentliche Meinungsbildung soll dieser Bereich nicht Gegenstand weiterer Ausführungen sein.

B. Hörfunkmärkte

Einen geringeren Einfluss auf die gesellschaftliche Meinungsbildung entfaltet der private Hörfunk. Bereits die meinungsbildenden Einflüsse sind denen des Fernsehens kaum vergleichbar. Den Wortbeiträgen kommt im privaten Hörfunk neben dem Musikprogramm schon quantitativ typischerweise eine nur untergeordnete Bedeutung zu. Zudem erschöpfen sich die sachlich-informativen Aussageanteile häufig in einer möglichst meinungsneutralen und zielgruppenoffenen Berichterstattung[180].

Aber auch in seiner äußeren Marktstruktur lässt das Angebot im privaten Hörfunk entscheidende Unterschiede zum Fernsehmarkt erkennen. Unter Konzentrationsgesichtspunkten ist zunächst von Bedeutung, dass die bestehenden Hörfunkangebote in Deutschland ganz überwiegend auf eine landesweite Verbreitung und zum Teil auch auf regionale und lokale Verbreitungsgebiete zugeschnitten und beschränkt sind. Einen Wettbewerb bundesweit sendender Veranstalter gibt es dagegen nur in sehr überschaubarem Umfang[181].

---

177 Vgl. z.B. Zentralverband der deutschen Werbewirtschaft, Werbung in Deutschland 2009, S. 322, 325-328.

178 Vgl. Landesmedienanstalten, Crossmediale Verflechtungen, S. 221 ff.; vgl. ferner die Ausführungen der KEK, „Ballungsraumfernsehen", Stand September 2008, abrufbar unter http://www.kek-online.de/Inhalte/ballungsraumfernsehen.html (besucht am 03.10. 2010).

179 Vgl. zu konkreten Nutzungsdaten KEK, „Ballungsraumfernsehen", Stand September 2008, abrufbar unter http://www.kek-online.de/Inhalte/ballungsraumfernsehen.html (besucht am 03.10.2010).

180 Vgl. Degen, Mut zur Meinung, S. 127; vgl. auch Leidinger, Medien Herrschaft Globalisierung, S. 53.

181 Vgl. Landesmedienanstalten, Crossmediale Verflechtungen, S. 128; vgl. auch KEK, „Hörfunk", Stand März 2009, abrufbar unter http://www.kek-online.de/Inhalte/hoerfunk.html (besucht am 03.10.2010).

Nimmt man die bundesweit sendenden Veranstalter deshalb aus der weiteren Analyse aus, so zeigt sich, dass die Markt- und Konzentrationsstrukturen von Bundesland zu Bundesland sehr unterschiedlich sind, was insbesondere mit den divergierenden gesetzlichen Vorgaben, aber auch mit den Abweichungen in der Lizenzierungspraxis zusammenhängt. Allein die Anzahl zugelassener Radioprogramme reichte im Jahr 2005 von lediglich einem privaten Programm in Bremen über 24 Programme in Berlin bis hin zu 68 Programmen in Bayern. Für Bayern ist dabei die Besonderheit zu berücksichtigen, dass sich hier eine ausgeprägte lokal gegliederte Veranstalterstruktur entwickelt hat[182].

Zum Teil sind Senderketten gebildet worden, und in einigen Regionen haben sich auch Programmkonzepte etabliert, innerhalb derer man sich einer gemeinsamen Nutzung von Mantelprogrammen bedient. Es werden insoweit Programmteile an Lokalradios in dem jeweiligen Bundesland zugeliefert[183].

Zu den größeren privaten Hörfunkgruppen zählen derzeit u.a. die RTL Group mit einem Marktanteil von ca. 7 Prozent innerhalb des gesamten Bundesgebiets (so genannter Hördaueranteil, hier bezogen auf die so genannten Frühjahrs- und Herbstwellen des Jahres 2008)[184], die Hubert Burda Media Holding und der Heinrich Bauer Verlag. Soweit zu den genannten Gruppen Informationen vorliegen, lagen die Marktanteile unter Berücksichtigung auch der Beteiligungshöhen jeweils unter zehn Prozent, insoweit bezogen auf die Radionutzung im gesamten Bundesgebiet. Andere Werte gelten naturgemäß für die Hördaueranteile, die innerhalb der einzelnen Bundesländer erzielt werden[185]. Im überregionalen Vergleichsmaßstab jedoch erreicht keine private Hörfunkgruppe auch nur entfernt einen Marktanteil, der den Zuschaueranteilen der großen überregionalen Veranstaltergruppen im TV-Bereich gleichkäme[186].

Einen wichtigen Vielfaltsfaktor begründet auch im Hörfunk das öffentlich-rechtliche Programmangebot, dessen Reichweiten zum Beispiel im Jahr 2005 denen der privaten Anbieter in ihrer jeweiligen Gesamtheit leicht überlegen waren[187].

---

182 Landesmedienanstalten, Crossmediale Verflechtungen, S. 128 f., m.w.N.

183 Ebenda, S. 129.

184 KEK, „Hörfunk“, Stand März 2009, abrufbar unter http://www.kek-online.de/Inhalte/hoerfunk.html (besucht am 03.10.2010), mit Verweis auf AG.MA und Media-Micro-Census GmbH, ma 2009 Radio I.

185 Vgl. ebenda (besucht am 03.10.2010), dort mit Angaben zu konkreten Nutzungsdaten jeweils unter „Hördaueranteile“ der jeweiligen Radiobeteiligungen, dort seinerseits mit Verweis auf AG.MA und Media-Micro-Census GmbH, ma 2009 Radio I.

186 Vgl. ebenda (besucht am 03.10.2010).

187 Landesmedienanstalten, Crossmediale Verflechtungen, S. 130, Tabelle II-25, m.w.N.

C. Zeitungsmärkte

Zeitungen gelten nicht zuletzt aufgrund ihrer hohen Informationsanteile als besonders wichtige Faktoren für die öffentliche Meinungsbildung. Für die Marktaufteilung im Zeitungsbereich ist zunächst relevant, dass unterschiedliche, teilweise spezifische Kategorienbildungen und Differenzierungen möglich sind. Wie bei vielen anderen Medienformen kann auch in diesem Kontext nach dem räumlichen Verbreitungsumfang unterschieden werden, namentlich zwischen lokal und regional erscheinenden Zeitungen einerseits und überregionalen Zeitungstiteln andererseits.

In einem anderen Ansatz lässt sich nach der Erscheinungshäufigkeit differenzieren, das heißt zwischen Tageszeitungen, Sonntagszeitungen[188] und Wochenzeitungen[189]. Die verfügbaren Reichweitenerhebungen knüpfen indessen überwiegend nicht an der geografischen Ausrichtung auf überregionale oder regionale Märkte an, sondern erfassen den Auflagenumfang aller Tageszeitungen und unterscheiden gegebenenfalls nach Abonnement- und Kaufzeitungen[190].

Für den Tageszeitungsmarkt insgesamt lässt sich für das erste Quartal 2008 ein gemeinsamer Marktanteil der fünf größten Verlagsgruppen von 44,8 Prozent feststellen. Auf die zehn größten Verlagsgruppen entfiel ein aggregierter Marktanteil von 58,5 Prozent. Die mit Abstand stärkste Gruppe bildete die Axel Springer AG mit einem Gesamtmarktanteil von 22,1 Prozent. Die Marktanteile der Verlage auf den Plätzen zwei bis neun lagen bei Werten zwischen 8,5 und 2,0 Prozent. Von den zehn marktstärksten Verlagsgruppen verlegten insgesamt fünf auch überregionale Zeitungstitel[191].

In der Gegenüberstellung von Kauf- und Abonnementzeitungen zeigen sich zum Teil starke Asymmetrien in der Marktaufteilung. Auffällig im Bereich der Kaufzeitungen war die Marktführerschaft der Axel Springer AG mit einem Marktanteil von 79,3 Prozent für das erste Quartal 2008. Bei den Abonnement-

188 Vgl. zum Verhältnis von Tages- und Sonntagszeitungen Röper, Media Perspektiven 2008, 420, 425 Tabelle Nr. 4, mit Verweis auf „FORMATT-Institut, Dortmund".

189 Vgl. Landesmedienanstalten, Crossmediale Verflechtungen, S. 164 ff., m.w.N.

190 Vgl. z.B. Röper, Media Perspektiven 2008, 420, 421 Tabelle Nr. 1, mit Verweis auf „FORMATT-Institut, Dortmund"; ähnlich die Übersichten der KEK, „Daten zum Zeitungsmarkt insgesamt", abrufbar unter http://www.kek-online.de/Inhalte/tazei_daten_zeitungsmarkt.pdf (besucht am 03.08.2009).

191 Vgl. Röper, Media Perspektiven 2008, 420, 421 Tabelle Nr. 1, mit Verweis auf „FORMATT-Institut, Dortmund".

zeitungen lag die marktstärkste Verlagsgruppe dagegen bei lediglich 10,8 Prozent[192].

Vergleicht man allein die sechs großen überregionalen Zeitungen miteinander (Süddeutsche Zeitung bis Financial Times Deutschland), so ergaben sich für das erste Quartal 2008 Auflagenhöhen in einem Spektrum von 450.200 bis 101.746 Exemplaren (verkaufte Auflage)[193]. Rechnet man auch die Bild-Zeitung den überregionalen Titeln zu, so nahm sie mit einer verkauften Auflage von deutlich über 3 Mio. Exemplaren[194] auch hier eine absolute Spitzenstellung ein. Mit Ausnahme von Springer (Welt, Welt Kompakt und gegebenenfalls Bild-Zeitung) ist im Übrigen keiner Verlagsgruppe mehr als eine überregionale Zeitung zuzurechnen.

In der deutschen Zeitungslandschaft zeigt sich also eine relativ große Vielfalt nicht nur der verfügbaren Zeitungstitel, sondern auch der Verlage. Dies gilt sowohl in Hinblick auf die Eigentümerstruktur auf dem Tageszeitungsmarkt insgesamt wie auch für das Marktsegment der überregional erscheinenden Titel (wo lediglich dem Springer-Verlag mehr als eine Zeitung zuzurechnen ist)[195].

Abgesehen von den regelmäßig hohen Konzentrationswerten innerhalb der regionalen und lokalen Teilmärkte – wo eine gesteigerte Marktkonzentration aufgrund der zumeist limitierten Umsatzpotenziale allerdings häufig in der Natur der Sache liegt – zeigt sich die Marktaufteilung insgesamt wenig konzentriert. Eine Sonderstellung nimmt der Axel-Springer-Verlag ein, der in allen wichtigen Marktsegmenten vertreten ist, auf dem Markt für Verkaufszeitungen und auf dem Markt für Abonnementzeitungen, auf dem überregionalen Markt ebenso wie auf regionalen Märkten[196]. Vor allem aufgrund der hohen Reichweiten der Bild-Zeitung kann Springer vergleichsweise große Marktanteile auf sich vereinigen. Dies gilt in besonderem Maße für den Markt der Verkaufszeitungen, aber mit einem Anteil von über 20 Prozent auch für den Gesamtmarkt der Tageszeitungen. Der Einfluss des Unternehmens auf die öffentliche Meinungsbildung ist damit als deutlich überdurchschnittlich zu qualifizieren.

---

192 Röper, Media Perspektiven 2008, 420, 421 Tabelle Nr. 1, mit Verweis auf „FORMATT-Institut, Dortmund".

193 Vgl. Röper, Media Perspektiven 2008, 420, 426, 429, 431, 434, jeweils mit Verweis auf „FORMATT-Institut, Dortmund".

194 Röper, Media Perspektiven 2008, 420, 426, mit Verweis auf „FORMATT-Institut, Dortmund".

195 Mit etwas anderer Wertung Beyer/Carl, Einführung in die Medienökonomie, S. 129 ff.

196 Vgl. Röper, Media Perspektiven 2008, 420, 426, mit Verweis auf „FORMATT-Institut, Dortmund".

D. Zeitschriftenmärkte

Eine grundlegende Differenzierung im weit überwiegend überregional ausgerichteten Zeitschriftenmarkt betrifft die Unterscheidung zwischen Publikumszeitschriften und Fachzeitschriften. Publikumszeitschriften lassen sich als redaktionell gestaltete und periodisch erscheinende Publikationen beschreiben, die mit einer großen Bandbreite möglicher Themenfelder grundsätzlich einen großen Leserkreis adressieren. Anders als Fachzeitschriften „sprechen sie ihre Leser nicht im beruflichen, sondern ausschließlich im privaten Umfeld an und decken deren persönliche Informations- und Freizeitinteressen ab“[197].

Da die verkaufte Auflage der Publikumszeitschriften die verkaufte Auflage im Fachzeitschriftenbereich bei weitem überschreitet[198], sollen sich die nachfolgenden Ausführungen auf den Markt für Publikumszeitschriften beschränken. Ein weiteres Unterscheidungsmerkmal, das gerade auch für Publikumszeitschriften herangezogen wird, ist die Erscheinungshäufigkeit. Maßgeblich ist insoweit, ob eine Zeitschrift mindestens vierzehntägig erscheint oder seltener.

Die vier im Segment der Publikumszeitschriften auflagenstärksten Verlagsgruppen bildeten im ersten Quartal des Jahres 2008 der Heinrich Bauer Verlag, die Hubert Burda Media Holding, Axel Springer und Gruner + Jahr. Bei einem gemeinsamen Marktanteil von 61,9 Prozent lagen die Marktanteile der einzelnen Verlagsgruppen zwischen 19,5 Prozent (Heinrich Bauer Verlag) und 10,8 Prozent (Gruner + Jahr)[199]. Der gemeinsame Marktanteil der vier Marktführer ist damit seit 1995 bemerkenswert konstant geblieben[200]. Deutlich gestiegen ist allerdings die Anzahl der (IVW-gemeldeten) Titelzahlen, nämlich von unter 1.000 Zeitschriften im März 1995 auf annähernd 1.500 Titel im März 2008[201].

In crossmedialen Zusammenhängen sind vor allem die Marktstellungen von Gruner + Jahr, von Axel Springer und von der Verlagsgruppe Bauer hervorzuheben, dies entweder aufgrund relevanter Verflechtungen mit anderen Medienformen oder vor dem Hintergrund einer vergleichsweise starken Präsenz im Segment der Fernsehzeitschriften.

Die Verlagsgruppe Bauer erreichte im ersten Quartal 2008 hohe Auflagen insbesondere im Bereich der mindestens vierzehntägig erscheinenden Titel

---

197 Landesmedienanstalten, Crossmediale Verflechtungen, S. 185; vgl. auch Vogel, Media Perspektiven 2008, 467 (467), dort etwas abweichend zum Begriff der Publikumspresse.

198 Vgl. KEK, „Daten zum Zeitungsmarkt insgesamt“, abrufbar unter http://www.kek-online.de/Inhalte/tazei_daten_zeitungsmarkt.pdf (besucht am 03.08.2009), dort m.w.N.

199 Vogel, Media Perspektiven 2008, 467, 468 Tabelle Nr. 3.

200 Vgl. ebenda.

201 Ebenda, Tabelle Nr. 2.

(Marktanteil von 31 Prozent). Ein besonders großer Teil davon entfiel auf die vielen, zum Teil sehr auflagenstarken Fernsehzeitschriften, die das Profil des Verlages wesentlich mitprägen[202].

Das Verlagshaus Gruner + Jahr, das vor allem aufgrund der Zugehörigkeit zum Bertelsmann-Konzern Bedeutung für marktübergreifende Konzentrationszusammenhänge hat, erreichte im ersten Quartal 2008 eine (gattungsbereinigte) Auflagenhöhe von 10,8 Prozent[203]. Relativ starke Marktpositionen bestehen im Bereich der Nachrichtenmagazine und ähnlicher Zeitschriften. Den mit Abstand auflagenstärksten Titel bildete hier die Zeitschrift Stern mit einer anteiligen verkauften Auflage von fast einer Mio. Exemplaren im ersten Quartal 2008. Noch höher fiel die verkaufte Auflage des Spiegel mit über einer Mio. Exemplaren aus, die dem Verlag aufgrund vergleichsweise geringer Beteiligungen aber nur zu einem Bruchteil zuzurechnen war[204].

Der dritte Verlag, auf den hier kurz eingegangen werden soll, ist der Axel-Springer-Verlag. Er verzeichnete erhebliche Auflagenhöhen zwar vor allem im Zeitungsbereich. Aber auch mit seinen Zeitschriften wurde im ersten Quartal 2008 ein Marktanteil von 15,1 Prozent erreicht[205]. Bemerkenswert hohe Auflagen hatte der Verlag im Bereich der mindestens vierzehntägig erscheinenden Titel, womit er es in dieser Kategorie auf einen Marktanteil von 23 Prozent brachte. In diesem Segment finden sich bei Springer allein vier Titel, die die Auflagengrenze von 1 Mio. überschritten haben (davon zwei Fernsehzeitschriften). Als besonders auflagenstark zeigten sich die Zeitschriftentitel der Bild-Gruppe (Bild am Sonntag, Bild der Frau, Computer Bild usw.)[206].

Das Konzentrationsniveau auf dem Markt der Publikumszeitschriften fällt insgesamt etwas höher aus als der Konzentrationsstand auf dem Markt für regionale und überregionale Tageszeitungen. Dies gilt jedenfalls dann, wenn man den gemeinsamen Marktanteil der vier bzw. fünf größten Verlagsgruppen miteinander vergleicht. Während die fünf führenden Zeitungsverlage im ersten Quartal 2008 einen aggregierten Marktanteil von 44,8 Prozent erreichten, konnten die vier auflagenstärksten Verlage im Segment der Publikumszeitschriften im selben Zeitraum einen Marktanteil von 61,9 Prozent auf sich vereinigen.

Die Konzentrationsraten auf dem Markt der Publikumszeitschriften können damit nicht als ungewöhnlich hoch, aber auch nicht mehr als niedrig bezeichnet werden. Der Markt ist von einer relativ stabilen Oligopolstruktur von zumindest

202 Vogel, Media Perspektiven 2008, 467, 475 Tabelle Nr. 9.
203 Ebenda, S. 468 Tabelle Nr. 3.
204 Ebenda, S. 482 Tabelle Nr. 12.
205 Ebenda, S. 468 Tabelle Nr. 3.
206 Vgl. ebenda, S. 477 Tabelle Nr. 10.

mittlerer Weite gekennzeichnet[207]. Würde man als Bewertungsmaßstab die Regelungen des Gesetzes gegen Wettbewerbsbeschränkungen (GWB) auf die Verteilung der Auflagen im Segment der Publikumszeitschriften übertragen, so wäre angesichts eines gemeinsamen Marktanteils der drei größten Wettbewerber von knapp über 50 Prozent (im ersten Quartal 2008)[208] die Grenze zur Vermutung einer kollektiven Marktbeherrschung überschritten (vgl. § 19 Abs. 3 Nr. 1 GWB).

E. Onlinemarkt

Vergleichsweise schwer zu erfassen ist der Markt für publizistisch relevante Onlineangebote.

Das publizistische Angebot in diesem jüngsten der hier betrachteten Mediensegmente ist ausgesprochen vielgestaltig und in dieser Vielgestaltigkeit nach wie vor in der Entwicklung begriffen. Das Spektrum reicht von printähnlichen und anderen primär text- und bildbasierten Inhalten über Dienste, die verstärkt auch Audio-Inhalte bereitstellen, bis hin zu sehr unterschiedlichen Ausprägungen audiovisueller Inhalte (in Gestalt etwa von Videoportalen, Web-TV-Formaten oder Mediatheken)[209]. Die Angebote sind nicht immer redaktionell gestaltet. Ein relevanter Einfluss auf die öffentliche Meinungsbildung kann für einen Großteil der verfügbaren Angebote aber angenommen werden, auch zum Beispiel für Videoportale, in denen nutzergenerierte Inhalte vorherrschen[210].

Als Sondertypen publizistisch relevanter Darstellungs- und Ausdrucksformen begegnen Diskussionsforen und so genannte Weblogs (Blogs). Weblogs bezeichnen eine Darstellungsform, innerhalb derer ein Autor in chronologischer Abfolge neue Einträge zu bestimmten Themen oder beispielsweise zu eigenen Wahrnehmungen und Erlebnissen einstellt. Oftmals können die Inhalte von den Lesern und Nutzern kommentiert werden[211]. Weblogs werden mit unterschiedlichen Zielsetzungen auch zum Beispiel von Unternehmen betrieben[212]. Diskussi-

207 Vgl. Vogel, Media Perspektiven 2008, 467, 468 Tabelle Nr. 3.

208 Vgl. ebenda.

209 Vgl. van Eimeren/Frees, Media Perspektiven 2009, 349, 352 f.; vgl. dieselben, Media Perspektiven 2009, 334, 343 f.

210 Zur Entwicklung nutzergenerierter Inhalte vgl. Busemann/Gscheidle, Media Perspektiven 2009, 356, 357 ff.

211 Sjurts, Gabler Kompakt-Lexikon Medien, Stichwort „Blog"; vgl. auch Busemann/Gscheidle, Media Perspektiven 2009, 356, 357 f., 362.

212 Landesmedienanstalten, Crossmediale Verflechtungen, S. 215; vgl. auch Beyer/Carl, Einführung in die Medienökonomie, S. 90.

onsforen dienen dagegen vorrangig dem Austausch von Meinungen und Erfahrungen. Sie können moderiert sein und werden ebenfalls von Privatpersonen oder Unternehmen betrieben[213].

Zunehmend größere Bedeutung erhält das Internet für Fernsehinhalte, die über Internet-Protokoll (IPTV) übertragen werden. Für diesen Distributionskanal wird zum Teil ein hohes Entwicklungspotenzial gesehen. In erster Linie handelt es sich um einen technischen Übertragungsweg. Die Nutzung erfolgt dabei über geschlossene Netze und nicht über das offene Internet. Inhaltlich haben IPTV-Angebote derzeit eine hohe Ähnlichkeit mit dem klassischen Pay-TV[214].

Lediglich am Rande sei auf die Rolle von Internet-Suchmaschinen hingewiesen. Eine Sonderrolle nehmen Suchmaschinen insofern ein, als sie zwar nicht selbst publizistische Inhalte anbieten, wohl aber in ihrer filternden Wirkung einen erheblichen Einfluss auf die öffentliche und private Meinungsbildung haben. Denn die Ordnungs- und Selektionsfunktion, die sie erfüllen, hat aufgrund der großen praktischen Bedeutung von Suchmaschinen[215] weitreichende Auswirkungen auf das Nutzerverhalten. Die Diskussion um ihre spezifischen Einflusspotenziale und Steuerungsmöglichkeiten in Hinblick auf die öffentliche Meinungsbildung – und nachgelagert um die rechtliche Relevanz dieser Einflüsse – soll indessen nicht zum Gegenstand dieser Arbeit gemacht werden[216]. Zum einen unterscheiden sich Suchmaschinendienste von den hier behandelten Medienangeboten dadurch, dass sie selbst keine publizistischen Inhalte bereitstellen, sondern lediglich helfen, solche Inhalte aufzufinden. Diese Sonderstellung begründet auch unter Vielfaltsgesichtspunkten eine Eigenständigkeit der Themenstellung. Zum anderen würde sich das Thema nicht angemessen behandeln lassen, ohne den Rahmen der vorliegenden Untersuchung über Gebühr auszudehnen.

Zu den wichtigsten Inhalteanbietern in Deutschland zählen die bereits etablierten Medienunternehmen, deren Schwerpunkte traditionell im Presse- oder Rundfunkbereich liegen. Hinzu kommen die Angebote von Unternehmen, die im Ausgangsgeschäft vor allem als Internetdienstanbieter (Internet-Service-Provider) in Erscheinung treten, zum Beispiel von Zugangsanbietern (Acces-

---

213 Vgl. zur gestiegenen Nutzungsrelevanz von Gesprächsforen van Eimeren/Frees, Media Perspektiven 2009, 334, 341.

214 Vgl. KEK, „Online-Medien“, Stand August 2010, abrufbar unter http://www.kek-online.de/Inhalte/onlinemedien.html (besucht am 03.10.2010); vgl. auch Landesmedienanstalten, Crossmediale Verflechtungen, S. 210, m.w.N.

215 Vgl. van Eimeren/Frees, Media Perspektiven 2009, 334, 340 f.

216 Vgl. hierzu die Darstellung von Schulz/Held/Laudien, Suchmaschinen als Gatekeeper in der öffentlichen Kommunikation, u.a. die Zusammenfassung auf S. 117.

sprovidern) oder von Email-Hosting-Providern. Die Anbietervielfalt ist damit zumindest zahlenmäßig vergleichsweise groß.

Was die konkrete Marktaufteilung im Kontext publizistisch relevanter Onlineangebote anbetrifft, so ist eine Analyse der Nutzungsreichweiten mit Schwierigkeiten verbunden. Seinen Grund hat dies in einigen Besonderheiten vor allem bei der Erhebung der Nutzungsdaten.

Zunächst gibt es unterschiedliche Messgrößen, die man heranziehen kann. Operiert wird üblicherweise mit Größen wie Zugriffen auf eine Internetadresse (Visits), Sichtkontakten einer Seite (Pageimpressions) oder der so genannten Verweildauer. Problematisch ist vor allem, dass es in der Erfassung von Reichweiten an einer Referenz fehlt, die eine Art Gesamtheit aller relevanten Angebote abbilden würde und an der sich die relativen Reichweiten der Einzelangebote messen lassen könnten[217]. Zudem werden von den gängigen Erhebungen in aller Regel nur werbefinanzierte Angebote erfasst, und auch sie gehen nicht vollständig in die Erhebungen ein, sondern nur insofern, als sie zum Beispiel an die AGOF (Arbeitsgemeinschaft Online Forschung e.V.) oder die IVW (Informationsgemeinschaft zur Feststellung der Verbreitung von Werbeträgern e.V.) gemeldet werden. Die Statistiken bieten damit zwangsläufig nur ausschnitthafte Ergebnisse. Darüber hinaus hat der Fokus auf werberelevante Angebote zur Folge, dass die ermittelten Daten nicht verlässlich zwischen massenkommunikativen Angeboten und individualkommunikativer Nutzung unterscheiden lassen[218]. Relevant wird dies vor allem dort, wo innerhalb eines funktional differenzierten Diensteangebots – wie zum Beispiel bei großen Email-Providern – beide Bereiche abgedeckt werden. Diese Einschränkungen und Unwägbarkeiten gilt es im Folgenden zu berücksichtigen.

Unabhängig von der Ausschnitthaftigkeit der verfügbaren statistischen Werte finden sich kaum Erhebungen, die Marktanteile im Onlinesektor über die konkreten Einzelangebote hinaus auch aggregiert, nämlich nach Maßgabe unternehmensbezogener Reichweiten wiedergeben. Eine Ausnahme bildet eine im Jahr 2007 veröffentlichte Darstellung der Landesmedienanstalten, die sich damals auf Pageimpressions bezog (Stand Oktober 2006). Unter Bezugnahme auf Basisdaten der IVW und von INFOnline wurden hier die Anteile einzelner Unternehmen an insgesamt 12 Mrd. Seitenaufrufen ausgewiesen. Die weiter spezifizierten knapp sechzig Prozent der Pageimpressions gingen danach fast ausschließlich auf deutsche und amerikanische Unternehmen zurück, ein Großteil davon auf Medien-, Telekommunikations- und Informationstechnologieunter-

217 Vgl. Beyer/Carl, Einführung in die Medienökonomie, S. 133.

218 Vgl. zu den Erhebungsschwierigkeiten ergänzend Landesmedienanstalten, Crossmediale Verflechtungen, S. 216-218.

nehmen. Die übrigen rund vierzig Prozent der Pageimpressions wurden nicht zugeordnet. Zu den marktstärksten Unternehmen zählten T-Online (17,8 Prozent), Bertelsmann (7,2 Prozent), mobile.de Der Automarkt (6,9 Prozent), die ProSiebenSat.1 Media AG (6,4 Prozent) und Axel Springer (5,0 Prozent)[219]. Abgesehen von den Angeboten von T-Online kam im Erhebungszeitraum also kein Unternehmen auf einen Marktanteil von über 10 Prozent[220].

Auf Grundlage anderer Erhebungen wurden auch die Anteile an der Verweildauer ermittelt. Die hier vorgelegten Ergebnisse haben einen nochmals geringeren Konzentrationsstand aufgezeigt (ebenfalls Stand Oktober 2006). So lagen Time Warner (AOL) bei 10,7 Prozent, Ebay bei 5,7 Prozent, T-Online bei 3,9 Prozent, United Internet/GMX bei 3,2 Prozent, Bertelsmann bei 0,4 Prozent und Wikipedia bei 0,3 Prozent[221]. Die Unternehmen, denen keine Einzelreichweiten zugeordnet wurden, nahmen in der Summe einen Nutzeranteil von 70,5 Prozent ein.

Was im Ergebnis die Bewertung der Marktverhältnisse unter Konzentrationsgesichtspunkten angeht, so zeigt sich die Anbieterstruktur in dem funktional vielfältigen Bereich Online als relativ vielgestaltig. Jeweils nur ein Unternehmen erreichte in den angesprochenen (mit unterschiedlichen Messgrößen operierenden) Marktanteilsstatistiken einen Wert, der die Zehn-Prozent-Grenze überschritt (T-Online und Time Warner (AOL)). Auch nur vereinzelt wurden Nutzerreichweiten von über fünf Prozent erzielt. Der Onlinemarkt zeichnet sich damit durch eine insgesamt dekonzentierte Anbieterstruktur mit polypolistischen Zügen aus.

Auch wenn man die Feststellung einer weitgehend dekonzentrierten Markstruktur zugrunde legt, gehen meinungsbildende Einflüsse sicherlich zu einem relativ hohen Anteil von Ableger- oder Begleitangeboten etablierter Medienunternehmen aus dem Print- oder Fernsehsektor aus. Doch gerade die angesprochenen – qualitativ häufig hochwertigen – Sekundärangebote erscheinen bei genauerem Hinsehen eher als Bereicherung denn als Verkürzung der medialen Vielfalt. Zudem wird man konstatieren müssen, dass es sich um Ableger aus allen vier der zuvor behandelten Mediengattungen handelt. Hinzu treten Angebote von Internetdiensteanbietern, von unabhängigen Wettbewerbern und von Privat-

---

219 Landesmedienanstalten, Crossmediale Verflechtungen, S. 217, Abbildung II – 23.

220 Vgl. auch die Entscheidung der KEK im Springer-Verfahren, Beschluss v. 10.01.2006, KEK 293-1 bis -5, S. 97, die für Springer und die ProSiebenSat.1-Gruppe einen (hypothetischen) gemeinsamen Marktanteil von 5,7 Prozent schätzte, abrufbar unter http://www.kek-online.de/kek/verfahren/kek293prosieben-sat1.pdf.

221 Landesmedienanstalten, Crossmediale Verflechtungen, S. 219, Tabelle II-24, mit Verweis auf Daten von Nielsen/NetRatings, NetView Usage Metrics, Germany.

personen. Im Vergleich zu allen anderen Medienmärkten zeigt sich der Onlinemarkt also als ein sehr vielgestaltiger Markt mit vergleichsweise geringen Konzentrationsraten[222].

Teilweise wird aber auch die Ansicht vertreten, dass die vielen Marktaustritte während der so genannten Dotcom-Krise zu Beginn des neuen Jahrtausends zu einer „konzentrierte[n] Anbieterstruktur" geführt hätten[223].

F. Crossmediale Verflechtungen

Anknüpfend an die obigen Ausführungen wird im Folgenden aufgezeigt werden, in welchen crossmedialen Verbindungen dieser Segmente mehr oder weniger ausgeprägte wirtschaftliche Verflechtungen bestehen.

Zusammenfassend lässt sich zunächst feststellen, dass der im überregionalen Rahmen insgesamt am stärksten konzentrierte Markt durch den privaten Fernsehmarkt gebildet wird. Es folgen der Zeitschriften- und der Zeitungsmarkt. Die geringsten Konzentrationsraten finden sich im privaten Hörfunk und im Onlinebereich.

Ausgehend vom privaten Fernsehmarkt bestehen momentan vor allem Verflechtungen mit dem Zeitschriftenmarkt (Publikumszeitschriften), ferner mit den Hörfunkmärkten und in geringem Umfang auch mit den Zeitungsmärkten. Die stärksten Verflechtungen ergeben sich hier über die Bertelsmann AG, die über die RTL Group und Gruner + Jahr in allen genannten Mediensegmenten aktiv ist. Die Marktanteile beliefen sich dabei auf über 24 Prozent auf dem TV-Markt (RTL Group, im Jahr 2009), auf 10,8 Prozent im Markt der Publikumszeitschriften (Gruner + Jahr, erstes Quartal 2008) und auf ca. 7 Prozent auf dem Markt der Hörfunkangebote (RTL Group, nach Maßgabe der zwei Erhebungswellen im Jahr 2008). Die Auflagenanteile auf dem Markt der Tageszeitungen, wo Bertelsmann über Gruner + Jahr lediglich die Financial Times Deutschland zuzurechnen ist, sind eher gering. Gemessen an der Gesamtheit der größten sechs überregionalen Tageszeitungen (ohne Berücksichtigung der Bild-Zeitung) lag der Marktanteil der Financial Times Deutschland bei ca. sechs Prozent.

Neben Bertelsmann hält zurzeit auch der im Zeitschriften- und Zeitungsmarkt aktive Bauer-Verlag Beteiligungen im überregionalen Fernsehen. Er ist mit Anteilen in Höhe von 31,5 Prozent an der RTL 2 Fernsehen GmbH & Co

---

222 Vgl. zur Bewertung unter Vielfaltsgesichtspunkten auch Landesmedienanstalten, Crossmediale Verflechtungen, S. 203 f., m.w.N.

223 So Beyer/Carl, Einführung in die Medienökonomie, S. 133.

KG und damit an der Veranstalterin des Programms RTL II beteiligt[224]. Zudem verlegt der Bauer-Verlag in großem Umfang Fernsehzeitschriften. In diesem speziellen Segment konnte er im ersten Quartal 2008 einen Marktanteil von 47,27 Prozent erzielen (nach wöchentlich gewichteter Auflage)[225].

Axel Springer dagegen konzentriert sich im Fernsehbereich derzeit auf Beteiligungen an privaten Regionalsendern, namentlich an dem Ballungsraumsendern Hamburg 1 und tv.berlin[226]. Seine Minderheitsbeteiligung an der ProSiebenSat.1-Gruppe hat der Verlag nach der Untersagung der Übernahme aufgegeben.

Eine andere wichtige Crossmedia-Verbindung liegt in der Kombination von Zeitungen und Zeitschriften. Hier konnte der Axel-Springer-Verlag zuletzt Marktanteile von 22,1 Prozent im Zeitungsgeschäft und 15,1 Prozent auf dem Markt der Publikumszeitschriften auf sich vereinigen (jeweils im ersten Quartal 2008). Eine weitere Querverbindung zwischen den zwei Printgattungen besteht – wie bereits angedeutet – im Fall Bertelsmann, wo die von Gruner + Jahr erzielten Marktanteile im selben Zeitraum zum Teil aber deutlich geringer ausfielen.

Darüber hinaus lassen sich vielfältige Verflechtungen zwischen Zeitungsverlagen und Hörfunkanbietern mit oftmals gleichartigen Verbreitungsgebieten feststellen. Unter anderem hält Axel Springer eine Vielzahl von Minderheitsbeteiligungen an deutschen Hörfunksendern. Ähnliches gilt für die Verlagsgruppe Madsack und die Hubert Burda Media Holding[227].

Weitreichende crossmediale Verflechtungen finden sich schließlich auf dem Markt für publizistisch relevante Onlineangebote. Nahezu jedes Medienunternehmen mit Marktschwerpunkten im Print- oder Rundfunkgeschäft ist mit publizistischen Inhalten, zumindest in Form von Ableger- oder Begleitangeboten, auch im Onlinemarkt vertreten. Rein zahlenmäßig betrachtet ist der Verflechtungsgrad also sehr hoch. Da der Onlinemarkt selbst aber zu den Medienmärkten

---

224 KEK, „Tageszeitungen“, Stand Juni 2009, abrufbar unter http://www.kek-online.de/Inhalte/tageszeitungen.html (besucht am 03.10.2010).

225 KEK, „Auflagen und Reichweiten“, Stand August 2008, abrufbar unter http://www.kek-online.de/Inhalte/pz_auflagen_reichweiten.pdf (besucht am 03.10.2010), mit Verweis auf IVW und VDZ-Auflagendienst.

226 Vgl. KEK, „Ballungsraumfernsehen“, Stand September 2008, abrufbar unter http://www.kek-online.de/Inhalte/ballungsraumfernsehen.html (besucht am 03.10. 2010); vgl. zu dieser Medienkonstellation allgemein auch Röper, Media Perspektiven 2008, 420, 423.

227 Vgl. KEK, „Hörfunk“, Stand März 2009, abrufbar unter http://www.kek-online.de/Inhalte/hoerfunk.html (besucht am 03.10.2010); ausführlich auch Landesmedienanstalten, Crossmediale Verflechtungen, S. 135 ff.

mit den geringsten Konzentrationsraten in der deutschen Medienlandschaft zählt, werden bestehende Machtasymmetrien in anderen Märkten durch Verflechtungen mit dem Onlinemarkt derzeit nicht überproportional verstärkt.

Perspektivisch erscheinen allerdings mittelbare Konzentrationseffekte auf anderen Markten möglich. Sofern die Mediennutzer ihr Interesse von klassischen Medien zunehmend auf überwiegend kostenlose Onlineinhalte verlagern[228] und parallel dazu eine relevante Verschiebung der Werbebudgets auf den Onlinemarkt erfolgt, besteht bei aller Vielfalt in diesem Sektor mittelfristig sicherlich die Gefahr eines zahlenmäßigen Absinkens der Angebote auf den klassischen Märkten, insbesondere auf den Printmärkten.

Im Ergebnis ist zunächst auffällig, dass der überregionale private Fernsehmarkt in seiner Duopolstruktur den höchsten Konzentrationsstand aufweist und zugleich mit allen anderen Märkten verbunden ist. Die graduell am stärksten ausgeprägten Marktanteilsverflechtungen ergeben sich von ihm ausgehend mit dem Markt der Publikumszeitschriften, der ebenfalls durch erhöhte Konzentrationswerte gekennzeichnet ist. Die wohl schwächsten Verflechtungen mit dem privaten Fernsehmarkt hat dagegen der Markt der überregionalen Tageszeitungen. Es ist dies der Verflechtungszusammenhang, in dem gegenwärtig das geringste Maß an crossmedialer Konzentration vorzufinden ist (was nicht zuletzt auf die Untersagungen des Erwerbs der ProSiebenSat.1-Gruppe durch den Springer-Verlag zurückzuführen ist).

Bezogen auf das Segment Online zeigen sich zahlreiche Verflechtungen mit allen anderen Mediengattungen. Für sich genommen stellt sich der wenig konzentrierte Markt publizistisch relevanter Onlineangebote aber als wichtige Bereicherung in Fragen der inhaltlichen Vielfalt dar.

Insgesamt lässt sich also eine weit gestreute crossmediale Konzentration feststellen. Publizistische Machtballungen von größerem Gewicht finden sich vor allem bei Bertelsmann und bei Axel Springer, insoweit resultierend jeweils aus einer Mehrzahl unterschiedlicher Markteinflüsse. Anders als bei der Bertelsmann AG, deren Marktaktivitäten bislang vor allem die Geschäftsfelder Fernsehen, Radio und Zeitschriften umfassen, bestehen medienübergreifende Konzentrationsbeziehungen im Springer-Verlag in erster Linie innerhalb des Printbereichs, nämlich zwischen Zeitungen und Publikumszeitschriften.

Angesichts der hohen Konzentrationsraten im Fernsehbereich und der starken Einflüsse dieses Mediums auf die öffentliche Meinungsbildung sind die bestehenden Verflechtungen unter Vielfaltsgesichtspunkten zum Teil als bedenk-

228 Keine relevante Verlagerung sehen van Eimeren/Frees, Media Perspektiven 2009, 349, 355, bisher im Verhältnis Online- und Fernsehnutzung; instruktiv auch van Eimeren/Frees, Media Perspektiven 2009, 334, 347 f.

lich einzustufen. Vor dem Hintergrund der betriebswirtschaftlichen Attraktivität crossmedialer Diversifikationsstrategien[229] ist vor allem aber das Potenzial weiterer Verflechtungsentwicklungen als problematisch einzuschätzen. Zukünftige Konzentrationsentwicklungen erscheinen insoweit als der größte Risikofaktor für die Meinungsvielfalt. Vielfaltsgefährdende Wirkungen können von weiteren Verflechtungen insbesondere in Verbindung mit dem Konzentrationsschwerpunkt Fernsehen ausgehen. Zu berücksichtigen sind aber auch die bereits bestehenden einflussreichen Stellungen von Axel Springer auf den Printmärkten, insbesondere auf dem Markt der Verkaufszeitungen.

III. Ökonomische Implikationen von Konzentrationsprozessen

Vor dem Hintergrund der obigen Konzentrationsanalyse soll im Folgenden herausgearbeitet werden, welche ökonomischen Folgewirkungen diagonale Konzentrationsprozesse haben können. In weiten Teilen finden die möglichen Folgen ihre Entsprechung in den strategischen Zielsetzungen, die sich – vor allem für große Unternehmen – mit einer diversifizierten Marktausrichtung verbinden können.

So können erfolgreich umgesetzte Diversifikationsvorhaben dazu führen, dass der Druck auf unabhängige Wettbewerber zunimmt und dass sich die Eintrittsbarrieren innerhalb der betroffenen Märkte erhöhen. Marktschließungseffekte können verstärkt werden, kleinere Akteure lassen sich in ihrer Entfaltung behindern, und der Wettbewerbsdruck, dem das diversifizierte Unternehmen selbst ausgesetzt ist, wird verringert[230].

A. Wettbewerbsfunktionen und Marktformen

Das Prinzip ökonomischen Wettbewerbs dient der Förderung eines gesamtgesellschaftlichen Nutzenoptimums[231] und lässt sich dabei als ein dynamisches

229 Siehe oben, Zweiter Teil, Gliederungspunkt V.

230 Vgl. Heinrich, in: Leonhard/Ludwig/Schwarze/Straßner, Medienwissenschaft, S. 200; vgl. auch Mestmäcker, Medienkonzentration, S. 110-112, 114-119.

231 Heinrich, Medienökonomie Band 1, S. 51; Baßeler/Heinrich/Utecht, Volkswirtschaft, S. 190 f.

Auslese- und Entdeckungsverfahren[232] verstehen. Eine optimale Nutzen- und Güterverteilung gilt dann als erreicht, wenn die verfügbaren Produktionsfaktoren so in die gesellschaftlichen Produktionsprozesse einfließen, dass so kostengünstig wie möglich das produziert wird, was die Konsumenten wünschen. Lässt sich die Nutzensituation keines der beteiligten Marktsubjekte mehr verbessern, ohne dass zugleich die Situation eines anderen Marktsubjekts verschlechtert wird, spricht man wohlfahrtsökonomisch von einem pareto-optimalen Totalgleichgewicht[233].

Über diesen Grundgedanken zum Teil hinausgehend, werden dem ökonomischen Wettbewerb unterschiedliche Funktionen zugeschrieben. So soll der Wettbewerb Anreize für eine fortwährende Verbesserung des Angebots setzen und damit eine Fortschritts- und Innovationsfunktion erfüllen. Ferner ist ihm aufgegeben, für eine leistungsgerechte Einkommensverteilung Sorge zu tragen (Verteilungs- und Belohnungsfunktion)[234]. Die größte Bedeutung dürfte allerdings der bereits angedeuteten Aufgabe in der Produktion und Verteilung von Gütern zukommen. Diese Aufgabe besteht darin, den Einsatz der volkswirtschaftlichen Produktionsfaktoren so zu leiten, dass die Bedürfnisse der Verbraucher bei möglichst schonendem Einsatz der Ressourcen möglichst nachfragegerecht befriedigt werden (produktive und allokative Effizienz)[235].

Inwieweit die genannten Funktionsansprüche in der ökonomischen Praxis auch tatsächlich erfüllt werden können, hängt insbesondere von den unterschiedlichen Marktformen ab, in denen sich die Wettbewerbsprozesse vollziehen. In monopolistischen Marktverhältnissen lässt sich eine Erreichung der genannten Wettbewerbsziele aufgrund der ungleichen Kräfteverhältnisse zwischen Angebot und Nachfrage kaum gewährleisten[236]. Aber auch unter entgegen gesetzten Vorzeichen, nämlich in polypolistischen oder gar atomistischen Marktverhältnissen, in denen eine Vielzahl von Anbietern einer Vielzahl von Nachfragern

---

232 Immenga/Mestmäcker - Mestmäcker, Kommentar zum GWB, Einleitung Rn. 3; vgl. auch Weber, Medienkonzentration, S. 71, 76 f.

233 Blum, Volkswirtschaftslehre, S. 62 f.; Cezanne, Volkswirtschaftslehre, S. 211.

234 Vgl. Engel, in: Landesmedienanstalten, Sicherung der Meinungsvielfalt, S. 225 f.; vgl. auch Baßeler/Heinrich/Utecht, Volkswirtschaft, S. 190 f.

235 Aus diesem Funktionszusammenhang leitet sich das Leitbild des funktionsfähigen Wettbewerbs ab. Ihm folgt auch der Regierungsentwurf zur 2. GWB-Novelle, BT-Drucks. VI/2520, S. 34; vgl. hierzu auch Kiefer, Medienökonomik, S. 105.

236 Vgl. Heine/Herr, Volkswirtschaftslehre, S. 109 f.; vgl. auch Baßeler/Heinrich/Utecht, Volkswirtschaft, S. 177-179.

gegenübersteht, bestehen zumeist keine optimalen Voraussetzungen für eine effiziente und nachfragegerechte Produktion und Verteilung von Gütern[237].

Die besten Ausgangsbedingungen bieten grundsätzlich oligopolistische Marktstrukturen[238]. In Oligopolen können wichtige Skaleneffekte erzielt werden, die aufgrund der mit ihnen verbundenen Kostensenkungen eine ressourcenschonende Befriedigung der Nachfrage ermöglichen. Daneben bestehen in Oligopolen regelmäßig gute Voraussetzungen für innovative Marktentwicklungen. Verantwortlich hierfür sind neben den skalenbedingt verbesserten Kostenstrukturen vor allem die verbleibenden Anreize, Leistungen anzubieten, die den Konkurrenzangeboten qualitativ oder preislich überlegen sind. Es sind dies Anreize, die in Monopolsituationen zumeist nicht mehr vorhanden sind.

Einschränkend muss man aber auch in Oligopolen nach den weiteren Strukturen differenzieren. Je enger ein Oligopol mit abnehmender Anzahl der Anbieter wird und je weiter die Chancen eines erfolgreichen Marktzutritts sinken, desto empfindlichere Störungen erfährt häufig auch die Funktionsfähigkeit des Wettbewerbs. Gerade in engen und reiferen Oligopolmärkten kommt oftmals hinzu, dass die Hauptakteure versuchen, sich den marktformspezifischen Abhängigkeiten im Produktabsatz durch gruppensolidarische Verhaltensweisen zu entziehen[239]. In Betracht kommen verdeckte Absprachen[240] und eine Koordinierung der Absatzstrategien mithilfe eines einfachen oder bewussten Parallelverhaltens[241]. In beiden Fällen beginnt das Oligopol, sich in seinem Einfluss auf das Marktgeschehen der Machtstellung eines Monopols anzugleichen[242]. Der Spielraum der übrigen Marktteilnehmer wird verkürzt, und der Wettbewerb kann die ihm zugewiesenen Funktionen vielfach nur noch unzureichend erfüllen[243].

---

237 Vgl. Gruber/Kleber, Volkswirtschaft, S. 117 f.; zu den unterschiedlichen Marktformen im Allgemeinen Demmler, Volkswirtschaftslehre, S. 158-160.

238 Vgl. etwa Baßeler/Heinrich/Utecht, Volkswirtschaft, S. 193, m.w.N.

239 Vgl. ebenda; vgl. auch Cezanne, Volkswirtschaftslehre, S. 169 ff.

240 Vgl. Demmler, Volkswirtschaftslehre, S. 256 ff.

241 Vgl. Mestmäcker, Medienkonzentration, S. 110 f.; es lassen sich regelhafte Verhaltensweisen entwickeln, die den Wettbewerbsdruck deutlich mindern, vgl. Herdzina, Wettbewerbspolitik, S. 183.

242 Vgl. Heine/Herr, Volkswirtschaftslehre, S. 118.

243 Vgl. Heinrich, in: Leonhard/Ludwig/Schwarze/Straßner, Medienwissenschaft, S. 200; vgl. auch Trappel/Meier/Schrape/Wölk, Medienkonzentration, S. 55 f.

B. Auswirkungen auf den medienwirtschaftlichen Wettbewerb

Es ist also festzustellen, dass ein funktionierender Wettbewerb eine gewisse Mindestkonzentration grundsätzlich geradezu voraussetzt. Dabei kann er auch dann gewährleistet sein, wenn im Verhältnis der unterschiedlichen Anbieter zueinander bestimmte Asymmetrien bestehen. Die Funktionsfähigkeit des Wettbewerbs wird aber dort gestört, wo ökonomische Vermachtungstendenzen in enge und unter Umständen koordiniert handelnde Oligopole oder sogar in Monopole münden und damit die Offenheit der Märkte und die Dynamik der Marktprozesse beeinträchtigen[244].

Ausgehend von diesen Überlegungen werden im Folgenden der medienwirtschaftliche Bezugsrahmen und die ökonomischen Implikationen crossmedialer Konzentration im Vordergrund stehen.

1. Vorteile crossmedialer Konzentration

Bevor im nächsten Abschnitt auf die ökonomischen Risiken und Nachteile einzugehen sein wird, die durch crossmediale Konzentrationsentwicklungen ausgelöst oder verstärkt werden, sollen zunächst die gesamtwirtschaftlichen Vorzüge medienkonzentrativer Prozesse dargestellt werden, die hier eine Rolle spielen können. Es sind dies vor allem die durch marktübergreifende Konzentrationsprozesse bedingten Skalen- und Verbundvorteile, ferner die mitunter positiven Auswirkungen auf die Entwicklung des am Markt erhältlichen Leistungsangebots und die potenzielle Stärkung der internationalen Wettbewerbsfähigkeit der crossmedial wachsenden Unternehmen.

a) Skalen- und Verbundvorteile

Das konzentrationsbedingte Auftreten von Größen- und Verbundvorteilen ermöglicht regelmäßig eine Senkung der Durchschnittskosten und damit eine Ökonomisierung der Produktionsprozesse[245]. In ihrem Einfluss auf die produktive Effizienz und auf die Effizienz der Ressourcenallokation sind Skalen- und Verbundeffekte deshalb prinzipiell positiv zu bewerten.

Nutznießer der resultierenden Ökonomisierungseffekte ist in erster Linie das jeweilige Unternehmen. Mittelbar können sich positive Wirkungen aber auch für

---

244 Vgl. Peters, Wirtschaftspolitik, S. 181 f.

245 Vgl. Weber, Medienkonzentration, S. 85; vgl. auch Engel, in: Landesmedienanstalten, Sicherung der Meinungsvielfalt, S. 228 f.

die Konsumenten und Rezipienten ergeben. Dies ist etwa dann der Fall, wenn Kostensenkungen im Unternehmen eine Absenkung auch des Preisniveaus für die angebotenen Endprodukte zur Folge haben oder wenn entstehende Überschüsse dazu genutzt werden, um die Qualität der Produkte zu steigern.

b) Innovationsförderung

Eine bestimmte Mindestgröße der innerhalb eines Markts aktiven Unternehmen ist aber oftmals auch für technische oder anderweitige Innovationen eine wichtige Grundvoraussetzung. Denn das in einer Branche vorhandene Forschungs- und Entwicklungspotenzial kann nur dann in annähernd vollem Umfang ausgeschöpft werden, wenn die einzelnen Unternehmen über ausreichende Investitionsspielräume verfügen.

Darüber hinaus können gerade Prozesse crossmedialer Konzentration gesamtwirtschaftlich wertvolle Innovationsschübe auslösen. Positive Vorzeichen nimmt die Entwicklung namentlich dort an, wo ein entstehender medialer Teilmarkt, der in besonderem Maße auf Investition und Know-how-Transfer angewiesen ist, von marktstarken Wettbewerbern aus benachbarten Branchen als Zukunftsmarkt entdeckt und mit dem nötigen Engagement auch tatsächlich erschlossen wird.

So kann der frühzeitige Eintritt in neue oder noch in der Entstehung begriffene Märkte und Geschäftsfelder dazu führen, dass die betreffenden Produkte überhaupt erst einen definierten Nutzen gewinnen, dass sich das Angebotsspektrum nachfragegerecht ausdifferenziert und dass die zunächst unter Umständen noch besonders kostenintensiven Leistungen für die Abnehmer auch bezahlbar werden. Vor diesem Hintergrund ist medienübergreifenden Konzentrationsprozessen insbesondere für frühe Marktphasen ein erhebliches Innovationspotenzial zuzusprechen[246].

c) Internationale Wettbewerbsfähigkeit

Nicht ganz einfach zu beurteilen ist die Bedeutung eines etwa durch marktübergreifende Verflechtungen bedingten Größenwachstums von Unternehmen für die internationale Wettbewerbsfähigkeit.

Zunächst stellt sich die Frage, welche Kriterien bei der Bewertung der internationalen Wettbewerbsfähigkeit eines Unternehmens zu berücksichtigen sind. Vertreten wird unter anderem die Auffassung, dass auf die Fähigkeit abzustellen

246 Vgl. Kübler, Medienverflechtung, S. 92.

ist, „Produkte im internationalen Wettbewerb abzusetzen“[247]. Neben unternehmensbezogenen Gesichtspunkten soll es danach auch auf gesamtwirtschaftliche Parameter ankommen[248]. Über die strategischen Handlungsspielräume hinaus, die durch die jeweilige Unternehmensgröße bedingt sind, seien ferner die Geld- und Währungspolitik, die am betreffenden Standort verfolgt wird, die örtlichen Infrastrukturbedingungen, die Nachfragevoraussetzungen auf dem heimischen Markt und die *„Intensität des heimischen Wettbewerbs“* einzubeziehen[249].

Die Größe eines Unternehmens ist in dem genannten Konzept also nicht der alleinige Maßstab zur Bewertung der internationalen Wettbewerbsfähigkeit. Sie kann aber einen bedeutenden Faktor bilden. Denn Größenvorteile bieten nicht nur Möglichkeiten zur Steigerung der Produktionseffizienz, sondern auch zum Beispiel zur Einführung neuer Produkte und zur Differenzierung bereits bestehender Produktangebote, womit sie eine Schaffung gegebenenfalls langfristiger Wettbewerbsvorteile ermöglichen[250].

In engem Zusammenhang mit Fragen der internationalen Wettbewerbsfähigkeit steht die Diskussion um die so genannten nationalen Champions. Zur wirtschaftlichen Bedeutung nationaler Champions bestehen unterschiedliche Sichtweisen. Unter den positiven Aspekten werden zum Beispiel so genannte Clustereffekte angeführt, die sich darin manifestieren, dass für Ballungsräume, in denen große Konzerne niedergelassen sind, die Anziehungskraft auch für Unternehmen ganz anderer Branchen zumeist höher ist als anderenorts[251]. Die häufig angenommene gesamtökonomische Vorteilhaftigkeit nationaler Champions wird teilweise aber auch in Frage gestellt, dies zum Beispiel unter Hinweis auf ausländische Vergleichsmärkte mit einer zum Teil deutlich geringeren Anzahl dort beheimateter Großkonzerne, in denen aber zum Teil ein höheres Pro-Kopf-Einkommen erreicht wird als in Deutschland. Weder müsse sich das Vorhandensein nationaler Champions positiv auf die Arbeitsmarktsituation im Inland auswirken noch ergebe sich eine volkswirtschaftlich zwangsläufig vorteilhafte Verteilung steuerlicher Einnahmen[252].

Es bleibt festzuhalten, dass Konzentration und Größenwachstum positive Auswirkungen auf die internationale Wettbewerbsfähigkeit von Unternehmen

---

247 Sachverständigenrat zur Begutachtung der Gesamtwirtschaftlichen Entwicklung, Jahresgutachten 2004/2005, S. 352.

248 Vgl. ebenda.

249 Gabler Wirtschaftslexikon, Band 2, Stichwort „Internationale Wettbewerbsfähigkeit“.

250 Vgl. ebenda.

251 Vgl. Braunberger, „Europa : Ein Kampf um Champions“, Frankfurter Allgemeine Sonntagszeitung, 26.02.2006, Nr. 8, S. 38.

252 Vgl. ebenda.

haben können. Weitergehende Aussagen über die Vorteilhaftigkeit konzentrationsbedingter Größenvorteile von Unternehmen für die volkswirtschaftlichen Entwicklungsbedingungen insgesamt lassen sich daraus aber kaum ableiten.

2. Nachteile und Gefahrenpotenzial

Was gegenüber den damit benannten Vorteilen die ökonomischen Risiken und Gefahrenpotenziale medialer und crossmedialer Konzentrationsentwicklungen anbelangt, so können sich negative Folgewirkungen für die unverbundenen Wettbewerber multimedialer Konlomerate, für die Marktgegenseite (einschließlich der Rezipienten) und für die Marktentwicklung im publizistischen Bereich insgesamt ergeben.

a) Abnehmende Innovationsbereitschaft

Häufig bedarf es umfangreicher finanzieller Mittel, über die in der Regel vor allem diversifizierte Großunternehmen verfügen, um das vorhandene Potenzial innovativer Entwicklung auszuschöpfen. Das heißt aber nicht, dass ein Markt mit erhöhten Konzentrationswerten und entsprechend marktstarken Wettbewerbern entsprechende Innovationsimpulse auch tatsächlich aussendet. Vielmehr ist vielfach die gegenteilige Vermutung angebracht, dass nämlich eine gesteigerte Marktkonzentration eine abnehmende Anpassungsbereitschaft und eine Verlangsamung der Innovationstätigkeit zur Folge hat.

Aus betriebswirtschaftlicher Sicht muss den einzelnen Medienunternehmen zwar daran gelegen sein, möglichst hohe Reichweiten zu erzielen. Aus diesem Grunde werden die Inhalteproduzenten auch bei geringer Wettbewerbsintensität darauf bedacht sein, die sich wandelnden Nutzungsgewohnheiten und -bedürfnisse der Rezipienten nachzuvollziehen und ihnen in der Gestaltung des publizistischen Angebots Rechnung zu tragen. Angesichts der erheblichen Kosten neuer technologischer und publizistischer Entwicklungen muss eine gewisse Verlangsamung entsprechender Prozesse gleichwohl als zumindest nahe liegend angesehen werden. Denn wenn ein Unternehmen mit etablierten publizistischen Konzepten weiterhin stabile Umsätze erwirtschaften kann, stellt sich die Frage, ob es betriebswirtschaftlich lohnt, kostenintensive neue Konzepte zu entwickeln, deren Vermarktungs- und Wertschöpfungspotenziale oftmals nur schwer abzuschätzen sind. Kommt es etwa in einem engen Oligopol zu einem kollektiven Verzicht auf entsprechende Investitionen, bleiben die wirtschaftlichen Risiken eines solchen Marktverhaltens im Normalfall gering.

b) Anstieg des Preisniveaus

Hat die Markt- und Machtkonzentration einmal eine gewisse Zuspitzung erreicht, kann es zudem zu Preissteigerungen und zu einer Verringerung der Konsumentenrente kommen. Bei einer zunehmenden Verkürzung der Anbietervielfalt gewinnen die verbleibenden Wettbewerber vor allem deshalb an Gestaltungsspielraum, weil den Abnehmern immer mehr Möglichkeiten genommen werden, auf andere Anbieter auszuweichen[253]. Hinzu kommen unter Umständen Anpassungsprozesse kleinerer Wettbewerber, die sich den Sanktionsmöglichkeiten der Oligopolisten von vornherein beugen und selbst gegebenenfalls von einem erhöhten Preisniveau profitieren können.

Zu bedenken ist zwar, dass sich Preissetzungsentscheidungen im Medienbereich zumeist als vergleichsweise komplexe Entscheidungen darstellen, die typischerweise von sehr unterschiedlichen Faktoren abhängig gemacht werden. Erwähnt sei etwa, dass Preise für Anzeigen in Zeitungen und Zeitschriften regelmäßig für größere Zeiträume im Voraus festgelegt werden. Zudem sind Rabattgewährungen zu berücksichtigen, die insbesondere in der Werbezeitenvermarktung im TV-Bereich eine Rolle spielen und hier in zum Teil stark divergierenden Brutto- und Nettopreisen zum Ausdruck kommen. Trotz der Komplexität der Entscheidungsvoraussetzungen und -parameter sind sukzessive Preiserhöhungen infolge zunehmender Medienkonzentration nicht unwahrscheinlich und können die Werbemärkte und die Rezipientenmärkte gleichermaßen betreffen. Auch eine Überhöhung der Preise kann im Ergebnis vor allem über ein koordiniertes Marktverhalten herbeigeführt werden.

c) Marktzutrittsbarrieren und Behinderung kleinerer Konkurrenten

Marktmächtige, medial verflochtene Unternehmen haben aber nicht nur die Möglichkeit, ihre Marktmacht den Abnehmern gegenüber einzusetzen. Für sie besteht auch die Möglichkeit, sich mit ihrem Verhalten gegen aktuelle oder potenzielle Wettbewerber zu wenden und etwa auf eine Verdrängung kleinerer Konkurrenten hinzuwirken oder den Marktzutritt für Dritte zu erschweren[254]. In Betracht kommen zum Beispiel verdeckte Vereinbarungen mit der Marktgegenseite, Strategien, die auf eine Bindung wichtiger Abnehmer oder auf eine Abschreckung potenzieller Wettbewerber durch interne Quersubventionierungen

---

253 Vgl. Weber, Medienkonzentration, S. 85 f.; vgl. auch Kleinert/Klodt, Megafusionen, S. 95.

254 Weber, Medienkonzentration, S. 86, spricht von einem erhöhten Risiko unfairer Wettbewerbspraktiken; vgl. auch Mestmäcker, Medienkonzentration, S. 114 ff.

hinauslaufen. Dabei kann ein gleichförmiges Vorgehen innerhalb der jeweiligen Führungsgruppe die Erfolgsaussichten der gewählten Strategie beträchtlich erhöhen[255].

Besonders ausgeprägte medienwirtschaftliche Machtstellungen eröffnen zunächst die Möglichkeit, nicht oligopolzugehörige Medienunternehmen in ihrer ökonomischen und publizistischen Entfaltung zu behindern. Denkbar sind verdeckte Absprachen mit großen Werbekunden, mit Mediaagenturen oder auch mit Content- und Rechteanbietern, um unabhängige Mitbewerber von wichtigen Bezugs- und Vertriebsleistungen auszuschließen oder auf andere Weise zu benachteiligen. Neben derartigen Absprachen kann auch eine einseitige Einflussnahme auf Dritte dazu führen, dass Wettbewerber in wirtschaftliche Bedrängnis geraten[256].

Möglich sind ferner Maßnahmen eines verstärkten Preiswettbewerbs, dies sowohl auf den Rezipienten- wie auf den Werbemärkten. Crossmedial verflochtene Unternehmen können beispielsweise einen verstärkten Verdrängungsdruck erzeugen, indem sie wichtige Werbekunden über medienübergreifende Preisdifferenzierungen an sich binden[257]. Vorstellbar sind aber auch andere preispolitische Maßnahmen. Werden zum Beispiel Nachlässe genau dann gewährt, wenn ein neuer Anbieter im Begriff ist, in den Markt einzutreten, wird auch er sein Preisniveau absenken müssen. Für beide Seiten resultieren Einnahmeverluste, die ein Großunternehmen aber grundsätzlich leichter kompensieren kann. Finanzstarke Medienkonglomerate sind überdies in der Lage, Produkte einzuführen, allein um die Etablierung eines viel versprechenden Konkurrenzerzeugnisses zu erschweren.

Abschreckend können sich schließlich auch Praktiken der Quersubventionierung auswirken. Wer Medienprodukte über Erträge aus anderen Sparten mitfinanziert, unterläuft auf diese Weise marktimmanente Ausleseprozesse und verleiht so der Spiralwirkung und den konzentrativen Grundtendenzen des Mediengeschäfts zusätzlichen Antrieb. Insbesondere in gesättigten Märkten mit geringen Wachstumsraten befördern derartige Strategien Effekte der Marktschlie-

---

255 Vgl. Blum, Volkswirtschaftslehre, S. 477 f.

256 Vgl. Mestmäcker, Medienkonzentration, S. 109, mit Hinweis auf die Blinkfüer-Entscheidung des Bundesverfassungsgerichts, BVerfGE 25, 256, 266.

257 Siehe oben, Zweiter Teil, Gliederungspunkt IV B 4; vgl. auch Mestmäcker, Medienkonzentration, S. 114-126; ferner Kübler, Medienverflechtung, S. 94 f.; aufschlussreich auch Bender, Cross-Media-Ownership, S. 80 f., mit Hinweisen auf Untersuchungen in den USA; Spieler, Fusionskontrolle, S. 118-120, spricht unter anderem von der Möglichkeit von Zwangskombinationen; Jöst, Verfassungsrechtliche Aspekte des Verhältnisses von Presse und Rundfunk, S. 70.

ßung[258]. Dass sich Strategien der Quersubventionierung beispielsweise beschäftigungspolitisch aber auch positiv auswirken können, soll mit dem Gesagten nicht in Abrede gestellt werden. Die ökonomischen Implikationen sind insoweit ambivalent[259].

3. Zwischenergebnis

Das Koordinationsprinzip Wettbewerb kann die ihm zugewiesenen Aufgaben typischerweise am besten in Oligopolmärkten erfüllen. Je enger ein Oligopol mit abnehmender Zahl seiner Mitglieder allerdings wird, desto stärker wächst die Gefahr, dass der Wettbewerb seine Funktionen – insbesondere unter den Gesichtspunkten der produktiven und allokativen Effizienz – nicht mehr umfassend erfüllen kann. Zudem erhöht sich in engen Oligopolen das Risiko weiterer Funktionsverluste durch gruppensolidarische Verhaltensweisen.

Die ökonomisch positiv zu bewertenden Folgeerscheinungen crossmedialer Konzentration beruhen in weiten Teilen auf den in aller Regel resultierenden Skalen- und Verbundeffekten. Diese Effekte ermöglichen eine Senkung des Kostenaufwands und damit eine Ökonomisierung der Produktionsprozesse. Auf diese Weise schaffen sie grundsätzlich gute Voraussetzungen für Investitionen in innovative Entwicklungen. Überdies können Skalen- und Verbundeffekte zur Stärkung der internationalen Wettbewerbsfähigkeit des jeweiligen Unternehmens beitragen, weil sie die strategischen Handlungsmöglichkeiten erweitern und so die Schaffung auch international relevanter Wettbewerbsvorteile begünstigen.

Je stärker marktkonzentrative Prozesse voranschreiten, desto größer werden allerdings auch die Risiken und Gefahren für die Funktionsfähigkeit des Wettbewerbs. Trotz vergrößerter finanzieller Spielräume kann die tatsächliche Bereitschaft, kostenintensive innovative Entwicklungen voranzutreiben, in konzentrierten Marktverhältnissen schnell nachlassen. Ebenso kann es infolge zunehmender Machtasymmetrien im Verhältnis von Anbietern und Nachfragern zu Preissteigerungen auf den Werbe- und Rezipientenmärkten kommen. Vor allem aber besteht die Gefahr, dass große und diversifizierte Unternehmen die Marktzutrittsbarrieren für potenzielle Wettbewerber erhöhen und darauf hinwirken, dass unabhängige, bereits am Markt tätige Wettbewerber behindert oder sogar ganz vom Markt verdrängt werden. In Betracht kommen vor allem verdeckte

---

258 Vgl. Trappel/Meier/Schrape/Wölk, Medienkonzentration, S. 116 f.; zu den Wirkungen allein von Quersubventionierungsmöglichkeiten in Mischkonzernen Kübler, Medienverflechtung, S. 96.

259 Vgl. Spieler, Fusionskontrolle, S. 120; vgl. auch Kübler, Medienverflechtung, S. 95.

Absprachen mit wichtigen Akteuren auf vor- oder nachgelagerten Marktstufen und Maßnahmen eines gezielten Preiswettbewerbs. Auch Praktiken der Quersubventionierung können Marktschließungseffekte befördern. Besonders groß sind die ökonomischen Risiken in fast allen genannten Zusammenhängen, wenn die Oligopolgruppe zu einem gleichförmigen Vorgehen findet.

IV. Publizistische Implikationen von Konzentrationsprozessen

Anknüpfend an diese Überlegungen soll im Folgenden untersucht werden, welche Auswirkungen für publizistische Zusammenhänge zu erwarten sind.

Zu den bedeutendsten publizistischen Zielwerten zählen neben der Unabhängigkeit und Objektivität der Berichterstattung[260] vor allem die Qualität und die Vielfalt der Inhalte[261]. Das Hauptaugenmerk der weiteren Ausführungen wird sich auf das Verhältnis von medienwirtschaftlicher Konzentration und publizistischer Vielfalt richten. Es gilt herauszuarbeiten, inwieweit gegebenenfalls eine Vereinheitlichung von Inhalten zu befürchten ist und wie sich multimediale Konzentrationstendenzen insgesamt auf die Pluralität der Meinungen auswirken können.

A. Positive Auswirkungen

Bei allen Gefahren eines sich verkürzenden Gesamtangebots ist zunächst darauf hinzuweisen, dass eine fortschreitende Markt- und Eigentumskonzentration durchaus auch politisch erwünschte Folgen für Qualität und Meinungsvielfalt nach sich ziehen kann[262]. So können diagonale Konzentrationsentwicklungen zur Steigerung der publizistischen Leistungsfähigkeit beitragen. Skalen- und Verbundvorteile ermöglichen eine erhöhte Kosteneffizienz und eröffnen damit grundsätzlich größere Spielräume in der Produktgestaltung[263].

---

260 Zum Zielwert journalistischer Objektivität in der Berichterstattung Leidinger, Medien Herrschaft Globalisierung, S. 68-70.

261 Vgl. Meckel, Redaktionsmanagement, S. 29-40; vgl. auch Kurz/Müller/Pötschke/Pöttker, Stilistik für Journalisten, S. 22-26.

262 Vgl. etwa die Ausführungen von Zmeck, AfP 1995, 545, 548.

263 Konzentrationsmaßnahmen können die Qualität der publizistischen Leistung steigern, vgl. Bruderer, Redaktionelle Zusammenarbeit von Tageszeitungen, S. 57; ebenso Trappel/Meier/Schrape/Wölk, Medienkonzentration, S. 113; Heinrich, in: Leonhard/Lud-

Bei crossmedialen Ablegern erfolgreicher Markenprodukte wird man zudem von der Annahme ausgehen können, dass in der Produktion der Inhalte ein besonderer Wert auf die Hochwertigkeit der Angebote gelegt wird, weil ein möglicher Misserfolg des Zweitprodukts immer auch den Ruf und die Wertschätzung des Stammerzeugnisses gefährden kann. Auf das Qualitätsniveau der journalistischen Produktion wirken sich diese Faktoren prinzipiell positiv aus. Auch der marktüberschreitende Transfer von Kompetenzen kann sich insoweit als fruchtbar erweisen.

1. Steigerung der publizistischen Autonomie

Hinzu kommt, dass mit wachsenden Ressourcen die wirtschaftliche und publizistische Autonomie gerade auch marktübergreifend agierender Medienunternehmen gesteigert wird. Auf das Wohlwollen bestimmter Anspruchsgruppen sind wirtschaftlich stabile und publizistisch bedeutende Großunternehmen weniger angewiesen als ihre kleineren Konkurrenten. Zudem können Vereinnahmungsversuche zum Beispiel durch große Werbekunden oder durch andere einflussreiche Interessengruppen bei entsprechender Marktstärke leichter abgewehrt werden[264].

2. Möglichkeiten der Querfinanzierung

Der wohl wichtigste Ansatzpunkt betrifft indessen die Finanzierung von Medienerzeugnissen. Dabei geht es um die Finanzierung von Produkten, deren Kosten durch die Einnahmen nicht vollständig gedeckt werden können, insbesondere von publizistischen Nischenprodukten. Viele mediale Angebote und vor allem Minderheitenerzeugnisse, die die Informations- und Meinungsvielfalt entscheidend bereichern, würden sich in atomistisch aufgeteilten Märkten mit hoher Wahrscheinlichkeit wirtschaftlich nicht tragen können. Vor allem in konjunkturellen Krisenzeiten können solche Produkte unter dem Schutz großer Medienkonglomerate wirksam abgesichert werden[265]. Geschieht dies, ohne dass die re-

---

wig/Schwarze/Straßner, Medienwissenschaft, S. 200, 211, geht allerdings davon aus, dass die Effizienzvorteile diagonaler Konzentration sehr viel geringer ausfallen als bei horizontaler Konzentration.

264 Trappel/Meier/Schrape/Wölk, Medienkonzentration, S. 120; vgl. auch Leidinger, Medien Herrschaft Globalisierung, S. 204 f.

265 Vgl. Heinrich, in: Leonhard/Ludwig/Schwarze/Straßner, Medienwissenschaft, S. 200, 209.

daktionelle Unabhängigkeit in Frage gestellt wird, ist dies im Sinne der gesellschaftlichen Meinungsvielfalt prinzipiell positiv zu bewerten[266].

B. Risiken und Nachteile

Diesen positiven Folgen für den publizistischen Wettbewerb stehen jedoch auch nachteilige Auswirkungen gegenüber, die durch eine erhöhte crossmediale Marktkonzentration ermöglicht und begünstigt werden. Gemeint sind potenzielle Verkürzungen der Meinungsvielfalt infolge einer multimedialen Mehrfachverwertung von Inhalten oder infolge möglicher Zusammenlegungen personeller und sachlicher Ressourcen. Zu denken ist zudem an die Vielfaltswirkungen, die durch gezielte Einflussnahmen auf die öffentliche Meinungsbildung oder durch ein natürliches Schwinden der Kritikbereitschaft und zunehmende redaktionelle Rücksichtnahmen ausgelöst werden.

1. Mehrfachverwertung von Inhalten

Soweit crossmedial verflochtene Unternehmungen zur mono- und multimedialen Mehrfachverwertung von Contents neigen (nicht angesprochen sind Konzepte des Windowing und Versioning[267]), begünstigt dies eine Verkürzung des gesellschaftlichen Meinungsspektrums. Das Prinzip der Mehrfachverwertung und das ihm innewohnende Moment der Wiederholung erhöhen die Wahrnehmungswahrscheinlichkeit und können eine Verfestigung bestimmter Deutungs- und Wertungsmuster fördern. Zugleich verstärken sich über Mechanismen der Mehrfachverwertung die Möglichkeiten steuernder Einflussnahmen.

Bislang sind Strategien der Mehrfachverwertung vorrangig im monomedialen Zusammenhang von Bedeutung, wo sie zum Beispiel im Fernseh- oder Zeitungsbereich auch in nicht unerheblichem Umfang praktiziert werden[268]. Auffällig ist darüber hinaus die Zunahme crossmedialer Zweitverwertungskonzepte beispielsweise der öffentlich-rechtlichen Rundfunkanstalten innerhalb der jeweiligen Onlineangebote.

---

266 Vgl. Weber, Medienkonzentration, S. 85; vgl. auch Bruderer, Redaktionelle Zusammenarbeit von Tageszeitungen, S. 57 f.; ferner Sánchez-Tabernero, Media Concentration in Europe, S. 173.

267 Vgl. hierzu Goldhammer, in: Hofmann, Wissen und Eigentum, S. 96-101.

268 Vgl. Leidinger, Medien Herrschaft Globalisierung, S. 140-142; vgl. auch Heinrich, in: Leonhard/Ludwig/Schwarze/Straßner, Medienwissenschaft, S. 200, 209; ferner Meckel, Redaktionsmanagement, S. 157.

Was hingegen die Übertragung von Inhalten von einem Medium in das andere betrifft, so ist der strategische Reiz von Konzepten der Mehrfachverwertung unter dem Gesichtspunkt kostenseitiger Synergien vielfach begrenzt. Zwar kann zum Beispiel vorhandenes Recherchematerial intern kostenschonend zur erneuten Nutzung weitergegeben werden. Der Aufwand zur Anpassung der Inhalte ist jedoch zumeist hoch und vergleichsweise kostenintensiv. Umsatzseitig kann es zudem zu ungewollten Kannibalisierungseffekten kommen[269].

Eine Art Sonderstellung im Kontext medienübergreifender Mehrfachnutzung von Inhalten könnte perspektivisch allerdings der Umgang mit Nachrichten einnehmen[270]. Im Bereich des privaten Fernsehens ist ein senderübergreifendes Verwertungsmodell für Nachrichten bereits etabliert[271]. Aber auch für eine Einbindung in ein medienübergreifendes Verwertungskonzept sind Nachrichteninhalte grundsätzlich gut geeignet[272]. Die Auswahl der Berichtsgegenstände erfolgt für die unterschiedlichen Medienformen weitgehend einheitlich nach den Kriterien der Aktualität und der Universalität in den thematischen Bezügen. Die redaktionelle Arbeit erfordert in allen Bereichen einen fortlaufenden Informationszufluss über Agenturmeldungen und gegebenenfalls über Korrespondenten. Hinzu kommt, dass Nachrichten vor allem im privaten Fernsehen unter einem verstärkten Legitimations- und Kostendruck stehen. Auch Nachrichtenangebote müssen sich letztlich an Quoten und Reichweiten messen lassen[273].

Über den Nachrichtenbereich hinaus dürfte das Konzept multimedialer Mehrfachverwertung voraussichtlich erst dann zu einer weiteren Verbreitung finden, wenn es gelingen würde, die Inhalte eines zunächst gattungsneutral hergestellten Ausgangserzeugnisses mit geringem Aufwand systematisch für die Darstellung in anderen Medien umzuschreiben und umzugestalten. Auch wenn eine Prognose in diesem Punkt schwer fällt, könnten dem genannten Ansatz bei

---

269 Siehe oben, Zweiter Teil, Gliederungspunkt IV B 6.

270 Vgl. Janik, AfP 2002, 104, 114, mit Hinweis auf die zentrale Versorgung der damaligen Kirchsender durch den Nachrichtensender N24.

271 Vgl. Landesmedienanstalten, Crossmediale Verflechtungen, S. 304.

272 Vgl. oben, Zweiter Teil, Gliederungspunkt IV B 6; aufschlussreich ist in diesem Zusammenhang auch der bei einer Intendantentagung der ARD gefasste Beschluss, wonach die Redaktionen der Tagesschau und der Online-Redaktion tagesschau.de zusammengelegt werden sollen, vgl. cis/dpa, „ARD-Chef erbost über Landesmedienanstalten", Spiegel Online, veröffentlicht am 16.09.2009, abrufbar unter http://www.spiegel.de/netzwelt/netzpolitik/0,1518,649496,00.html (besucht am 05.07.2010).

273 Vgl. Trappel/Meier/Schrape/Wölk, Medienkonzentration, S. 121 f.; vgl. ergänzend auch Meckel, Redaktionsmanagement, S. 153 f., 209, 217.

fortschreitender Ökonomisierung der journalistischen Produktionsprozesse ernst zu nehmende Erfolgsaussichten einzuräumen sein[274].

2. Zusammenlegung personeller und sachlicher Ressourcen

Ein weiterer Gesichtspunkt in der Analyse der möglichen Folgen diagonaler Medienkonzentration ergibt sich aus den entstehenden Anreizen zur Integration personeller und sachlicher Ressourcen und der daraus gegebenenfalls resultierenden Tendenz zur Homogenisierung der publizistischen Inhalte.

Zum Teil kommt es zwischen unternehmensverbundenen Redaktionen unterschiedlicher Mediengattungen lediglich zu einer kooperativen Zusammenarbeit oder zu einem medienübergreifenden Austausch von Inhalten[275]. In Ausnahmefällen kann aber auch die redaktionelle Leistungsfähigkeit mehrerer Medienangebote durch eine Zusammenlegung ganzer Redaktionen gebündelt werden[276]. Vorstellbar ist ein solches Vorgehen zum Beispiel im Zusammenspiel von Printprodukten und thematisch vergleichbar ausgerichteten Onlineangeboten. Im kleineren Maßstab eignen sich vor allem journalistische Teilressourcen wie insbesondere Korrespondenten für eine Einbeziehung in übergreifende Nutzungsmodelle[277].

Durch eine zunehmende Zusammenfassung wirtschaftlich-publizistischer Kapazitäten kommt es aber nicht nur zu einer Neuordnung und Bündelung von Ressourcen, sondern auch, so steht es zu erwarten, zu einem fortschreitenden Abbau qualifizierter Arbeitsplätze. Geht man davon aus, dass immer weniger Journalisten immer mehr Inhalte produzieren müssen, so droht neben qualitativen Einbußen in den journalistischen Einzelleistungen[278] auch ein Rückgang der gedanklichen Vielfalt. Nicht nur die Zahl der unabhängigen medialen Plattformen nimmt ab. Es verringert sich auch die Zahl der Ideengeber selbst[279].

---

274 Vgl. auch die Ausführungen im Zweiten Teil, Gliederungspunkt IV B 6.

275 Vgl. Trappel/Meier/Schrape/Wölk, Medienkonzentration, S. 113; vgl. auch Röper, Media Perspektiven 2008, 420, 424.

276 Siehe oben, Zweiter Teil, Gliederungspunkt IV B 5; vgl. auch Kübler, Medienverflechtung, S. 93; ferner Riedel/Schoo, in: Müller-Kalthoff, Cross-Media Management, S. 149.

277 Vgl. Leidinger, Medien Herrschaft Globalisierung, S. 141.

278 Vgl. Weichler, Redaktionsmanagement, S. 39-41, 79, 136 f., 142 f.; ferner Meier, Aus Politik und Zeitgeschichte, B 12-13/2004, S. 3, 4; zu den Auswirkungen auf die journalistischen Schaffensbedingungen Sánchez-Tabernero, Media Concentration in Europe, S. 170-175.

279 Trappel/Meier/Schrape/Wölk, Medienkonzentration, S. 118, 124 f.

Schließlich begünstigen medienwirtschaftliche Verflechtungen aber auch eine Zusammenführung sachlicher Mittel, namentlich eine Zusammenlegung von Archiven und Datenbanken[280]. Aus publizistischer Sicht stellt eine solche Rationalisierung der Produktionsprozesse einerseits eine erhöhte Leistungsfähigkeit und damit eine verbesserte Informationsversorgung im Verhältnis zu getrennt geführten Archivsystemen in Aussicht[281]. Andererseits impliziert ein solches Konzept, dass die Recherche als zentrale Grundlage der journalistischen Tätigkeit zu nicht unerheblichen Anteilen auf einheitliche Ausgangsinformationen zurückgeht. Dass eine Vereinheitlichung der Informationsquellen ihrerseits nicht ohne Auswirkungen auf die Aussagevielfalt bleibt, liegt zumindest nahe[282].

3. Intermediale Kritik und Crosspromotion

Eine zunehmende crossmediale Konzentration dürfte sich ferner insofern verzerrend auf die öffentliche Meinungsbildung auswirken, als die Zugehörigkeit zu einem größeren Medienverbund für den einzelnen Journalisten Hemmnisse in der Berichterstattung bedeuten kann. Im Interesse des individuellen beruflichen Fortkommens kann es opportun erscheinen, den Erwartungen der Eigentümer oder der Unternehmensleitung mit einer gewissen Konformität zu begegnen[283].

Angesichts der komplexeren Interessenverflechtungen in einem marktstarken Medienkonglomerat ist von der Annahme auszugehen, dass die faktischen Beschränkungen journalistischer Autonomie einen signifikant größeren Raum einnehmen als bei unabhängigen Wettbewerbern. Zum Ausdruck kommt der konzentrationsbedingte Verlust der Unabhängigkeit in einer – für den Rezipienten kaum wahrnehmbaren – Ausweitung redaktioneller Rücksichtnahmen und Tabuzonen[284]. Bestimmte Fragestellungen werden möglicherweise nicht mehr angesprochen, und unerwünschte Ansichten und Einschätzungen bleiben potenziell unberücksichtigt. Es schwindet die Bereitschaft zur intermedialen Kritik, und die Funktion eines wechselseitigen publizistischen Korrektivs verliert ihre Bedeutung[285].

---

280 Vgl. Hachmeister/Rager, Wer beherrscht die Medien, Jahrbuch 2003, S. 359.

281 Vgl. etwa Weischenberg, Journalistik Band 1, S. 301.

282 Vgl. Heinrich, in: Leonhard/Ludwig/Schwarze/Straßner, Medienwissenschaft, S. 200, 208; vgl. auch Trappel/Meier/Schrape/Wölk, Medienkonzentration, S. 113.

283 Leidinger, Medien Herrschaft Globalisierung, S. 75 f., 83; vgl. auch Degen, Mut zur Meinung, S. 127, 141.

284 Meier, Aus Politik und Zeitgeschichte, B 12-13/2004, S. 3, 4.

285 Kübler, Medienverflechtung, S. 36 f., 93 f.; vgl. auch Weber, in: Rager/Weber, Publizistische Vielfalt, S. 268 f.; ferner den Bericht der Michel-Kommission, BT-Drucks. V/2120, S. 238 f.

Werden umgekehrt bestimmte Medienangebote von einflussreichen Verbundorganen gezielt beworben oder anderweitig positiv konnotiert, so schlägt sich dies im publizistischen Wettbewerb ebenfalls nieder. Besonders wirksame Einflussnahmemöglichkeiten bestehen vor allem dann, wenn nicht Werbung im engeren Begriffsverständnis eingesetzt wird, sondern wenn entsprechende Beiträge in das redaktionelle Angebot eingebunden werden[286].

Die Wirkungsmöglichkeiten einer solchen informellen Eigenwerbung relativieren sich zwar insoweit, als das einzelne Produkt mit der ihm eigenen Zielgruppe nicht beliebig für entsprechende Überkreuzverweisungen geeignet ist. Von dieser Einschränkung abgesehen bietet eine Überkreuz-Nutzung unterschiedlicher Mediengattungen zur Vermarktung assoziierter Erzeugnisse aber vor allem insofern wertvolle Einflussmöglichkeiten, als sie regelmäßig den Anschein journalistischer Neutralität und Unabhängigkeit erweckt und damit eine stärkere Suggestivwirkung entfalten kann als klassische Werbeformen.

Im Ergebnis ist deshalb davon auszugehen, dass ein Unternehmen, das über ein verzweigtes Netz multimedialer Ausdrucksmöglichkeiten verfügt, auf den Rezipientenmärkten wichtige kollektive Vorentscheidungen auslösen kann. Es lässt sich die subjektive Bereitschaft der Konsumenten erhöhen, sich auf einen neuen Rezeptionsgegenstand überhaupt einzulassen. Vor allem aber können am Ende die Reichweiten und Wahrnehmungswahrscheinlichkeiten insgesamt gesteigert werden.

4. Einflussnahme auf den öffentlichen Diskurs und Agenda-Setting

Allgemein gilt, dass die Anzahl medialer Ansprechpartner für gesellschaftliche Interessengruppen mit steigender horizontaler und diagonaler Konzentration abnimmt. Die Chancen von Minderheiten, im öffentlichen Diskurs angemessen zu Wort zu kommen, verringern sich[287]. Bestimmte Anliegen und Positionen können in hoch konzentrierten Märkten nicht mehr oder nur noch eingeschränkt kommuniziert werden, weil es an unabhängigen Kommunikationskanälen mangelt.

Noch etwas verschärft wird die Vielfaltsproblematik, sobald zusätzlich unternehmenspolitisch gesteuerte Einflüsse zum Tragen kommen[288]. Potenziell beeinträchtigt wird die gesellschaftliche Meinungsbildung vor allem dann, wenn verbundene Medienerzeugnisse auf eine spezielle publizistische Leitlinie ausge-

---

286 Vgl. Heinrich, in: Leonhard/Ludwig/Schwarze/Straßner, Medienwissenschaft, S. 200, 208.

287 Vgl. auch Sánchez-Tabernero, Media Concentration in Europe, S. 160.

288 Vgl. Blöbaum, in Rager/Weber, Publizistische Vielfalt, S. 169 f.

richtet[289] oder sogar bewusst zur Durchsetzung partikulärer Interessen in Anspruch genommen werden[290].

Festzustellen ist einerseits, dass die Möglichkeiten des so genannten Agenda-Settings und einer gezielten Einflussnahme auf die öffentliche Meinungsbildung nicht unbegrenzt sind. Wird das vorhandene Potenzial andererseits aber gezielt eingesetzt, dürften durchaus verfälschende Steuerungen meinungsbildender Prozesse zu befürchten sein.

Einschränkend muss zwar berücksichtigt werden, dass der Einfluss medialer Inhalte entscheidend von der Beziehung der Rezipienten zum Diskursgegenstand abhängt. Nach Erkenntnissen aus der Medienwirkungsforschung gilt die subjektive Empfänglichkeit für mediale Einflüsse vor allem dann als ausgeprägt, wenn nur geringe persönliche Berührungspunkte mit dem Objekt der Berichterstattung bestehen, wenn der Gegenstand im persönlichen Erleben des Einzelnen also keine oder eine allenfalls geringe Rolle spielt. In anderen Fällen bestehen dagegen zumeist bereits verfestigte Anschauungen, die sich nur schwer erschüttern lassen[291].

Weiterhin gilt zu bedenken, dass eine politische Instrumentalisierung medialer Ressourcen regelmäßig mit wirtschaftlichen Gefahren für das betreffende Unternehmen verknüpft ist. Wird durch unternehmenspolitisch motivierte Vorgaben die Bindung zwischen Produkt und Zielgruppe in Frage gestellt, kann dies zu starken Reichweitenrückgängen und damit zu ernst zu nehmenden Risiken für den wirtschaftlichen Erfolg des jeweiligen Medienerzeugnisses führen[292].

Von diesen Erwägungen abgesehen stellt sich allerdings die Frage, ob nicht die planmäßige Steuerung einiger weniger einflussreicher Erzeugnisse ausreicht, um wirksam auf die öffentliche Meinungsbildung einzuwirken. Je mehr Medienerzeugnisse in einem Konzern zusammengeführt werden, desto größer sind die Spielräume, durch eine geschickte Auswahl und Steuerung der Einzelangebote lenkend auch auf den öffentlichen Diskurs Einfluss zu nehmen.

Dabei ist zunächst davon auszugehen, dass es für marktmächtige Medienkonglomerate prinzipiell ein Leichtes ist, bestimmte Meinungsrichtungen aus

---

289 Leidinger, Medien Herrschaft Globalisierung, S. 140, 151.

290 Heinrich, in: Leonhard/Ludwig/Schwarze/Straßner, Medienwissenschaft, S. 200, 208; vgl. auch Schenk, Medienwirkungsforschung, S. 433 ff.

291 Vgl. Schenk, Medienwirkungsforschung, S. 477 ff.; vgl. auch Tschon, Cross Ownership, S. 79.

292 Die teilweise geäußerte Befürchtung einer „redaktionellen Gleichschaltung" sämtlicher Medien, die sich unter einheitlicher Leitung befinden – unter dem Gesichtspunkt zumindest der Ermöglichung einer solchen Gleichschaltung vgl. z.B. Kübler, Media Perspektiven 1995, 48, 53 –, erscheint jedenfalls unter betriebsökonomischen Gesichtspunkten wenig wahrscheinlich.

der Berichterstattung auszunehmen[293]. Entsprechende Direktiven lassen sich praktisch relativ verlässlich umsetzen. Dagegen ist die journalistische Autonomie der Medienschaffenden begrenzt[294]. Weitergehend lassen sich aber auch positiv gewünschte Inhalte und Positionen geschickt in das Bewusstsein der Öffentlichkeit rücken, sei es mit rhetorischen Mitteln, über eine selektive Auswahl von Gesprächspartnern oder über emotional ansprechende Ausdrucks- und Darstellungsformen. Auf diese Weise kann die subjektive Bereitschaft, sich mit bestimmten politischen Forderungen und den ihnen zugrunde liegenden Wertungen zu befassen und sich gegebenenfalls überzeugen zu lassen, einseitig verstärkt werden, ohne dass ein solcher Prozess von einer chancengleichen und inhaltlich offenen Auseinandersetzung getragen wäre. Inwieweit einer Instrumentalisierung der medialen Einflussmöglichkeiten tatsächlich Räume geöffnet werden, hängt im Ergebnis vor allem von den unternehmenskulturellen Bedingungen und letztlich von der Haltung der Unternehmensleitung und der Eigentümer ab[295].

5. Unternehmensinterne Wertorientierung

Unterhalb der Schwelle einer bewussten Instrumentalisierung medialer Inhalte können schließlich auch unternehmenskulturelle Wertvorstellungen eine Verengung des Meinungsspektrums begünstigen. Solchen Wertorientierungen können rein journalistisch-berufsbezogene Vorgaben oder aber auch individual- oder institutionenethische Normvorstellungen zu Grunde liegen[296].

Sind derartige Normvorgaben im Sinne einer mehr oder weniger profilierten Unternehmenskultur einmal zur Geltung gelangt, vermittelt etwa über einheitliche Ausbildungsstandards, kann dies zu gewissen Programmierungen von Verhaltensweisen und zu inhaltlich-politischen Festlegungen in der journalistischen Arbeit führen[297]. Soweit dies der Fall ist, kommt es mit hoher Wahrscheinlichkeit zu einseitig verengenden Einflüssen auf die Inhalteproduktion und damit zu

---

293 Vgl. Trappel/Meier/Schrape/Wölk, Medienkonzentration, S. 120; mit konkretem Fallbezug Hoffmann-Riem, Kommerzielles Fernsehen, S. 99-103.

294 Vgl. Löffler - Bullinger, Presserecht Kommentar, § 1 LPG Rn. 63; vgl. auch Weber, Medienkonzentration, S. 86.

295 Vgl. Sánchez-Tabernero, Media Concentration in Europe, S. 186; vgl. zudem Meier, Aus Politik und Zeitgeschichte, B 12-13/2004, S. 3, 5.

296 Vgl. Heinrich, Medienökonomie Band 2, S. 340 ff.; vgl. auch Weischenberg, Journalistik Band 1, S. 220-224; ferner Simon, Die heimlichen Gewinner, S. 165 f.

297 Vgl. Heinrich, Medienökonomie Band 2, S. 340 ff., 295; zur Unternehmensführung durch Werte Simon, Die heimlichen Gewinner, S. 166, 177; vgl. ferner Weischenberg, Journalistik Band 1, S. 171 ff.

Vielfaltsverlusten im medialen Angebot. Zwar handelt es sich hier nicht um eine spezifische Folge medienübergreifender Konzentrationsprozesse. Wohl aber können entsprechende Auswirkungen im Verbund unterschiedlicher Mediengattungen deutlich stärker spürbar werden als bei medialen Einproduktunternehmen[298].

C. Zwischenergebnis

Ähnlich wie die ökonomischen Folgewirkungen crossmedialer Konzentration zeigen sich auch die Einflüsse zunehmender Medienkonzentration auf die publizistische Vielfalt ambivalent. Im Ergebnis überwiegen aber die negativen Effekte.

Als vielfaltsbegünstigend stellt sich zunächst die erhöhte wirtschaftliche und publizistische Autonomie marktübergreifend konzentrierter Medienunternehmen dar. Starke Stellungen auf unterschiedlichen Märkten verringern die wirtschaftliche Abhängigkeit von großen Werbekunden, und etwaige Vereinnahmungsversuche einzelner Anspruchsgruppen können von marktstarken Medienkonglomeraten leichter abgewehrt werden. Des Weiteren ermöglichen konzentrationsbedingte Größenvorteile interne Querfinanzierungen bestimmter Medienprodukte. Derartige Maßnahmen können zwar indirekt eine abschreckende Wirkung auf potenzielle Wettbewerber haben. In ihrer unmittelbaren Wirkung leisten sie aber einen positiven und wertvollen Beitrag zur Förderung der medialen Angebotsvielfalt, weil viele wirtschaftlich defizitäre Medienangebote sich in dekonzentrierten Marktstrukturen auf Dauer nicht halten könnten.

Vielfaltsverkürzend können sich dagegen unter anderem crossmediale Mehrfachverwertungen von Inhalten auswirken. Vergleichsweise gut geeignet für derartige Konzepte sind vor allem Nachrichteninhalte, weil sie medienübergreifend nach weitgehend einheitlichen Relevanzkriterien ausgewählt werden. Zu berücksichtigen ist zudem, dass die Informationsversorgung mit Nachrichten einen für die Meinungsbildung besonders bedeutsamen Teilbereich in der öffentlichen Kommunikation bildet, in dem eine crossmediale Vereinheitlichung von Inhalten besonders ins Gewicht fiele.

---

298 Vgl. Trappel/Meier/Schrape/Wölk, Medienkonzentration, S. 116; Weichler, Redaktionsmanagement, S. 36, sieht die inhaltlich-redaktionelle Steuerung durch die Unternehmensleitung in der journalistischen Praxis überwiegend auf die Auswahl des Chefredakteurs beschränkt; vgl. auch Heinrich, in: Leonhard/Ludwig/Schwarze/Straßner, Medienwissenschaft, S. 200, 209.

Ferner kann es infolge crossmedialer Konzentrationsentwicklungen zu einer Integration personeller und sachlicher Ressourcen kommen. In Betracht kommen unter Umständen Zusammenlegungen redaktioneller Ressourcen. Zu denken ist ferner an eine Zulieferung von Inhalten und zum Beispiel an eine gemeinsame Nutzung von Korrespondenten oder Archiven. Wird eine crossmediale Bündelung von Ressourcen tatsächlich umgesetzt, dürfte vielfach auch ein Abbau qualifizierter Arbeitsplätze zu erwarten sein. In jedem Fall drohen mediale Vielfaltsverkürzungen.

Fortschreitende crossmediale Verflechtungen bergen zudem die Gefahr einer Ausdehnung von Interessensverflechtungen. Es ergibt sich so fast automatisch eine Ausweitung redaktioneller Rücksichtnahmen zugunsten von Verbundinteressen. Darüber hinaus wachsen die Möglichkeiten, die Reichweiten verbundangehöriger Medienerzeugnisse über zumindest wohlwollend gestaltete inhaltlich-redaktionelle Beiträge zu fördern. Eine besonders starke Verzerrung der freien öffentlichen Meinungsbildung dürfte schließlich auf Grundlage bewusst steuernder Einflussnahmen auf die öffentliche Meinungsbildung zu erwarten sein. Es besteht immer die Möglichkeit, unternehmensverbundene Medienerzeugnisse auf eine einheitliche publizistische Leitlinie festzulegen oder sie zur Förderung außerpublizistischer Partikularinteressen einzusetzen. Dabei kann es unter Umständen genügen, sich einiger weniger einflussreicher Medienerzeugnisse zu bedienen, um meinungslenkende Wirkungen zu erzielen. Die publizistischen Mittel zur Durchsetzung politischer Partikularinteressen sind vielfältig. Bestimmte Meinungsrichtungen können von der Berichterstattung ausgenommen werden. Genauso können aber auch positiv gewünschte Positionen zum Beispiel über emotional ansprechende Darstellungsformen unterstützt und gefestigt werden.

Bei den genannten Gefahrenmomenten handelt es sich zum Teil um spezifische Ausprägungen multimedialer Konzentration, überwiegend aber um Gefahren, die schon infolge horizontaler Konzentrationsprozesse auftreten können. Soweit eine spezifische Crossmedia-Relevanz nicht gegeben ist, können die Vielfaltsgefahren in der marktübergreifenden Konzentration allerdings noch erhebliche Verstärkungen erfahren und einen deutlich höheren Wirkungsgrad erreichen.

V. Zusammenfassung und Ergebnis

Trotz aller Unsicherheiten, mit der eine Prognose zu den Folgen crossmedialer Konzentration behaftet ist, muss eine Schwächung des publizistischen Wettbewerbs im Ergebnis als wahrscheinlich eingestuft werden.

Die Analyse der Konzentrations- und Verflechtungsbedingungen in Deutschland weist den überregionalen privaten Fernsehmarkt gegenwärtig als denjenigen Bereich aus, von dem die vermutlich größten Gefahren für die weitere Vielfaltsentwicklung ausgehen. Zum einen kennzeichnet sich das Medium Fernsehen durch einen besonders starken Einfluss auf die öffentliche Meinungsbildung, und zum anderen weist der TV-Markt den höchsten Konzentrationstand unter den hier betrachteten überregionalen Medienmärkten auf. Gerade auch in Hinblick auf eine mögliche Intensivierung von Verflechtungen mit anderen Medienmärkten ist das Gefahrenpotenzial für die öffentliche Meinungsbildung als hoch einzustufen. Was die Konzentrationswerte der anderen (vor allem überregionalen) Medienmärkte anbetrifft, so folgen der Zeitschriften- und der Zeitungsmarkt, wobei das Teilsegment der Verkaufszeitungen mit stark erhöhten Konzentrationswerten deutlich heraussticht. Schwächere Vermachtungsgrade herrschen in der Gesamtbetrachtung auf dem Onlinemarkt und im Hörfunkbereich.

Vergleichsweise ausgeprägte crossmediale Verflechtungen verbinden den privaten Fernsehmarkt mit dem Zeitschriftenmarkt. Weitere Querverbindungen des Fernsehmarkts bestehen mit dem Hörfunk-, dem Online- und in geringerem Umfang auch mit dem Zeitungssektor. Medienübergreifende Verflechtungen ohne Fernsehbezug betreffen vor allem das Verhältnis von Zeitungen und Zeitschriften. Weit verbreitet sind schließlich Querverbindungen aller Mediengattungen mit dem Segment Online. Für sich genommen zeigt der Onlinemarkt bisher relativ dekonzentrierte Strukturen. In der weiteren Entwicklung könnten Nutzungsverlagerungen zugunsten publizistisch relevanter Onlineangebote allerdings zu konzentrationssteigernden Marktaustritten einzelner Medienerzeugnisse innerhalb anderer Medienbranchen beitragen, so insbesondere im Printbereich. Bei unternehmensbezogener Betrachtung bestehen die wohl stärksten crossmedialen Verflechtungen aktuell bei Bertelsmann und bei Axel Springer. Zusammen genommen werden von den zwei Unternehmen derzeit alle in die vorliegende Untersuchung einbezogenen Märkte abgedeckt.

Die crossmedialen Konzentrationsstände sind damit teilweise als bedenklich zu qualifizieren. Das Hauptproblem besteht allerdings nicht so sehr in den bereits bestehenden crossmedialen Querverbindungen als vielmehr in einer möglichen Vertiefung der vorhandenen Verflechtungen. Dies gilt in besonderem Maße für das in seinen meinungsbildenden Einflüssen so bedeutsame Medium Fernsehen. Erhebliche Vielfaltsgefährdungen würden vor allem durch eine Verstärkung der Verflechtungen mit dem Markt der ebenfalls einflussreichen überregionalen Tageszeitungen begründet. Vielfaltsrelevant sind aber auch andere Verflechtungskombinationen, zum Beispiel unter Beteiligung von Zeitschriften und Verkaufszeitungen. In Hinblick auf zukünftige Konzentrationsentwicklungen ist zu berücksichtigen, dass nach den Ergebnissen des zweiten Kapitels von einer vergleichsweise hohen Attraktivität crossmedialer Diversifikationsstrategien auszugehen ist.

Die Auswirkungen crossmedialer Konzentrationsentwicklungen auf den ökonomischen und auf den publizistischen Wettbewerb sind vielfältig. Die nachteiligen Folgen haben in beiden Zusammenhängen das größere Gewicht. Ausgehend von der Annahme, dass die medienökonomischen Wirkungszusammenhänge zu den zentralen Grundlagen publizistischer Vielfaltsentwicklungen zu rechnen sind, ist die Erwartung zu Grunde zu legen, dass weite bis mittlere Oligopolstrukturen die besten Entwicklungsbedingungen für den ökonomischen Wettbewerb und damit indirekt auch gute Voraussetzungen für den publizistischen Wettbewerb bieten. Potenziell wettbewerbsschädlich sind dagegen enge Oligopole und in noch stärkerem Maße monopolistische Marktverhältnisse.

Die ökonomisch vorteilhaften Folgen medienübergreifender Konzentrationsprozesse lassen sich weitgehend auf konzentrationsbedingt auftretende Skalen- und Verbundeffekte zurückführen. Diese spezifischen Wirkungen eröffnen Möglichkeiten zu unternehmensinternen Kostensenkungen und zu einer effizienteren Abstimmung der Produktionsprozesse. Auf diese Weise begünstigen sie Investitionen und innovative Entwicklungen. Zudem können Skalen- und Verbundeffekte zur Stärkung der internationalen Wettbewerbsfähigkeit von Unternehmen beitragen. Diese wirtschaftlichen Folgeerscheinungen crossmedialer Konzentration lassen zumindest mittelbar auch positive Auswirkungen auf die publizistischen Vielfaltsbedingungen erwarten.

Was darüber hinaus die direkten Vorteile crossmedialer Konzentration für den publizistischen Bereich anbetrifft, so erhöht sich mit einer wachsenden Marktmacht zunächst die wirtschaftliche und publizistische Autonomie gerade marktübergreifend konzentrierter Medienunternehmen. Je größer und marktmächtiger ein Medienkonglomerat wird, desto schwächer werden die Abhängigkeiten zum Beispiel von großen Werbekunden und desto leichter fällt es, etwaige Vereinnahmungs- und Einflussnahmeversuche von Seiten Dritter abzuweisen. Darüber hinaus ermöglichen konzentrationsbedingte Größenvorteile interne Querfinanzierungen von Medienprodukten, die ohne eine wirtschaftliche Absicherung durch größere Konglomerate möglicherweise nicht überleben könnten.

Gegenüber diesen grundsätzlich vorteilhaften und vielfaltsbegünstigenden Gesichtspunkten dürften die nachteiligen Auswirkungen, die für den wirtschaftlichen und publizistischen Wettbewerb zu erwarten sind, aber deutlich überwiegen.

Auf ökonomischer Ebene wachsen mit zunehmender crossmedialer Marktkonzentration zunächst die Risiken und Gefahren für die Funktionsfähigkeit des Wettbewerbs. Anreize zu innovativem Marktverhalten und zur Verfolgung neuer publizistischer Konzepte werden mit abnehmenden Anbieterzahlen in der Regel verringert. Infolge verstärkter Konzentrationsentwicklungen kann es zu sukzessiven Preissteigerungen auf den Werbe- und Rezipientenmärkten kommen. Vor allem aber besteht die Gefahr, dass Marktzutrittsbarrieren für potenzielle Wettbewerber erhöht werden, und es erweitern sich die strategischen Möglichkeiten großer und diversifizierter Unternehmen, unabhängige Wettbewerber in ihrer Entfaltung zu behindern oder sogar vom Markt zu verdrängen. Zu denken ist an Quersubventionen, die abschreckende Wirkung für potenzielle Konkurrenten entfalten können, an kollusive Absprachen mit Akteuren auf vor- oder nachgelagerten Märkten und an Maßnahmen eines gezielten Verdrängungswettbewerbs zum Beispiel durch strategisch eingesetzte Preisdifferenzierungen.

Neben den ökonomischen Nachteilen sind zudem vielfältige publizistische Folgewirkungen in Betracht zu ziehen, die auf eine Verkürzung der medial vermittelten Meinungsvielfalt hinauslaufen. Besonders wahrscheinlich sind eine Ausweitung verflechtungsbedingter Rücksichtnahmen und eine Abnahme der Kritikbereitschaft gegenüber Verbundmedien. In beiden Fällen resultieren kaum erkennbare Informationsdefizite für die Rezipienten. Hinzu kommt die Erwartung einer zunehmenden Integration von personellen und sachlichen Unternehmensressourcen und damit einhergehend unter Umständen ein Verlust qualifizierter journalistischer Arbeitsplätze. Ein erhöhtes Gefahrenpotenzial für die mediale Vielfalt geht ferner von medienübergreifenden Verwertungskonzepten insbesondere für Nachrichteninhalte aus. Zu berücksichtigen ist dabei, dass Nachrichten einen besonders hohen Stellenwert für die öffentliche Kommunikation haben und eine medienübergreifende Vereinheitlichung von Inhalten in diesem Kontext deshalb besonders schwerwiegende Folgen für die öffentliche Meinungsbildung erwarten ließe. Schließlich vergrößern sich über medienübergreifende Einflüsse die Möglichkeiten für Maßnahmen eines systematischen Agenda-Settings und zur gezielten Durchsetzung von politischen oder wirtschaftlichen Partikularinteressen. Die Folgen für die publizistische Vielfalt und die freie Meinungsbildung dürften bei einer geschickt gelenkten marktübergreifenden Inanspruchnahme einzelner Verbundmedien von erheblicher Tragweite sein. Auch bei geringerer Wahrscheinlichkeit eines entsprechenden Vorgehens darf dieses Risiko deshalb nicht unterschätzt werden.

Vierter Teil: Wettbewerbsrechtliches Regularium

I. Einleitung

Das zweite Kapitel hat gezeigt, dass die ökonomischen Ausgangsbedingungen im Medienbereich langfristig eine Zunahme crossmedialer Konzentration nahe legen. Daran anknüpfend kam das dritte Kapitel zu dem Ergebnis, dass ein Fortschreiten der bestehenden crossmedialen Verflechtungen zu einer ernst zu nehmenden Gefährdung der publizistischen Vielfalt führen kann. Würden sich die in Deutschland vorhandenen medienübergreifenden Verflechtungen insbesondere mit dem stark konzentrierten privaten Fernsehmarkt weiter intensivieren, könnten die verfassungsrechtlich vorgegebenen Ausgangswerte, nämlich das Ziel einer gleichgewichtigen Meinungsvielfalt und der Schutz vor der Entstehung vorherrschender medialer und multimedialer Meinungsmacht, unter Umständen erhebliche Beeinträchtigungen erfahren.

Auf ökonomischer Ebene kann eine zunehmende crossmediale Konzentration zu Wettbewerbsverzerrungen führen, die sich mittelbar auch im publizistischen Bereich auswirken würden. Zu denken ist an die abschreckende Wirkung möglicher Quersubventionierungen, ferner an die erweiterten Möglichkeiten zu kollusiven Absprachen zum Beispiel mit Akteuren auf vor- und nachgelagerten Märkten und zu Maßnahmen eines gezielten Verdrängungswettbewerbs zum Beispiel durch strategisch eingesetzte Preisdifferenzierungen. Was die publizistischen Folgewirkungen crossmedialer Konzentration anbetrifft, so ist im dritten Kapitel unter anderem auf das Risiko von Beeinträchtigungen der Berichterstattung durch eine Ausweitung verflechtungsbedingter Rücksichtnahmen und auf die Möglichkeit einer Zusammenführung personeller und sachlicher Ressourcen und infolge dessen eventuell auch eines Abbaus von Arbeitsplätzen für qualifiziertes journalistisches Personal hingewiesen worden. Hinzukommen könnten eine zunehmende Verbreitung medienübergreifend angelegter Verwertungskonzepte für Nachrichteninhalte und eine Nutzung crossmedialer Einflüsse für Strategien des Agenda-Settings und der Durchsetzung wirtschaftlicher oder politischer Partikularinteressen.

Vor dem Hintergrund dieser Überlegungen stellt sich die Frage, welche Mittel und Handlungsmöglichkeiten die Rechtsordnung zur Verfügung stellt, um möglichen Störungen der genannten Verfassungsvorgaben durch crossmediale Konzentrationsentwicklungen vorzubeugen. In diesem vierten Kapitel soll untersucht werden, ob und gegebenenfalls in welchem Umfang ein wirksamer

Vielfaltsfaltsschutz vor den Gefahren medienübergreifender Konzentrationsprozesse durch wettbewerbsrechtliche Vorgaben gewährleistet werden kann.

Anders als medienrechtliche Vorgaben – auf sie wird im nachfolgenden fünften Kapitel einzugehen sein – verfolgen wettbewerbsrechtliche Regelungsmechanismen nicht das Ziel, zur Sicherung der Meinungsvielfalt und einer umfassenden und freien individuellen und öffentlichen Meinungsbildung beizutragen. Kulturpolitische Belange spielen grundsätzlich keine Rolle. Da aber davon auszugehen ist, dass ein funktionierender ökonomischer Wettbewerb typischerweise auch gute Ausgangsbedingungen für einen lebendigen publizistischen Wettbewerb bietet, könnte das Wettbewerbsrecht zumindest faktisch geeignet sein, die Meinungsvielfalt vor medialen und gegebenenfalls auch vor crossmedialen Vermachtungsprozessen zu schützen.

Im vorliegenden Kapitel soll also untersucht werden, welche indirekten Schutzwirkungen das Wettbewerbs- und Kartellrecht für das Verfassungsziel einer ausgewogenen Meinungsvielfalt entfalten kann. Gegenstand der Analyse werden zunächst die europäischen Regelungszusammenhänge und anschließend die Vorgaben des deutschen Wettbewerbsrechts sein. Im Einzelnen sollen die begünstigenden Wirkungen geprüft werden, die das Missbrauchsverbot und die Fusionskontrolle für die Verhinderung insbesondere multimedialer Meinungsmacht haben können, dies jeweils auf europäischer und auf nationaler Ebene. Das Augenmerk soll dabei unter anderem auf einige wichtige medienrelevante Entscheidungen gerichtet werden, die von den Kartellbehörden und den zuständigen Gerichten in den vergangen Jahren und Jahrzehnten getroffen worden sind.

Was die Festlegung der Untersuchungsperspektive auf das Missbrauchsverbot und die Zusammenschlusskontrolle anbelangt, so ist die Zusammenschlusskontrolle deshalb von Relevanz, weil sie die zentrale Bewertungsgrundlage für die Zulässigkeit von Konzentrationsentwicklungen auf Grundlage externen Wachstums ist. Das Missbrauchsverbot könnte seinerseits vielfaltsförderliche Wirkungen erzeugen, weil es darauf gerichtet ist, bestimmte Verhaltensweisen marktstarker Unternehmen zu unterbinden, die sich nachteilig auf den ökonomischen Wettbewerb und damit indirekt möglicherweise auf die publizistische Vielfalt auswirken können. Nicht Gegenstand der nachfolgenden Untersuchung soll die Frage sein, welche Einflüsse das Kartellverbot nach Art. 101 des Vertrags über die Arbeitsweise der Europäischen Union (AEUV) (vgl. ehemals Art. 81 EG) oder § 1 GWB auf die Meinungsvielfalt haben kann. Zum einen fehlt es an einer tatbestandlichen Anknüpfung an einer besonderen Marktmacht. Zum anderen beziehen sich die Verbotsnormen nicht auf Vorgänge internen oder externen Wachstums. Eine direkte Relevanz für ökonomische Konzentrationsprozesse besteht also nicht.

Schließlich sei noch darauf hingewiesen, dass mit Inkrafttreten des Vertrags von Lissabon zum 1. Dezember 2009 relativ umfangreiche Änderungen im europäischen Primärrecht eingetreten sind. Hierzu zählen unter anderem der Umstand, dass die Europäische Union eine eigene Rechtspersönlichkeit erhalten hat (Art. 47 EUV n.F.), ferner der Wegfall der Europäischen Gemeinschaft, die Umbenennung des EG-Vertrags in den Vertrag über die Arbeitsweise der Europäischen Union und zahlreiche Verschiebungen in der Nummerierung der Vertragsvorschriften. Diese Änderungen gilt es bei den nachfolgenden Ausführungen zu berücksichtigen. Weitere Einzelfragen zum Vertrag von Lissabon werden auch Gegenstand des fünften Kapitels sein.

II. Europäisches Missbrauchsverbot

Den ersten Anknüpfungspunkt für potenziell vielfaltsförderliche Steuerungswirkungen innerhalb des unionsrechtlichen Ordnungsrahmens bildet das wettbewerbsrechtliche Missbrauchsverbot nach Art. 102 AEUV (vgl. ehemals Art. 82 EG). Untersagt ist danach die missbräuchliche Ausnutzung einer beherrschenden Stellung auf dem Binnenmarkt oder auf einem wesentlichen Teil desselben, sofern das missbräuchliche Verhalten dazu führen kann, den Handel zwischen den Mitgliedsstaaten zu beeinträchtigen, Art. 102 S. 1 AEUV (vgl. ehemals Art. 82 S. 1 EG)[299].

Das Ziel des Missbrauchsverbots besteht darin, bestimmte Verhaltensweisen marktstarker Unternehmen zu unterbinden, die sich nachteilig auf den ökonomischen Wettbewerb auswirken können. Dabei dient es dem Verbraucherschutz, dem Schutz von Vertragspartnern marktbeherrschender Unternehmen und zugleich dem Schutz des Systems unverfälschten Wettbewerbs insgesamt[300]. Das Missbrauchsverbot ist nicht darauf gerichtet, der Entstehung marktbeherrschender Stellungen vorzubeugen oder den Bestand beherrschender Stellungen abzubauen.

Im Folgenden soll die Frage beantwortet werden, ob das europäische Missbrauchsverbot dazu beitragen kann, einen wirksamen Schutz der Meinungsvielfalt vor den Gefahren crossmedialer Verflechtungen zu gewährleisten. Zunächst werden die einzelnen Voraussetzungen des Missbrauchsverbots darzustellen

---

299 Vgl. auch Kartellrechtsverordnung VO (EG) Nr. 1/2003 vom 16.12.2002 zur Durchführung der in den Art. 81 und 82 des Vertrags niedergelegten Wettbewerbsregeln, ABl. 2003 Nr. L 1/1 ff., geändert durch die Verordnung (EG) Nr. 411/2004 vom 26.02.2004, ABl. 2004 Nr. L 68/1 f.

300 Vgl. Emmerich, Kartellrecht, S. 131 f.; vgl. auch Bunte, Kartellrecht, S. 161 f.

sein. Es wird zu beleuchten sein, welche möglicherweise weiterführenden Entscheidungen es in medienwirtschaftlichen Zusammenhängen bisher gegeben hat und welche Aufschlüsse sie für die Frage des Vielfaltsschutzes geben können. Schließlich soll aus einer abstrahierenden, über den Einzelfall hinausgehenden Analyse heraus der Frage nachgegangen werden, ob und gegebenenfalls in welcher Weise sich die Missbrauchskontrolle eignet, den Gefahren marktübergreifender Medienkonzentration für die Meinungsvielfalt entgegenzuwirken.

A. Marktabgrenzung und Marktbeherrschung

Verboten ist nach Art. 102 AEUV (ehemals Art. 82 S. 1 EG) immer nur das missbräuchliche Ausnutzen einer marktbeherrschenden Stellung. Ob eine marktbeherrschende Stellung besteht, lässt sich erst beurteilen, wenn der relevante Markt zuvor sachlich und räumlich definiert wurde.

In sachlicher Hinsicht liegt der Marktabgrenzung die Frage nach der Substituierbarkeit der angebotenen Leistungen zugrunde. Das heißt, es konstituieren diejenigen Produkte oder Dienstleistungen einen sachlich relevanten Markt, die sich aus Sicht der Marktgegenseite als funktionell austauschbar darstellen[301].

In ihrer bisherigen Entscheidungspraxis (die Entscheidungen zur Zusammenschlusskontrolle eingeschlossen[302]) hat die Europäische Kommission einer vergleichsweise differenzierten Segmentierung sachlich relevanter Märkte den Vorzug gegeben. In medienwirtschaftlichen Kontexten ist zunächst zwischen verschiedenen Werbemärkten zu differenzieren. Unterschiedliche Auffassungen bestehen zu der Frage, ob die Kommission neben den Werbemärkten auch die die Existenz eigenständiger Zuschauermärkte anerkennt[303]. Des Weiteren wer-

301 Vgl. die Vorgaben der Kommission, unter anderem in WuW/E EV 1783, Tz. 28 „Lucas/Eaton"; WuW/E EV 1730, Tz. 14-16 „Metallgesellschaft/Safic Alcan"; WuW/E EV 1626, Tz. 10 ff. „VIAG/Continental Can"; ferner EuGH Slg. 1980, 3775, 3793 Rn. 25, Urteil v. 11.12.1980, Rs. 31/80 „L'Oréal", kriterielle Anknüpfungspunkte der Prüfung bilden unter anderem die Eigenschaften, die Preise und der vorgesehene Verwendungszweck.

302 Im Vergleich zur Fusionskontrolle können Unterschiede in der Marktabgrenzung auftreten, vgl. z.B. Immenga/Mestmäcker - Möschel, Kommentar zum Europäischen Kartellrecht, Teil 1, Art. 82 EGV Rn. 41.

303 Vgl. Beucher/Leyendecker/von Rosenberg, Mediengesetze, § 26 RStV Rn. 24; vgl. auch Immenga/Mestmäcker - Mestmäcker/Veelken, Kommentar zum Deutschen Kartellrecht, vor § 35 Rn. 88 ff., m.w.N.; die Existenz eines eigenständigen Free-TV-Zuschauermarkts jedenfalls für die europäische Fusionskontrolle verneinend, Schüll, Schutz der Meinungsvielfalt, S. 293 ff., 304; vgl. auch Kommission WuW/E EV 2371, Tz. 20 „RTL/Veronica/Endemol".

den unter anderem ein Markt für Pay-TV-Angebote (unter Einschluss von Pay-per-view-Diensten) und ein Markt für unentgeltlich empfangbarem Hörfunk unterschieden[304], darüber hinaus Märkte für unabhängig produzierte Fernsehprogramme, für Programmrechte, für technische Dienstleistungen im Pay-TV-Bereich, für Kabelnetze und für Satellitenübertragungskapazitäten[305]. Auch im Pressebereich hat die Kommission zum Teil sehr kleinteilige Abgrenzungen vorgenommen, die über die Unterscheidung zwischen Zeitungen und Zeitschriften deutlich hinausgehen[306].

Die räumliche Abgrenzung medienwirtschaftlich relevanter Märkte erfolgt in aller Regel nach den sprachlich vorgegebenen Grenzen innerhalb der Europäischen Union. Die Referenzgebiete werden typischerweise durch nationale und sprachlich verbundene übernationale Medienmärkte gebildet[307].

Ist der relevante Markt gegenständlich und räumlich determiniert, stellt sich die Frage nach dem Vorhandensein einer beherrschenden Stellung. Die Schwelle zur Marktbeherrschung ist nach der Rechtsprechung des EuGH erreicht, sobald die wirtschaftliche Position eines Unternehmens es ihm erlaubt, „die Aufrechterhaltung eines wirksamen Wettbewerbs auf dem relevanten Markt zu verhindern, indem sie ihm die Möglichkeit verschafft, sich seinen Wettbewerbern, seinen Abnehmern und letztlich den Verbrauchern gegenüber in einem nennenswerten Umfang unabhängig zu verhalten“[308]. Entscheidend kommt es insoweit darauf an, ob dem betreffenden Unternehmen Verhaltensspielräume eröffnet sind, die sich durch den Wettbewerb nicht mehr hinreichend kontrollieren lassen[309].

Als besonders wichtiger Indikator für das Vorliegen einer marktbeherrschenden Stellung gilt der Marktanteil eines Unternehmens. Als eine Art Mindestwert, bei dessen Unterschreiten eine beherrschende Stellung ausgeschlossen werden kann, ist ein Marktanteil von etwa 25 Prozent anzusetzen. Ab einem

---

304 Beucher/Leyendecker/von Rosenberg, Mediengesetze, § 26 RStV Rn. 24; vgl. auch Schüll, Schutz der Meinungsvielfalt, S. 299 ff.

305 Vgl. Immenga/Mestmäcker - Mestmäcker/Veelken, Kommentar zum Deutschen Kartellrecht, vor § 35 Rn. 88 ff.; vgl. auch Schüll, Schutz der Meinungsvielfalt, S. 308 ff., m.w.N.

306 Vgl. Schüll, Schutz der Meinungsvielfalt, S. 326 ff.

307 Vgl. z.B. Kommission, Entscheidung v. 9.11.1994, ABl. 1994 Nr. L 364/1, 8 ff. „MSG Media Service“; vgl. auch Beucher/Leyendecker/von Rosenberg, Mediengesetze, § 26 RStV Rn. 24.

308 EuGH Slg. 1979, 461, 520 Rn. 38, Urteil v. 13.02.1979, Rs. 85/76, „Hoffmann-LaRoche“; EuGH Slg. 1980, 3775, 3793 Rn. 26, Urteil v. 11.12.1980, Rs. 31/80, „L'Oréal“.

309 Vgl. etwa Bunte, Kartellrecht, S. 167.

Marktanteil von 50 Prozent gilt eine Marktbeherrschung dagegen als indiziert. Von Situationen abgesehen, in denen ein Unternehmen über Marktanteile deutlich oberhalb der 50-Prozent-Grenze verfügt, sind allerdings stets auch ergänzende Wertungsfaktoren zu berücksichtigen. Hierzu zählen insbesondere die sonstige Marktaufteilung unter Berücksichtigung möglicher Gegengewichte, der Wettbewerbsdruck, der durch die Verhandlungsmacht der Nachfrage erzeugt wird, die Wirksamkeit etwaiger Marktzutrittsschranken, besondere Merkmale innerhalb der jeweiligen Unternehmung (beispielsweise Größen- und Verbundvorteile oder besondere Absatz- und Vertriebsnetze) und unter Umständen auch verhaltensbezogene Kriterien, die auf nicht mehr hinreichend kontrollierte Handlungsspielräume schließen lassen (zum Beispiel im Bereich der Preissetzung)[310].

Eine beherrschende Stellung muss im Übrigen nicht von einem einzelnen Unternehmen eingenommen werden. Schon nach dem Wortlaut von Art. 102 S. 1 AEUV sind auch kollektive Marktbeherrschungen möglich. Eine gemeinsame Marktbeherrschung in diesem Sinne setzt eine Situation voraus, in der unterschiedliche Unternehmen „so eng verbunden sind, dass sie in der Lage sind, eine gemeinsame Politik am Markt zu verfolgen, sodass sie diesbezüglich eine *kollektive Einheit* bilden“[311].

B. Missbrauchstatbestand und Rechtsfolgen

Der bei Vorliegen einer marktbeherrschenden Stellung anlassbezogen zu prüfende Missbrauchstatbestand wird zunächst durch die Regelbeispiele des Art. 102 S. 2 lit. a bis d AEUV konkretisiert. Danach kann das missbräuchliche Verhalten in der Erzwingung unangemessener Einkaufs- oder Verkaufspreise bestehen (Art. 102 S. 2 lit. a AEUV), in Einschränkungen der Erzeugung, des Absat-

---

310 Vgl. EuGH Slg. 1991 I, 3359, 3453 Rn. 60 f., Urteil v. 03.07.1991, Rs. C-62/86 „AKZO/Kommission“; vgl. auch EuGH Slg. 1978, 207, 290, Urteil v. 14.02.1978, Rs. 27/76 „United Brands“; ferner EuGH Slg. 1979, 461, 519 ff., Urteil v. 13.02.1979, Rs. 85/76, „Hoffmann-LaRoche“; vgl. weiter Langen/Bunte - Bunte, Kommentar Kartellrecht, Band 2, Art. 82 Rn. 44 ff.; zum Indikator Marktanteil Kling/Thomas, Kartellrecht, S. 202-204; vgl. zu den sonstigen Bewertungskriterien u.a. Bunte, Kartellrecht, S. 166 ff.; vgl. auch die Mitteilung der Kommission vom 9.02.2009, Erläuterungen zu den Prioritäten der Kommission bei der Anwendung von Artikel 82 des EG-Vertrags auf Fälle des Behinderungsmissbrauchs, K(2009) 864 endg., S. 5 ff.

311 Vgl. Kling/Thomas, Kartellrecht, S. 207; vgl. auch EuGH Slg. 2000 I, 1365, 1458 f. Tz. 35-39, Urteil v. 16.03.2000, verb. Rss. C-395/96 P und C-396/96 P „Compagnie maritime belge/Kommission“.

zes oder der technischen Entwicklung zum Nachteil der Verbraucher (Art. 102 S. 2 lit. b AEUV), ferner in der Benachteiligung von Handelspartnern durch Anwendung unterschiedlicher Bedingungen für gleiche Leistungen (Art. 102 S. 2 lit. c AEUV) und in der Verknüpfung vertraglicher Pflichten zum Bezug zusätzlicher Leistungen, die weder sachlich noch nach den jeweiligen Handelsbräuchen in Beziehung zur Hauptleistung stehen (Art. 102 S. 2 lit. d AEUV).

In der Definition des EuGH erstreckt sich der Missbrauchstatbestand – über den normierten Beispielskatalog hinausgehend – auf solche Verhaltensweisen, die die Struktur eines Marktes beeinflussen können, auf dem der Wettbewerb gerade wegen der beherrschenden Stellung bereits geschwächt ist. Überdies müssen die Verhaltensweisen die Aufrechterhaltung des vorhandenen Wettbewerbs oder die weitere Entwicklung des Wettbewerbs durch die Verwendung von Mitteln behindern, die von den „Mitteln eines normalen Produkt- oder Dienstleistungsgewerbes auf der Grundlage der Leistungen der Marktbürger abweichen“[312]. Zu berücksichtigen ist dabei unter anderem, ob das beanstandete Verhalten objektiv als Fehlverhalten zu werten ist. Auf ein mögliches Verschulden kommt es nicht an[313].

Anknüpfend an die Richtung potenziell schädigender Verhaltenswirkungen werden nach allgemeiner Auffassung drei Missbrauchstypen unterschieden. Während sich der Ausbeutungsmissbrauch gegen Marktsubjekte auf vertikal vor- oder nachgelagerten Wirtschaftsstufen richtet, führt der Behinderungsmissbrauch zu Beeinträchtigungen konkurrierender Unternehmen auf derselben Wirtschaftsstufe[314]. Dem Begriff des Strukturmissbrauchs entsprechen vor allem Verhaltensweisen, mit denen das beherrschende Unternehmen gezielt in bestimmte Marktstrukturen eingreift und so nachteilige Wirkungen für den Wettbewerb verursacht[315].

---

312 EuGH Slg. 1979, 461, 541 Rn. 91, Urteil v. 13.02.1979, Rs. 85/76 „Hoffmann-La Roche/Vitamine“; EuGH Slg. 1980, 3775, 3794 Rn. 27, Urteil v. 11.12.1980, Rs. 31/80 „L'Oréal“; EuG Slg. 1990 II, 309, 357 Rn. 23, Urteil v. 10.07.1990, Rs. T-51/89 „Tetra Pak Rausing SA“; EuGH Slg. 1991 I, 3359, 3455 Rn. 69 f., Urteil v. 3.07.1991, Rs. C-62/86 „AKZO/Kommission“.

313 Vgl. EuGH Slg. 1973, 215, 244, Urteil v. 21.02.1973, Rs. 6/72 „Continental Can“; vgl. auch Emmerich, Kartellrecht, S. 145, 147 f.

314 Vgl. zum Behinderungsmissbrauch auch die Mitteilung der Kommission vom 9.02.2009, Erläuterungen zu den Prioritäten der Kommission bei der Anwendung von Artikel 82 des EG-Vertrags auf Fälle von Behinderungsmissbrauch durch marktbeherrschende Unternehmen, K(2009) 864 endg.

315 Vgl. Kling/Thomas, Kartellrecht, S. 215.

Die weitere Operationalisierung der einzelnen Missbrauchsbegriffe bereitet zum Teil Schwierigkeiten[316]. Die Konkretisierung muss sich letztlich am Zweck des Art. 102 AEUV orientieren, den Wettbewerb vor Verfälschungen zu schützen, und zugleich berücksichtigen, dass sich auch beherrschende Unternehmen grundsätzlich aller Mittel bedienen dürfen, die ihnen zur Verfolgung ihrer wettbewerblichen Zwecke zur Verfügung stehen. Im Ergebnis unterliegen beherrschende Unternehmen strengeren Verhaltensmaßstäben als andere Wettbewerber[317].

Den weiteren Normvoraussetzungen nach greift das Missbrauchsverbot allerdings nur ein, wenn dem missbräuchlichen Verhalten auch ein Beeinträchtigungspotenzial für den Handel zwischen unterschiedlichen Mitgliedsstaaten innewohnt. Dieser in Art. 102 S. 1 AEUV normierten so genannten Zwischenstaatlichkeitsklausel kommt heute nur noch geringe Bedeutung zu. Als ausreichend erweist sich eine potenzielle Beeinträchtigung der zwischenstaatlichen Handelsströme, die etwa darauf beruhen kann, dass das missbräuchliche Verhalten eine Abschottungswirkung innerhalb nationaler Märkte erwarten lässt. Unmittelbare Auswirkungen auf einen anderen Mitgliedsstaat sind nicht erforderlich[318].

Was schließlich die Rechtsfolgen einer Zuwiderhandlung gegen Art. 102 S. 1 AEUV (ehemals Art. 82 S. 1 EG) anbetrifft, so besteht für die Europäische Kommission unter anderem die Befugnis, den Verstoß förmlich festzustellen, eine Abstellungsverfügung zu erlassen (Art. 7 Abs. 1 der Verordnung (EG) Nr. 1/2003 zur Durchführung der in den Artikeln 81 und 82 des Vertrags niedergelegten Wettbewerbsregeln (VO 1/2003)) und gegebenenfalls ein Bußgeld festzu-

---

316 Vgl. zur inhaltlichen Konkretisierung etwa die Ausführungen der Kommission in ihrem Diskussionspapier „DG Competition discussion paper on the application of Art. 82 of the Treaty to exclusionary abuses“, S. 4 f., 17 ff., Dezember 2005, die sich allerdings wesentlich auf Fragen des Behinderungsmissbrauchs konzentrieren, Quelle: http://ec.europa.eu/competition/antitrust/art82/discpaper2005.pdf (besucht am 09.10. 2010).

317 Vgl. Emmerich, Kartellrecht, S. 145, 148; vgl. auch Kling/Thomas, Kartellrecht, S. 190; ferner die Mitteilung der Kommission v. 9.02.2009, Erläuterungen zu den Prioritäten der Kommission bei der Anwendung von Artikel 82 des EG-Vertrags auf Fälle des Behinderungsmissbrauchs, K(2009) 864 endg., S. 5.

318 Vgl. Emmerich, Kartellrecht, S. 25-27; vgl. auch Kling/Thomas, Kartellrecht, S. 36 ff.; ferner Bechtold/Bosch/Brinker/Hirsbrunner, EG-Kartellrecht Kommentar, Art. 82 EG Rn. 59 ff.

setzen (Art. 23 Abs. 2 S. 1 lit. a, S. 2, Abs. 3 VO 1/2003)[319]. Daneben ist auch den deutschen Kartellbehörden seit der Neufassung des § 32 Gesetz gegen Wettbewerbsbeschränkungen (GWB) durch die 7. GWB-Novelle 2005 die Befugnis eingeräumt, die Abstellung von Zuwiderhandlungen gegen das europäische Missbrauchsverbot anzuordnen[320].

C. Entscheidungspraxis im medienwirtschaftlichen Bereich

Vor dem Hintergrund der obigen Ausführungen sollen im Folgenden vier medienrelevante Verfahren dargestellt und untersucht werden, um so erste Anhaltspunkte zu der Frage zu erhalten, inwieweit sich die europäische Missbrauchskontrolle eignet, um indirekt auch vielfaltsschützende Wirkungen im publizistischen Bereich zu entfalten.

1. Verfahren „CICCE/TV France" (1985)

Im Verfahren „CICCE/TV France" aus den achtziger Jahren prüfte der EuGH die Rechtmäßigkeit einer Entscheidung der Europäischen Kommission zum Vorwurf der Missbräuchlichkeit bestimmter Preisbeziehungen. In der Sache ging es um den Vorwurf des Ausschusses der Filmindustrie der Europäischen Gemeinschaften (CICCE), drei französische Fernsehgesellschaften hätten auf Grundlage einer beherrschenden Stellung in Frankreich sehr niedrige Preise für den Erwerb von Ausstrahlungsrechten für Kinofilme im Fernsehen erzwungen und sich insoweit missbräuchlich verhalten[321]. Die Kommission war zu dem Ergebnis gelangt, dass die Missbrauchsfrage angesichts der Vielzahl von Bewertungskriterien für die Angemessenheit der Preise nur für jeden Film einzeln zu beantworten sei, nicht für eine Gesamtheit von Filmen[322]. Im anschließenden Klagverfahren entschied der EuGH im Jahr 1985, dass die von der Kommission getroffene Einstellungsentscheidung nicht zu beanstanden sei. Zu Recht habe sie vom Kläger verlangt, die Missbrauchsbehauptung „durch Beispiele bestimmter

---

319 Vgl. ergänzend Immenga/Mestmäcker - Ritter, Kommentar zum Europäischen Kartellrecht, Teil 2, Art. 7 VO 1/2003 Rn. 29 ff.; vgl. auch Loewenheim/Meessen/Riesenkampf - Lübbig, Kartellrecht Kommentar, Art. 82 EG Rn. 230 ff.

320 Bechtold, Kartellgesetz Kommentar, § 32 Rn. 1; vgl. auch die lediglich deklaratorische Vorschrift des Art. 5 VO 1/2003.

321 EuGH Slg. 1985, 1105, 1118, Urteil v. 28.03.1985, Rs. 298/83 „CICCE/TV France".

322 Vgl. EuGH Slg. 1985, 1105, 1120 f., Urteil v. 28.03.1985, Rs. 298/83 „CICCE/TV France".

Filme zu belegen oder zumindest zu untermauern“, was von ihm abgelehnt worden sei[323].

2. Verfahren „Télémarketing“ (1985)

Ebenfalls im Jahr 1985 beurteilte der EuGH im Vorabentscheidungsverfahren „Télémarketing“ ein marktmachtbedingtes Verdrängungsverhalten. Er entschied, dass ein marktbeherrschendes Unternehmen sich missbräuchlich im Sinne des damaligen Art. 86 EWG-Vertrag verhalte, wenn es „sich oder einem zur selben Gruppe gehörenden Unternehmen ohne objektives Bedürfnis eine Hilfstätigkeit vorbehält, die von einem dritten Unternehmen im Rahmen seiner Tätigkeit auf einem benachbarten, aber getrennten Markt ausgeübt werden könnte, so daß jeglicher Wettbewerb seitens dieses Unternehmens ausgeschaltet zu werden droht“[324]. Dem Vorabentscheidungsersuchen des Tribunal de commerce Brüssel hatte die Ankündigung der Zweitbeklagten, der Information publicité Benelux SA (alleiniges Regieunternehmen für die vom Fernsehsender RTL ausgestrahlten und für die Beneluxländer vorgesehenen Werbesendungen), zugrunde gelegen, Sendezeiten für Telefonwerbung im Fernsehen nur noch unter der Voraussetzung anzubieten, dass für Belgien künftig ihre eigene Telefonnummer angegeben werde. Bislang war die Nummer der Klägerin, der SA Centre belge d’etudes de marché – Télémarketing (CBEM), eingeblendet worden, die damit auch die Telefonzentrale und das „Telefonpersonal den Werbungtreibenden und dem Fernsehsender zur Verfügung“ gestellt hatte[325]. Dieses begleitende Geschäftsfeld hatte sich die Veranstaltergruppe für die Zukunft nunmehr also selbst vorbehalten wollen[326]. Der EuGH entschied die ihm vorgelegte Auslegungsfrage im angegebenen Sinne, wobei er wesentlich auf das Vorliegen eines objektiven Bedürfnisses für das Vorbehalten einer marktnahen Hilfstätigkeit abstellte.

3. Verfahren „Magill“ (1996)

In der Rechtssache „Magill“, entschieden durch den EuGH im Jahr 1996, stellte sich die Frage, ob es als missbräuchlich zu werten sein kann, wenn Unternehmen rechtliche Schutzpositionen im Bereich geistigen Eigentums nutzen, um Dritte vom Eintritt in einen nachgelagerten Markt abzuhalten. Konkret ging es

---

323 EuGH Slg. 1985, 1105, 1124 Rn. 25, Urteil v. 28.03.1985, Rs. 298/83 , „CICCE/TV France“.

324 EuGH Slg. 1985, I 3261, 3279, Urteil v. 3.10.1985, Rs. 311/84 „Télémarketing“.

325 EuGH Slg. 1985, I 3261, 3271 f., Urteil v. 3.10.1985, Rs. 311/84 , „Télémarketing“.

326 Vgl. EuGH Slg. 1985, I 3261, 3271 f., Urteil v. 3.10.1985, Rs. 311/84 „Télémarketing“.

um die Weigerung mehrerer Fernsehveranstalter, einem unabhängigen Verlagsunternehmen, der Magill TV Guide Ltd (Magill), die relevanten Programminformationen für einen umfassenden wöchentlichen Fernsehprogrammführer zur Verfügung zu stellen. In der entscheidungsrelevanten Zeit hatte es in Irland und Nordirland keine programmübergreifende wöchentliche Fernsehprogrammvorschau gegeben. Stattdessen hatten die Veranstalter selbst je einen Programmführer veröffentlichen lassen, der lediglich das eigene Programm enthielt[327].

Die Europäische Kommission hatte zunächst festgestellt, dass die Veranstaltergesellschaften (einschließlich der BBC als dritter beteiligter Fernsehgesellschaft) mit ihrer Weigerung, entsprechende Lizenzen zu vergeben, gegen Art. 86 EWG verstießen, und sie angewiesen, Dritten auf Anfrage die erforderlichen Informationen „auf nichtdiskriminierender Basis“ gegen angemessene Lizenzgebühren zur Verfügung zu stellen[328].

Gegen diese Entscheidung klagten zwei der drei Gesellschaften vor dem Gericht erster Instanz. Doch ebenso wie diese Klagen blieben auch die anschließend eingelegten Rechtsmittel ohne Erfolg. Die Weigerung der Rechtsmittelführerinnen, die in Rede stehenden Programminformationen weiterzugeben, hat nach Auffassung des EuGH „das Auftreten eines neuen Erzeugnisses, nämlich eines umfassenden wöchentlichen Programmführers, den sie selbst nicht anboten und nach dem eine potentielle Nachfrage der Verbraucher bestand, verhindert“[329]. Angesichts dieser außergewöhnlichen Umstände könnten sich die Rechtsmittelführerinnen nicht mit Erfolg auf die ihnen nach nationalem Recht eingeräumten urheberrechtlichen Schutzpositionen berufen, die an den Programminformationen bestünden, sodass ein missbräuchliches Verhalten im Ergebnis zu bejahen sei[330]. Darüber hinaus sei das Verhalten darauf ausgerichtet, sich einen abgeleiteten Markt vorzubehalten. Auch insoweit habe das Gericht

327 EuGH Slg. 1995, I, 743, 811 f., Urteil v. 6.04.1995, verb. Rss. C-241/91 P und C-242/91 „Magill“; vgl. zu dem Urteil und der so genannten Essential-Facilities-Doktrin auch Deselaers, EuZW 1995, 563 ff.

328 EuGH Slg. 1995 I, 743, 812 f., Urteil v. 6.04.1995, verb. Rss. C-241/91 P und C-242/91 „Magill“.

329 EuGH Slg. 1995 I, 743, 824, Urteil v. 6.04.1995, verb. Rss. C-241/91 P und C-242/91 „Magill“.

330 Vgl. zur Verweigerung der Einräumung von Nutzungsrechten im Bereich geistigen Eigentums auch das Diskussionspapier der Kommission „DG Competition discussion paper on the application of Art. 82 of the Treaty to exclusionary abuses“, S. 67 f., Dezember 2005, abrufbar unter http://ec.europa.eu/competition/antitrust/art82/discpaper 2005.pdf (besucht am 09.10.2010).

erster Instanz rechtsfehlerfrei den Missbrauch einer beherrschenden Stellung angenommen[331].

4. Verfahren „Bronner" (1998)

In einem ähnlich gelagerten Fall entschied der EuGH im Jahr 1998 auf ein Vorabentscheidungsersuchen des Oberlandesgerichts Wien (Rechtssache „Bronner"), dass die Weigerung eines Pressunternehmens, einem Konkurrenzverlag Zugang zu dem eigenen Hauszustellungssystem zu gewähren, unter bestimmten Bedingungen nicht als missbräuchlich zu werten sei[332]. Unter Berücksichtigung auch des Urteils im Fall „Magill" legte sich der EuGH in den Entscheidungsgründen dahingehend fest, dass bei Vorliegen einer derartigen Zugangsverweigerung die Annahme eines missbräuchlichen Verhaltens nur dann gerechtfertigt sei, wenn die Verweigerung geeignet sei, den Wettbewerb auf dem nachgelagerten Markt gänzlich auszuschließen, sie darüber hinaus nicht objektiv gerechtfertigt sei und schließlich kein tatsächlicher oder potenzieller Ersatz für die jeweilige Einrichtung bestehe[333].

5. Bewertung und Zwischenergebnis

In den dargestellten Verfahren haben sich die Kommission und die Gerichte vor allem mit Fragen von Zugangs-, Lizenz- und anderweitigen Vertrags- und Leistungsverweigerungen auseinandergesetzt. Im Fall „Télémarketing" ging es um einen im Verhältnis zum Fernsehwerbemarkt benachbarten Hilfsmarkt (Callcenter-Markt für Telemarketing), den sich ein marktstarkes Unternehmen hatte vorbehalten wollen. Im Verfahren „Magill" standen das Verhältnis von Fernsehgeschäft und Programmführermarkt und durch urheberrechtliche Schutzpositionen bedingte Abhängigkeiten der Märkte im Vordergrund. Auch in der Rechtssache „Bronner" befasste sich der EuGH mit einer Situation, in der ein Marktakteur auf den Zugang zu bestimmten Leistungen potenziell angewiesen war, insoweit im Verhältnis von Zeitungsmarkt und dem nachgelagerten Markt für Hauszustellungen.

Die angesprochenen Sachverhalte kennzeichnen sich damit durch marktübergreifende, rechtlich oder wirtschaftlich bedingte Kontroll- und Verweige-

---

331 EuGH Slg. 1995 I, 743, 824 f., Urteil v. 6.04.1995, verb. Rss. C-241/91 P und C-242/91 „Magill".

332 EuGH Slg. 1998 I, 7791, 7833 f., Urteil v. 26.11.1998, Rs. C-7/97 „Bronner".

333 EuGH Slg. 1998 I, 7791, 7830 f. Rn. 41, Urteil v. 26.11.1998, Rs. C-7/97 „Bronner"; vgl. auch Kling/Thomas, Kartellrecht, S. 222.

rungsmöglichkeiten der beherrschenden Unternehmen. In allen vier Fällen stellte sich die Frage nach missbräuchlichen Verhaltensweisen gegenüber einem Unternehmen auf einer vertikal vor- oder nachgelagerten Marktstufe oder auf einem zumindest ähnliche Abhängigkeiten aufweisenden Markt[334]. In den genannten Verfahren ging es um die Teilhabe an zentralen Infrastrukturleistungen oder an sonstigen Einrichtungen, die für die Erbringung bestimmter Marktleistungen von besonderer Bedeutung waren (so genannte essential facilities[335]).

Die beanstandeten Verhaltensweisen waren keine spezifischen oder typischen Folgen crossmedialer Konzentration. Etwas anderes gilt allenfalls im Fall „Magill", wo die TV-Veranstalter neben ihrem Kerngeschäft auch ein eigenes Programmheft veröffentlichten. Darüber hinaus hatte die Missbrauchskontrolle nur eine geringe Relevanz für Fragen der inhaltlichen Vielfalt. Ein medienübergreifender Zusammenhang, in dem auch unmittelbar publizistisch bedeutende Märkte miteinander in Berührung kamen, bestand ebenfalls allein im Fall „Magill", dort im Verhältnis von Fernsehen und Fernsehzeitschriften.

Die angeführten Entscheidungen deuten an, dass das europäische Missbrauchsverbot in bestimmten Einzelfällen einen Beitrag zum Schutz der Meinungsvielfalt vor crossmedialen Verflechtungen leisten kann. Ein systematischer oder sonst signifikanter Beitrag zum Vielfaltsschutz ist aber nicht erkennbar.

D. Weitere Eignungsansätze zum Vielfaltsschutz

Die genannten Entscheidungen legen also nicht den Schluss nahe, dass das Missbrauchsverbot eine besonders einflussreiche Schutzwirkung für die Meinungsvielfalt haben könnte. Da die obige Analyse in ihrer Ausrichtung an einigen Einzelentscheidungen zwangsläufig ausschnitthaft bleibt, stellt sich die Frage nach weiteren, strukturell relevanten Anhaltspunkten für eine Eignungsbewertung der europäischen Missbrauchskontrolle in Hinblick auf ihre Schutzwirkung für die medial vermittelte Meinungsvielfalt gegenüber den Gefahren, die durch crossmediale Verflechtungen drohen.

Für die Erfassung vielfaltsförderlicher Faktoren ist zunächst der Schutzzweck des Art. 102 AEUV von Bedeutung. Mit dem Ansatz, den Wettbewerb

334 Vgl. zur Bewertung derartiger Verhaltensweisen aus heutiger Sicht auch die Mitteilung der Kommission vom 09.02.2009, Erläuterungen der Kommission zu den Prioritäten bei der Anwendung von Artikel 82 des EG-Vertrags auf Fälle des Behinderungsmissbrauchs, K(2009) 864 endg., S. 25 ff.

335 Zur Bedeutung so genannter essential facilities in der Missbrauchskontrolle vgl. Bechtold/Bosch/Brinker/Hirsbrunner, EG-Kartellrecht Kommentar, Art. 82 EG Rn. 51 ff.

vor Verfälschungen zu schützen, trägt das Missbrauchsverbot dazu bei, Abschottungswirkungen zu verhindern und mögliche Monopolisierungen zumindest zu erschweren[336]. Geht man von der Annahme aus, dass ein funktionierender ökonomischer Wettbewerb in aller Regel auch den publizistischen Wettbewerb begünstigt, sind vom Missbrauchsverbot mittelbar positive Regelungswirkungen auch für die Belange medialer Vielfalt zu erwarten[337].

Zu berücksichtigen ist weiter, dass das Missbrauchsverbot unter dem Gesichtspunkt des Behinderungsmissbrauchs auch so genannte Missbrauchstransfers erfassen kann. Es sind dies Verhaltensweisen, die sich auf anderen Märkten auswirken können als auf dem im Einzelfall beherrschten Markt. So besteht etwa bei bestimmten Preiskampfstrategien[338] prinzipiell die Möglichkeit, dass die schädigenden Verhaltensweisen zumindest auch mit Ressourcen in Zusammenhang stehen, die aus Aktivitäten auf anderen, von demselben Unternehmen bereits beherrschten Märkten resultieren[339]. Für Konstellationen, in denen beherrschter und betroffener Markt nicht identisch sind, hat der EuGH im Verfahren „Tetra Pak II" (1996) für die Anwendung des Missbrauchsverbots einschränkend allerdings verlangt, dass bei Vorliegen eng verbundener Märkte besondere Umstände gegeben sein müssen, die die Anwendung rechtfertigen[340]. Die Anforderungen an einen tatbestandsrelevanten Missbrauchstransfer sind vergleichsweise hoch und dürften nur in Ausnahmefällen erfüllt sein[341].

Darüber hinaus geben zum Teil auch marktübergreifende Quersubventionierungen Anlass zur Durchführung kartellbehördlicher Missbrauchsprüfungen. Doch bestehen insoweit ebenfalls sehr hohe Anforderungen an ein Missbrauchsurteil. Unter anderem muss der Markt, aus dem die finanziellen Ressourcen stammen, eine Monopolstellung aufweisen[342]. Im Übrigen bleibt daran zu erin-

---

336 Vgl. u.a. Emmerich, Kartellrecht, S. 145; vgl. auch Bunte, Kartellrecht, S. 161.

337 Vgl. hierzu u.a. Landesmedienanstalten, Crossmediale Verflechtungen, S. 51 f.

338 Vgl. die Mitteilung der Kommission vom 09.02.2009, Erläuterungen zu den Prioritäten der Kommission bei der Anwendung von Artikel 82 des EG-Vertrags auf Fälle des Behinderungsmissbrauchs, K(2009) 864 endg, S. 22 ff.; vgl. auch das Diskussionspapier der Kommission „DG Competition discussion paper on the application of Art. 82 of the Treaty to exclusionary abuses", S. 28 ff., Dezember 2005, Quelle: http://ec.europa.eu/competition/antitrust/art82/discpaper2005.pdf (besucht am 09.10. 2010).

339 Vgl. Emmerich, Kartellrecht, S. 146 f.

340 EuGH Slg. 1996 I, 5951, 6008 f. Rn. 27 ff., Urteil v. 14.11.1996, Rs. C-333/94 P "Tetra Pak/Kommission".

341 Vgl. auch Kling/Thomas, Kartellrecht, S. 214.

342 Vgl. ebenda, S. 232, 237 f.; vgl. auch EuG Slg. 2002 II, 1915, 1934 Rn. 55, Urteil v. 20.03.2002, Rs. T-175/99 „UPS Europe/Kommission"; ferner das Diskussionspapier der

nern, dass Quersubventionierungen unter Vielfaltsgesichtspunkten ambivalenten Charakter haben und im Einzelfall gerade auch vielfaltsfördernde Wirkungen haben können[343].

Einer der im hiesigen Zusammenhang vielleicht wichtigsten Anwendungsbereiche des Missbrauchsverbots betrifft marktübergreifende Preisdifferenzierungen. In einer Mitteilung aus dem Jahr 2009 hat die Europäische Kommission Anwendungsprioritäten im Bereich des Behinderungsmissbrauchs formuliert und sich dabei unter anderem mit Rabattgewährungen durch marktbeherrschende Unternehmen beschäftigt[344]. Geltung sollen die aufgestellten Prioritäten aber allein in Bezug auf Unternehmen in alleiniger marktbeherrschender Stellung beanspruchen, nicht hingegen für kollektive Marktbeherrschungen[345].

Werden Rabatte von einem marktbeherrschenden Unternehmen für mehrere Produkte im Verbund gewährt (so genannte gemischte Bündelung oder Paketrabatte), soll es für die Frage des Tätigwerdens der Kommission im Rahmen der Missbrauchskontrolle darauf ankommen, ob die gebündelten Produkte als separate Produkte einzustufen sind und ob infolge der Bündelung eine wettbewerbswidrige Marktverschließung auf dem Zweitmarkt als wahrscheinlich anzusehen ist[346]. Als Kriterien zur Beurteilung der Wahrscheinlichkeit von Verschließungseffekten werden unter anderem die Dauer, mit der die Bündelungsstrategie verfolgt wird, und die Anzahl der gebündelten Produkte genannt[347]. In der Gesamtbetrachtung kann ein Bündel- oder Paketrabatt „wettbewerbswidrig sein, wenn er so hoch ist, dass genauso effiziente Wettbewerber, die nur eines der Produkte anbieten, nicht mit dem rabattierten Produktbündel konkurrieren können“[348].

Kommission „DG Competition discussion paper on the application of Art. 82 of the Treaty to exclusionary abuses“, S. 29 Rn. 97, Dezember 2005, insoweit zu Fragen von Preiskampfstrategien, Quelle: http://ec.europa.eu/competition/antitrust/art82/discpaper 2005.pdf (besucht am 09.10.2010).

343 Siehe oben, Dritter Teil, Gliederungspunkt IV A 2.

344 Mitteilung der Kommission vom 09.02.2009, Erläuterungen zu den Prioritäten der Kommission bei der Anwendung von Artikel 82 des EG-Vertrags auf Fälle von Behinderungsmissbrauch durch marktbeherrschende Unternehmen, K(2009) 864 endg., S. 16 ff., 19 ff.

345 Ebenda, S. 4.

346 Ebenda, S. 20; vgl. auch EuG Slg. 2007 II, 3601, Rn. 842, 859-862, 867 f., 869, Rs. T-201/04 „Microsoft/Kommission“.

347 Mitteilung der Kommission vom 09.02.2009, Erläuterungen zu den Prioritäten der Kommission bei der Anwendung von Art. 82 des EG-Vertrags auf Fälle von Behinderungsmissbrauch durch marktbeherrschende Unternehmen, K(2009) 864 endg., S. 20 f.

348 Ebenda, S. 21 Rn. 59.

Aus medienwirtschaftlichem Blickwinkel können marktübergreifende Rabattmodelle vor allem im Werbebereich eine Rolle spielen[349]. Soweit das europäische Missbrauchsverbot zur Untersagung entsprechender Paketrabatte führt oder sogar abschreckende Effekte erzielt, ist es geeignet, medienwirtschaftlichen Konzentrationsentwicklungen infolge solcher spezifisch crossmedialen Wettbewerbsstrategien entgegenzuwirken und damit indirekt auch zum publizistischen Vielfaltsschutz beizutragen. Zu bedenken ist jedoch, dass die obigen Grundsätze nur für Unternehmen gelten, die den jeweiligen Markt allein beherrschen, und nicht auch für kollektive Marktbeherrschungen. Zudem berücksichtigt die Kommission neben den bereits genannten Voraussetzungen für ein behördliches Einschreiten auch etwaige Effizienzvorteile, die den Abnehmern der gebündelten Produkte zugute kommen und damit zu einem Abwägungsausgleich führen können[350]. Auch in Hinblick auf marktübergreifende Rabattstrategien ist die Wirksamkeit des Missbrauchsverbots aus diesen Gründen nicht allzu hoch einzuschätzen.

Stellt man diesen grundsätzlich positiven Ansatzpunkten diejenigen Aspekte gegenüber, die der Eignung des europäischen Missbrauchsverbots, die Meinungsvielfalt zu schützen, entgegenstehen, ist zunächst von Bedeutung, dass das Missbrauchsverbot weder ein Monopolverbot noch das Verbot der Entstehung, Innehabung oder Verstärkung einer marktbeherrschenden Stellung enthält. In Rechnung zu stellen ist zudem, dass das Verbot anders als etwa die Zusammenschlusskontrolle im Kern nicht präventiv ausgerichtet ist. Mögliche Maßnahmen werden von den zuständigen Wettbewerbsbehörden erst dann ergriffen, wenn das relevante Verhalten bereits zutage getreten und es eventuell schon zu Wettbewerbsbeeinträchtigungen gekommen ist (vgl. Art. 4 ff. VO 1/2003)[351].

Ein weiteres zentrales Merkmal des Missbrauchsverbots besteht darin, dass es vornehmlich die Position des jeweiligen Unternehmens auf einem bestimmten Einzelmarkt ins Auge fasst (Marktmachtkonzept)[352]. Es ist nicht seine Aufgabe, das besondere Einflusspotenzial diversifizierter Großunternehmen in seiner jeweiligen Gesamtheit zu erfassen. Die unter Vielfaltsgesichtspunkten potenziell bedeutsame Frage, ob ein Unternehmen auf einem oder auf mehreren Märkten agiert, spielt aus Sicht der Missbrauchskontrolle nur eine untergeordnete Rolle.

---

349 Siehe oben, Dritter Teil, Gliederungspunkt III B 2 c).

350 Mitteilung der Kommission vom 09.02.2009, Erläuterungen zu den Prioritäten der Kommission bei der Anwendung von Art. 82 des EG-Vertrags auf Fälle von Behinderungsmissbrauch durch marktbeherrschende Unternehmen, K(2009) 864 endg., S. 22.

351 Vgl. Lange, Media Perspektiven 2005, 546, 553.

352 Emmerich, Kartellrecht, S. 132.

Trotz der grundsätzlich begünstigenden Wirkung des Art. 102 AEUV für den publizistischen Wettbewerb und der partikulären Erfassung einzelner Missbrauchspraktiken mit potenziell positiven Folgewirkungen auch für die Vielfaltsfrage hat das Missbrauchsverbot damit allenfalls eine geringe Eignung für einen wirksamen Schutz der Meinungsvielfalt vor den Gefahren crossmedialer Verflechtungen[353]. Hinzu kommt, dass mit dem Einzug des so genannten „more economic approach" im europäischen Wettbewerbsrecht eine eher einschränkende Auslegung des Missbrauchsbegriffs verbunden ist. Im Rahmen dieser Auslegung fallen unter anderem Effizienzsteigerungen und Verbrauchervorteile positiv ins Gewicht[354]. Auf diesen Ansatz wird an anderer Stelle noch genauer einzugehen sein.

E. Zwischenergebnis

Das europäische Missbrauchsverbot ist im Ergebnis lediglich bedingt geeignet, zum Schutz der Meinungsvielfalt vor den spezifischen Handlungsmöglichkeiten crossmedial diversifizierter Medienunternehmen beizutragen.

In den dargestellten medienrelevanten Verfahren zum Missbrauchsverbot haben sich die Kommission und die Gerichte in erster Linie mit Konstellationen beschäftigt, in denen sich marktstarke Medienunternehmen in ihrem Verhalten gegen Unternehmen richteten, die sich auf vor- oder nachgelagerten Marktstufen oder in anderweitig begründeten wirtschaftlich oder rechtlich abhängigen Marktpositionen befanden. Die durch die jeweiligen Abhängigkeiten eröffneten Verhaltensspielräume standen außer im Fall „Magill" nicht mit einer crossmedial diversifizierten Marktausrichtung in Zusammenhang. Vielmehr gingen sie an erster Stelle mit der zumindest faktischen Möglichkeit einher, potenziellen Vertragspartnern zentrale Marktleistungen, die Einräumung bestimmter Rechtsposi-

---

353 Vgl. auch Lange, Media Perspektiven 2005, 546, 553; mit ähnlichem Ergebnis für medienwirtschaftliche Zusammenhänge im Allgemeinen, aber mit anderen Ausgangserwägungen Schüll, Schutz der Meinungsvielfalt, S. 230 f.

354 Vgl. z.B. die Mitteilung der Kommission vom 09.02.2009, Erläuterungen zu den Prioritäten der Kommission bei der Anwendung von Artikel 82 des EG-Vertrags auf Fälle von Behinderungsmissbrauch durch marktbeherrschende Unternehmen, K(2009) 864 endg., S. 14, 19, 22, 25, 30; vgl. auch das Diskussionspapier der Kommission „DG Competition discussion paper on the application of Art. 82 of the Treaty to exclusionary abuses", Rn. 77 ff., 84 ff., 205, 235, Dezember 2005, Quelle: http://ec.europa.eu/competition/antitrust/art82/discpaper2005.pdf (besucht am 09.10.2010); vgl. ferner Emmerich, Kartellrecht, S. 132 f.

tionen oder eine Teilhabe an marktstrategisch bedeutenden Einrichtungen (so genannte essential facillities) zu verweigern.

Die nur geringe Eignung des Missbrauchsverbots, begrenzende oder korrigierende Einflüsse auf die spezifischen Wettbewerbseinflüsse konglomerat konzentrierter Medienunternehmen zu nehmen, wird aber auch durch die Analyse der strukturellen Merkmale und Anwendungsvoraussetzungen der Missbrauchskontrolle bestätigt. Zwar kann sich das europäische Missbrauchsverbot insofern vielfaltsbegünstigend auswirken, als es generell dazu beiträgt, einen wirksamen ökonomischen Wettbewerb zu gewährleisten. Denn auf diese Weise schafft es grundsätzlich positive Bedingungen auch für die publizistische Vielfaltsentwicklung. In Rechnung zu stellen ist ferner, dass das Verbot des Art. 102 AEUV potenziell auch auf marktübergreifende so genannte Missbrauchstransfers, auf unternehmensinterne Quersubventionierungen und nicht zuletzt auf marktübergreifende Rabattstrategien anwendbar ist. Die Voraussetzungen für ein Eingreifen des Verbots sind unter den genannten Gesichtspunkten aber regelmäßig so hoch, dass die Verbotsvorschrift nur in Ausnahmefällen zum Tragen kommen dürfte.

Grundlegend steht einem wirksamen indirekten Vielfaltsschutz zudem entgegen, dass das Missbrauchsverbot seiner Natur nach kein Verbot einer marktbeherrschenden Stellung enthält und dass es im Kern nicht präventiv ausgerichtet ist. Bezogen auf das besondere Gefahrenpotenzial crossmedialer Einflüsse spricht gegen einen relevanten Regelungseinfluss vor allem das stark am Einzelmarkt orientierte Marktmachtkonzept. Hinzu kommen schließlich die neuen Bewertungsansätze, die mit dem Einzug des „new economic approach“ Bedeutung erlangt haben und den Anwendungsbereich des Missbrauchsverbots zusätzlich verengen.

III. Europäische Fusionskontrolle

Einen weiteren Ansatzpunkt im europäischen Wettbewerbsrecht bietet die Zusammenschlusskontrolle. Die Grundlage der europäischen Zusammenschlusskontrolle wird durch die EG-Fusionskontrollverordnung Nr. 139/2004 (FKVO) gebildet[355]. Zum Schutz eines unverfälschten Wettbewerbs sieht Art. 2 Abs. 3 FKVO vor, dass Zusammenschlüsse von Unternehmen, durch die ein wirksamer Wettbewerb im Gemeinsamen Markt oder in einem wesentlichen Teil desselben erheblich behindert würde, für unvereinbar mit dem Gemeinsamen Markt zu er-

355 Verordnung (EG) Nr. 139/2004 des Rates vom 20.01.2004 über die Kontrolle von Unternehmenszusammenschlüssen („EG-Fusionskontrollverordnung“), ABl. 2004 Nr. L 24/1 ff.

klären sind. Nach dem Wortlaut der Norm kann sich eine solche Behinderung insbesondere aus der Begründung oder Verstärkung einer marktbeherrschenden Stellung ergeben.

Nachfolgend soll untersucht werden, welchen Beitrag die europäische Fusionskontrolle leisten kann, um die Meinungsvielfalt vor den Risiken crossmedialer Verflechtungen zu schützen. Zu diesem Zweck wird zunächst darzulegen sein, welche Voraussetzungen für die Anwendung der Zusammenschlusskontrolle und für mögliche Untersagungsentscheidungen bestehen.

Es soll in einem kurzen Überblick auf zwei zentrale Entscheidungen der Europäischen Kommission aus den neunziger Jahren eingegangen werden, die sich mit marktübergreifenden Zusammenhängen im Medienbereich auseinandergesetzt haben („MSG Media Service" und „Bertelsmann/Kirch/Premiere"). Da sich die Grundsätze, nach denen die Zulässigkeit insbesondere von konglomeraten Zusammenschlüssen beurteilt werden, inzwischen wesentlich geändert haben, wird der Blick schwerpunktmäßig sodann auf die heute vorherrschende Sichtweise in der europäischen Fusionskontrolle zu richten sein („more economic approach"). Vor dem Hintergrund der gewandelten Bewertungsvorgaben wird zu untersuchen sein, welche Bedeutung der Zusammenschlusskontrolle für den Schutz der Meinungsvielfalt und ihre Bedrohung durch crossmediale Konzentration heute zukommen kann.

A. Anwendungsbereich

Zur Anwendung gelangt die Fusionskontrollverordnung immer erst dann, wenn ein Zusammenschluss von gemeinschaftsweiter Bedeutung im Sinne des Art. 1 FKVO zu beurteilen ist (vgl. auch Art. 21 Abs. 3 FKVO).

Das Vorliegen eines Zusammenschlusses setzt nach Art. 3 FKVO voraus, dass es zu einer dauerhaften Veränderung in der Kontrolle über ein Unternehmen kommt. Die erforderliche Veränderung kann sich entweder dadurch ergeben, dass unabhängige Unternehmen oder Unternehmensteile fusionieren oder dadurch, dass Unternehmen oder Personen, die schon mindestens ein Unternehmen kontrollieren, durch den Erwerb von Anteilsrechten oder in anderer Weise eine zumindest mittelbare Kontrolle über die Gesamtheit oder Teile eines anderen Unternehmens erlangen, Art. 3 Abs. 1 lit. a und b FKVO. Weitere Einzelheiten zum Kontrollerwerb sind in Art. 3 Abs. 2 bis 4 FKVO geregelt.

Eine gemeinschaftsweite Bedeutung – ebenfalls erforderlich gemäß Art. 1 Abs. 1 FKVO – ist nach Art. 1 Abs. 2 FKVO grundsätzlich zu bejahen, wenn die fusionsbeteiligten Unternehmen zusammen einen weltweiten Gesamtumsatz von mehr als 5 Mrd. Euro erwirtschaften und zugleich ein gemeinschaftsweiter

Gesamtumsatz von mindestens zwei beteiligten Unternehmen von jeweils mehr als 250 Mio. Euro erzielt wird. Übersteigt der Gesamtumsatz aller beteiligten Unternehmen in mindestens drei Mitgliedsstaaten jeweils 100 Mio. Euro, so kann eine gemeinschaftsweite Bedeutung auch dann vorliegen, wenn der weltweite Gesamtumsatz aller beteiligten Unternehmen mehr als 2,5 Mrd. Euro beträgt, Art. 1 Abs. 3 FKVO. Für beide Tatbestandsvarianten gilt, dass eine gemeinschaftsweite Bedeutung nicht besteht, wenn die beteiligten Unternehmen jeweils mehr als zwei Drittel ihres gemeinschaftsweiten Gesamtumsatzes in ein und demselben Mitgliedsstaat erzielen, Art. 1 Abs. 2 und 3 FKVO.

B. Marktabgrenzung und Marktbeherrschung

Lässt sich ein Zusammenschluss von gemeinschaftsweiter Bedeutung bejahen, stellt sich auf zweiter Stufe die Frage, ob durch den Zusammenschluss wirksamer Wettbewerb in dem Gemeinsamen Markt oder in einem wesentlichen Teil des Gemeinsamen Markts erheblich behindert werden würde (so genannter SIEC-Test[356]). Ob dies der Fall ist, richtet sich wesentlich danach, ob der Zusammenschluss zur Entstehung oder Verstärkung einer marktbeherrschenden Stellung führen würde (Konzept der Marktbeherrschung, vgl. insbesondere die Erwägungsgründe Nr. 25 f. FKVO).

Ausgangspunkt ist stets die Festlegung eines sachlich und räumlich relevanten Marktes, auf den sich die Prüfung einer erheblichen Wettbewerbsbehinderung beziehen kann. Für die Marktabgrenzung gelten prinzipiell dieselben Grundsätze wie im Rahmen der primärrechtlich normierten Missbrauchskontrolle[357]. Der Bezugsrahmen wird von vergleichsweise eng definierten Einzelmärkten gebildet[358]. Dies gilt auch für den Medienbereich, wo die Abgrenzung unter anderem nach Werbe- und Rezipientenmärkten, nach Finanzierungsformen und den Modalitäten der technischen Verbreitung vorgenommen wird[359].

Sobald der sachlich und räumlich relevante Markt bestimmt ist, erhebt sich die angesprochene Frage, ob der Zusammenschluss eine erhebliche Behinderung

---

356 Die Abkürzung SIEC steht für „Significant Impedement to Effective Competition", vgl. den Wortlaut des Art. 2 Abs. 2 und 3 FKVO in der englischen Fassung.

357 Vgl. Beucher/Leyendecker/von Rosenberg, Mediengesetze, § 26 RStV Rn. 24; vgl. auch Langen/Bunte - Baron, Kommentar Kartellrecht, Band 2, Art. 2 FKVO Rn. 77 ff.; zu möglichen Unterschieden gegenüber der Marktabgrenzung beim Missbrauchsverbot vgl. Immenga/Mestmäcker - Möschel, Kommentar zum Europäischen Kartellrecht, Teil 1, Art. 82 EGV Rn. 41.

358 Vgl. Ebel, GWB und EGV Kommentar, nach Art. 82 EG, Rn. 109-121.

359 Vgl. Hess, AfP 2000, 61, 64 f.; vgl. auch Wagner, AfP 1992, 1, 7.

des Wettbewerbs auf diesem Markt bewirken würde, ob nämlich insbesondere eine beherrschende Stellung entstehen oder eine bereits bestehende Marktbeherrschung verstärkt werden würde. Eine Legaldefinition des Begriffs der marktbeherrschenden Stellung hält die Fusionskontrollverordnung nicht bereit. Es bedarf deshalb des Rückgriffs auf die Entscheidungspraxis zur europäischen Missbrauchskontrolle. Ausschlaggebend ist demgemäß auch hier, ob ein Unternehmen sich in einer wirtschaftlichen Stellung befindet, die es ihm ermöglicht, die Aufrechterhaltung eines wirksamen Wettbewerbs zu verhindern, indem sie ihm Möglichkeiten eröffnet, sich seinen Konkurrenten, den Abnehmern und den Verbrauchern gegenüber in einem wesentlichen Umfang unabhängig zu verhalten[360]. Zu den Hauptindikatoren für das Vorliegen einer beherrschenden Stellung zählen der Marktanteil, die Marktaufteilung im Übrigen, gegebenenfalls marktmachtkorrigierende Einflüsse der Abnehmer und das Vorhandensein potenziellen Wettbewerbs[361].

Lässt sich eine beherrschende Stellung bereits vor dem Zusammenschluss bejahen, so ist zu untersuchen, ob die Beherrschung durch den Zusammenschluss weiter verstärkt werden würde. Liegt eine beherrschende Stellung noch nicht vor, so muss ermittelt werden, ob eine Beherrschung infolge des Zusammenschlusses entstehen würde. Mit beiden in der Verordnung normierten Beispielsvarianten stellt sich letztlich die Frage nach einer Verschlechterung der Wettbewerbsbedingungen, nämlich nach negativen Auswirkungen der fusionsbedingt zu erwartenden Änderungen der Marktstrukturen auf die Funktionsfähigkeit und die Wirksamkeit des bestehenden Wettbewerbs[362]. Wichtig ist dabei, dass sowohl die Entstehung wie auch die Verstärkung einer beherrschenden Stellung grundsätzlich auch auf konglomerate Zusammenschlüsse zurückgehen können. Die Bewertungsmaßstäbe für die Zulässigkeit horizontaler, konglomerater und vertikaler Zusammenschlüse weichen heute aber zum Teil deutlich voneinander ab.

---

360 Vgl. Immenga/Mestmäcker - Immenga/Körber, Kommentar zum Europäischen Kartellrecht, Teil 2, Art. 2 FKVO Rn. 404; vgl. ergänzend auch Langen/Bunte - Baron, Kommentar Kartellrecht, Band 2, Art. 2 FKVO Rn. 138 ff.; siehe auch oben, Vierter Teil, Gliederungspunkt II A.

361 Emmerich, Kartellrecht, S. 214 f.

362 Vgl. Immenga/Mestmäcker - Immenga/Körber, Kommentar zum Europäischen Kartellrecht, Teil 2, Art. 2 FKVO Rn. 194 ff.

C. Entscheidungen vor dem „more economic approach“

Bevor im Weiteren auf die Wertungsvorgaben einzugehen sein wird, die sich auf Grundlage des „more economic approach“ entwickelt haben, sollen zunächst zwei wichtige medienrelevante Entscheidungen der Kommission aus den neunziger Jahren dargestellt und untersucht werden. Es sind dies die Entscheidungen „MSG Media Service“[363] und „Bertelsmann/Kirch/Premiere“[364] aus den Jahren 1994 und 1998.

Aufschlussreich sind die genannten Entscheidungen vor allem deshalb, weil sie sich mit den Beziehungen unterschiedlicher Medienmärkte zueinander und der Bedeutung der hieraus resultierenden Wettbewerbsmöglichkeiten für die Zusammenschlusskontrolle auseinandergesetzt haben. Zugleich aber sei nochmals betont, dass die Entscheidungen aus heutiger Sicht nur noch einen eingeschränkten Aussagewert haben.

1. Verfahren „MSG Media Service“ (1994)

Im Jahr 1994 verweigerte die Kommission die Genehmigung des Zusammenschlussvorhabens „MSG Media Service“[365]. Gegenstand des Vorhabens war die Errichtung des gleichnamigen Gemeinschaftsunternehmens durch die Bertelsmann AG, die KirchGruppe und die Deutsche Bundespost Telekom. Dem Gemeinschaftsunternehmen war die Aufgabe zugedacht, die „technische, betriebliche und administrative Abwicklung“ von Pay-TV-Diensten zu besorgen und die für die Erbringung der Dienste erforderliche technische Infrastruktur bereitzustellen (zum Beispiel Decodergeräte und eine Technologie für die Zugangskontrolle)[366].

Die Kommission gelangte zu dem Ergebnis, dass der Zusammenschluss auf gleich drei Märkten zur Entstehung oder Verstärkung einer beherrschenden Stel-

---

363 Kommission, Entscheidung v. 09.11.1994, ABl. 1994 Nr. L 364/1 ff. „MSG Media Service“.

364 Kommission, Entscheidung v. 27.05.1998, ABl. 1999 Nr. L 53/1 ff. „Bertelsmann/Kirch/Premiere“.

365 Kommission, Entscheidung v. 09.11.1994, ABl. 1994 Nr. L 364/1, 20 Tz. 102 „MSG Media Service“.

366 Kommission, Entscheidung v. 09.11.1994, ABl. 1994 Nr. L 364/1, 2 Tz. 8 „MSG Media Service“; vgl. in diesem Zusammenhang grundlegend auch Landesmedienanstalten, Crossmediale Verflechtungen, S. 235 ff, 306 ff.

lung führen würde (vgl. Art. 2 Abs. 3 FKVO a.F.[367]), namentlich auf dem Markt für administrative und technische Dienstleistungen für Pay-TV, auf dem Veranstaltermarkt für Pay-TV und auf dem Markt für Kabelnetze.

Für den Markt für administrative und technische Dienstleistungen und für den damaligen Telekom-Monopolmarkt für Kabelnetze argumentierte die Kommission unter anderem mit dem fusionsbedingten Wegfall potenziellen Wettbewerbs durch die Verbindung von Unternehmen auf vor- und nachgelagerten Marktstufen[368].

Eine Verschlechterung der Wettbewerbsbedingungen wurde aber auch für den dritten Markt angenommen, nämlich für den Pay-TV-Markt selbst. Alleiniger Anbieter war der Veranstalter Premiere. Das Unternehmen, das zum damaligen Zeitpunkt von Bertelsmann, der KirchGruppe und dem französischen Canal+ getragen wurde, befand sich nach Auffassung der Kommission schon vor dem Zusammenschluss in einer sehr vorteilhaften Marktposition[369]. Die weitreichenden sonstigen Aktivitäten von Bertelsmann und der KirchGruppe im kommerziellen Fernsehen erlaubten bereits zum damaligen Zeitpunkt eine marktübergreifende Verwertung von Film- und Sportrechten und bedingten damit eine erhebliche Nachfragemacht im Rechteeinkauf[370]. Zudem eigneten sich die umfangreichen Programmressourcen von Kirch und Bertelsmann in besonderem Maße zur Zusammenstellung zielgruppengerechter Programmpakete, was sich nach den Erfahrungen in anderen EU-Märkten als erfolgskritischer Faktor für das Pay-TV-Geschäft herausgestellt habe[371]. Die Kommission hat es ferner als wettbewerblich relevant angesehen, dass die KirchGruppe über ihre Beteiligung am Springer-Verlag, namentlich über dessen Zeitungsgeschäft und dessen starke Stellung im Bereich Fernsehzeitschriften in der Lage sei, einen förderlichen Einfluss auf die Entwicklung entgeltfinanzierter Fernsehangebote zu nehmen[372].

Die infolge des Zusammenschlusses erwartete Verstärkung der beherrschenden Stellung von Kirch und Bertelsmann auf dem Markt für Pay-TV-

---

367 Verordnung (EWG) Nr. 4064/89 des Rates vom 21.12.1989 über die Kontrolle von Unternehmenszusammenschlüssen, ABl. 1989 Nr. L 395/1 ff., berichtigt durch die Fassung nach ABl. 1990 Nr. L 257/13 ff.

368 Kommission, Entscheidung v. 09.11.1994, ABl. 1994 Nr. L 364/1 Tz. 56 ff., 92 „MSG Media Service".

369 Ebenda, Tz. 75, 81.

370 Ebenda, Tz. 77; vgl. zur Bedeutung des Rechtemarkts auch Landesmedienanstalten, Crossmediale Verflechtungen, S. 235 ff.

371 Kommission, Entscheidung v. 09.11.1994, ABl. 1994 Nr. L 364/1 Tz. 78 „MSG Media Service".

372 Ebenda, Tz. 79.

Angebote begründete die Kommission indessen maßgeblich mit Wettbewerbsfolgen, die sich aus vertikalen Wettbewerbszusammenhängen ergeben hätten. Angeführt wurden neben der möglichen Benachteiligung Dritter bei der Einspeisung von Programmen in das Kabelnetz durch die Telekom[373] vor allem die weitreichenden Einflussnahmemöglichkeiten des Gemeinschaftsunternehmens MSG Media Service mit seiner starken Stellung auf dem vorgelagerten Markt der technischen Infrastruktur, beispielsweise bei der Gestaltung der Preisstruktur gegenüber Dritten oder bei den Platzierungen der Programme im Benutzermenü[374].

Im Fokus der Kommissionsentscheidung standen mithin auf vertikaler Konzentration beruhende Wettbewerbseinflüsse. Für die Verstärkungswirkung wurde auf das Zusammenwirken dreier Marktstufen abgestellt, wobei es eine Trennung der relevanten Märkte nach Pay-TV-Veranstaltung und vorgelagerten technischen Diensten zuvor nicht gegeben hatte[375]. Bemerkenswert ist vor allem aber, dass sich bei der Beurteilung der Ausgangssituation auf dem Pay-TV-Veranstaltermarkt neben Gesichtspunkten vertikaler Konzentration auch Erwägungen zu konglomeraten Wettbewerbsvorteilen finden. Berücksichtigt wurden die erweiterte Nachfragemacht beim übergreifenden Einkauf von Ausstrahlungsrechten für Pay-TV und Free-TV und Marketingvorteile, die sich im Zusammenspiel von Fernsehen und Printmedien ergeben können.

2. Verfahren „Bertelsmann/Kirch/Premiere“ (1998)

Einem in den Ausgangsvoraussetzungen zum Teil ganz ähnlichen Vorhaben sah sich die Europäische Kommission im Verfahren „Bertelsmann/Kirch/Premiere“ gegenüber. Auch hier ging es um ein Vorhaben auf dem deutschen Pay-TV-Markt und um den damaligen Pay-TV-Sender Premiere. Beabsichtigt war in diesem Fall indes nicht die Gründung eines Gemeinschaftsunternehmens, sondern eine Veränderung der Beteiligungsstruktur von Premiere. Die Canal+ S.A. sollte sich als eine von drei Gesellschafterinnen aus dem Unternehmen zurückziehen, während die der Bertelsmann AG zuzurechnende CLT-UFA einerseits und die KirchGruppe andererseits ihre Anteile an Premiere auf jeweils 50 Prozent aufstocken wollten. Parallel hierzu sollte der Betrieb des zweiten Wettbewerbers auf dem Pay-TV-Markt, des von der KirchGruppe gehaltenen Senders DF1, ein-

---

373 Kommission, Entscheidung v. 09.11.1994, ABl. 1994 Nr. L 364/1 Tz. 85 „MSG Media Service“.

374 Ebenda, Tz. 82-84, 86.

375 Vgl. Helberger/Scheuer/Strothmann, Iris plus, Ausgabe 2001-2, S. 2, 4 f.

gestellt werden, um dessen Vermögenswerte anschließend auf Premiere zu übertragen[376].

Diese Planungen erklärte die Kommission für mit dem gemeinsamen Markt unvereinbar (vgl. Art. 8 Abs. 3 FKVO a.F.)[377]. Vor dem Hintergrund des als Zusammenschluss von gemeinschaftsweiter Bedeutung gewerteten Vorhabens hat sie zunächst die Verstärkung einer beherrschenden Stellung von Premiere auf dem deutschen Pay-TV-Markt prognostiziert[378].

Die Annahme einer beherrschenden Stellung auf diesem Markt wurde wesentlich auf den sehr hohen Abonnentenanteil im Vergleich zu DF1 gestützt[379]. In der weiteren Begründung knüpfte die Kommission in weiten Teilen an die Argumentationszusammenhänge an, die sie bereits im Verfahren „MSG Media Service" entwickelt hatte. So stützte sie ihre Einschätzung zur bestehenden Marktbeherrschung ergänzend zum hohen Abonnentenanteil auf vertikal begründete Wettbewerbsvorteile. Angeführt wurden der direkte Zugang zu den umfangreichen Rechte- und Programmressourcen, die mittelbare Kontrolle über die „Decoderinfrastruktur" sowie die Vorteile privilegierter Informationsquellen etwa zum Zuschauerverhalten[380].

Unter dem Aspekt der Verstärkungswirkung sind in der Entscheidung – neben dem Wegfall von DF1 – auch konglomerate Marktbeziehungen einbezogen worden[381]. So hat die Kommission die Erwartung zum Ausdruck gebracht, dass ein marktübergreifender Einkauf von Pay-TV- und Free-TV-Rechten angestrebt werde, um so von der Abdeckung der gesamten Verwertungskette von Programmrechten profitieren zu können („Pay-Per-View, Pay-TV, Free-TV-Erstverwertung, Free-TV-Zweitverwertung")[382].

Darüber hinaus wurde für CLT-UFA und die KirchGruppe die Möglichkeit gesehen, marktübergreifende Programmstrategien in Form so genannter Komplementärprogrammierungen zu entwickeln. Es handele sich um Strategien, mit denen die Abonnentenzahlen im Pay-TV wirksam gesteigert werden könnten, ohne nennenswerte Umsatzeinbußen im Werbegeschäft des Free-TV-Markts hinnehmen zu müssen. Angesichts der Werbebeschränkungen der öffentlich-rechtlichen Sender und des bestehenden Duopols im TV-Werbemarkt würden

376 Kommission, Entscheidung v. 27.05.1998, ABl. 1999 Nr. L 53/1 Tz. 8 f., 26-28 „Bertelsmann/Kirch/Premiere".

377 Ebenda, Tz. 156.

378 Ebenda, Tz. 22-24, 29.

379 Ebenda, Tz. 30.

380 Ebenda, Tz. 34 ff., 46 ff., 56 ff., 61.

381 Ebenda, Tz. 30, 87 ff.

382 Ebenda, Tz. 89, 91-93.

sich ein abgestimmter Attraktivitätsverlust des Free-TV-Programms und die damit einhergehende Verringerung der absoluten Zuschauerzahlen nicht allzu negativ auf die Werbeumsätze auswirken[383].

Neben der beiderseitigen Anteilsaufstockung an Premiere sah das Zusammenschlussvorhaben vor, die CLT-UFA mit 50 Prozent an dem von der Kirch-Gruppe bislang allein gehaltenen Unternehmen BetaDigital zu beteiligen, einem Unternehmen, das zentrale technische Vorleistungen für die Ausstrahlung von Pay-TV-Programmen erbrachte[384]. Insoweit sah die Kommission die Entstehung einer auf Dauer angelegten Alleinstellung für technische Dienstleistungen im Satellitenbereich zugunsten von BetaDigital als zu erwarten an. Ausschlaggebend seien unter anderem die Festlegung auf die so genannte d-Box-Technologie und die Alleinstellung von Premiere im nachgelagerten Pay-TV-Markt[385].

Eine der wichtigsten Gemeinsamkeiten der zwei angesprochenen Entscheidungen besteht nach dem Gesagten darin, dass die Kommission in beiden Fällen im Schwerpunkt mit vertikalen, in Teilen aber wie gezeigt auch mit konglomeraten (crossmedialen) Wettbewerbszusammenhängen argumentierte[386]. Ähnlich wie im Fall „MSG Media Service" war die Kommission auch mit der Entscheidung „Bertelsmann/Kirch/Premiere" darauf bedacht, Entwicklungsmöglichkeiten für alternative Pay-TV-Programmplattformen offen zu halten. Im Vordergrund der wettbewerblichen Beurteilung stand letztlich die Sorge um einen diskriminierungsfreien Zugang zum Pay-TV-Geschäft, den die Kommission durch mögliche Abschottungs- und Behinderungsmaßnahmen auf interdependenten vor- und nachgelagerten Märkten gefährdet sah[387].

Es erscheint kennzeichnend, dass die Kommission auch in anderen Entscheidungen mit publizistischen Bezügen vor allem an vertikalen Konzentrationseffekten Anstoß nahm. Dies gilt etwa für die Entscheidungen „Deutsche Telekom/BetaResearch" (1998), „AOL/Time Warner" (2000) und „Vivendi/Canal+/Seagram" (2000). Die Untersuchungen bezogen sich unter anderem auf die Beziehungen vor- und nachgelagerter Märkte in den Bereichen Pay-TV, bezahl-

---

383 Kommission, Entscheidung v. 27.05.1998, ABl. 1999 Nr. L 53/1 Tz. 95-98 „Bertelsmann/Kirch/Premiere".

384 Ebenda, Tz. 9.

385 Ebenda, Tz. 106 f., 108 ff., 118.

386 Vgl. allgemein zur Berücksichtigung crossmedialer Auswirkungen von Medienzusammenschlüssen in der Entscheidungspraxis der Kommission Ablasser, Medienmarkt und Fusionskontrolle, S. 206-208.

387 Vgl. Kommission, Entscheidung v. 27.05.1998, ABl. 1999 Nr. L 53/1 Tz. 155, 123 ff. „Bertelsmann/Kirch/Premiere"; vgl. auch Helberger/Scheuer/Strothmann, Iris plus, Ausgabe 2001-2, S. 2, 4 f.; ferner Tschon, Cross Ownership, S. 257-259.

te audiovisuelle Breitband-Inhalte und Online-Musikangebote[388]. Aspekte konglomerater Konzentration spielten indessen keine Rolle, weshalb es eines näheren Eingehens auf die letztgenannten Entscheidungen nicht bedarf.

Insgesamt lässt sich für die Verfahren in der Zeit vor dem Übergang zum „more economic approach" eine auffällig untersagungsfreundliche Entscheidungspraxis der Kommission feststellen. Die begehrten Genehmigungen wurden regelmäßig entweder verweigert oder nur in Verbindung mit Nebenbestimmungen erteilt[389]. Konglomerate Wettbewerbsvorteile haben dabei insgesamt eine eher untergeordnete Rolle gespielt.

D. „More economic approach"

In den vergangenen Jahren ist es dann zu einer grundlegenden wettbewerbsrechtlichen Neuausrichtung gekommen. Diese bislang auf den europäischen Rechtsrahmen beschränkte Neuausrichtung betrifft nicht nur die Missbrauchsaufsicht, sondern vor allem auch die Zusammenschlusskontrolle. Gerade konglomerate Zusammenschlüsse werden in der europäischen Fusionskontrolle heute anders bewertet als noch in den neunziger Jahren und in den ersten Jahren zu Beginn des 21. Jahrhunderts.

Nach dem „more economic approach", an dem sich die Kommission und die europäischen Gerichte zunehmend orientieren, soll das wettbewerbsrechtliche Regularium nicht mehr vorrangig den Schutz einzelner Wettbewerber oder die Offenhaltung der Märkte bezwecken. Primär soll es sich nunmehr in den Dienst

---

388 Vgl. Kommission, Entscheidung v. 27.05.1998, M.1027, K(1998) 1441 endg., Tz. 25 ff., 45 ff. „Deutsche Telekom/BetaResearch"; vgl. Kommission, Entscheidung v. 11.10.2000, COMP/M.1845, Tz. 35-37, 46 ff., 87 ff. „AOL/Time Warner", abrufbar unter http://ec.europa.eu/competition/mergers/cases/decisions/m1845_en.pdf; ferner Kommission Entscheidung v. 13.10.2000, COMP/M.2050, S. 4 f. Tz. 15 „Vivendi/Canal+/Seagram", abrufbar unter http://ec.europa.eu/competition/mergers/cases/decisions/m2050_en.pdf.

389 Vgl. ergänzend zu den zwei obigen Entscheidungen Kommission, Entscheidung v. 27.05.1998, M.1027, K(1998) 1441 endg., S. 21 Tz. 80 „Deutsche Telekom/BetaResearch"; vgl. auch Kommission, Entscheidung v. 11.10.2000, COMP/M.1845, Tz. 95-97 „AOL/Time Warner", abrufbar unter http://ec.europa.eu/competition/mergers/cases/decisions/m1845_en.pdf; ferner Kommission, Entscheidung v. 13.10.2000, COMP/M.2050, S. 19 Tz. 80 „Vivendi/Canal+/ Seagram", abrufbar unter http://ec.europa.eu/competition/mergers/cases/decisions/m 2050_en.pdf.

der Verbraucherinteressen stellen, zur Effizienz der Ressourcenallokation beitragen und mit Blick auf diese Schutzzwecke auszulegen sein[390].

Eine allgemeingültige Definition zum Begriff des „more economic approach" gibt es bislang nicht. Es lassen sich aber unterschiedliche Merkmale benennen, die nach der Auffassung der Europäischen Kommission als wesentliche Zielvorstellungen mit dem „more economic approach" verbunden sind. Neben der vorrangigen Ausrichtung an Verbraucherinteressen zählen hierzu das besondere Augenmerk, das auf die konkreten Auswirkungen der jeweiligen Wettbewerbshandlung gelegt wird (wirkungsbasierter Ansatz), das Bemühen um eine umfassende Einzelfallanalyse, die positive Berücksichtigung von Effizienzvorteilen und eine verstärkte Anwendung neuer ökonomischer Untersuchungsmethoden[391].

Bezogen auf konglomerate Zusammenschlüsse wird inzwischen von der Annahme ausgegangen, dass die positiven Folgewirkungen die nachteiligen Einflüsse auf die genannten Schutzziele tendenziell überwiegen[392]. Insgesamt wird die Wahrscheinlichkeit wettbewerbsbeeinträchtigender Auswirkungen als eher gering eingeschätzt[393]. Die Europäische Kommission geht heute sogar von der Erwartung aus, dass konglomerate Fusionen in der Regel nicht zur Entstehung von Wettbewerbshindernissen führen[394].

Horizontalen Zusammenschlüssen wird demgegenüber eine deutlich stärkere Gefährdungstendenz zugeschrieben. Als Hauptursache möglicher Wettbewerbs-

---

390 Vgl. die Leitlinien der Kommission zur Bewertung horizontaler Zusammenschlüsse gemäß der Ratsverordnung über die Kontrolle von Unternehmenszusammenschlüssen vom 5.02.2004, ABl. 2004 Nr. C 31/5 Tz. 8, 76 ff.; Denzel/Hermann, WuW 2007, 566, 567, vgl. dort auch Anm. 4; mit ähnlicher Wertung Nothelfer, EuZW 2007, 332 (332); vgl. auch Kommission, Leitlinien zur Bewertung nichthorizontaler Zusammenschlüsse gemäß der Ratsverordnung über die Kontrolle von Unternehmenszusammenschlüssen, ABl. 2008 Nr. C 265/6 Tz. 10, 16, 94, 111.

391 Monopolkommission, 17. Hauptgutachten 2006/2007, BT-Drucks. 16/10140, S. 283, 341, 383 ff.; vgl. auch die Leitlinien der Kommission zur Bewertung horizontaler Zusammenschlüsse gemäß der Ratsverordnung über die Kontrolle von Unternehmenszusammenschlüssen, ABl. 2004 Nr. C 31/5 Tz. 8, 12 f., 43, 76 ff.; vgl. ferner Schmidt, Freiburger Diskussionspapiere zur Ordnungsökonomik 06/10, S. 3-5.

392 Vgl. EuG WuW/E EU-R, 977, 979 „General Electric/Kommission"; vgl. auch Nothelfer, EuZW 2007, 332 (332); Satzky, WuW 2006, 870, 872.

393 BKartA, Diskussionspapier „Konglomerate Zusammenschlüsse", S. 17.

394 Kommission, Leitlinien zur Bewertung nichthorizontaler Zusammenschlüsse gemäß der Ratsverordnung über die Kontrolle von Unternehmenszusammenschlüssen, ABl. 2008 Nr. C 265/6 Tz. 11, 92; EuGH WuW/E EU-R, 875, 877 „Kommission/Tetra Laval", spricht davon, dass die Kausalbeziehungen im Fall konglomerater Zusammenschlüsse nur „schlecht erkennbar" und „schwer nachweisbar" seien.

beeinträchtigungen gilt insoweit der notwendige Wegfall direkten Wettbewerbs auf dem betroffenen Markt[395]. Zudem sei bei horizontalen Zusammenschlüssen – anders als bei konglomeraten Zusammenschlüssen – nicht in gleicher Weise mit Möglichkeiten zur Senkung von Transaktionskosten oder mit direkten Verbrauchervorteilen etwa in Form von Möglichkeiten zum One-stop-Shopping zu rechnen[396].

Im Sinne des „more economic approach" hat sich in der europäischen Entscheidungspraxis insoweit die Auffassung durchgesetzt, dass es zur Untersagung eines konglomeraten Zusammenschlusses einer besonders genauen Wirkungsanalyse bedarf. Unter verstärkter Berücksichtigung neuerer wirtschaftswissenschaftlicher Ansätze, die etwa in der Auswahl und Anwendung empirischer Methoden und ökonomischer Modelle eine Rolle spielen können, sollen valide Aussagen über die Wahrscheinlichkeit künftiger Entwicklungen und Verhaltensweisen im jeweiligen Einzelfall ermöglicht werden[397].

In engem Zusammenhang mit diesen einschneidenden Neuerungen in der sachlichen Analyse und Bewertung werden verhältnismäßig hohe Anforderungen auch auf der Ebene des Nachweises negativer Folgewirkungen durch konglomerate Zusammenschlüsse gestellt. In der Rechtsprechung wird ein Standard eingefordert, der als „convincing evidence" beschrieben wird[398]. Es ergibt sich hieraus unter anderem die Verpflichtung, die Prüfung der Prognosegrundlagen auf alle relevanten Daten zu erstrecken[399]. Auch unter diesem Gesichtspunkt haben sich die Anforderungen an eine Untersagungsentscheidung für konglomerate Zusammenschlüsse deutlich erhöht.

---

395 Kommission, Leitlinien zur Bewertung nichthorizontaler Zusammenschlüsse gemäß der Ratsverordnung über die Kontrolle von Unternehmenszusammenschlüssen, ABl. 2008 Nr. C 265/6, 7 Tz. 11 f.

396 Vgl. ebenda, Tz. 13 f.

397 Vgl. Hildebrand, WuW 2005, 513, 514-516; vgl. auch BKartA, Diskussionspapier „Wettbewerbsschutz und Verbraucherinteressen im Lichte neuer ökonomischer Methoden", S. 4-7; ferner Hofer/Williams/Wu, WuW 2005, 155, 162; vgl. überdies Schmidt, Freiburger Diskussionspapiere zur Ordnungsökonomik 06/10, S. 3, 10, 13-16, im Ergebnis allerdings skeptisch zur intendierten „Erhöhung der Entscheidungsqualität"; vgl. auch Albers, „Der „more economic approach" bei Verdrängungsmissbräuchen: Zum Stand der Überlegungen der Europäischen Kommission", S. 3, abrufbar unter http://ec.europa.eu/competition/antitrust/art82/albers.pdf (besucht am 08.10.2010).

398 EuG WuW/E EU-R, 585, 591 f. „Tetra Laval/Kommission"; EuGH WuW/E EU-R, 875, 876 f., 878 „Kommission/Tetra Laval"; EuG WuW/E EU-R, 977, 979, 981 „General Electric/Kommission"; vgl. auch Satzky, WuW 2006, 870, 876 f.

399 Vgl. EuGH WuW/E EU-R, 875, 878 „Kommission/Tetra Laval"; vgl. ergänzend auch BKartA, Diskussionspapier „Konglomerate Zusammenschlüsse", S. 7 f.

E. Bewertungsvorgaben im Einzelnen

Unter Beachtung der gewandelten Vorgaben hat die Europäische Kommission im Dezember 2007 Leitlinien für den Umgang mit nichthorizontalen Zusammenschlüssen veröffentlicht[400], die sich als unverbindliche Orientierungshilfen vor allem an Unternehmen richten[401], deren Bedeutung für die Praxis aber nicht zu unterschätzen ist[402]. Als grundsätzlich unbedenklich gelten danach nichthorizontale Zusammenschlüsse, bei denen ein Marktanteil von 30 Prozent oder ein Konzentrationsgrad von 2.000 HHI[403] nicht erreicht wird. Eine gesetzliche Vermutung soll mit diesen Vorgaben nicht verbunden sein[404].

Bei den wettbewerbsrelevanten Wirkungen einer Fusion unterscheidet die Europäische Kommission grundsätzlich zwischen koordinierten und nichtkoordinierten (unilateralen) Effekten. Unter koordinierten Effekten sind solche Zusammenschlussfolgen zu verstehen, mit denen die Wahrscheinlichkeit einer stillschweigenden oder expliziten Abstimmung des Marktverhaltens zulasten eines wirksamen Wettbewerbs erhöht wird. Nichtkoordinierte Effekte sind dagegen alle wettbewerbsbehindernden Wirkungen eines Zusammenschlusses, die unabhängig von möglichen Verhaltensabstimmungen eintreten[405].

Im Folgenden werden sowohl nichtkoordinierte wie auch koordinierte Wirkungen konglomerater Zusammenschlüsse zu behandeln sein. Im Zusammen-

---

400 Vgl. Kommission, Leitlinien zur Bewertung nichthorizontaler Zusammenschlüsse gemäß der Ratsverordnung über die Kontrolle von Unternehmenszusammenschlüssen, ABl. 2008 Nr. C 265/6, 7 ff.

401 Bezogen auf den vorausgeganenen Richtlinienentwurf Denzel/Hermann, WuW 2007, 566 (566), 576.

402 Emmerich, Kartellrecht, S. 19.

403 Der so genannte Hirschmann-Herfindahl-Index (HHI) errechnet sich über die Summe der quadrierten Marktanteile und ist die wichtigste Kennzahl zur Konzentrationsmessung; vgl. ergänzend auch die Ausführungen der Kommission in ihren Leitlinien zur Bewertung horizontaler Zusammenschlüsse gemäß der Ratsverordnung über die Kontrolle von Unternehmenszusammenschlüssen, ABl. 2004 Nr. C 31/5, 6 f. Tz. 16 , 19 f.; vgl. ergänzend auch Denzel/Hermann, WuW 2007, 566, 568.

404 Kommission, Leitlinien zur Bewertung nichthorizontaler Zusammenschlüsse gemäß der Ratsverordnung über die Kontrolle von Unternehmenszusammenschlüssen, ABl. 2008 Nr. C 265/6, 9 Tz. 23, 25-27.

405 Kommission, Leitlinien zur Bewertung nichthorizontaler Zusammenschlüsse gemäß der Ratsverordnung über die Kontrolle von Unternehmenszusammenschlüssen, ABl. 2008 Nr. C 265/6, 8 Tz. 18 f.; vgl. auch Kommission, Leitlinien zur Bewertung horizontaler Zusammenschlüsse gemäß der Ratsverordnung über die Kontrolle von Unternehmenszusammenschlüssen, ABl. 2004 Nr. C 31/5, 7 Tz. 22; vgl. auch BKartA, Diskussionspapier „Konglomerate Zusammenschlüsse“, S. 18.

hang mit den koordinierten Wirkungen sollen die Fusionskontrollverfahren zum Zusammenschluss „Sony/BMG" und hier insbesondere die erste Entscheidung der Europäischen Kommission aus dem Jahr 2004 kurz dargestellt werden. Darüber hinaus wird auf die Bedeutung des fusionsbedingten Ausfalls potenziellen Wettbewerbs und fusionsbedingter Finanzkraftzuwächse einzugehen sein. Auf Grundlage der daraus ableitbaren Ergebnisse soll schließlich beantwortet werden, welche Bedeutung die europäische Fusionskontrolle aus heutiger Sicht für crossmediale Verflechtungen und die von ihnen drohenden Gefahren für die Meinungsvielfalt haben kann. Zu berücksichtigen ist dabei, dass es unmittelbar publizistisch relevante Entscheidungen, die anhand der neuen Maßstäbe beurteilt worden wären, mit Ausnahme der Entscheidungen im Fall „Sony/BMG" noch nicht gegeben hat.

1. Nichtkoordinierte Effekte

Im Rahmen konglomerater Zusammenschlüsse richtet die Europäische Kommission das Hauptaugenmerk heute auf Verdrängungs- und Marktschließungseffekte (Foreclosure-Wirkungen) infolge von Marktmachtübertragungen. Im Vordergrund stehen damit strategische Verhaltensweisen, die es ermöglichen, eine bereits bestehende starke Position auf einen anderen Markt zu übertragen. Derartige Hebelwirkungen sind vornehmlich in der Verbindung verwandter Märkte zu erwarten und können insbesondere auf Kombinationsstrategien im Produktabsatz beruhen, namentlich auf so genannten Kopplungs- und Bündelungsstrategien[406].

Im Anschluss an die Rechtsprechung des Gerichts erster Instanz und des Europäischen Gerichtshofs in den Verfahren „Tetra Laval/Sidel"[407] und „GE/Honeywell"[408] hat die Kommission in ihren Leitlinien eine dreistufige Prüfung beschrieben, anhand derer eine methodisch fundierte Aussage zur Wahrscheinlichkeit des Eintritts möglicher Foreclosure-Wirkungen getroffen werden kann[409]. Erstens stellt sich danach die Frage, ob das fusionierte Unternehmen die Fähig-

---

406 Kommission, Leitlinien zur Bewertung nichthorizontaler Zusammenschlüsse gemäß der Ratsverordnung über die Kontrolle von Unternehmenszusammenschlüssen, ABl. 2008 Nr. C 265/6, 21 f. Tz. 91-93; vgl. auch EuG WuW/E EU-R, 585, 591 „Tetra Laval BV/Kommission".

407 EuG WuW/E EU-R, 585 „Tetra Laval BV/Kommission"; EuGH WuW/E EU-R, 875 „Kommission/Tetra Laval".

408 EuG WuW/E EU-R, 977, 993 „General Electric/Kommission".

409 Kommission, Leitlinien zur Bewertung nichthorizontaler Zusammenschlüsse gemäß der Ratsverordnung über die Kontrolle von Unternehmenszusammenschlüssen, ABl. 2008 Nr. C 265/6, Tz. 94 ff.

keit haben würde, andere Wettbewerber vom Markteintritt abzuhalten oder vom Markt zu verdrängen. Zu prüfen ist zweitens das Vorhandensein wirtschaftlicher Anreize, sich einer solchen Strategie auch tatsächlich zu bedienen, und drittens wirft die Kommission die Frage auf, ob derartige Abschottungs- und Verdrängungsstrategien im Ergebnis auch nennenswerte Nachteile für die Verbraucherwohlfahrt erwarten lassen würden[410].

Was im Sinne der ersten Prüfungsstufe die Fähigkeit des fusionierten Unternehmens zum Einsatz von Verdrängungs- und Marktabschottungsstrategien anbetrifft, hat die Kommission vor allem Bündelungs- und Kopplungsstrategien in den Blick genommen. Die Leitlinien sprechen aber auch von anderen Abschottungs- oder Verdrängungsmechanismen („other exclusionary practices“)[411].

Bündelungsstrategien können verfolgt werden, indem zwei Produkte oder Leistungen von vornherein nur als Einheit angeboten werden („pure bundling“). Eine gemischte Bündelung liegt dagegen vor, wenn die Einzelprodukte zwar getrennt erworben werden können, der Preis für den Kauf beider Produkte aber die Summe der Einzelpreise unterschreitet („mixed bundling“)[412].

Produktkopplungen können demgegenüber technisch oder vertraglich ausgestaltet sein. Vertraglich werden Kopplungen ermöglicht, indem der Abnehmer mit dem Vertragsschluss zum Kauf des einen Produkts zugleich verpflichtet wird, auch ein bestimmtes zweites Produkt von demselben Anbieter zu beziehen. Technisch lässt sich eine Kopplung erreichen, indem zwei – funktional zusammenhängende – Produkte schon in ihrer äußeren Gestalt so aufeinander ab-

---

410 Kommission, Leitlinien zur Bewertung nichthorizontaler Zusammenschlüsse gemäß der Ratsverordnung über die Kontrolle von Unternehmenszusammenschlüssen, ABl. 2008 Nr. C 265/6, Tz. 94, 95-118; in ähnlicher Weise hatte die Kommission die Anforderungen an die Annahme einer wesentlichen Behinderung wirksamen Wettbewerbs bereits in einer Entscheidung aus dem Jahr 2004 formuliert, Kommission, Enscheidung v. 21.01.2004, COMP/M.3304, Rn. 37-43 „GE/Amersham“, abrufbar unter http://ec.europa.eu/competition/mergers/cases/decisions/m3304_en.pdf; siehe auch BKartA, Diskussionspapier „Konglomerate Zusammenschlüsse“, S. 10.

411 Kommission, Leitlinien zur Bewertung nichthorizontaler Zusammenschlüsse gemäß der Ratsverordnung über die Kontrolle von Unternehmenszusammenschlüssen, ABl. 2008 Nr. C 265/6, 22 Tz. 93.

412 Ebenda, Tz. 95 f.; vgl. auch Kommission, Entscheidung v. 3.07.2001, COMP/M.2220, Tz. 351 „General Electric/Honeywell“, abrufbar unter http://ec.europa.eu/competition/mergers/cases/decisions/m2220_20010703_610_de.pdf; EuG WuW/E EU-R, 977, 993 f. „General Electric/Kommission“.

gestimmt werden, dass ein Austausch mit Konkurrenzprodukten weitgehend ausgeschlossen ist[413].

Von dieser begrifflichen Einordnung ausgehend, hat die Kommission unterschiedliche Gesichtspunkte benannt, die in der Einschätzung der Fähigkeit zur Marktabschottung zu berücksichtigen sind. So sei eine erhöhte Wahrscheinlichkeit von Abschottungswirkungen unter anderem dann anzunehmen, wenn eines der Verbundprodukte aus Sicht einer Vielzahl der Abnehmer einen besonderen Stellenwert habe und mögliche Substitute allenfalls in geringem Umfang vorhanden seien[414].

Bei der auf der zweiten Stufe zu beantwortenden Frage nach den tatsächlichen Anreizen zur Verfolgung von Abschottungsstrategien bedarf es einer Abwägung zwischen erwarteten Marktvorteilen einerseits und denjenigen Faktoren, die sich aus Sicht des fusionierten Unternehmens eher abschreckend auswirken, andererseits. Dabei haben sich die Gerichte nicht zuletzt mit der Frage beschäftigt, ob als abschreckende Faktoren auch rechtliche Sanktionen gegenüber rechtswidrigem Marktverhalten zu bewerten sind[415]. In Betracht kommen etwa Sanktionen im Fall eines zu erwartenden Verstoßes gegen das Missbrauchsverbot nach Art. 102 AEUV (vgl. ehemals Art. 82 EG) oder sanktionierende Rechtsfolgen nach Maßgabe mitgliedsstaatlicher Regelungen[416].

Sind nach dieser Abwägung in ausreichendem Umfang Anreize vorhanden, Foreclosure-Strategien auch tatsächlich zu verfolgen, stellt sich auf dritter und letzter Stufe die Frage, ob sich die zu erwartenden Effekte nachteilig auf die Verbraucherwohlfahrt auswirken würden. An diesem Punkt sind unter anderem zusammenschlussbedingte Effizienzen zu berücksichtigen (zum Beispiel Kostenersparnisse infolge von Verbundeffekten), denen – anders als im deutschen

---

413 Kommission, Leitlinien zur Bewertung nichthorizontaler Zusammenschlüsse gemäß der Ratsverordnung über die Kontrolle von Unternehmenszusammenschlüssen, ABl. 2008 Nr. C 265/6, 22 Tz. 97; vgl. auch EuG WuW/E EU-R, 977, 993 f. „General Electric/Kommission".

414 Kommission, Leitlinien zur Bewertung nichthorizontaler Zusammenschlüsse gemäß der Ratsverordnung über die Kontrolle von Unternehmenszusammenschlüssen, ABl. 2008 Nr. C 265/6, 22 f. Tz. 99.

415 Vgl. u.a. EuG WuW/E EU-R, 977, 980 f. „General Electric/Kommission"; vgl. auch Kommission, Leitlinien zur Bewertung nichthorizontaler Zusammenschlüsse gemäß der Ratsverordnung über die Kontrolle von Unternehmenszusammenschlüssen, ABl. 2008 Nr. C 265/6, Tz. 105, 110.

416 Vgl. EuGH WuW/E EU-R, 875, 878 f. Tz. 75 ff. „Kommission/Tetra Laval"; vgl. ergänzend auch BKartA, Diskussionspapier „Konglomerate Zusammenschlüsse", S. 8; vgl. ferner Emmerich, Kartellrecht, S. 223.

Recht – regelmäßig positive Bedeutung für den Wettbewerb und die Interessen der Konsumenten beigemessen wird[417].

Bezieht man diese Vorgaben auf medienwirtschaftliche Kontexte, so dürften nichtkoordinierte Wirkungen konglomerater Unternehmenszusammenschlüsse überwiegend in Gestalt eines strategischen Preiswettbewerbs in Erscheinung treten („mixed bundling"). Marktübergreifende Foreclosure-Strategien bieten sich insoweit am ehesten im Zusammenwirken unterschiedlicher Werbemärkte an (crossmediale Preisdifferenzierungen). Auf den Rezipientenmärkten hingegen dürften medienübergreifende Bündelungsstrategien auf absehbare Zeit die Ausnahme bleiben.

Grundsätzlich schließen die Leitlinien der Kommission aber auch die Möglichkeit anderweitiger Verdrängungs- und Abschottungshandlungen ein („other exclusionary practices"). Zumindest potenziell sind damit auch Wettbewerbshandlungen berücksichtigungsfähig, die nicht in marktübergreifenden Preisdifferenzierungen bestehen. Zu denken ist etwa an gegenseitige publizistische Begünstigungen, an Erhöhungen der Marktzutrittsbarrieren durch crossmediale Markenverlängerungen oder an interne Vorzugskonditionen auf den jeweiligen Werbemärkten[418].

Jedenfalls sind die Anforderungen an die Berücksichtigung nichtkoordinierter Effekte mit der dargestellten dreischrittigen Prüfung relativ hoch angesetzt. Ein besonders starker Einfluss dürfte von dem Erfordernis einer Abwägung zwischen wirtschaftlichen Anreizen und abschreckenden Faktoren ausgehen. In Übereinstimmung mit den Wertungen des „more economic approach" wird eine liberale Handhabung konglomerater Unternehmenszusammenschlüsse hierdurch deutlich begünstigt. Unter dem Gesichtspunkt etwaiger Foreclosure-Effekte werden konglomerate Zusammenschlüsse in Zukunft also voraussichtlich nur selten zu untersagen sein.

---

417 Vgl. Kommission, Leitlinien zur Bewertung nichthorizontaler Zusammenschlüsse gemäß der Ratsverordnung über die Kontrolle von Unternehmenszusammenschlüssen, ABl. 2008 Nr. C 265/6, 25 Tz. 115-118; vgl. auch Christiansen, Deutsche Bank Research, Working Paper Series (21), S. 4, der auf S. 14 f. allerdings davon ausgeht, dass das Effizienzkriterium in der Praxis wenig Bedeutung haben wird; ferner Schmidt, Freiburger Diskussionspapiere zur Ordnungsökonomik 06/10, S. 4; vgl. auch Kommission, Leitlinien zur Bewertung horizontaler Zusammenschlüsse gemäß der Ratsverordnung über die Kontrolle von Unternehmenszusammenschlüssen, ABl. 2004 Nr. C 31/5, 13 f. Tz. 76 ff.

418 Vgl. oben, z.B. Dritter Teil, Gliederungspunkt IV B 3; vgl. zu den spezifischen Wettbewerbsvorteilen, die durch konglomerate Medienfusionen entstehen können, auch Ablasser, Medienmarkt und Fusionskontrolle, S. 206-208.

2. Koordinierte Effekte, Zusammenschluss „Sony/BMG“

Konglomerate Zusammenschlüsse sind grundsätzlich auch geeignet, die Wahrscheinlichkeit zu expliziter oder stillschweigender Verhaltenskoordination zu erhöhen und damit auf Grundlage koordinierter Effekte zu einer erheblichen Wettbewerbsbehinderung im Sinne von Art. 2 Abs. 3 FKVO beizutragen.

In der Praxis sind es indes vor allem horizontale Zusammenschlüsse, die zu koordinierten Effekten führen. Denn das Auftreten von Verhaltensabstimmungen setzt typischerweise eine Oligopolsituation auf einem bestimmten Einzelmarkt voraus und wird mit zunehmender Enge des Oligopols wahrscheinlicher. Demgegenüber können konglomerate Zusammenschlüsse nur in Ausnahmefällen zu einem Anstieg der Koordinierungswahrscheinlichkeit führen. Dies kann etwa dann der Fall sein, wenn durch einen konglomeraten Zusammenschluss ein wichtiger potenzieller Wettbewerber wegfällt (und infolgedessen etwa eine abgestimmte Preisanhebung erleichtert wird)[419] oder wenn mit dem Zusammenschluss die Bandbreite möglicher Disziplinierungsmaßnahmen auf andere Märkte erweitert wird[420].

Insofern erscheint es nicht überraschend, dass die Leitlinien der Kommission zur Bewertung nichthorizontaler Zusammenschlüsse unter dem Gesichtspunkt koordinierter Effekte maßgeblich auf die Leitlinien zur Bewertung horizontaler Zusammenschlüsse verweisen[421]. In Anbetracht der limitierten Bedeutung konglomerater Zusammenschlüsse für koordinierte Effekte sollen sich die nachfolgenden Ausführungen auf die Darstellung der grundlegenden Anforderungen an die Erwartung solcher Effekte und auf einen Seitenblick auf den Zusammenschluss „Sony/BMG“ beschränken.

Marktkoordinierungen können sich auf das Preisniveau, auf den Produktionsumfang, auf Ausbringungsmengen oder auch auf räumliche Marktaufteilungen beziehen[422]. In Übereinstimmung mit den im – insoweit grundlegenden – Urteil „Airtours/Kommission“[423] vom Gericht erster Instanz entwickelten Kriterien hat sich die Europäische Kommission in ihren Leitlinien zur Bewertung horizontaler Zusammenschlüsse auf ein dreischrittiges Prüfungsverfahren festgelegt, anhand

---

419 Vgl. Kommission, Leitlinien zur Bewertung nichthorizontaler Zusammenschlüsse gemäß der Ratsverordnung über die Kontrolle von Unternehmenszusammenschlüssen, ABl. 2008 Nr. C 265/6, 25 Tz. 120.

420 Vgl. ebenda, Tz. 121.

421 Vgl. ebenda, Tz. 119-121.

422 Vgl. Kommission, Leitlinien zur Bewertung horizontaler Zusammenschlüsse gemäß der Ratsverordnung über die Kontrolle von Unternehmenszusammenschlüssen, ABl. 2004 Nr. C 31/5, 9 Tz. 40.

423 EuG Slg. 2002 II, 2585 ff., Urteil v. 06.06.2002, Rs. T-342/99 „Airtours/Kommission“.

dessen sich die Wahrscheinlichkeit koordinierter Zusammenschlusswirkungen einschätzen lässt.

Nach diesem Verfahren ist zunächst zu fragen, ob die Unternehmen die Einhaltung der Koordination gegenseitig wirksam überwachen können, was vor allem eine hinreichende Transparenz auf den betroffenen Märkten voraussetzt. Weiter ist für eine dauerhafte Koordinierung erforderlich, dass den Beteiligten Vergeltungsmaßnahmen zur Verfügung stehen, um abweichendes Verhalten sanktionieren zu können. Drittens schließlich dürfen keine Umstände vorliegen, die eine wirksame Koordinierung von außen gefährden, namentlich von Seiten nicht beteiligter Wettbewerber, potenzieller Wettbewerber oder der Marktgegenseite[424].

Einer der wichtigsten Anwendungsfälle, die im Lichte der so genannten Airtours-Kriterien beurteilt worden sind, ist der Zusammenschluss „Sony/BMG“[425]. Hier ging es um die Gründung des Gemeinschaftsunternehmens Sony BMG durch die Sony Corporation of America und die Bertelsmann-Tochter Bertelsmann Music Group (BMG) und die damit beabsichtigte Zusammenlegung des Musikgeschäfts zweier von fünf großen internationalen Wettbewerbern in der Tonträgerwirtschaft. Der gemeinsame Marktanteil des Oligopols lag bei ca. 80 Prozent.

Was zunächst den Verfahrensablauf angeht, so genehmigte die Europäische Kommission das Zusammenschlussvorhaben im Jahr 2004 ohne Bedingungen oder Auflagen[426]. Auf die anschließende Klage der Vereinigung unabhängiger Musikproduktionsunternehmen Impala wurde die Kommissionsentscheidung durch das Gericht erster Instanz 2006 für nichtig erklärt[427]. Daraufhin kam es zu

---

424 Kommission, Leitlinien der Kommission zur Bewertung horizontaler Zusammenschlüsse gemäß der Ratsverordnung über die Kontrolle von Unternehmenszusammenschlüssen, ABl. 2004 Nr. C 31/5, 11 Tz. 56.

425 Kommission, Entscheidung v. 19.07.2004, ABl. 2005 Nr. L 62/30 ff. „Sony/BMG“; Kommission, Entscheidung v. 03.10.2007, COMP/M.3333 „Sony/BMG“, abrufbar unter http://ec.europa.eu/competition/mergers/cases/decisions/m3333_20071003_590_de.pdf (vgl. auch die Zusammenfassung der vorgenannten Entscheidung in: Abl. 2008 Nr. C 94/19).

426 Kommission, Entscheidung v. 19.07.2004, COMP/M.3333, S. 56 Tz. 183 „Sony/BMG“, abrufbar unter http://ec.europa.eu/competition/mergers/cases/decisions/m3333_20040719_590_de.pdf.

427 EuG WuW/E EU-R, 1091, 1106 „Impala/Kommission“.

einer erneuten Anmeldung des Zusammenschlusses und im Jahr 2007 auch zur erneuten Genehmigung durch die Kommission[428].

Parallel zu diesem zweiten Verfahren hatten Sony und Bertelsmann Rechtsmittel gegen das erstinstanzliche Urteil eingelegt. Im Jahr 2008 wurde daraufhin das angefochtene Urteil vom EuGH aufgehoben und die Sache an das Gericht erster Instanz zurückverwiesen[429]. Noch im selben Jahr kam es – wiederum nach entsprechender Genehmigung der Kommission[430] – zu einer Auflösung des Gemeinschaftsunternehmens durch Übertragung der von Bertelsmann gehaltenen Anteile an den vormaligen Partner, die Sony Corporation of America. Angesichts dieser Entwicklung entschied das Gericht erster Instanz im Juni 2009, dass es einer Entscheidung in der Sache nicht mehr bedarf[431].

Die wohl wichtigste Entscheidung aus Sicht der vorliegenden Arbeit ist die erste Kommissionsentscheidung aus dem Jahr 2004. Darin hatte die Kommission drei sachlich unterschiedene Markttypen untersucht und dabei besonderes Augenmerk auf die von ihr jeweils national abgegrenzten Märkte für bespielte (physische) Tonträger[432] einerseits und für Online-Musiklizenzen andererseits gelegt. Nur nachrangig war der Markt für das Musikverlagswesen behandelt worden[433].

Im Mittelpunkt stand die Frage der Verstärkung einer kollektiven beherrschenden Stellung auf den Märkten für physische Tonträger, wobei sich die Kommission an den Airtours-Kriterien zur Berücksichtigung koordinierter Ef-

---

428 Kommission, Entscheidung v. 03.10.2007, COMP/M.3333, S. 377 Tz. 1559 „Sony/BMG“, abrufbar unter http://ec.europa.eu/competition/mergers/cases/decisions/m3333_20071003_590_de.pdf.

429 EuGH Slg. 2008 I, 4951, 5096, Urteil v. 10.07.2008, Rs. C-413/06 P „Bertelsmann and Sony Corporation of America/Impala“.

430 Kommission, Entscheidung v. 15.09.2008, COMP/M. 5257, Tz. 108 f. „Sony/SonyBMG“, abrufbar unter http://ec.europa.eu/competition/mergers/cases/decisions/m5272_20080915_20310_en.pdf.

431 EuG, Beschluss v. 30.06.2009, Tz. 14 f., 32, 41, Rs. T-464/04 „Impala/Kommission“, abrufbar unter http://curia.europa.eu/jurisp/cgi-bin/form.pl?lang=de&jurtpi=jurtpi&numaff=T-464/04&nomusuel=&docnodecision=docnodecision&allcommjo=allcommjo&affint=affint&affclose=affclose&alldocrec=alldocrec&docor=docor&docav=docav&docsom=docsom&docinf=docinf&alldocnorec=alldocnorec&docnoor=docnoor&radtypeord=on&newform=newform&docj=docj&docop=docop&docnoj=docnoj&typeord=ALL&domaine=&mots=&resmax=100&Submit=Rechercher.

432 Kritisch zur Marktabgrenzung insoweit Murschitz, WRP 2006, 232, 234.

433 Kommission, Entscheidung v. 19.07.2004, COMP/M.3333, Tz. 9 ff., 46 ff., 165 ff., 176 ff. „Sony/BMG“, abrufbar unter http://ec.europa.eu/competition/mergers/cases/decisions/m3333_20040719_590_de.pdf.

fekte orientierte[434]. Zwar seien in der Untersuchung der bisherigen Preisentwicklungen Anhaltspunkte für abgestimmte Verhaltensweisen zutage getreten. Als Beweisgrundlage seien die festgestellten Parallelen indessen nicht ausreichend[435]. Ergänzend hatte die Kommission die Produkthomogenität, die Markttransparenz und das Vorhandensein von Vergeltungsmöglichkeiten geprüft. Entgegen zuvor geäußerter Annahmen[436] war sie in allen drei Prüfungspunkten zu negativen Ergebnissen gekommen, wobei sie sich insbesondere auf eine fehlende Beweisbarkeit der relevanten Umstände berief. Eine Verstärkung einer kollektiven beherrschenden Stellung hatte deshalb aus ihrer Sicht nicht vorgelegen[437]. Mit ähnlicher Begründung hatte sie auch die Entstehung einer beherrschenden Oligopolstellung verneint[438].

Jenseits möglicher koordinierter Effekte war von der Kommission zudem die Möglichkeit von fusionsbedingten Monopolentwicklungen auf den nationalen Tonträgermärkten untersucht worden. Dabei hatte sie vor allem die vertikalen Beziehungen von Sony BMG zur Bertelsmann AG berücksichtigt, namentlich die Möglichkeiten einer marktübergreifenden Nutzung der Vermarktungseinflüsse der RTL Group im Rundfunkbereich. Angesprochen worden waren etwaige „Vorzugstarife für SonyBMG für Künstlerwerbung auf Sendern der RTL Group“[439], eine bevorzugte Berücksichtigung bestimmter Künstler und mögliche Behinderungen anderer Wettbewerber[440]. Einen wichtigen Wettbewerbsfaktor hatte die Kommission in den Synergien der „Pop Idol Show“ und deren Einfluss auf das Musikgeschäft gesehen. Doch seien die hieraus resultierenden Wettbewerbsvorteile bereits vor dem Zusammenschluss in vollem Um-

---

434 Zur Struktur der Prüfung vgl. Kommission, Entscheidung v. 19.07.2004, COMP/M.3333, Tz. 67 ff. „Sony/BMG“, abrufbar unter http://ec.europa.eu/competition/mergers/cases/decisions/m3333_20040719_590_de.pdf; vgl. ergänzend Murschitz, WRP 2006, 232, 232 f.

435 Kommission, Entscheidung v. 19.07.2004, COMP/M.3333, Tz. 69 ff., 109 „Sony/BMG“, abrufbar unter http://ec.europa.eu/competition/mergers/cases/decisions/m3333_20040719_590_de.pdf.

436 Vgl. zur Entwicklung vor der Genehmigungserteilung Bartosch, EuZW 2006, 619 (619); vgl. ferner Emmerich, AG 2007, 517, 525.

437 Kommission, Entscheidung v. 19.07.2004, COMP/M.3333, Tz. 109 ff., 154 „Sony/BMG“, abrufbar unter http://ec.europa.eu/competition/mergers/cases/decisions/m3333_20040719_590_de.pdf; vgl. ergänzend Emmerich, AG 2007, 517, 525.

438 Kommission, Entscheidung v. 19.07.2004, COMP/M.3333, Tz. 155-158 „Sony/BMG“, abrufbar unter http://ec.europa.eu/competition/mergers/cases/decisions/m3333_20040719_590_de.pdf.

439 Ebenda, Tz. 159.

440 Ebenda.

fang zum Tragen gekommen, sodass eine weitere Verlagerung der Marktgewichte nicht zu erwarten sei[441].

Soweit die Kommission auch die Verstärkung oder Entstehung einer kollektiven Marktbeherrschung auf den nationalen Online-Musikmärkten ausgeschlossen hatte, hatte sie dies mit bestehenden Preisunterschieden und dem sehr frühen Entwicklungsstadium begründet, in dem sich die Märkte zum damaligen Zeitpunkt befunden hatten[442].

Das Urteil, mit dem das Gericht erster Instanz die Entscheidung der Kommission im Jahr 2006 für nichtig erklärte, wurde vom EuGH später als in mehrfacher Hinsicht fehlerhaft angesehen[443]. So hob der EuGH seinerseits das vorinstanzliche Urteil auf und verwies die Sache mangels Entscheidungsreife zurück[444]. Noch vor der Entscheidung des EuGH im Jahr 2008 hatte die Kommission bereits 2007 erneut eine unbedingte Genehmigung erteilt. Eine Besonderheit dieser zweiten, ebenfalls an den Airtours-Kriterien ausgerichteten, aber nochmals deutlich ausführlicheren Entscheidung bestand darin, dass sie die Zusammenschlussfolgen aufgrund des unveränderten Entscheidungszeitpunkts nunmehr ex post beurteilen konnte[445].

Abschließend lässt sich konstatieren, dass koordinierte Effekte nur selten überhaupt als Folge konglomerater Zusammenschlüsse zu erwarten sind. Darüber hinaus sind die rechtlichen Voraussetzungen an die Prognose koordinierter Effekte mit den so genannten Airtours-Kriterien von vornherein ähnlich hoch

---

441 Kommission, Entscheidung v. 19.07.2004, COMP/M.3333, Tz. 162-164 „Sony/BMG", abrufbar unter http://ec.europa.eu/competition/mergers/cases/decisions/m3333_2004 0719_590_de.pdf; kritisch und mit einem anderen Blickwinkel Murschitz WRP 2006, 232, 234.

442 Kommission, Entscheidung v. 19.07.2004, COMP/M.3333, Tz. 24 ff., 167 f. „Sony/BMG", abrufbar unter http://ec.europa.eu/competition/mergers/cases/decisions/ m3333_20040719_590_de.pdf.

443 EuGH Slg. 2008 I, 4951, 5043 ff., Urteil v. 10.07.2008, Rs. C-413/06 P „Bertelsmann and Sony Corporation of America/Impala"; eher kritisch zum Urteil des Gerichts erster Instanz auch Emmerich, AG 2007, 517, 525, 531; mit gegenläufiger Tendenz Bartosch, EuZW 2006, 619, 620; vgl. auch Frenz, WuW 2007, 138, 144.

444 EuGH Slg. 2008 I, 4951, 5096, Urteil v. 10.07.2008, Rs. C-413/06 P „Bertelsmann and Sony Corporation of America/Impala".

445 Die Entscheidung der Kommission wird in einer Pressemitteilung der Europäischen Union vom 3.10.2007 (IP/07/1437) als eine der „umfassendsten und komplexesten ökonometrischen Untersuchungen" bezeichnet, die es je im Rahmen eines Fusionskontrollverfahrens gegeben habe, Quelle: http://europa.eu/rapid/pressReleasesAction.do?reference=IP/07/1437&format=HTML&aged=1&language=DE&guiLanguage=en (besucht am 05.07.2010).

angesetzt wie die Anforderungen an die Berücksichtigung nichtkoordninierter Effekte[446].

Letzteres hat sich auch in den zwei angegebenen Entscheidungen der Europäischen Kommission im Fall „Sony/BMG" gezeigt. Trotz eines gemeinsamen Marktanteils von ca. 80 Prozent und einer Verringerung von fünf auf vier große Wettbewerber nahm die Kommission weder die Verstärkung noch die Entstehung einer kollektiven beherrschenden Stellung an[447].

Mit Blick auf die erste Entscheidung der Kommission im Fall „Sony/BMG" ist im Übrigen aufschlussreich, dass darin die besonderen Werbe- und Vermarktungseinflüsse im marktübergreifenden Zusammenhang von Musik- und Fernsehgeschäft als grundsätzlich berücksichtigungsfähig angesehen wurden. In Anbetracht der direkten Kopplung der beteiligten Märkte über die „Pop Idol Show" hat sie diese Faktoren allerdings ausdrücklich als Vorteile vertikaler Integration qualifiziert.

3. Potenzieller Wettbewerb und Finanzkraftzuwächse

Nicht selten führen konglomerate Zusammenschlüsse schließlich zu einem Wegfall potenziellen Wettbewerbs oder zu Zuwächsen finanzieller Ressourcen. Welche Relevanz die Erwartung solcher Auswirkungen in der europäischen Fusionskontrolle haben kann, sollen die nachfolgenden Ausführungen zeigen.

Unternehmenszusammenschlüsse werden typischerweise auf ihren Einfluss auf den potenziellen Wettbewerb geprüft[448]. Von Bedeutung ist dieser Gesichtspunkt insofern, als potenzieller Wettbewerb unter bestimmten Voraussetzungen eine Disziplinierung auch marktstarker Wettbewerber bewirken kann, dies etwa in Hinblick auf die Bestimmung der Produktionsmengen oder die Preisgestaltung[449]. Umgekehrt kann der fusionsbedingte Ausfall potenzieller Wettbewerber

---

446 Vgl. Emmerich, AG 2007, 517, 525.

447 Vgl. Kommission, Entscheidung v. 19.07.2004, COMP/M.3333, Tz. 47 „Sony/BMG", abrufbar unter http://ec.europa.eu/competition/mergers/cases/decisions/m3333_2004 0719_590_de.pdf; vgl. auch Kommission, Entscheidung v. 3.10.2007, COMP/M.3333 Tz. 408-411 „Sony/BMG", dort mit einer Gesamtübersicht der Marktanteile für den Europäischen Wirtschaftsraum, abrufbar unter http://ec.europa.eu/competition/mergers/cases/decisions/m3333_20071003_590_de.pdf; vgl. ferner Loewenheim/Meessen/Riesenkampf - Riesenkampff/Lehr, Kartellrecht Kommentar, Art. 2 FKVO Rn. 146.

448 Loewenheim/Meessen/Riesenkampf - Riesenkampff/Lehr, Kartellrecht Kommentar, Art. 2 FKVO Rn. 98 ff.; vgl. auch EuG WuW/E, 585, 596 f. „Tetra Laval BV/Kommission".

449 Vgl. BKartA, Diskussionspapier „Konglomerate Zusammenschlüsse", S. 23 f., m.w.N.; ferner Nothelfer, EuZW 2007, 332, 333.

den Wettbewerbsdruck mindern, die Verbraucherwohlfahrt schmälern und so unter Umständen zur Entstehung oder Verstärkung einer beherrschenden Stellung im Sinne von Art. 2 Abs. 3 FKVO beitragen. Dies kann sowohl über koordinierte wie auch über nichtkoordinierte Effekte der Fall sein[450].

Aufgrund der Ähnlichkeiten mit den Folgen des Wegfalls aktueller Wettbewerber hat die Europäische Kommission diesen Wirkungszusammenhang in ihren Leitlinien zur Bewertung horizontaler Zusammenschlüsse (2004) behandelt[451]. Doch sind es neben vertikalen Zusammenschlüssen gerade auch konglomerate Zusammenschlüsse, die einen solchen Ausfall mit sich bringen können[452].

Für den Fortfall potenziellen Wettbewerbs sind von der Kommission zwei Voraussetzungen benannt worden, die für die Annahme wettbewerbswidriger Folgewirkungen erfüllt sein müssen. Erstens muss der potenzielle Wettbewerber bereits eine disziplinierende, den Verhaltensspielraum begrenzende Wirkung erzeugen. Zumindest aber muss sich eine solche Entwicklung ankündigen[453]. Zweitens sehen die Leitlinien vor, dass auch „keine anderen potenziellen Wettbewerber vorhanden sein" dürfen, „die einen hinreichenden Wettbewerbsdruck nach dem Zusammenschluss aufrechterhalten können"[454]. Erkennbar hohe Anforderungen an die hypothetische Wettbewerbsfähigkeit weiterer potenzieller Wettbewerber waren zuvor namentlich in den Verfahren „Air Liquide/BOC" und „EDF/EnBW" gestellt worden[455]. Ihnen hatten Zusammenschlussvorhaben

---

450 Vgl. u.a. Kommission, Leitlinien zur Bewertung horizontaler Zusammenschlüsse gemäß der Ratsverordnung über die Kontrolle von Unternehmenszusammenschlüssen, ABl. 2004 Nr. C 31/5, 11 Tz. 59; vgl. ferner BKartA, Diskussionspapier „Konglomerate Zusammenschlüsse", S. 23 f., 26 f.

451 Vgl. Kommission, Leitlinien der Kommission zur Bewertung horizontaler Zusammenschlüsse gemäß der Ratsverordnung über die Kontrolle von Unternehmenszusammenschlüssen, ABl. 2004 Nr. C 31/5, 11 Tz. 58-60.

452 Vgl. Denzel/Hermann, WuW 2007, 566, 575 f.

453 Vgl. etwa Kommission, Entscheidung v. 13.10.1999, COMP/M.1439, S. 76 Tz. 331 „Telia/Telenor", abrufbar unter http://ec.europa.eu/competition/mergers/cases/decisions/m1439_en.pdf; vgl. auch Kommission, Leitlinien zur Bewertung horizontaler Zusammenschlüsse gemäß der Ratsverordnung über die Kontrolle von Unternehmenszusammenschlüssen, ABl. 2004 Nr. C 31/5, 11 Tz. 60.

454 Kommission, Leitlinien zur Bewertung horizontaler Zusammenschlüsse gemäß der Ratsverordnung über die Kontrolle von Unternehmenszusammenschlüssen, ABl. 2004 Nr. C 31/5, 11 Tz. 60; vgl. ergänzend auch Kling/Thomas, Kartellrecht, S. 392.

455 Vgl. Kommission, Entscheidung v. 18.01.2000, COMP/M.1630, S. 51 Tz. 219 f. „Air Liquide/BOC", abrufbar unter http://ec.europa.eu/competition/mergers/cases/decisions/m1630_en.pdf; ferner Kommission v. 07.02.2001, COMP/M.1853, Tz. 54-64

mit Bezügen zu Märkten für Industriegase und für Stromerversorgungsleistungen zugrunde gelegen. Der zusammenschlussbedingte Wegfall eines potenziellen Wettbewerbers kann also einen Einfluss auf die fusionsrechtliche Beurteilung haben. Ein zwingender Zusammenhang besteht aber nicht. Maßgebend sind auch hier die konkreten Folgewirkungen, die es anhand der besonderen Bedingungen des Einzelfalls zu untersuchen gilt.

Was neben den Fragen potenziellen Wettbewerbs die Möglichkeit zusammenschlussbedingter Finanzkrafterweiterungen anbetrifft (vgl. Art. 2 Abs. 1 lit. a und b FKVO), so kann eine Steigerung finanzieller Kapazitäten zu Abschreckungseffekten zum Beispiel infolge erwarteter Preiskampfstrategien oder erweiterter Forschungsmöglichkeiten führen[456].

Im Sinne des „more economic approach" stellt sich einschränkend allerdings die Frage, ob die besonderen Gegebenheiten der betreffenden Branche überhaupt Raum für Wettbewerbsvorteile durch Finanzkraftzuwächse eröffnen. Eine abschreckende Wirkung gegenüber Wettbewerbern setzt ferner voraus, dass der begünstigte Unternehmensteil nicht schon vor dem Zusammenschluss über finanzielle Mittel verfügt, die ihm etwa kostspielige Preiskampfstrategien erlauben. Zu berücksichtigen sind zudem die finanziellen Möglichkeiten der anderen Wettbewerber, die bestimmten Strategien entgegenstehen können[457].

Insgesamt dürften Finanzkraftzuwächse in der Praxis der europäischen Zusammenschlusskontrolle damit nur in Ausnahmefällen relevante Wirkungen auf den Wettbewerb erwarten lassen. In den Leitlinien der Kommission zur Bewertung nichthorizontaler Zusammenschlüsse bleiben finanzkraftbezogene Zusammenschlussfolgen sogar ganz und gar unerwähnt[458].

Die Berücksichtigung sowohl des Verlusts potenzieller Wettbewerber wie auch etwaiger Finanzkraftsteigerungen sind also an qualifizierte Voraussetzungen geknüpft. Die größere Bedeutung für die Prognose möglicher Wettbewerbsbehinderungen dürfte in der Regel der Ausfall potenziellen Wettbewerbs haben. Die Anforderungen an eine negative Wettbewerbsprognose sind aber auch insoweit hoch.

„EDF/EnBW", abrufbar unter http://ec.europa.eu/competition/mergers/cases/decisions/m1853_20010207_600_de.pdf.

456 Vgl. Kling/Thomas, Kartellrecht, S. 413 f.; vgl. auch BKartA, Diskussionspapier „Konglomerate Zusammenschlüsse", S. 24.

457 Vgl. Kling/Thomas, Kartellrecht, S. 413-415; vgl. auch BKartA, Diskussionspapier „Konglomerate Zusammenschlüsse", S. 18, 24; ferner die erhöhten Anforderungen in der Entscheidung des EuG WuW/E EU-R, 977, 987 f., 991 f. „General Electric/Kommission".

458 Vgl. auch Denzel/Hermann, WuW 2007, 566, 575; ferner Nothelfer, EuZW 2007, 332, 333.

F. Bedeutung der Fusionskontrolle für die Meinungsvielfalt

Für die europäische Zusammenschlusskontrolle lässt sich nach den obigen Ausführungen nur ein eher geringes Potenzial zur Begrenzung konglomerater Medienkonzentrationsentwicklungen feststellen. Der indirekt vermittelte Beitrag zum Schutz der Meinungsvielfalt vor medienübergreifenden Vermachtungsprozessen bleibt deutlich überschaubar[459].

Für mediale Konzentrationsentwicklungen ist die europäische Zusammenschlusskontrolle grundsätzlich deshalb von Bedeutung, weil sie zur Sicherung eines offenen und unverfälschten wirtschaftlichen Wettbewerbs beiträgt und damit grundsätzlich auch gute Voraussetzungen für einen vielfältigen publizistischen Wettbewerb gewährleistet. Im Gegensatz etwa zum Missbrauchsverbot ermöglicht sie eine Vorbeugung von wirtschaftlichen Machtballungen und damit eine präventive Kontrolle wettbewerbsschädlicher Entwicklungen[460]. Für die Prognose nachteiliger Wettbewerbswirkungen sind die Folgen konglomerater Zusammenschlüsse dabei prinzipiell ebenso berücksichtigungsfähig wie die Folgen horizontaler oder vertikaler Zusammenschlüsse.

In ihren Leitlinien zur Bewertung nichthorizontaler Zusammenschlüsse konzentriert sich die Europäische Kommission im Rahmen konglomerater Zusammenschlüsse auf preisbezogene Kopplungs- und Bündelungsstrategien. Soweit die Europäische Kommission in ihrer ersten Freigabeentscheidung zum Zusammenschluss „Sony/BMG" auch die besonderen internen Werbe- und Vermarktungseinflüsse im Zusammenspiel von Musik- und Fernsehgeschäft als grundsätzlich bedeutsam angesehen hat, zeigt sich jedoch, dass zumindest potenziell auch medienspezifische Wettbewerbsvorteile Ansatzpunkte für unerwünschte Wettbewerbseinflüsse bieten. Dabei dürfte unerheblich sein, dass die genannten Wettbewerbsvorteile im damaligen Fall als Vorteile vertikaler Integration qualifiziert wurden. Denn es sind ihrer Struktur nach weitgehend dieselben Synergiepotenziale, die im Verhältnis etwa von Fernsehen und Pressegeschäft und damit in konglomeraten Medienbeziehungen zum Tragen kommen können.

Doch stehen diesen positiven Ausgangsvoraussetzungen verschiedene Gesichtspunkte gegenüber, die die Eignung der europäischen Fusionskontrolle zum

---

459 Vgl. hierzu auch Schüll, Schutz der Meinungsvielfalt, S. 387 ff.; ferner die Übersetzung der Zusammenfassung zum Arbeitsdokument der Dienststellen der Kommission über Medienpluralismus, SEK(2007) 32, S. 3, abrufbar unter http://ec.europa.eu/information_society/media_taskforce/doc/pluralism/swp_sec_32_sum_de.pdf (besucht am 01.08.2010).

460 Vgl. Landesmedienanstalten, Crossmediale Verflechtungen, S. 51 f.

Schutz der Meinungsvielfalt vor crossmedialer Vermachtung deutlich begrenzen.

Zunächst legen die Aufgreifkriterien Schwellenwerte fest, die zumindest in der deutschen Medienwirtschaft nur in Ausnahmekonstellationen erfüllt sind, dies etwa bei Beteiligung mehrerer großer Unternehmen wie im Fall „Bertelsmann/Kirch/Premiere" oder aber in Konstellationen mit vergleichbar starker ausländischer Beteiligung (vgl. den Zusammenschluss „Sony/BMG"). Denn Mindestvoraussetzung ist stets das Erreichen eines gemeinsamen Gesamtjahresumsatzes von 2,5 Mrd. Euro (Art. 1 Abs. 1 und 3 lit. a FKVO). Medienspezifisch herabgesetzte Aufgreifschwellen sieht die europäische Fusionskontrolle nicht vor.

Hinzu kommt, dass die Zusammenschlusskontrolle ihrer Natur gemäß keine internen Wachstumsprozesse erfasst und dass die wettbewerblichen Gefahrenschwerpunkte marktübergreifender Zusammenschlüsse bislang vor allem in den Folgen vertikaler Integration gesehen wurden.

Ein besonders hervorzuhebender Faktor für die Eignungsfrage ergibt sich aus der inhaltlichen Neuausrichtung der europäischen Fusionskontrolle auf eine ökonomische Wirkungsanalyse und einen vorrangigen Schutz der Verbraucherwohlfahrt. In Anbetracht der heute vorherrschenden Einschätzung, dass konglomerate Zusammenschlüsse grundsätzlich nur ein geringes Gefährdungspotenzial für die Ziele des europäischen Wettbewerbsrechts haben, werden an die Prognose negativer Wettbewerbseinflüsse inzwischen sehr hohe Anforderungen gestellt. So ist die Erwartung etwaiger Foreclosure-Wirkungen, auf die bei der Bewertung konglomerater Zusammenschlüsse im Rahmen nichtkoordinierter Effekte in besonderer Weise Bedacht zu nehmen ist, an eine verhältnismäßig strenge mehrschrittige Prüfung geknüpft. Ähnliches gilt für die Berücksichtigung koordinierter Effekte nach Maßgabe der so genannten Airtours-Kriterien und für den Ausfall potenzieller Wettbewerber. Insgesamt hat sich mit dem „more economic approach" ein sehr großzügiger Umgang mit konglomeraten Zusammenschlüssen durchgesetzt.

Ungeachtet des Umstands, dass die Anwendung der europäischen Fusionskontrolle auf konglomerate Zusammenschlüsse im Einzelfall positive Auswirkungen auch für die Entwicklung der Meinungsvielfalt haben kann, ist ein nennenswerter struktureller Beitrag zum Vielfaltsschutz von ihr nicht zu erwarten. Konglomerate Medienzusammenschlüsse mit deutscher Beteiligung werden entweder schon nicht dem Anwendungsbereich der FKVO unterfallen oder aber nach Maßgabe der weiteren Beurteilungskriterien in der Regel nicht zu einer Untersagung führen.

G. Zwischenergebnis

Zusammenfassend lässt sich feststellen, dass die Eignung der europäischen Fusionskontrolle zum Schutz der Meinungsvielfalt vor crossmedialer Konzentration deutlich limitiert ist. Trotz abweichender Regelungsziele sprechen zwar bestimmte Merkmale und Regelungswirkungen für einen indirekten Schutz der publizistischen Vielfalt. In der Gesamtbetrachtung überwiegen aber die Einflüsse, die einer wirksamen Vielfaltssicherung durch die europäische Fusionskontrolle entgegenstehen. Publizistisch relevante Schutzwirkungen kann die Zusammenschlusskontrolle insofern allenfalls in einem begleitenden Sinne entfalten. Medienrechtliche Vorkehrungen zur Sicherung der freien Meinungsbildung kann sie nicht ersetzen.

Positiv fällt ins Gewicht, dass die Fusionskontrolle ökonomische Konzentrationsmöglichkeiten begrenzt und damit Entwicklungen entgegensteuert, die typischerweise Risiken nicht nur für den ökonomischen Wettbewerb, sondern auch für die publizistische Vielfalt mit sich bringen. Im Unterschied zum primärrechtlich normierten Missbrauchsverbot sind mit der Fusionskontrolle zunächst vor allem deshalb gute Voraussetzungen für einen positiven Einfluss auf die Vielfaltsentwicklung gegeben, weil sie mit ihrer konzentrationshemmenden Zielrichtung einen präventiven Steuerungsansatz verfolgt. Wie etwa das Verfahren „Sony/BMG“ gezeigt hat, können zudem crossmediale Synergien als marktmachtrelevante und damit potenziell wettbewerbsbehindernde Faktoren in die zusammenschlussrechtliche Bewertung einfließen (wobei sie dort als Folgen vertikaler Integration eingeordnet wurden). Grundsätzlich können also auch medienübergreifende Konzentrationsprozesse von der Fusionskontrolle gehemmt und begrenzt werden.

Bestimmte Merkmale und Besonderheiten führen allerdings zu erheblichen Einschränkungen in der Eignung zum Schutz der Meinungsvielfalt vor medialen und insbesondere crossmedialen Konzentrationsprozessen. Von Bedeutung sind die hohen Aufgreifschwellen der Fusionskontrollverordung, die eine Anwendbarkeit nur auf Zusammenschlüsse besonders umsatzstarker Großunternehmen vorsehen. Die große Mehrzahl vielfaltsrelevanter Zusammenschlussvorhaben unterfällt deshalb von vornherein nicht dem Anwendungsbereich der europäischen Zusammenschlusskontrolle. Nur bedingt geeignet zur Sicherung der Meinungsvielfalt ist die Zusammenschlusskontrolle ferner insofern, als eine Erfassung internen Wachstums mit ihr nicht möglich ist. Die Fusionskontrolle enthält weder ein allgemeines Monopolverbot noch ein allgemeines Verbot einer marktbeherrschenden Stellung. Für die Belange der publizistischen Vielfalt macht es jedoch prinzipiell keinen Unterschied, ob vielfaltsschädliche Vermachtungserscheinungen auf externem oder auf internem Wachstum beruhen.

Der vermutlich bedeutendste Gesichtspunkt, durch den ein wirksamer Vielfaltsschutz verhindert wird, besteht in den strengen Prüfungsanforderungen im Sinne des „more economic approach“, die seit einigen Jahren gerade für Untersagungen marktübergreifender Zusammenschlüsse gelten. Während zum Beispiel die zwei eingangs betrachteten Kontrollverfahren aus den neunziger Jahren unter Berücksichtigung auch konglomerater Wettbewerbsvorteile zu Untersagungen durch die Kommission führten („MSG Media Service“ und „Bertelsmann/Kirch/Premiere“), besteht nach den heutigen Bewertungsvorgaben nur noch vergleichsweise wenig Raum, marktübergreifend angelegte Zusammenschlussvorhaben zu unterbinden. Die wichtigsten Ansatzpunkte dürften insoweit in nichtkoordinierten Effekten, das heißt vor allem in Foreclosure-Wirkungen aufgrund von Bündelungsstrategien, und in zusammenschlussbedingten Ausfällen potenzieller Wettbewerber bestehen. In beiden Fällen sind die Anforderungen an eine Verschlechterungsprognose gegenüber früheren Maßstäben deutlich erhöht.

IV. Deutsches Missbrauchsverbot

Ebenso wie der europarechtliche Wettbewerbsrahmen verfügt auch das deutsche Recht über eine Zusammenschlusskontrolle und ein Missbrauchsverbot. Festgeschrieben in den §§ 19 und 36 GWB, zählen beide Regelungselemente zu den zentralen Instituten der Wettbewerbsordnung. Das in § 19 GWB normierte Verbot gegen die missbräuchliche Ausnutzung einer marktbeherrschenden Stellung soll Gegenstand der nachfolgenden Analyse sein.

In seiner Zielrichtung ordnet sich das deutsche Missbrauchsverbot in die allgemeinen Schutzzweckzusammenhänge des GWB ein, das seinerseits vor allem der Freiheit des Wettbewerbs und dem Schutz vor besonders nachteiligen Auswirkungen gesteigerter Marktmacht auf die Bedingungen eines funktionierenden Wettbewerbs zu dienen bestimmt ist. Im Einzelnen sollen mit dem Missbrauchsverbot Marktsubjekte auf vor- und nachgelagerten Wirtschaftsstufen geschützt werden, ebenso tatsächliche und potenzielle Konkurrenten auf derselben Marktstufe, und schließlich ist auch ein Schutz vor missbräuchlichen Verhaltensweisen auf Drittmärkten intendiert. Das Missbrauchsverbot richtet sich gegen bestimmte Verhaltensweisen marktbeherrschender Unternehmen, die ein besonderes Gefährdungspotenzial für die Wettbewerbsordnung aufweisen[461].

---

461 Immenga/Mestmäcker - Möschel, Kommentar zum Deutschen Kartellrecht, § 19 Rn. 5 f., 11; vgl. auch Emmerich, Kartellrecht, S. 338 f.

Das Missbrauchsverbot des § 19 GWB und die europäische Verbotsregelung des Art. 102 AEUV (ehemals Art. 82 EG) können grundsätzlich nebeneinander zur Anwendung kommen. Ein Exklusivitätsverhältnis besteht nicht (vgl. § 22 Abs. 3 GWB).

In den nachfolgenden Ausführungen wird der Frage nachzugehen sein, ob und gegebenenfalls inwieweit das im GWB normierte Missbrauchsverbot – trotz abweichender Zielsetzungen – zur Erreichung der medienverfassungsrechtlichen Vorgaben beitragen kann, die Meinungsvielfalt vor den Gefahren vorherrschender Meinungsmacht zu schützen, dies insbesondere in Hinblick auf die Gefahren crossmedialer Konzentration. Zunächst stellt sich die Frage nach den Anwendungsvoraussetzungen der Verbotsnorm. Es folgen eine kurze Analyse zweier medienrelevanter Entscheidungen des BGH aus den Jahren 1982 und 1996 („Gemeinsamer Anzeigenteil" und „Pay-TV/Premiere") und eine Untersuchung weiterer Rechtsprechungsansätze, die sich auf medienwirtschaftliche Zusammenhänge möglicherweise übertragen lassen. Vor diesem Hintergrund soll schließlich beantwortet werden, inwieweit das Missbrauchsverbot geeignet ist, den Vielfaltsrisiken crossmedialer Verflechtungen entgegenzuwirken.

A. Marktabgrenzung und Marktbeherrschung

Zentraler Anknüpfungspunkt des Missbrauchsverbots nach § 19 GWB ist wie in der europäischen Wettbewerbsordnung das Vorhandensein einer marktbeherrschenden Stellung. Um das Vorliegen einer solchen Stellung prüfen zu können, ist der relevante Markt zunächst sachlich und räumlich zu definieren.

Den Maßstab für die sachliche Marktabgrenzung bildet das so genannte Bedarfsmarktkonzept und mit ihm die Frage nach der funktionellen Austauschbarkeit der angebotenen Leistungen aus Sicht der Marktgegenseite. Ausschlaggebend sind vor allem die Eigenschaften, die wirtschaftlichen Verwendungszwecke und die Preisniveaus der jeweiligen Erzeugnisse oder Leistungen[462]. Was die sachliche Abgrenzung relevanter Märkte im Medienwesen anbelangt, so werden Rezipientenmärkte als Referenzgrundlage nur dort anerkannt, wo auch ein beiderseitiger Leistungsaustausch stattfindet. Der Free-TV-Bereich bildet deshalb im Verhältnis von Veranstaltergesellschaften und Zuschauern mangels beiderseitiger Leistungsbeziehungen keinen eigenen Markt[463]. Im Übrigen fällt die

---

462 KG WuW/E 995 f. „Handpreisauszeichner"; Bechtold, Kartellgesetz Kommentar, § 19 Rn. 7.

463 Vgl. Monopolkommission, 11. Hauptgutachten 1994/1995, BT-Drucks. 13/5309, S. 375 f. Tz. 836.

Abgrenzung im Medienbereich ähnlich differenziert aus wie in der Entscheidungspraxis der Europäischen Kommission[464].

Die räumliche Marktabgrenzung folgt prinzipiell denselben Kriterien wie die sachliche Marktabgrenzung. Für den Anwendungsbereich des GWB kann der Markt das gesamte Bundesgebiet abdecken oder sogar darüber hinausgehen (vgl. § 19 Abs. 2 S. 3 GWB). Er kann seine Grenzen aber auch in regionalen oder lokalen Zusammenhängen finden, wie es regelmäßig etwa bei Presseprodukten mit eingeschränkter geografischer Verbreitung oder im Bereich der Hörfunkmärkte der Fall ist[465].

Nach der Marktabgrenzung wirft sich die Frage nach der Beherrschung des betreffenden Marktes auf. Diese Frage beantwortet sich wesentlich nach den Vorgaben des § 19 Abs. 2 und 3 GWB. Als marktbeherrschend gilt ein Unternehmen, soweit es als Anbieter oder Nachfrager bestimmter Güter oder Leistungen keine Wettbewerber hat, soweit es keinem wesentlichen Wettbewerb ausgesetzt ist oder soweit es sich im Verhältnis zu seinen Konkurrenten in einer überragenden Marktstellung befindet, § 19 Abs. 2 S. 1 GWB. Die Variante der überragenden Marktstellung bildet den im Vergleich weitesten Marktbeherrschungsbegriff[466]. Als kriterielle Anknüpfungspunkte dienen den weiteren Vorgaben gemäß unter anderem der Marktanteil, die Finanzkraft, Verflechtungen mit anderen Unternehmen, der aktuelle oder potenzielle Wettbewerb, etwaige Marktzutrittsschranken und mögliche Ausweichmöglichkeiten der Marktgegenseite. Möglich ist schließlich auch eine kollektive Marktbeherrschung. Eine solche erfordert zusätzlich allerdings, dass im Innenverhältnis der beteiligten Unternehmen ein wesentlicher Wettbewerb nicht besteht, § 19 Abs. 2 S. 2 GWB.

Über die genannten Vorgaben hinaus enthält § 19 Abs. 3 GWB quantitative Vermutungstatbestände[467]. Abhängig von der Anzahl der Unternehmen, die sich allein oder gemeinsam in einer marktbeherrschenden Stellung befinden können, wird eine beherrschende Stellung ab Marktanteilen von einem Drittel, 50% oder zwei Dritteln vermutet.

---

464 Vgl. Immenga/Mestmäcker - Möschel, Kommentar zum Deutschen Kartellrecht, § 19 Rn. 30 f.; vgl. ergänzend Immenga/Mestmäcker – Mestmäcker/Veelken, Kommentar zum Deutschen Kartellrecht, vor § 35 Rn. 86 ff.; vgl. auch Bechtold, Kartellgesetz Kommentar, § 19 Rn. 13-14; ferner Langen/Bunte - Ruppelt, Kommentar Kartellrecht, Band 1, § 19 Rn. 22; siehe auch oben, Vierter Teil, Gliederungspunkt II A.

465 Vgl. BGH WuW/E DE-R 1301, 1302 f. „Sanacorp/ANZAG"; vgl. auch Immenga/Mestmäcker - Möschel, Kommentar zum Deutschen Kartellrecht, § 19 Rn. 35.

466 Vgl. Immenga/Mestmäcker - Möschel, Kommentar zum Deutschen Kartellrecht, § 19 Rn. 44.

467 Zur teilweise unklaren Rechtsnatur der Vermutung vgl. etwa Loewenheim/Meessen/Riesenkampf - Götting, Kartellrecht Kommentar, § 19 GWB Rn. 47 ff.

B. Missbrauchstatbestand und Rechtsfolgen

Untersagt ist auch nach § 19 Abs. 1 GWB nicht das Entstehen oder Vorhandensein einer beherrschenden Stellung, sondern allein ihre missbräuchliche Ausnutzung durch das beherrschende Unternehmen.

Inhaltlich ausgefüllt wird der Missbrauchsbegriff durch die Regelbeispiele des § 19 Abs. 4 Nr. 1 bis 4 GWB. Ein Missbrauch liegt danach insbesondere dann vor, wenn ein marktbeherrschendes Unternehmen als Anbieter oder Nachfrager einer bestimmten Art von Waren oder gewerblichen Leistungen die Wettbewerbsmöglichkeiten anderer Unternehmen in einer für den Wettbewerb auf dem Markt erheblichen Weise ohne sachlich gerechtfertigten Grund beeinträchtigt (§ 19 Abs. 4 Nr. 1 GWB), wenn von ihm Entgelte oder andere Geschäftsbedingungen gefordert werden, die bei wirksamem Wettbewerb mit hoher Wahrscheinlichkeit nicht gefordert werden könnten (§ 19 Abs. 4 Nr. 2 GWB), wenn von gleichartigen Abnehmern ohne rechtfertigenden Grund ungleiche Entgelte oder sonstige ungleiche Geschäftsbedingungen gefordert werden (§ 19 Abs. 4 Nr. 3 GWB) oder wenn sich das beherrschende Unternehmen – unter bestimmten weiteren Voraussetzungen – weigert, einem anderen Unternehmen gegen angemessenes Entgelt Zugang zu den eigenen Netzen oder anderen Infrastruktureinrichtungen zu gewähren (§ 19 Abs. 4 Nr. 4 GWB).

Zu unterscheiden sind damit die missbräuchliche Behinderung bestimmter Marktteilnehmer, die Ausbeutung von Marktsubjekten auf vor- oder nachgelagerten Wirtschaftsstufen, die diskriminierende Ungleichbehandlung von Vertragspartnern und die missbräuchliche Zugangsverweigerung[468]. Der in Hinblick auf die nachfolgenden Erwägungen hervorzuhebende so genannte Behinderungsmissbrauch (§ 19 Abs. 4 Nr. 1 GWB) kann sich gegen Konkurrenten auf demselben Markt richten, ferner gegen Marktteilnehmer auf der Marktgegenseite, aber auch gegen Unternehmen auf Drittmärkten[469]. Ob eine erhebliche Beeinträchtigung der Wettbewerbsmöglichkeiten anderer Unternehmen im Sinne des Behinderungsmissbrauchs vorliegt, ist wesentlich danach zu beurteilen, ob von dem Verhalten des beherrschenden Unternehmens behindernde Einflüsse zu erwarten sind, die über „seine Marktmacht und seine damit verbundene wettbewerbsnormale Tätigkeit und Verdrängungswirkung hinausgehen“[470]. Die für das Missbrauchsurteil nach § 19 Abs. 4 Nr. 1 GWB zusätzlich erforderliche Prüfung eines fehlenden sachlich rechtfertigenden Grundes ist auf Grundlage einer Abwägung der gegenläufigen Unternehmensinteressen und unter Berücksichtigung

468 Vgl. Langen/Bunte - Schultz, Kommentar Kartellrecht, Band 1, § 19 Rn. 87.

469 Bunte, Kartellrecht, S. 293; vgl. auch Kling/Thomas, Kartellrecht, S. 664.

470 Bunte, Kartellrecht, S. 294.

der Zielvorstellungen des GWB vorzunehmen. Sachlich gerechtfertigt können zum Beispiel Verhaltensweisen sein, die auch unabhängig von einer beherrschenden Stellung möglich wären[471].

Anders als in der europäischen Wettbewerbsordnung bedarf es schließlich keiner Beeinträchtigung der zwischenstaatlichen Handelsströme, um einen Verstoß gegen das Missbrauchsverbot nach § 19 GWB feststellen zu können. Die Vorschrift enthält im Gegensatz zu Art. 102 AEUV (ehemals Art. 82 EG) keine Zwischenstaatlichkeitsklausel.

Auf der Rechtsfolgenseite besteht für die zuständige Kartellbehörde im Fall einer Zuwiderhandlung gegen das Missbrauchsverbot unter anderem die Befugnis, eine Abstellungsverfügung zu erlassen (§ 32 Abs. 1 GWB) und gegebenenfalls ein Bußgeld zu verhängen (§ 81 GWB). Daneben können auch betroffene Dritte gegen Verstöße vorgehen und auf zivilrechtlicher Grundlage Beseitigungs-, Unterlassungs- oder Schadensersatzansprüche geltend machen, §§ 33, 19 GWB.

C. Entscheidungspraxis

Zu den wohl wichtigsten medienrelevanten Entscheidungen, die sich mit dem Missbrauchsverbot in Zusammenhang bringen lassen, zählen der Beschluss des BGH in der Sache „Gemeinsamer Anzeigenteil" aus dem Jahr 1982 und das Urteil des BGH im Fall „Pay-TV/Premiere" aus dem Jahr 1996[472]. Vorab sei festgestellt, dass im Verfahren „Pay-TV/Premiere" 1996 am Maßstab des wettbewerbsrechtlichen Diskriminierungsverbots geprüft wurde. Über die Regelbeispiele des § 19 Abs. 4 Nr. 3 und 4 GWB käme aus heutiger Sicht aber auch eine Bewertung nach Maßgabe des Missbrauchsverbots in Betracht[473].

1. Verfahren „Gemeinsamer Anzeigenteil" (1982)

Im Beschluss „Gemeinsamer Anzeigenteil" aus dem Jahr 1982 war die Frage der Missbräuchlichkeit eines Kopplungsangebots zu beurteilen. Die Beschwerdeführerinnen, zwei Verlagsunternehmen, die ihrerseits einem gemeinsamen Pressekonzern angehörten, hatten die Anzeigenteile ihrer jeweiligen Zeitungser-

---

471 Vgl. Bunte, Kartellrecht, S. 294 f.; vgl. auch Bechtold, Kartellgesetz Kommentar, § 19 Rn. 70.

472 BGH WuW/E, 1965 ff. „Gemeinsamer Anzeigenteil"; BGH NJW 1996, 2656 ff. „Pay-TV/Premiere".

473 Vgl. Bechtold, Kartellgesetz Kommentar, § 20 Rn. 2.

zeugnisse („Stuttgarter Zeitung“ und „Stuttgarter Nachrichten“) dergestalt zusammengeführt, dass Anzeigen nicht mehr getrennt, sondern nur noch gemeinsam gebucht werden konnten. Das Vorliegen eines Behinderungsmissbrauchs gegenüber direkten Wettbewerbern verneinte der BGH unter Hinweis auf die positiven Absatzentwicklungen, zu denen es in der Zwischenzeit bei der Konkurrenz gekommen sei[474]. Aber auch ein Ausbeutungsmissbrauch liege nicht vor, weil die Interessenabwägung unter anderem aufgrund schutzwürdiger unternehmerischer Rationalisierungsinteressen und hieraus folgender preislicher Vorteile auch für die Werbekunden eine sachliche Rechtfertigung der Kopplungspraxis ergeben habe.

2. Verfahren „Pay-TV/Premiere“ (1996)

In seinem Urteil „Pay-TV/Premiere“ aus dem Jahr 1996 hatte der BGH als Revisionsinstanz die Frage zu beurteilen, ob die Ungleichbehandlung eines Pay-TV-Anbieters durch einen Kabelnetzbetreiber einen Verstoß gegen den damaligen § 26 Abs. 2 GWB begründet, dem aus heutiger Sicht das Diskriminierungsverbot des § 20 Abs. 1 GWB entspricht. Dem Verfahren lag eine Klage von Betreibern eines örtlichen Kabelnetzes gegen den genannten Pay-TV-Anbieter zugrunde, in dem diese hilfsweise einen Antrag auf Feststellung gestellt hatten, dass sie „nur gegen Entgelt verpflichtet sind, das Pay-TV-Programm der Beklagten und die damit zusammenhängenden Datensignale durch ihre Antennennetze zu leiten [...]“[475]. Der BGH sah zwar in dem Umstand, dass die Kläger der Beklagten eine unentgeltliche Durchleitung versagen wollten, eine im Verhältnis zu anderen gleichartigen Anbietern (Free-TV-Anbieter) unterschiedliche Behandlung[476]. Unter dem Gesichtspunkt der sachlichen Rechtfertigung ergäben sich aber gegen das Ansinnen der Kläger zumindest mit Blick auf bundesrechtliche Vorgaben keine durchgreifenden Bedenken[477]. Insbesondere beruhe die Entscheidung der Kläger nicht auf willkürlichen oder unsachlichen Erwägungen. Sie sei vielmehr dem Umstand geschuldet, dass sich die Empfangbarkeit des in Rede stehenden Pay-TV-Programms für die überwiegende Mehrheit der Nutzer, die an die Kläger ein Entgelt entrichteten, nicht als relevanter Bestandteil des klägerischen Leistungsangebots darstellte. Das Verlangen nach einer kompensa-

---

474 BGH WuW/E, 1965 f. „Gemeinsamer Anzeigenteil“.
475 BGH NJW 1996, 2656, (2656) „Pay-TV/Premiere“.
476 BGH NJW 1996, 2656, 2658 „Pay-TV/Premiere“.
477 BGH NJW 1996, 2656, 2658 f. „Pay-TV/Premiere“.

torischen Entgeltleistung gegenüber der Beklagten sei deshalb sachlich nachvollziehbar[478].

Aus den zwei genannten Entscheidungen ergeben sich keine Hinweise für eine nennenswerte Eignung des Missbrauchsverbots, zum Schutz der Meinungsvielfalt vor konglomeraten Medienverflechtungen beizutragen. Abgesehen davon, das das Vorliegen eines wettbewerbswidrigen Marktverhaltens in beiden Fällen verneint wurde, lagen die Schwerpunkte in der Begründung jeweils in vertikalen Wettbewerbsbeziehungen, zum einen im Verhältnis von Zeitungsverlegern und Werbekunden (Kopplungsgeschäft) und zum anderen im Verhältnis von Kabelnetzbetreibern und einem Pay-TV-Anbieter (Ungleichbehandlung). Soweit im Beschluss „Gemeinsamer Anzeigenteil" auch Beeinträchtigungen gegenüber Konkurrenzunternehmen geprüft wurden (Behinderungsmissbrauch), betraf dies lediglich den bereits beherrschten Markt. Etwaige Drittwirkungen auf anderen Märkten haben dagegen keine Rolle gespielt.

3. Weitere Eignungsansätze zum Vielfaltsschutz

Betrachtet man über die genannten Entscheidungen hinaus auch die weitere, zum Teil nicht unmittelbar publizistisch relevante Entscheidungspraxis der Gerichte, so sind unter Gesichtspunkten marktübergreifender Wettbewerbshandlungen insbesondere Kopplungsangebote und unternehmensinterne Quersubventionierungen als potenziell missbräuchlich gewertet worden. Die relevante Fallgruppe ist insoweit der – dann marktübergeifende – Behinderungsmissbrauch (vgl. § 19 Abs. 4 Nr. 1 GWB).

Marktübergreifende Kopplungsangebote sind unzulässig, wenn die Wettbewerbsmöglichkeiten von Unternehmen auf Drittmärkten erheblich und ohne sachliche Rechtfertigung beeinträchtigt werden (vgl. § 19 Abs. 4 Nr. 1 GWB). Kopplungen können zum Beispiel in einem Angebot zum Erwerb unterschiedlicher Produkte bestehen, die allein in Kombination angeboten werden, aber auch zum Beispiel in einem gemeinsamen Absatz verschiedener Produkte zu einem geringeren Preis als die Einzelprodukte (Preisdifferenzierung). Als problematisch sieht der BGH Kopplungsstrategien vor allem dann an, wenn das marktbeherrschende Unternehmen seine wirtschaftliche Machtstellung im Sinne einer Hebelwirkung von dem beherrschten Markt auf einen zweiten Markt überträgt[479].

---

478 BGH NJW 1996, 2656, 2659 „Pay-TV/Premiere".

479 BGH WuW/E DE-R, 1283, 1285 f. „Der Oberhammer"; vgl. auch BGH WuW/E DE-R, 1206 (1206) „Strom und Telefon I"; vgl. ergänzend Loewenheim/Meessen/Riesenkampf - Götting, Kartellrecht Kommentar, § 19 GWB Rn. 71.

Im Fall „Der Oberhammer“ entschied der BGH im Jahr 2004, dass die vertragliche Koppelung von Angeboten für Internet-Zugänge und ISDN-Anschlüsse – ein Fall marktübergreifender Preisdifferenzierung – bei Bestehen einer marktbeherrschenden Stellung für Festnetzanschlüsse dann als missbräuchlich anzusehen ist, „wenn von dem Kopplungsangebot eine tatsächliche Sogwirkung ausgeht und ein erheblicher Teil der ISDN-Kunden aufgrund der Kopplung für andere Anbieter von Internetzugängen verloren ist“[480]. Grundsätzlich sei es der kaufmännischen Entscheidungsfreiheit überlassen, unterschiedliche Waren oder Dienstleistungen gemeinsam anzubieten. Bestehe aber die Gefahr einer kopplungsbedingten Marktmachtübertragung, so sei für die Zulässigkeit der Kopplung entscheidend, ob die betreffenden Waren oder Dienstleistungen sachlich oder im Sinne einer etablierten Branchenübung als zusammengehörig anzusehen seien[481].

Unternehmensinterne Quersubventionierungen hingegen können missbräuchlich sein, wenn es infolge von Kostenverlagerungen zu Verdrängungseffekten kommt, die sich nicht mehr auf die bloße „Effizienz der Leistungserbringung“ zurückführen lassen[482]. Im Fall „Fernsehzeitschrift“ ging es um den Vorwurf einer wettbewerbswidrigen Querfinanzierung zwischen dem von der Beklagten beherrschten Zustellmarkt für bestimmte Postsendungen und dem Markt für Werbebeilagen. Das mit der Sache befasste OLG Frankfurt gelangte in seinem Urteil aus dem Jahr 2005 zu dem Ergebnis, dass eine wettbewerbswidrige Quersubventionierung dann vorliegen könne, „wenn auf einem bestimmten räumlichen oder sachlichen Markt anfallende Kosten auf einen anderen [...] Markt abgewälzt werden, um auf dem begünstigten Markt Leistungen zu nicht kostendeckenden Preisen anbieten zu können. Derartige Verhaltensweisen können zu Wettbewerbsverzerrungen führen, wenn Wettbewerber durch Angebote ausgeschaltet werden, die nicht auf der Effizienz der Leistungserbringung, sondern derartigen Kostenverlagerungen beruhen“[483]. Potenziell wettbewerbswidrig sei eine Quersubventionierung zum Beispiel dann, wenn die zusätzlichen Mittel zur Bildung unzulässiger Kampfpreise eingesetzt würden[484].

---

480 Vgl. schon den zweiten Leitsatz der Entscheidung BGH WuW/DE-R, 1283 (1283) „Der Oberhammer“.

481 BGH WuW/E DE-R, 1283, 1285 f. „Der Oberhammer“.

482 OLG Frankfurt a. M. WuW/E DE-R, 1589, 1590 „Fernsehzeitschrift“.

483 Ebenda.

484 OLG Frankfurt a.M. WuW/E DE-R, 1589, 1590 f. „Fernsehzeitschrift“; vgl. auch OLG Celle, WuW/E DE-R, 1592, 1594 „Einkauf aktuell“; vgl. ergänzend Immenga/Mestmäcker - Möschel, Kommentar zum Deutschen Kartellrecht, § 19 Rn. 126.

Die obigen Anhaltspunkte lassen lediglich auf ein vergleichsweise geringes Potenzial zum Schutz zum Beispiel vor marktübergreifenden Verdrängungspraktiken im publizistischen Bereich schließen. Unzulässige Kopplungen sind in publizistischen Kontexten nur in Ausnahmesituationen denkbar. Zwingende Verpflichtungen zur Abnahme eines bestimmten Zweitprodukts dürften allenfalls im Werbebereich zu erwarten sein und erscheinen unter den gegenwärtigen Wettbewerbsverhältnissen auch hier wenig wahrscheinlich (vgl. den Fall „Gemeinsamer Anzeigenteil“[485]). Eine größere praktische Bedeutung könnten Kopplungsangebote in Gestalt marktübergreifender Rabattmodelle haben (Preisdifferenzierungen). Auch insoweit ist vor allem an entsprechende Angebotsgestaltungen im Verbund unterschiedlicher Werbemärkte zu denken. Die Anforderungen an die Bejahung einer missbräuchlichen Preisdifferenzierung unter Einbeziehung unterschiedlicher Märkte, wie sie etwa vom BGH im Fall „Der Oberhammer“ formuliert worden sind[486], sind allerdings relativ hoch. Zentraler Maßstab ist die Frage, ob eine wirtschaftliche Machtstellung durch das kombinierte Angebot von einem Markt auf einen anderen übertragen werden kann.

Ähnlich hohe Anforderungen an die Bejahung des Missbrauchstatbestands gelten für den Einsatz marktübergreifender Quersubventionierungen. Entsprechende Praktiken werden deshalb in aller Regel keinen Verstoß gegen das Missbrauchsverbot des § 19 GWB begründen.

D. Bedeutung des Missbrauchsverbots für die Meinungsvielfalt

Bei der Beurteilung des deutschen Missbrauchsverbots in seiner Eignung zum Schutz der Meinungsvielfalt vor medienübergreifenden Verflechtungen besteht eine ähnliche Ausgangslage wie im Fall des europäischen Missbrauchsverbots.

Soweit die Verbotsregelung des § 19 GWB ihrer allgemeinen Zwecksetzung nach dazu beiträgt, den ökonomischen Wettbewerb vor verhaltensbedingten Schädigungen durch besonders marktstarke Unternehmen zu schützen, sind ihre Wirkungen im Grundsatz auch für den publizistischen Wettbewerb von Vorteil. Dabei erfasst das Missbrauchsverbot prinzipiell auch wettbewerbsschädigende Verhaltensweisen auf Drittmärkten.

Von Bedeutung ist in diesem Zusammenhang vor allem der marktübergeifende Behinderungsmissbrauch, dessen Voraussetzungen etwa bei bestimmten Kopplungspraktiken oder in Fällen unternehmensinterner Quersubventionierung

---

485 Siehe oben, Vierter Teil, Gliederungspunkt IV C 1.

486 Siehe oben, Vierter Teil, Gliederungspunkt IV C 3.

erfüllt sein können. Marktübergreifende Kopplungsangebote im Sinne reiner Kombinationsangebote dürften in der Medienwirtschaft eher selten sein. Praktisch wahrscheinlicher sind dagegen Kopplungsangebote in Form marktübergreifender Preisdifferenzierungen. Als wettbewerbskritisch gelten entsprechende Angebote aber erst dann, wenn sie eine hebelartige Marktmachtübertragung ermöglichen. Möglich ist auch ein Marktmachtmissbrauch durch marktübergreifende Quersubventionierungen. Die Rechtsprechung legt allerdings vergleichsweise strenge Maßstäbe an, wenn es darum geht, marktübergreifende Quersubventionierungen als missbräuchlich zu qualifizieren. Im angesprochenen Urteil des OLG Frankfurt im Verfahren „Fernsehzeitschrift"[487] war darauf abgestellt worden, ob es zu einer Verdrängungswirkung kommt, die nicht auf eine effiziente Leistungserbringung zurückgehen darf.

Da das deutsche Missbrauchsverbot anders als die europäischen Vorgaben keine Zwischenstaatlichkeitsklausel kennt, ist es ohne weiteres auch zum Beispiel auf lokale und regionale Märkte anwendbar.

Schon die genannten Einschränkungen zu den grundsätzlich vielfaltsfördernden Regelungswirkungen deuten darauf hin, dass die Schutzwirkung des Missbrauchsverbots für die Meinungsvielfalt überschaubar bleibt. Ähnlich wie das europäische Missbrauchsverbot eignet sich die nationale Missbrauchskontrolle im Ergebnis nur sehr bedingt zur Begrenzung vielfaltsgefährdender Verhaltensweisen durch crossmediale Unternehmensverbindungen. Die vielfaltsbegünstigenden Wirkungen sind eher vage und bleiben im Einzelfall partikulär und zufällig[488].

Verantwortlich hierfür sind neben den eher ausnahmehaften Anwendungsmöglichkeiten des Missbrauchsverbots in medienübergreifenden Zusammenhängen vor allem zwei Faktoren, namentlich das Fehlen einer präventiven Grundausrichtung und das vorrangig an Einzelmärkten orientierte Marktmachtkonzept.

Ebenso wie dem Missbrauchsverbot des Art. 102 AEUV weist § 19 Abs. 1 GWB keine präventive Grundausrichtung auf. Im Gegensatz etwa zu den Vorschriften der Zusammenschlusskontrolle bietet § 19 Abs. 1 GWB als lediglich verhaltensbezogenes Steuerungsinstrument keine Ansatzpunkte für einen strukturell bedeutsamen Beitrag zum verfassungsrechtlich vorgegebenen Vielfaltsschutz.

---

487 Siehe oben, Vierter Teil, Gliederungspunkt VI C 3.

488 Vgl. auch Lange, Media Perspektiven 2005, 546, 553; zur ohnehin eher geringen praktischen Relevanz des § 19 GWB vgl. zudem Immenga/Mestmäcker - Möschel, Kommentar zum Deutschen Kartellrecht, § 19 Rn. 4.

Im Übrigen zielt die Missbrauchskontrolle in erster Linie darauf ab, wettbewerbsschädigende Strategien zu unterbinden, soweit sie im Sinne des Marktmachtkonzepts auf einer überlegenen Machtstellung innerhalb eines bestimmten Einzelmarktes beruhen. Drittmarktakitvitäten werden nur in Ausnahmefällen als wettbewerbswidrig bewertet. Der Umstand, dass diversifizierte Unternehmen vielfach schon aufgrund ihrer Diversifikation über andere strategische Handlungsmöglichkeiten verfügen als andere Unternehmen, bleibt damit weitgehend unberücksichtigt. Zu denken ist an Handlungsspielräume, die etwa aus marktübergreifenden Ressourcenvorteilen, aus diversifikationsbedingten Kostenersparnissen und – im medienwirtschaftlichen Kontext – aus erweiterten unternehmensinternen Vermarktungsmöglichkeiten resultieren.

E. Zwischenergebnis

Bezieht ein Unternehmen sein Potenzial zu wettbewerbsverzerrenden Marktaktivitäten vorrangig aus dem branchenübergreifenden Verbund seiner Handlungsmöglichkeiten, bleibt die Missbrauchskontrolle in der Regel wirkungslos.

Potenziell interessant für den verfassungsrechtlich gebotenen Vielfaltsschutz ist das Missbrauchsverbot, weil es an das Vorliegen einer marktbeherrschenden Stellung und damit an einen unmittelbar konzentrationsrelevanten Tatbestand anknüpft. Der Bezug zu den Folgen marktübergreifender Konzentration stellt sich über das in § 19 Abs. 4 Nr. 1 GWB normierte Regelbeispiel des Behinderungsmissbrauchs her. Eingeschlossen sind hier unter anderem mögliche Beeinträchtigungen von Unternehmen auf Drittmärkten.

Die Entscheidungen „Gemeinsamer Anzeigenteil“ und „Pay-TV/Premiere“ haben keine Aufschlüsse über die Anwendbarkeit des Missbrauchsverbots auf die besonderen Verhaltensmöglichkeiten crossmedial diversifizierter Unternehmen gegeben. Im Rahmen der Prüfung eines möglichen Behinderungsmissbrauchs und einer diskriminierenden Ungleichbehandlung lagen die Schwerpunkte jeweils in vertikalen Wettbewerbsbeziehungen, nicht in konglomeraten Marktverbindungen.

Richtet man den Blick über die genannten Entscheidungen hinaus auf die weiteren Wertungszusammenhänge, so finden sich aber durchaus geeignete Anknüpfungspunkte für einen positiven Einfluss des Missbrauchsverbots. Es sind dies die Fallgruppen marktübergreifender Quersubventionierungen und marktübergreifender Preisdifferenzierungen (Kopplungsangebote). Zu einem Missbrauchsurteil im Sinne des § 19 GWB können derartige Verhaltensweisen aber nur unter besonderen Voraussetzungen führen. So können Quersubventionierungen missbräuchlich sein, wenn sie tatsächlich eine Marktverdrängung nach sich ziehen. Für marktübergreifende Preisdifferenzierungen ist dagegen regelmäßig entscheidend, ob mit ihnen eine Marktmachtübertragung bewirkt werden kann, die etwa von der besonderen Sogwirkung eines entsprechenden Kopplungsangebots ausgehen kann. Marktübergreifend relevante Anwendungsmöglichkeiten sind also vorhanden. Sie bleiben aber partikulär.

Grundlegend steht einer wirksamen Absicherung der Meinungsvielfalt vor den Gefahren crossmedialer Konzentration entgegen, dass sich das Missbrauchsverbot nicht auf die Entstehung einer marktbeherrschenden Stellung erstreckt, sondern nur auf bestimmte Verhaltensweisen bei Bestehen einer solchen Position. Im Gegensatz etwa zur Fusionskontrolle ist die Missbrauchskontrolle nicht primär präventiv ausgerichtet. Vielmehr knüpfen mögliche Rechtsfolgen in aller Regel an eine vorherige Zuwiderhandlung an. Aber auch angesichts der mit § 19 Abs. 1 GWB vorgegebenen Orientierung an Einzelmarktbeherrschungen und der insgesamt nur geringen Relevanz marktübergreifender Einflüsse kann das Missbrauchsverbot lediglich einen untergeordneten Beitrag zum Schutz der Meinungsvielfalt vor crossmedialer Konzentration leisten. Der indirekte Nutzen für den Vielfaltsschutz bleibt ähnlich gering wie im Fall des europäischen Missbrauchsverbots.

V. Deutsche Fusionskontrolle

Innerhalb des wettbewerbsrechtlichen Ordnungsrahmens bleibt zu klären, welchen Beitrag die nationale Fusionskontrolle leisten kann, um unerwünschten Einflüssen crossmedialer Verflechtungen auf die Entwicklung der publizistischen Vielfalt entgegenzuwirken.

Im Folgenden sollen zunächst die rechtlichen Grundlagen für die Anwendung der Zusammenschlusskontrolle dargelegt werden. Dabei wird auch auf den so genannten Marktstrukturansatz und die Haltung des deutschen Gesetzgebers zu konglomeraten Zusammenschlüssen einzugehen sein. Einen der Schwerpunkte des folgenden Abschnitts sollen die Darstellung und Analyse einiger zentraler medienrelevanter Entscheidungen bilden, die Aussagen insbesondere zur Bewertung markt- und medienübergreifender Zusammenschlüsse ermöglichen. Unter anderem wird es dabei um die Entscheidungen zum Zusammenschlussvorhaben „Springer - ProSiebenSat.1“ gehen. Vor dem Hintergrund dieser Untersuchungen sollen sodann die positiven Eignungsansätze der Zusammenschlusskontrolle denjenigen Faktoren gegenübergestellt werden, die einer effektiven Begrenzung crossmedialer Konzentrationsentwicklungen entgegenstehen.

A. Grundlagen der Fusionskontrolle

Gesetzlicher Ausgangspunkt der Fusionskontrolle ist § 36 Abs. 1 GWB. Danach sind Zusammenschlüsse vom Bundeskartellamt zu untersagen, die erwarten lassen, dass eine marktbeherrschende Stellung begründet oder verstärkt wird. Etwas anderes gilt nur dann, wenn die infolge des Zusammenschlusses gegebenenfalls zu erwartenden Verbesserungen der Wettbewerbsbedingungen die Nachteile der Marktbeherrschung überwiegen. Die Darlegungs- und Beweislast für die tatsächlichen Voraussetzungen einer solchen Verbesserung liegt bei den beteiligten Unternehmen.

1. Anwendungsbereich

Die Anwendung der Fusionskontrolle setzt das Vorliegen eines Zusammenschlusses voraus. Die begrifflichen Voraussetzungen sind umfassend in § 37 GWB geregelt. Danach kann sich ein Zusammenschluss beispielsweise über den wenigstens teilweisen Erwerb des Vermögens eines anderen Unternehmens, über den Erwerb der unmittelbaren oder mittelbaren Kontrolle über ein anderes Unternehmen oder über den Erwerb bestimmter Stimmrechts- und Kapitalanteile vollziehen, vgl. § 37 Abs. 1 Nr. 1-3 GWB. Erfasst werden aber auch alle sonstigen Unternehmensverbindungen, sofern sie einen wettbewerblich erheblichen Einfluss auf das betreffende Unternehmen möglich machen, § 37 Abs. 1 Nr. 4 GWB. Nicht Gegenstand der Fusionskontrolle sind bloße Kooperationsverhältnisse, sofern sie nicht in der Gründung eines Gemeinschaftsunternehmens münden (vgl. § 37 Abs. 1 Nr. 3 S. 3 GWB)[489].

Ausgehend vom Vorliegen eines Zusammenschlusses im Sinne des § 37 GWB findet der Anwendungsbereich der deutschen Kontrollvorschriften seine Grenzen zum einen dort, wo ein Zusammenschluss von gemeinschaftsweiter Bedeutung im Sinne des Art. 1 FKVO vorliegt, § 35 Abs. 3 GWB, Art. 21 Abs. 2 S. 1 FKVO[490]. Zur Anwendung kommen dann allein die Regelungen der europäischen Fusionskontrollverordnung. Eine doppelte Prüfung nach europäischen und mitgliedsstaatlichen Vorgaben findet nicht statt (Prinzip des „One-stop-shop“)[491].

Zum anderen darf sich der geplante Zusammenschluss grundsätzlich nicht unterhalb der Umsatzschwellen des § 35 Abs. 1 GWB bewegen. So müssen die

489 Vgl. Langen/Bunte - Ruppelt, Kommentar Kartellrecht, Band 1, § 37 Rn. 42-44.

490 Siehe oben, Vierter Teil, Gliederungspunkt III A.

491 Müller-Henneberg/Schwartz/Hootz - Schütz, GWB Gemeinschaftskommentar, Einführung Rn. 44 ff.

beteiligten Unternehmen im letzten Geschäftsjahr grundsätzlich weltweit Umsatzerlöse von insgesamt mehr als 500 Mio. Euro erzielt haben. Zudem muss grundsätzlich mindestens ein beteiligtes Unternehmen Umsatzerlöse von mehr als 25 Mio. Euro und ein anderes beteiligtes Unternehmen Umsatzerlöse von mehr als 5 Mio. Euro im Inland erzielt haben. Für den Rundfunk- und Pressesektor wurde der Anwendungsbereich der deutschen Fusionskontrolle in den Jahren 1976 und 1999 allerdings dahingehend erweitert, dass bei der Berechnung der Umsätze fortan (zunächst für den Pressebereich und später für das Rundfunkwesen) das Zwanzigfache der tatsächlich erzielten Werte zu Grunde zu legen war, § 38 Abs. 3 GWB[492]. Seither reicht es damit grundsätzlich aus, wenn sich der Gesamtumsatz der fusionsbeteiligten Unternehmen insgesamt auf mehr als 25 Mio. Euro beläuft. Darüber hinaus entfällt für das Pressewesen die Bagatellklausel des § 35 Abs. 2 S. 1 Nr. 1 GWB (so genannte De-Minimis-Klausel), § 35 Abs. 2 S. 2 GWB.

Ihren Grund haben diese medienspezifischen Sonderregelungen nicht primär in kommunikations- oder kulturpolitischen Erwägungen, sondern in erster Linie in wettbewerbspolitischen Zielsetzungen. So sollen sie vor allem eine Berücksichtigung von Zusammenschlüssen lediglich lokal oder regional tätiger Presse- und Rundfunkunternehmen ermöglichen, bei denen typischerweise nur vergleichsweise überschaubare Umsätze erzielt werden[493].

2. Verschlechterung der Wettbewerbsbedingungen

Ist der Anwendungsbereich der Fusionskontrolle eröffnet, so erhebt sich die Frage, ob durch den Zusammenschluss eine marktbeherrschende Stellung begründet oder eine bestehende Marktbeherrschung verstärkt werden würde, § 36 Abs. 1 GWB.

Die Prüfung einer marktbeherrschenden Stellung bezieht sich – ebenso wie in den zuvor behandelten Zusammenhängen – stets auf konkret definierte Einzelmärkte. Die Marktabgrenzung erfolgt dabei prinzipiell nach denselben Kriterien, die für das Missbrauchsverbot Anwendung finden. Im Vordergrund steht damit abermals das Bedarfsmarktkonzept[494].

Die Frage der Beherrschung des jeweiligen Markts richtet sich nach den Maßstäben des § 19 Abs. 2 und 3 GWB. Voraussetzung einer Marktbeherrschung ist also auch für die Fusionskontrolle, dass ein Unternehmen als Anbieter

---

492 Hierzu ausführlich Zagouras, Konvergenz und Kartellrecht, S. 132-142.

493 Loewenheim/Meessen/Riesenkampf - Bauer, Kartellrecht Kommentar, § 38 GWB Rn. 14; vgl. auch WuW/E BGH, 2276, 2277 f. „Süddeutscher Verlag - Donau-Kurier".

494 Siehe oben, Vierter Teil, Gliederungspunkt IV A.

oder Nachfrager auf dem definierten Markt entweder keinem oder keinem wesentlichen Wettbewerb ausgesetzt ist oder dass es eine im Verhältnis zu seinen Wettbewerbern überragende Marktstellung innehat, § 19 Abs. 2 S. 1 Nr. 1 und 2 GWB. Eine marktbeherrschende Stellung für eine Mehrheit von Unternehmen ist gleichfalls möglich, § 19 Abs. 2 S. 2 GWB (kollektive Marktbeherrschung).

Ergänzend sei festgestellt, dass die Unterscheidung zwischen den zwei Ausgangsvarianten des § 19 Abs. 2 S. 1 – Nr. 1 und Nr. 2 – GWB in der Praxis keine große Bedeutung mehr hat. Überwiegend wird heute unter einheitlicher Berücksichtigung der Merkmale des § 19 Abs. 2 S. 1 Nr. 2 HS. 2 GWB darauf abgestellt, ob der Zusammenschluss eine Verschlechterung der Wettbewerbsbedingungen in Aussicht stellt. Entscheidend ist, ob für die Fusionsparteien ein „übermäßiger, vom Wettbewerb nicht mehr hinreichend kontrollierter Verhaltensspielraum entsteht" (Entstehungstatbestand) oder ob ein solcher Verhaltensspielraum zusätzlich erweitert wird (Verstärkungstatbestand)[495]. Positive und negative Wettbewerbswirkungen sind einander im Sinne einer saldierenden Betrachtung gegenüberzustellen[496].

Von Bedeutung für die Prognose sind damit insbesondere die Marktanteile der beteiligten Unternehmen, deren Finanzkraft, der Zugang zu den Beschaffungs- und Absatzmärkten, etwaige Marktzutrittschranken für Dritte, Verflechtungen mit Drittunternehmen und nicht zuletzt der aktuelle und potenzielle Wettbewerb, der durch andere Marktteilnehmer erzeugt wird (vgl. § 19 Abs. 2 S. 1 Nr. 2 HS. 2 GWB). Im Übrigen gelten auch hier die an die Marktanteile der betreffenden Unternehmen anknüpfenden Vermutungstatbestände des § 19 Abs. 3 GWB.

Im Fall einer an sich negativen Prognose bleibt es den Fusionspartnern unbenommen, zusammenschlussbedingte Verbesserungen der Wettbewerbsbedingungen auf anderen Märkten nachzuweisen. Sofern diese die negativen Auswirkungen des Zusammenschlusses überwiegen, scheidet eine Untersagung aus, § 36 Abs. 1 GWB (so genannte Abwägungsklausel)[497].

Ist der Zusammenschluss bereits untersagt, besteht noch die Möglichkeit einer Ministererlaubnis nach § 42 GWB. Die Erteilung einer Ministererlaubnis setzt voraus, dass die Wettbewerbsbeschränkung im Einzelfall von gesamtwirt-

---

495 Emmerich, Kartellrecht, S. 458; Loewenheim/Meessen/Riesenkampf - Kahlenberg/Peter, Kartellrecht Kommentar, § 36 GWB Rn. 19; vgl. auch WuW/E BGH, 1685, 1691 „Springer - Elbe Wochenblatt"; ferner WuW/E BGH, 2795, 2804 „Pinneberger Tageblatt"; überdies BKartA WuW/E DE-V, 669, 671 „Getinge - Heraeus".

496 Bechtold, Kartellgesetz Kommentar, § 36 Rn. 4.

497 Vgl. ergänzend Langen/Bunte - Ruppelt, Kommentar Kartellrecht, Band 1, § 36 Rn. 48 ff.

schaftlichen Vorteilen überwogen wird oder der Zusammenschluss durch ein überragendes Interesse der Allgemeinheit gerechtfertigt ist.

3. Marktstrukturansatz

Den Kern der zusammenschlussrechtlichen Prüfung bildet die Frage des Entstehens oder der Verstärkung einer marktbeherrschenden Stellung. Was die Bewertung speziell konglomerater Zusammenschlüsse anbetrifft, zeigt sich in der deutschen Kontrollpraxis eine vergleichsweise restriktive Haltung, die im auffälligen Gegensatz vor allem zu den europäischen Wertungsansätzen steht.

Das Gefährdungspotenzial konglomerater Zusammenschlüsse wird im deutschen Recht nicht grundlegend anders bewertet als das Gefährdungspotenzial horizontaler Zusammenschlüsse. Der historische Gesetzgeber ging davon aus, dass das wettbewerbliche Gefährdungsniveau von horizontalen und konglomeraten Zusammenschlüssen im Grundsatz gleichartig sei[498]. In der Rechtsanwendung hat sich inzwischen zwar ein etwas abgestuftes Gefährdungsverständnis durchgesetzt. Nach wie vor wird konglomeraten Zusammenschlüssen im deutschen Recht aber ein höheres Gefährdungspotenzial zugeschrieben als insbesondere auf europäischer Ebene[499]. Anders zum Beispiel als die Leitlinien der Europäischen Kommission zur Bewertung horizontaler Zusammenschlüsse[500] und nicht-horizontaler Zusammenschlüsse[501] ließen die zuletzt veröffentlichten, derzeit in der Überarbeitung befindlichen Auslegungsgrundsätze des Bundeskartellamts (Stand Juli 2005) keine wesentlichen Unterschiede in der Beurteilung horizontaler und konglomerater Zusammenschlüsse erkennen[502].

Hinzuweisen ist in diesem Kontext auch auf die divergierenden Zielvorstellungen in den unterschiedlichen Rechtsordnungen. Abweichend vom europäi-

---

498 Vgl. den Entwurf eines Zweiten Gesetzes zur Änderung des Gesetzes gegen Wettbewerbsbeschränkungen vom 28.05.1971, in BR-Drucks. 265/71, S. 30; vgl. auch BKartA, Diskussionspapier „Konglomerate Zusammenschlüsse", S. 11 f., 29.

499 Vgl. BKartA, Diskussionspapier „Konglomerate Zusammenschlüsse", S. 11 f., 17 f., 28 f.

500 Kommission, Leitlinien zur Bewertung horizontaler Zusammenschlüsse gemäß der Ratsverordnung über die Kontrolle von Unternehmenszusammenschlüssen, ABl. 2004 Nr. C 31/5 ff.

501 Vgl. Kommission, Leitlinien zur Bewertung nichthorizontaler Zusammenschlüsse gemäß der Ratsverordnung über die Kontrolle von Unternehmenszusammenschlüssen, ABl. 2008 Nr. C 265/6, 21 Tz. 91 f.

502 Die Auslegungsgrundsätze des BKartA, Oktober 2000 (in überarbeiteter Fassung von 2005) sind nicht mehr online abrufbar; mit entsprechendem Hinweis bereits Satzky, WuW 2006, 870, 873.

schen Grundverständnis stehen im deutschen Wettbewerbsrecht nicht Ziele des Verbraucherschutzes und die Effizienz der Ressourcenallokation im Vordergrund[503]. Beabsichtigt sind vor allem der Schutz einzelner Wettbewerber und die Sicherung wettbewerblicher Marktstrukturen. Der Wettbewerb wird im deutschen Recht entscheidend auch um seiner selbst willen geschützt[504].

Dem entsprechend ist für die Sichtweise der deutschen Fusionskontrolle vor allem eine Orientierung an strukturellen Merkmalen kennzeichnend (Marktstrukturansatz)[505]. Anstatt sich der Bewertung des jeweiligen Zusammenschlussvorhabens über eine umfassende ökonomische Analyse des jeweiligen Einzelfalls anzunähern, setzt die deutsche Fusionskontrolle stärker auf die Anwendung so genannter Per-se-Regeln. Per-se-Regeln sind vereinfachende Grundsätze, anhand derer sich bestimmte Vorgänge und Verhaltensweisen ohne weiteren Untersuchungsaufwand als zulässig oder unzulässig einstufen lassen[506].

Im Zusammenhang mit dem traditionellen Marktstrukturansatz lässt sich zudem eine vergleichsweise niedrige Eingriffsschwelle feststellen. Im Gegensatz zum europäischen Bewertungskonzept reicht für eine Untersagung regelmäßig eine abstrakte Gefährdung der Funktionsfähigkeit des Wettbewerbs aus; auf eine einzelfallbezogene Untersuchung der konkreten Folgewirkungen soll es gerade nicht ankommen[507]. Einen nicht zu unterschätzenden Einfluss auf die Prüfungsergebnisse dürften überdies die vergleichsweise geringen Nachweisanforderungen haben, die bei der Prognose einer Verschlechterung der Wettbewerbsbedingungen gestellt werden[508].

Mit dem Verzicht auf eine ökonomisch fundierte Untersuchung der erwarteten Zusammenschlusswirkungen hat man sich im deutschen Recht für eine in erster Linie juristisch-abstrahierende Betrachtungsweise entschieden. Zugunsten einer größeren Rechtssicherheit wird die Vorhersehbarkeit der zu treffenden Entscheidungen damit deutlich erhöht[509]. Das tendenziell gegenläufige Ziel,

---

503 Satzky, WuW 2006, 870, 873, 880; vgl. auch Podszun, MMR 2007, 761, 764.

504 Monopolkommission, 17. Hauptgutachten 2006/2007, BT-Drucks. 16/10140, S. 384.

505 Vgl. BKartA, Diskussionspapier „Konglomerate Zusammenschlüsse“, S. 17 f.; vgl. auch Monopolkommission, 17. Hauptgutachten 2006/2007, BT-Drucks. 16/10140, S. 384; Satzky, WuW 2006, 870, 873, 880; Podszun, MMR 2007, 761, 764.

506 Vgl. Monopolkommission, 17. Hauptgutachten 2006/2007, BT-Drucks. 16/10140, S. 387.

507 Vgl. ebenda.

508 Podszun, MMR 2007, 761, 764; vgl. ferner Satzky, WuW 2006, 870, 876 f.; kritisch zu den geringen Beweisanforderungen im deutschen Recht Säcker, K&R 2006, 49, 52-54; vgl. dens., WuW 2006, 223 (223).

509 Vgl. Monopolkommission, 17. Hauptgutachten 2006/2007, BT-Drucks. 16/10140, S. 387.

ökonomisch möglichst sach- und einzelfallgerechte Entscheidungen zu treffen, dürfte dagegen zuweilen verfehlt werden.

Abschließend sei noch konstatiert, dass auch in der deutschen Fusionskontrolle Tendenzen zu einer stärkeren Berücksichtigung neuer ökonomischer Untersuchungsmethoden erkennbar sind. So hat das Bundeskartellamt in seinem Tätigkeitsbericht 2007/2008 die Absicht formuliert, „die Fortschritte im Bereich wirtschaftswissenschaftlicher Konzepte und Methoden bei der Analyse des Wettbewerbs als dynamischem Prozess zu nutzen“[510]. Zugleich aber wurde betont, dass dies nicht zu einer Überhöhung der Nachweisanforderungen führen und dass das vom Gesetzgeber angestrebte wettbewerbliche Schutzniveau nicht abgesenkt werden dürfe[511].

B. Entscheidungspraxis im medienwirtschaftlichen Bereich

Im Folgenden soll eine Auswahl unmittelbar medienrelevanter Fusionskontrollentscheidungen untersucht werden, um auf dieser Grundlage herausarbeiten zu können, welche Kriterien und Besonderheiten bei der Beurteilung insbesondere medienübergreifender Zusammenschlüsse eine Rolle spielen können. Das rückblickend vermutlich wichtigste Verfahren betrifft das Zusammenschlussvorhaben „Springer - ProSiebenSat.1“, das 2006 vom Bundeskartellamt untersagt wurde. Seine Bedeutung für die vorliegende Arbeit ergibt sich wesentlich aus dem Umstand, dass es auf eine überregionale und vergleichsweise reichweitenstarke Verflechtung von Presse- und Fernsehgeschäft gerichtet war. Zunächst wird aber auf unterschiedliche Fusionsentscheidungen mit Bezügen vor allem zu den unterschiedlichen Märkten im Printbereich einzugehen sein.

1. Verfahren „Bertelsmann – Deutscher Verkehrsverlag“ (1978)

Im Jahr 1978 erließ das Bundeskartellamt eine Untersagungsentscheidung im Fall „Bertelsmann – Deutscher Verkehrsverlag“. Das damalige Verfahren betraf ein Zusammenschlussvorhaben, bei dem ein dem Bertelsmann-Konzern zugehö-

---

510 BKartA, Tätigkeitsbericht 2007/2008, BT-Drucks. 16/13500, S. 10; vgl. auch die Stellungnahme der Bundesregierung zum Tätigkeitsbericht des BKartA 2007/2008, BT-Drucks. 16/13500, S. V.

511 BKartA, Tätigkeitsbericht 2007/2008, BT-Drucks. 16/13500, S. 10; vgl. auch insoweit die Stellungnahme der Bundesregierung zum Tätigkeitsbericht des BKartA 2007/2008, BT-Drucks. 16/13500, S. V.

riger Fachverlag, die Bertelsmann-Thomson Fachverlag GmbH, beabsichtigte, die Mehrheit der Geschäftsanteile an der Deutscher Verkehrsverlag GmbH zu erwerben. Die Deutscher Verkehrsverlag GmbH gab damals die Zeitschrift „DVZ" („Deutsche Verkehrszeitung") heraus, der besagte Bertelsmann-Verlag die „Verkehrsrundschau". Beide Titel wurden den Fachzeitschriften im Bereich Güterverkehrswirtschaft bzw. den hierfür bestehenden Leser- und Anzeigenmärkten zugerechnet[512].

Das Bundeskartellamt prognostizierte die Entstehung einer marktbeherrschenden Stellung der Bertelsmann AG sowohl auf dem Anzeigen- wie auch auf dem Lesermarkt[513]. Für die genannten Märkte nahm es einen gemeinsamen Marktanteil in Höhe von 55 und 77 Prozent an. Unter dem Aspekt der zusammenschlussbedingt zu erwartenden Ressourcenerweiterung wurde zudem auf einflussreiche Wettbewerbsvorteile verwiesen, von denen ein Medienhaus mit einem in benachbarten Geschäftsfeldern diversifizierten Produktprogramm profitieren könne. Genannt wurden die Möglichkeiten zur Mehrfachnutzung von Informationen, zur medienübergreifenden Informationsbeschaffung durch Korrespondenten, freie Mitarbeiter und eine Mehrzahl von Verlagsbüros sowie zur „Ankoppelung" eines Printerzeugnisses an einen „allgemeinen, kaufmännischen und produktionstechnischen Verlagsapperat"[514]. Zu berücksichtigen seien ferner der Zuwachs an redaktionellem Know-how, die Möglichkeiten zur Bündelung von „Anzeigenakquisition und -abwicklung" und zur Einrichtung eines gemeinsamen Vertriebs[515].

Im Vordergrund der weiteren Argumentation stand die besondere Finanzkraft des Bertelsmann-Konzerns. Durch die Eingliederung in den Konzernverbund komme sie dem Zielunternehmen auf unterschiedliche Weise zugute. So könnten technologische Entwicklungen mit Nachdruck vorangetrieben werden. Zudem böte sich im Falle eines Zusammenschlusses die Perspektive, über gewisse Zeiträume nicht kostendeckend arbeiten zu müssen. Potenzielle Wettbewerber würden damit verstärkt vom Markteintritt abgehalten. Zudem müsse damit gerechnet werden, dass konkurrierende Produkte der Bertelsmann AG gegebenenfalls gezielt eingesetzt würden, um die Markteinführung von Konkurrenzerzeugnissen zu erschweren[516].

Obgleich es sich um einen horizontalen Zusammenschluss handelte, lassen sich entscheidende Erwägungen der Beschlussbegründung auf die Beurteilung

512 Vgl. WuW/E BKartA, 1709-1711 „Bertelsmann – Deutscher Verkehrsverlag".

513 WuW/E BKartA, 1709, 1712, 1714 „Bertelsmann – Deutscher Verkehrsverlag".

514 WuW/E BKartA, 1709, 1715 „Bertelsmann – Deutscher Verkehrsverlag".

515 Vgl. WuW/E BKartA, 1709, 1711-1715 „Bertelsmann – Deutscher Verkehrsverlag".

516 Vgl. WuW/E BKartA, 1709, 1715 f. „Bertelsmann – Deutscher Verkehrsverlag".

konglomerater Medienfusionen übertragen. Genannt seien beispielhaft allein die vom Bundeskartellamt angeführten Möglichkeiten zur Zusammenlegung der Anzeigenakquisition und zum Aufbau eines gemeinsamen Vertriebs. Im Übrigen ist die angesprochene Entscheidung für die Bewertung konglomerater Fusionsvorhaben deshalb aufschlussreich, weil mit Bertelsmann ein besonders großes Medienunternehmen auf der Erwerberseite stand, das sich schon damals durch eine starke Finanzkraft und einen hohen Diversifikationsgrad kennzeichnete.

In der Beschlussbegründung wurden vor allem die zusammenschlussbedingt erwarteten – zum Teil auch marktübergreifend relevanten – Ressourcenzuwächse als marktmachtverstärkende Faktoren herausgestellt. Anzumerken bleibt zwar, dass zum Beispiel die redaktionellen und kaufmännischen Ressourcenvorteile lediglich benannt worden sind und in ihrem Einfluss auf den Wettbewerb nicht Gegenstand weiterer Prüfung oder Analyse waren. Angesichts der weiteren Gesamtumstände und insbesondere der Höhe der gemeinsam erreichten Marktanteile dürfte eine weitergehende Begründung der Negativprognose jedoch auch nicht mehr unbedingt erforderlich gewesen sein.

2. Verfahren „Gruner + Jahr – Zeit (I)" (1984)

Ausgangspunkt des ungleich vielschichtigeren Verfahrens „Gruner + Jahr – Zeit" war die Anmeldung einer ebenfalls überregional relevanten Fusion, die auch in diesem Fall den Pressebereich betraf. Beabsichtigt war der Erwerb von Beteiligungen am Zeitverlag durch das Verlagshaus Gruner + Jahr. Zum damaligen Zeitpunkt gab Gruner + Jahr unter anderem bereits den „Stern" heraus und war am Spiegelverlag beteiligt.

Eine Einteilung des Verfahrens in zwei Abschnitte liegt deshalb nahe, weil es im ersten Stadium vom Bundeskartellamt über das Kammergericht bis zum BGH führte, die Sache vom BGH dann an das Kammergericht als Beschwerdegericht zurückverwiesen wurde, und es daraufhin erneut zu Entscheidungen sowohl des Kammergerichts als auch des BGH kam. Hinzu kommt, dass die gerichtlichen Beschlüsse in den jeweiligen Verfahrensabschnitten von grundlegend unterschiedlichen Voraussetzungen in der Marktabgrenzung ausgingen. Seinen Abschluss fand das Verfahren durch eine Entscheidung des BGH aus dem Jahr 1987. Es sei vorweggenommen, dass der 1981 ergangene Untersagungsbeschluss des Bundeskartellamts im Ergebnis bestätigt wurde.

Im ersten Verfahrensabschnitt hat das Bundeskartellamt den angemeldeten Zusammenschluss untersagt. Diese Entscheidung hob das als Beschwerdegericht angerufene Kammergericht auf. Doch wurde auch der kammergerichtliche Beschluss aufgehoben, dies durch den BGH, der die Sache als Rechtsbeschwerdeinstanz zur erneuten Entscheidung zurückverwies. In seiner Entscheidungsbegründung erklärte der BGH den Beschluss des Kammergerichts zugleich aber in überwiegenden Teilen für beanstandungsfrei[517].

In jenem ersten Verfahrensabschnitt vertrat der BGH die Auffassung, das Kammergericht habe in zwei von drei Marktkonstellationen zu Recht angenommen, dass es weder zur Entstehung noch zur Verstärkung einer marktbeherrschenden Stellung kommen würde. Lediglich in der dritten Konstellation fehle es an ausreichenden tatsächlichen Feststellungen[518], um die Zulässigkeit des Zusammenschlusses auch insoweit bejahen zu können.

Gegenstand der gerichtlichen Prüfungen im ersten Verfahrensabschnitt waren die Marktstellungen der beteiligten Verlagsunternehmen mit dem „Stern“ auf dem Lesermarkt für Publikumszeitschriften, mit dem „Spiegel“ auf einem Markt, den das Kammergericht nicht näher definierte, und mit der „Zeit“ auf dem Markt für überregionale Abonnementszeitungen. Der zu beurteilende Zusammenschluss hatte zumindest teilweise marktübergreifenden Charakter[519].

a) Lesermarkt für allgemeine Publikumszeitschriften

Dem BGH zufolge würde der Zusammenschluss mit dem Zeitverlag nicht zu einer Verstärkung der marktbeherrschenden Stellung von Gruner + Jahr mit dem Magazin „Stern“ auf dem Lesermarkt für allgemeine Publikumszeitschriften führen. Dies habe das Kammergericht rechtsfehlerfrei angenommen. Der „Stern“ und die „Zeit“ bewegten sich nach Auffassung des Kammergerichts auf unterschiedlichen Märkten. Diese Beurteilung sah der BGH durch die Angriffe der Rechtsbeschwerde als nicht widerlegt an[520].

In diesem Zusammenhang hatte das Kammergericht angenommen, dass es nicht zu einem zusammenschlussbedingten Zuwachs finanzieller Ressourcen kommen würde, der sich zugunsten der Marktstellung des „Stern“ auswirken könne. In Übereinstimmung schon mit den Annahmen des Bundeskartellamts sei nicht davon auszugehen, dass die von der „Zeit“ erwirtschafteten finanziellen Mittel jemals der Sicherung der Marktstellung des „Stern“ zugute kommen wür-

517 WuW/E BGH, 2113 ff. „Gruner + Jahr – Zeit (I)“.

518 Vgl. WuW/E BGH, 2113, 2122 f. „Gruner + Jahr – Zeit (I)“.

519 WuW/E BGH, 2113, 2114, vgl. auch S. 2118 f. und 2119-2122 „Gruner + Jahr – Zeit (I)“, im Verhältnis von „Spiegel“ und „Zeit“ wurde offen gelassen, ob eine horizontale oder konglomerate Konstellation vorliegt. In Bezug auf die Marktstellung der „Zeit“ wurde die vom Kammergericht vorgenommene Marktabgrenzung insofern beanstandet, als sie nicht auf ausreichenden tatsächlichen Feststellungen beruhe.

520 WuW/E BGH, 2113, 2114 „Gruner + Jahr – Zeit (I)“.

den. Diese Mittel würden vielmehr allein zum Erhalt der „Zeit“ selbst eingesetzt werden müssen. Auch langfristig würde eine verstärkende Wirkung zugunsten der marktbeherrschenden Stellung des „Stern“ unter dem Gesichtspunkt finanzieller Zuflüsse nicht möglich sein. Auch diese Annahmen des Kammergerichts sah der BGH als rechtsfehlerfrei an[521].

Soweit das Kammergericht eine Verbesserung der Marktstellung des „Stern“ auch durch eine Erweiterung journalistischer und redaktioneller Ressourcen ausgeschlossen hatte, hielt auch diese Beurteilung der Rechtsbeschwerde stand. Das Kammergericht hatte ausgeführt, dass die „Zeit“ und der „Stern“ schon aus Gründen des wirtschaftlichen Erfolgs einer getrennten redaktionellen Führung bedürften. Es hatte die unterschiedlichen „publizistischen Konzeptionen“ der Produkte hervorgehoben, die es im Interesse des jeweiligen Markterfolgs zu erhalten gelte. Deshalb sei weder eine „gemeinsame Ausbildung“ von Journalisten noch eine Zusammenarbeit der redaktionellen Apparate zweckmäßig und möglich[522].

Zu der Frage einer Verstärkungswirkung durch eine mögliche Verbesserung des Zugangs zu den Absatzmärkten im Anzeigengeschäft (vgl. § 19 Abs. 2 S. 1 Nr. 2 GWB n.F.) hatte das Kammergericht ausgeführt, dass eine „gemeinsame Anzeigenakquisition“ für die „Zeit“ und den „Stern“ zwar denkbar sei und sich überdies mit der Einführung möglicherweise wettbewerbswirksamer „Kombinationstarife“ verbinden ließe[523]. Eine wettbewerbliche Begünstigung würde sich aber auch insoweit nur für die „Zeit“ und nicht auch für die marktbeherrschende Stellung des „Stern“ ergeben. Die Akquisition von Anzeigen könne für die „Zeit“ über den „Stern“, nicht aber in umgekehrter Richtung erfolgen. Begründet wurde diese Annahme damit, dass es sich bei dem „Stern“ um ein für Markenprodukte unverzichtbares Werbemedium handele, während es an einer vergleichbaren wirtschaftlichen Bedeutung bei der „Zeit“ fehle[524].

b) Lesermarkt des Nachrichtenmagazins „Spiegel“

In der zweiten Marktkonstellation war das Bundeskartellamt zu dem Schluss gekommen, dass der Zusammenschluss eine Verstärkung der marktbeherrschenden Stellung des Spiegel-Verlags auf dem von ihm dominierten Lesermarkt bewirken würde. Aufgrund einer Minderheitsbeteiligung in Höhe von 24,9 Prozent

---

521 WuW/E BGH, 2113, 2114 „Gruner + Jahr – Zeit (I)“.
522 WuW/E BGH, 2113, 2114, 2117 „Gruner + Jahr – Zeit (I)“.
523 Vgl. WuW/E BGH, 2113, 2114 „Gruner + Jahr – Zeit (I)“.
524 Vgl. WuW/E BGH, 2113, 2114, 2116 „Gruner + Jahr – Zeit (I)“.

am Spiegel-Verlag wurde auch dieser dem Unternehmen Gruner + Jahr zugerechnet.

Das als Beschwerdegericht zuständige Kammergericht, das in dieser Konstellation keine Marktabgrenzung vornahm, begründete seine gegenteilige Auffassung wesentlich mit den gleichen Erwägungen, die schon in Bezug auf die Marktstellung von Gruner + Jahr mit dem „Stern" formuliert worden waren. Es argumentierte insbesondere mit der publizistischen Eigenständigkeit der Produkte, die im Sinne des ökonomischen Erfolgs zu erhalten seien[525].

Noch etwas weitergehend als das Kammergericht hat der BGH schließlich die Auffassung vertreten, dass eine relevante „Strukturveränderung" infolge des Zusammenschlusses selbst dann nicht zu erwarten sei, wenn man von der Annahme ausgehe, dass die „Zeit" und der „Spiegel" einem gemeinsamen Markt zuzuordnen seien[526]. Seine Gründe habe dies in den besonderen Gegebenheiten des Presse- und Zeitschriftenwesens. Das Kammergericht habe rechtsfehlerfrei festgestellt, dass „profilierte Zeitschriften" wie der „Stern", die „Zeit" und der „Spiegel" zur „Wahrung ihrer jeweiligen Besonderheiten" jeweils selbständig geführt werden müssten[527]. Deshalb, so die Schlussfolgerung des BGH, werde die „Struktur der Lesermärkte, auf denen die einzelnen Zeitschriften tätig sind, [...] in erster Linie durch die Zahl der auf ihnen erscheinenden Blätter und deren Marktanteile geprägt"[528]. Änderungen der Beteiligungsverhältnisse seien demgegenüber vergleichsweise unbedeutend[529].

c) *Markt für überregionale Abonnementszeitungen*

Soweit sich drittens schließlich die Frage stellte, ob der Zusammenschluss zur Entstehung einer marktbeherrschenden Stellung des Zeitverlags führen würde, fehlte es nach Ansicht des BGH an ausreichenden tatsächlichen Feststellungen durch das Kammergericht.

Diesen Feststellungsmangel bezog der BGH zum einen auf die sachliche Marktabgrenzung. In den zugrunde gelegten Markt hatte das Kammergericht überregionale Abonnementszeitungen sowohl mit wöchentlicher wie auch mit täglicher Erscheinungsweise einbezogen. Nach Auffassung des BGH war es un-

---

525 Vgl. WuW/E BGH, 2113, 2118 „Gruner + Jahr – Zeit (I)".
526 Ebenda.
527 WuW/E BGH, 2113, 2119 „Gruner + Jahr – Zeit (I)".
528 Ebenda.
529 Ebenda.

ter anderem versäumt worden, die Aktualitätsunterschiede im Verhältnis von Tages- und Wochenzeitungen in gebotenem Umfang zu würdigen[530].

Zum anderen beanstandete der BGH, dass sich die vorinstanzliche Prognose zu einem hilfsweise angenommenen Markt für politische Wochenzeitungen nicht ausreichend auf tatsächliche Feststellungen zurückzuführen lasse[531]. Dieser Prognose des Beschwerdegerichts zufolge würde auch für jenen hilfsweise angenommenen Markt für politische Wochenzeitungen eine beherrschende Stellung des Zeitverlags nicht entstehen. Trotz Erreichens der Vermutungsschwelle des § 22 Abs. 3 S. 1 Nr. 1 GWB a.F. hatte das Kammergericht ein hinreichendes Korrektiv durch die Substitutionskonkurrenz von Seiten überregionaler Abonnements-Tageszeitungen gesehen[532]. Den Gedanken einer wettbewerbsförderlichen Substitutionskonkurrenz erachtete der BGH zwar als grundsätzlich tragfähig. Ebenso wie eine Beschränkung von Substitutionswettbewerb zur Entstehung oder Verstärkung einer marktbeherrschenden Stellung beitragen könne, eigne sich das „Vorhandensein von Substitutionswettbewerb" umgekehrt auch, um zum Ausschluss einer solchen Entwicklung zu führen[533]. Die wettbewerblichen Folgen bedürften indes einer genaueren Prüfung als vom Kammergericht vorgenommen[534].

d) Bewertung und Zwischenergebnis

Ähnlich wie im Fall „Bertelsmann – Deutscher Verkehrsverlag" stand auch in diesem Verfahren ein reiner Pressezusammenschluss zur Beurteilung. Sofern man in diesem ersten Verfahrensabschnitt den Festlegungen des Kammergerichts folgt, so bleibt offen, ob die „Zeit" und der „Spiegel" einem gemeinsamen Markt zuzuordnen waren. Im Übrigen handelte es sich bei dem angemeldeten Beteiligungserwerb aber um einen in jeder Beziehung konglomeraten Zusammenschluss. Darüber hinaus kennzeichnete sich der Zusammenschluss durch eine ausgeprägte Nähe der relevanten Produkte zueinander.

In der Prognose zu den Auswirkungen auf die Wettbewerbsentwicklung standen in diesem ersten Verfahrensabschnitt zunächst Fragen der Ressourcenerweiterung im Vordergrund, nämlich eines Zuwachses sowohl finanzieller wie auch journalistisch-redaktioneller Ressourcen. Weitere zentrale Überlegungen betrafen das Ökonomisierungspotenzial einer gemeinsamen Anzeigenakquisiti-

530 Vgl. WuW/E BGH, 2113, 2119 ff. „Gruner + Jahr – Zeit (I)".
531 WuW/E BGH, 2113, 2119 f., 2121 ff. „Gruner + Jahr – Zeit (I)".
532 Vgl. WuW/E BGH, 2113, 2120, 2123 „Gruner + Jahr – Zeit (I)".
533 WuW/E BGH, 2113, 2123 „Gruner + Jahr – Zeit (I)".
534 WuW/E BGH, 2113, 2123 f. „Gruner + Jahr – Zeit (I)".

on und die wettbewerbsstabilisierende Wirkung bestehender Substitutionskonkurrenz. Unter allen genannten Gesichtspunkten kam das Kammergericht zu dem Schluss, dass eine Verschlechterung der Wettbewerbsbedingungen nicht zu befürchten sei.

Anders als das Bundeskartellamt haben das Kammergericht und der BGH in diesen ersten Beschlüssen eine auffällig zusammenschlussfreundliche Haltung erkennen lassen. Zum Ausdruck kam diese Haltung zum Beispiel in dem Argument, dass Änderungen von Beteiligungen an hinreichend profilierten Zeitschriften wie „Stern", „Zeit" und „Spiegel" keinen entscheidenden Einfluss auf die jeweilige Marktstruktur hätten, weil die Zeitschriften ohnehin redaktionell getrennt geführt werden müssten. Die Struktur der Lesermärkte werde in erster Linie durch die Anzahl und die Marktanteile der jeweiligen Printtitel bestimmt.

Welche Überzeugungskraft dieses Argument bei näherer Prüfung hat, kann vorliegend dahin stehen. Feststellen lässt sich jedenfalls, dass in bestimmten Einzelfragen auch eine weniger großzügige Sichtweise und damit unter Umständen eine Bestätigung der Untersagungsverfügung möglich gewesen wäre. Unter anderem wirft sich die Frage auf, ob die redaktionellen Schaffensbedingungen nicht auch beim „Stern" (Gruner + Jahr) zum Beispiel insoweit hätten verbessert werden können, als infolge des Zusammenschlusses mit dem Zeitverlag eine gemeinsame Nutzung redaktioneller Archive oder einzelner Korrespondenten möglich geworden wäre. Etwas kategorisch mutet zudem die Annahme an, dass der „Stern" von einer gemeinsamen Anzeigenakquisition mit dem Zeitverlag und von möglichen Kombinationstarifen in keiner Weise profitieren können würde. Der Hinweis auf die Unentbehrlichkeit des „Stern" als Werbemedium und den Umstand, dass die Zeitschrift nicht auf die „Zeit" angewiesen sei, mag zutreffend gewesen sein. Zugleich aber dürfte nahe gelegen haben, dass im Fall einer gemeinsamen Anzeigenakquisition zum Beispiel kostenseitige Synergien entstanden wären, die zumindest in geringem Umfang auch der Wettbewerbsposition des „Stern" zugute gekommen wären.

3. Verfahren „Gruner + Jahr – Zeit (II)" (1987)

Im zweiten Verfahrensabschnitt, das heißt nach Zurückverweisung der Sache an das Beschwerdegericht, hat das Kammergericht die Beschwerden gegen die Untersagungsentscheidung des Bundeskartellamts im Jahr 1986 nunmehr zurückgewiesen[535]. Auch die anschließend von mehreren Beteiligten erhobenen Rechtsbeschwerden blieben ohne Erfolg[536]. Entgegen dem ersten Beschluss des

535 WuW/E OLG, 3807 (3807) „Gruner + Jahr – Zeit (II)".
536 BGH WuW/E, 2433, 2435 „Gruner + Jahr – Zeit (II)".

Kammergerichts blieb es im Ergebnis also bei einer Untersagung des Zusammenschlusses.

Gestützt wurde die vom BGH im Jahr 1987 als rechtsfehlerfrei bestätigte Entscheidung des Kammergerichts allein auf das fusionsbedingte Zusammentreffen von „Zeit“ und „Spiegel“. Beide Printerzeugnisse wurden nunmehr dem Lesermarkt für politische Wochenzeitungen zugeordnet. Da andere Marktkonstellationen nicht mehr Gegenstand der Analyse waren, lag der rechtlichen Beurteilung allein noch ein horizontaler Zusammenschluss zugrunde.

In seinem Beschluss aus dem Jahr 1987 befand der BGH die Rechtsbeschwerden gegen den neuerlichen Beschluss des Kammergerichts für unbegründet. Wie das Beschwerdegericht rechtsfehlerfrei angenommen habe, komme es durch den Zusammenschluss zur Entstehung einer marktbeherrschenden Stellung auf dem Lesermarkt für politische Wochenzeitungen. Es sei dies ein Markt, dem Tageszeitungen entgegen der Ansicht der Rechtsbeschwerdeführerinnen nicht zuzurechnen seien[537].

Der Tatbestand der Entstehung einer marktbeherrschenden Stellung sei deshalb erfüllt, weil der mit Gruner + Jahr verbundene Spiegel-Verlag einerseits und der von den Zukaufsabsichten betroffene Zeitverlag andererseits durch den Zusammenschluss eine kollektive Marktbeherrschung im Sinne der §§ 22 Abs. 2, 24 Abs. 1 GWB (a.F.) begründen würden. Der BGH bestätigte unter anderem, dass das Kammergericht nach Maßgabe der von ihm inzwischen getroffenen Feststellungen davon ausgehen durfte, dass der von Seiten überregionaler Tageszeitungen ausgehende Substitutionswettbewerb nicht geeignet sei, die gesetzliche Beherrschungsvermutung zu widerlegen. Trotz des ausgeprägten Substitutionswettbewerbs zur „Frankfurter Allgemeinen Zeitung“ habe die „Zeit“ in den vergangenen Jahren sogar deutliche Auflagen- und Umsatzsteigerungen erzielen können. Daher habe das Kammergericht annehmen dürfen, dass von den bestehenden Substitutionsbeziehungen eine „hinreichend kontrollierende Wirkung“ nicht ausgehe[538].

Soweit der BGH ursprünglich angenommen hatte, dass Änderungen der Beteiligungsverhältnisse an hinreichend profilierten Zeitschriften die Struktur der Lesermärkte nicht unbedingt prägend beeinflussen[539], fand dieses Argument in seiner zweiten Entscheidung keine Erwähnung mehr. Es ist insofern davon aus-

---

537 BGH WuW/E, 2433, 2436-2438 „Gruner + Jahr – Zeit (II)“; vgl. auch WuW/E OLG, 3807-3809 „Gruner + Jahr – Zeit (II)“.

538 BGH WuW/E, 2433, 2441 „Gruner + Jahr – Zeit (II)“; vgl. auch WuW/E OLG, 3807, 3815-3817 „Gruner + Jahr – Zeit (II)“.

539 Siehe oben, Vierter Teil, Gliederungspunkt V B 2 b).

zugehen, dass die Rechtsprechung zu den besonderen Gegebenheiten des Presse- und Zeitschriftenwesens mit dem Beschluss von 1987 aufgegeben wurde[540].

4. Verfahren „Süddeutscher Verlag – Donau-Kurier" (1986)

Dem Verfahren „Süddeutscher Verlag – Donau-Kurier" lag ein Zusammenschlussvorhaben zugrunde, das vorsah, die bereits bestehenden Anteile der Süddeutschen Verlags GmbH (Herausgeberin der „Süddeutschen Zeitung") an der Donau Kurier Beteiligungsgesellschaft mbH und an der Donau-Kurier Verlagsgesellschaft A. Ganghofer'sche Buchhandlung, Courier Druckhaus KG schrittweise auf jeweils deutlich über 50 Prozent zu erhöhen[541]. Im Jahr 1983 erließ das Bundeskartellamt eine Untersagungsverfügung, die in den nachfolgenden gerichtlichen Verfahren mit Beschlüssen des Kammergerichts und des BGH aufrechterhalten wurde.

Die geplanten Anteilserhöhungen waren vom Bundeskartellamt als zusammenschlussbegründende Vorgänge gewertet worden, die zu einer Verstärkung der beherrschenden Stellung der Herausgeberin des „Donau-Kurier" auf dem Lesermarkt für regionale Abonnements-Tageszeitungen in seinem Verbreitungsgebiet geführt hätten[542]. Ob auch eine Verstärkung der überragenden Marktstellung des Süddeutschen Verlags mit der „Süddeutschen Zeitung" im Wirtschaftsraum München eingetreten wäre, ließ der BGH 1986 ausdrücklich offen. Auch dies hatte das Bundeskartellamt bejaht[543].

Als Beschwerdegericht hatte das Kammergericht mit Beschluss vom 11. Juli 1984 angenommen, dass die „Süddeutsche Zeitung" als überregionale Zeitung einem anderen sachlichen Markt als der „Donau-Kurier" zuzurechnen sei. Aufgrund der umfangreichen Berichterstattung der „Süddeutschen Zeitung" über Bayern bestehe aber ein besonders starker „Randwettbewerb" zwischen den zwei Produkten[544]. Zur Begründung der Verstärkungserwartung auf dem Lesermarkt für regionale Abonnements-Tageszeitungen hatte das Kammergericht an-

---

540 Vgl. die Beschlüsse des Bundeskartellamts in den Verfahren „Holtzbrinck - Berliner Verlag", namentlich BKartA, Beschluss v. 10.12.2002, B6 - 98/02, S. 21 f., abrufbar unter http://www.bundeskartellamt.de/wDeutsch/download/pdf/Fusion/Fusion02/B6_98_02.pdf; ferner BKartA, Beschluss v. 02.02.2004, B6 - 120/03, S. 44 f., abrufbar unter http://www.bundeskartellamt.de/wDeutsch/download/pdf/Fusion/Fusion04/B6_120_03.pdf.

541 WuW/E BKartA, 2103 (2103) „Süddeutscher Verlag – Donau-Kurier".

542 Vgl. ebenda.

543 WuW/E BGH, 2276, 2284 „Süddeutscher Verlag - Donau-Kurier"; WuW/E BKartA, 2103-2106 „Süddeutscher Verlag – Donau-Kurier".

544 Vgl. WuW/E OLG, 3303, 3307 f. „Süddeutscher Verlag – Donau-Kurier".

geführt, dass die Zusammenschlüsse zum einen mögliche Wettbewerbshandlungen des Süddeutschen Verlages entfallen lassen würden. Zum anderen sei von Bedeutung, dass potenzielle Wettbewerber vom Markteintritt abgeschreckt würden[545].

Nach Auffassung des BGH trug schon allein diese zweite Erwägung die Untersagungsentscheidung[546]. Das Kammergericht hatte hierzu festgestellt, dass die zu erwartende Abschreckung potenzieller Wettbewerber einerseits aus der starken Finanzkraft des Süddeutschen Verlags resultiere, wobei sich dieser noch dazu im marktnahen Bereich zum „Donau-Kurier" bewege, und andererseits aus der Möglichkeit zur journalistischen Unterstützung des „Donau-Kurier". Mögliche Unterstützungsmaßnahmen auf journalistisch-redaktioneller Ebene würden neben Kostenvorteilen auch Qualitätssteigerungen erwarten lassen. Dies gelte unter anderem in Hinblick auf das kostenintensive Korrespondentennetz der „Süddeutschen Zeitung", von dem auch der „Donau-Kurier" profitieren könne. Gründe, die gegen einen produktübergreifenden Einsatz journalistischer Transferleistungen sprächen, seien anders als in dem Verfahren „Gruner + Jahr – Zeit" (das zum damaligen Zeitpunkt noch nicht abgeschlossen war) nicht ersichtlich. Die produktspezifischen Eigenheiten in Form und Stil der Berichterstattung seien insoweit nicht vergleichbar[547].

In den Beschlüssen des Bundeskartellamts und der Gerichte haben damit Erwägungen ihren Niederschlag gefunden, die in ganz ähnlicher Form bereits im Verfahren „Bertelsmann – Deutscher Verkehrsverlag"[548] begegnet waren. Große Bedeutung wurde auch hier der Abschreckung und Entmutigung potenzieller Wettbewerber durch einen Zuwachs an Finanzkraft und der Möglichkeit zur produktübergreifenden Nutzung journalistischer Ressourcen beigemessen. Anders als im Verfahren „Bertelsmann – Deutscher Verkehrsverlag" wertete man den geplanten Anteilserwerb als marktübergreifenden Zusammenschluss. Verschärfend wurde dabei berücksichtigt, dass das Fusionsvorhaben eine besonders enge Verwandtschaft der relevanten Märkte aufwies.

5. Verfahren „Premiere" (1998)

Auch das Verfahren „Premiere" begann mit einer Untersagungsentscheidung, getroffen vom Bundeskartellamt im Jahr 1998. Gegenstand des Zusammenschlussvorhabens war eine mittelbare Beteiligungserhöhung der CLT-UFA

545 Vgl. WuW/E OLG, 3303, 3308, 3310 f. „Süddeutscher Verlag – Donau-Kurier".
546 WuW/E BGH, 2276, 2283 „Süddeutscher Verlag – Donau-Kurier".
547 Vgl. WuW/E OLG, 3303, 3310 f. „Süddeutscher Verlag – Donau-Kurier".
548 Siehe oben, Vierter Teil, Gliederungspunkt V B 1.

(Bertelsmann AG) an dem Pay-TV-Sender Premiere[549]. Ziel der beabsichtigten Aufstockung der von der CLT-UFA indirekt gehaltenen Anteile an Premiere war die Umwandlung des Pay-TV-Senders in ein paritätisch von der CLT-UFA und der KirchGruppe gehaltenes Gemeinschaftsunternehmen. Zugleich sollte der Sendebetrieb des der KirchGruppe zuzurechnenden Pay-TV-Senders DF1 eingestellt werden[550].

Im selben Zusammenhang hatte die Europäische Kommission bereits einige Monate zuvor eine Untersagungsentscheidung getroffen (vgl. „Bertelsmann/Kirch/Premiere“)[551]. Ungeachtet eines vom Kammergericht später festgestellten Zuständigkeitsmangels des Bundeskartellamts[552] ist der behördliche Untersagungsbeschluss vor allem deshalb von Bedeutung, weil bei der Prognose für den deutschen Fernsehwerbemarkt (Free-TV-Werbemarkt) – bei Vorliegen eines weder klassisch horizontalen noch im engeren Begriffssinne konglomeraten Zusammenschlusses – entscheidend auf marktübergreifende Effekte abgestellt wurde.

Zunächst nahm das Bundeskartellamt die Verstärkung einer beherrschenden Stellung von Premiere auf dem deutschen Pay-TV-Markt an und begründete dies mit dem geplanten Ausscheiden des einzigen Konkurrenten DF1 und der Abtretung von Programmrechten[553]. Anders als die Europäische Kommission nahm das Bundeskartellamt aber auch Anstoß an den Auswirkungen auf dem deutschen Free-TV-Werbemarkt, für den es die Entstehung oder Verstärkung einer oligopolistischen Marktbeherrschung voraussagte.

Die Argumentation des Bundeskartellamts zu den Zusammenschlussauswirkungen auf dem Free-TV-Werbemarkt entsprach weitgehend den zuvor von der Europäischen Kommission angestellten Überlegungen zu den Wettbewerbsfolgen auf dem Pay-TV-Markt. So wurden zum einen die Vorteile eines marktübergreifenden Einkaufs von Pay-TV- und Free-TV-Rechten herausgestellt. Zum anderen sei zu berücksichtigen, dass das Zusammenschlussvorhaben beiden Unternehmen, der CLT/UFA wie auch der KirchGruppe, eine Optimierung der Programmstrategien im Zusammenspiel von Pay-TV- und Free-TV-Geschäft ermöglichen würde. Durch gezielte Programmierungen gerade quotenträchtiger Sendeinhalte ließen sich „kannibalisierende Effekte“ nahezu ausschließen[554]. Im Ergebnis würden sich die befürchteten Koordinierungsmaßnahmen begünstigend

549 BKartA WuW/E DE-V, 53 (53) „Premiere“.
550 Ebenda.
551 Siehe oben, Vierter Teil, Gliederungspunkt V C 2.
552 KG WuW/E DE-R, 561, 562 „Bertelsmann“.
553 BKartA WuW/E DE-V, 53, 60 f. „Premiere“.
554 BKartA WuW/E DE-V, 53, 61-63 „Premiere“.

auf die jeweiligen Zuschaueranteile im Free-TV und damit zugleich verfestigend auf die ohnehin starken Wettbewerbspositionen im Werbemarkt auswirken.

Vergleicht man den Untersagungsbeschluss des Bundeskartellamts mit den zuvor dargestellten Fusionskontrollentscheidungen, so fällt auf, dass das Verfahren „Premiere“ eine Unternehmensverbindung ohne jeden Zeitungs- oder Zeitschriftenbezug zum Gegenstand hatte. Ähnlich wie die anderen Vorhaben kennzeichnete sich das Verfahren durch eine ausgeprägte Nähe der einbezogenen Märkte, nämlich durch die Verbindung von Pay-TV- und Free-TV-Angeboten.

Im Vordergrund der Prognose für den Free-TV-Markt stand weniger eine ressourcenbezogene Argumentation, die etwa auf eine Zusammenführung finanzieller oder journalistisch-kreativer Möglichkeiten abgestellt hätte. Als maßgeblich wurden vielmehr die Zusammenschlussfolgen angesehen, die das Bundeskartellamt als neue Möglichkeiten der Beteiligten beschrieb, ihre Wettbewerbsinteressen über zwei Märkte hinweg zu koordinieren[555]. Im Vordergrund standen damit crossmedial bedingte Handlungsmöglichkeiten, die nicht in wirtschaftlichen Ressourcenvorteilen im engeren Sinne bestanden, sondern eine vor allem konzeptionelle Abstimmung von Wettbewerbsstrategien im Verbund unterschiedlicher Medienmärkte erlauben würden. Mit der Berücksichtigung solcher crossmedialen Effekte deutete sich eine Bewertung marktübergreifender Zusammenschlussfolgen an, die in dem späteren Verfahren „Springer-ProSiebenSat.1“ noch etwas deutlicher zum Tragen kommen sollte.

6. Verfahren „Springer – ProSiebenSat.1“ (2010)

Ausgangspunkt des Verfahrens „Springer – ProSiebenSat.1“ war der im Jahr 2005 angemeldete Erwerb der ProSiebenSat.1 Media AG durch die Axel Springer AG. Beabsichtigt war damit eine marktübergreifende Verbindung von Presse- und Fernsehgeschäft mit Schwerpunkten gerade auch im überregionalen Bereich.

Im Januar 2006 untersagte das Bundeskartellamt das Vorhaben[556]. Die daraufhin von Springer beim OLG Düsseldorf erhobene Beschwerde mit dem Antrag auf Feststellung, dass die Untersagung des Zusammenschlusses zu Unrecht erfolgt sei (Fortsetzungsfeststellungsantrag, vgl. § 71 Abs. 2 S. 2 GWB), wies das Gericht zunächst als unzulässig und – nach Aufhebung und Zurückverwei-

---

555 BKartA WuW/E DE-V, 53, 61 „Premiere“.

556 BKartA, Beschluss v. 19.01.2006, B6 - 103/05, S. 3 „Springer - ProSiebenSat.1“, abrufbar unter http://www.bundeskartellamt.de/wDeutsch/download/pdf/Fusion/Fusion06/B6-103-05.pdf (in gekürzter Fassung auch veröffentlicht in BKartA WuW/E DE-V, 1163 ff.).

sung durch den BGH[557] – mit Beschluss vom 3. Dezember 2008 als unbegründet zurück[558]. Auf die anschließend eingelegte Rechtsbeschwerde hat inzwischen auch der BGH entschieden, dass die Untersagung des Zusammenschlusses durch das Bundeskartellamt rechtmäßig war, dies durch Beschluss vom 8. Juni 2010. Das Fortsetzungsfeststellungsbegehren von Springer sei zulässig. Das Beschwerdegericht habe die Beschwerde aber mit Recht als unbegründet zurückgewiesen[559]. Ein Antrag auf Ministererlaubnis wurde nicht gestellt.

Da der zweite Beschluss des OLG Düsseldorf die Untersagungsverfügung des Bundeskartellamts in weiten Teilen bestätigt hat und seinerseits vom BGH nicht beanstandet wurde – bestimmte Fragen wurden in beiden Entscheidungen als nicht entscheidungserheblich offen gelassen –, sollen sich die nachfolgenden Ausführungen in erster Linie mit der behördlichen Ausgangsentscheidung beschäftigen. In seiner Beschlussbegründung hatte das Bundeskartellamt zutreffend die Annahme eines konglomeraten Zusammenschlusses zugrunde gelegt. Während die Marktschwerpunkte von Springer in den Bereichen „Zeitungen, Zeitschriften, Druckerzeugnisse und neue Medien" lagen, bildete ProSiebenSat.1 eine Holdinggesellschaft für überwiegend werbefinanzierte Fernsehprogramme[560]. Im Gegensatz zu den vorherigen Verfahren wäre dieses Zusammenschlussvorhaben auf eine Verflechtung von Zeitungs- und Fernsehgeschäft und damit auf eine Verbindung von zwei publizistisch besonders einflussreichen Medienformen hinausgelaufen. Zusätzlich gesteigert wurde die Bedeutung des Zusammenschlusses noch durch die überregionalen Ausrichtungen und die starken Marktpositionen der Beteiligten.

Das Bundeskartellamt gelangte in seiner Beschlussbegründung zu dem Ergebnis, dass der Zusammenschluss auf insgesamt drei Märkten zur Verstärkung einer marktbeherrschenden Stellung im Sinne des § 36 Abs. 1 GWB führen würde.

557 BGHZ 174, 179-186.

558 OLG Düsseldorf WuW/E DE-R, 2593, 2594 f. „Springer - ProSiebenSat.1".

559 BGH WRP 2010, 1527, 1528 „Springer - ProSiebenSat.1".

560 BKartA WuW/E DE-V, 1163 f., Beschluss v. 19.01.2006, B6 - 103/05 „Springer - ProSiebenSat.1"; zu weiteren Einzelheiten, z.B. zur damaligen Marktausrichtung der ProSiebenSat.1 Media AG, vgl. den Beschluss des BKartA in der vollständigen Fassung: BKartA, Beschluss v. 19.01.2006, B6 - 103/05, S. 10-13, abrufbar unter http://www.bundeskartellamt.de/wDeutsch/download/pdf/Fusion/Fusion06/B6-103-05.pdf.

a) Marktabgrenzung

In der Bestimmung der sachlich relevanten Märkte hielt das Bundeskartellamt an den für den Medienbereich entwickelten Maßstäben und damit an einer eher kleinteiligen Abgrenzung der jeweiligen Einzelmärkte fest[561]. Zugrunde gelegt wurden ein überregionaler Fernsehwerbemarkt, ein bundesweiter Lesermarkt für Straßenverkaufszeitungen und ein bundesweiter Anzeigenmarkt für Tageszeitungen[562]. In den Anzeigenmarkt für Tageszeitungen bezog das Bundeskartellamt überregional erscheinende Abonnement-, Straßenverkaufszeitungen und Anzeigenblätter ein, nicht jedoch die Anzeigenangebote von Publikumszeitschriften.

b) Marktbeherrschung

Auf den genannten Märkten identifizierte das Bundeskartellamt jeweils eine marktbeherrschende Stellung, an der zumindest eines der zusammenschlussbeteiligten Unternehmen beteiligt war (vgl. § 36 Abs. 1 GWB).

Auf dem überregionalen Fernsehwerbemarkt sah es die Voraussetzungen einer kollektiven Marktbeherrschung im Sinne des § 19 Abs. 2 S. 1 und S. 2 GWB als erfüllt an. Maßgeblich sei insofern die gemeinsame Marktstellung, die die ProSiebenSat.1 Media AG zusammen mit der RTL-Gruppe (Bertelsmann AG) einnehme[563]. In der Beschlussbegründung wurde den gesetzlichen Voraussetzungen entsprechend sowohl ein fehlender Binnenwettbewerb als auch ein fehlender Außenwettbewerb bejaht (vgl. § 19 Abs. 2 S. 1 und S. 2 GWB). Die Annahme fehlenden Binnenwettbewerbs stützte das Bundeskartellamt vor allem auf den hohen gemeinsamen Marktanteil des Duopols, auf die „hohe Transparenz bei den Werbepreisen und den Kosten“[564] und auf die vorhandenen Symmetrien in der geschäftlichen Aufstellung von ProSiebenSat.1 und Bertelsmann. Sie ließen auf eine „Annäherung der Interessen“ schließen und begünstigten ein koor-

561 Vgl. Säcker, K&R 2006, 49, 54; ferner von Wallenberg, WuW 2007, 115 (115).

562 BKartA, Beschluss v. 19.01.2006, B6 - 103/05, S. 23, 25 f., 41 f., 58-60 „Springer – ProSiebenSat.1“, abrufbar unter http://www.bundeskartellamt.de/wDeutsch/download/pdf/Fusion/Fusion06/B6-103-05.pdf; vgl. auch Gounalakis/Zagouras NJW 2006, 1624, 1626.

563 BKartA, Beschluss v. 19.01.2006, B6 - 103/05, S. 29 f. „Springer – ProSiebenSat.1“, abrufbar unter http://www.bundeskartellamt.de/wDeutsch/download/pdf/Fusion/Fusion06/B6-103-05.pdf.

564 Ebenda, S. 32.

diniertes Parallelverhalten[565]. Das Fehlen eines Außenwettbewerbs wurde in erster Linie mit dem hohen gemeinsamen Marktanteil begründet[566].

Die beherrschenden Stellungen auf dem bundesweiten Lesermarkt für Straßenverkaufszeitungen und auf dem bundesweiten Anzeigenmarkt für Tageszeitungen ergäben sich demgegenüber jeweils allein für den Springer-Verlag. Verantwortlich seien die starken Marktpositionen des Unternehmens mit der Bild-Zeitung einerseits und mit seinem überregionalen Zeitungsangebot andererseits[567].

c) *Verschlechterung der Wettbewerbsbedingungen*

Die zusammenschlussbedingt erwarteten Verstärkungswirkungen begründete das Bundeskartellamt mit jeweils unterschiedlichen Erwägungen. In allen drei Marktkonstellationen wurde unter anderem mit spezifischen Vorteilen aus dem Verbund unterschiedlicher Medienmärkte argumentiert, also mit crossmedial bedingten Wettbewerbsvorteilen, die sich zugunsten des zusammengeschlossenen Unternehmens oder des Duopols ergeben hätten. Auf keinem der Märkte wäre es durch den Zusammenschluss zu Marktanteilsadditionen gekommen.

(1) Fernsehwerbemarkt

Für den Fernsehwerbemarkt nahm das Bundeskartellamt an, dass sich die ohnehin schon enge Oligopolsituation durch den geplanten Zusammenschluss zusätzlich verschärfen würde[568]. Negative Auswirkungen waren nach Auffassung der Kartellbehörde sowohl für die Marktgegenseite wie auch für Konkurrenzunternehmen wahrscheinlich.

Wie schon bei der Annahme einer kollektiven Marktbeherrschung stellte das Bundeskartellamt Symmetrieüberlegungen in den Vordergrund der Begründung. Ein Vollzug des Zusammenschlusses hätte zur Folge, dass der überregionale TV-Werbemarkt von zwei Großunternehmen dominiert werden würde, die einander – damit auch über den Fernsehwerbemarkt hinaus – nahezu symmetrisch

---

565 Vgl. BKartA, Beschluss v. 19.01.2006, B6 - 103/05, S. 31 „Springer – ProSiebenSat.1", abrufbar unter http://www.bundeskartellamt.de/wDeutsch/download/pdf/Fusion/Fusion 06/B6-103-05.pdf.; vgl. auch Kuchinke/Schubert, WuW 2006, 477, 478.

566 BKartA, Beschluss v. 19.01.2006, B6 - 103/05, S. 36 f. „Springer – ProSiebenSat.1", abrufbar unter http://www.bundeskartellamt.de/wDeutsch/download/pdf/Fusion/Fusion 06/B6-103-05.pdf.

567 Ebenda, S. 42 f.

568 Ebenda, S. 38 ff.

gegenüber stünden. Diese weitere „Angleichung der markt- und unternehmensbezogenen Strukturmerkmale" erhöhe die „Anzahl der Felder, auf denen die Duopolmitglieder über Vergeltungspotenzial gegenüber dem jeweils anderen verfügen"[569]. Bezogen auf den Fernsehwerbemarkt sei damit unter anderem eine Abschreckung potenzieller Wettbewerber verbunden, die bereits auf einem der anderen Märkte aktiv seien und dort ihrerseits gegebenenfalls mit Vergeltungsmaßnahmen rechnen müssten[570].

Unter Hinweis auf die erwartete Angleichung unternehmensbezogener Strukturmerkmale führte das Bundeskartellamt aus, dass durch den Zusammenschluss zusätzliche Möglichkeiten crossmedialer Werbekampagnen geschaffen würden. So würde der Zusammenschluss bewirken, dass nicht mehr nur der Bertelsmann-Konzern, sondern neben ihm auch das fusionierte Unternehmen crossmediale Werbekampagnen unter Einbeziehung überregionaler Print- und Fernsehmedien anbieten könnte[571].

Überdies würde der letzte Substitutionswettbewerb beseitigt, dem der Fernsehwerbemarkt ausgesetzt sei, nämlich derjenige Wettbewerb, der ihm durch das Anzeigenangebot der Bild-Zeitung drohe. Für eine strukturelle Verschlechterung der Wettbewerbsbedingungen sprachen nach Auffassung des Bundeskartellamts ferner gemeinsame Verflechtungen zwischen Bertelsmann und dem fusionierten Unternehmen auf Drittmärkten, zum Beispiel in den Bereichen des privaten Hörfunks, des Pressevertriebs und des Tiefdrucks. Darüber hinaus erwartete das Bundeskartellamt eine Angleichung der finanziellen Ressourcen der zwei duopolangehörigen Unternehmen. Die bereits bestehenden Marktzutrittsschranken würden sich durch den Zusammenschluss zusätzlich erhöhen[572].

(2) Lesermarkt für Straßenverkaufszeitungen

Beim bundesweiten Lesermarkt für Straßenverkaufszeitungen argumentierte das Bundeskartellamt im Schwerpunkt mit marktübergreifenden Effekten. Die angenommene Verstärkung der marktbeherrschenden Stellung von Springer mit der Bild-Zeitung beruhe maßgeblich auf den sich eröffnenden Möglichkeiten zur

---

569 BKartA, Beschluss v. 19.01.2006, B6 - 103/05, S. 38 f. „Springer – ProSiebenSat.1", abrufbar unter http://www.bundeskartellamt.de/wDeutsch/download/pdf/Fusion/Fusion06/B6-103-05.pdf.

570 Ebenda.

571 Ebenda, S. 39.

572 Ebenda, S. 39 ff.

Crosspromotion[573]. Unterschieden wurde dabei zwischen crossmedialer „Werbung zugunsten von Konzernprodukten“ einerseits und redaktioneller bzw. publizistischer Crosspromotion andererseits[574]. Die Möglichkeit zur Crosspromotion insgesamt qualifizierte das Bundeskartellamt als „vorteilhafte Ressource“, deren Nutzung als wirtschaftlich vernünftig und insofern als wahrscheinlich anzusehen sei[575]. Die erforderlichen Nutzerüberschneidungen der durch den Zusammenschluss zusammengeführten Medienprodukte waren nach seiner Auffassung in ausreichendem Maße vorhanden[576].

Unter dem Gesichtspunkt crossmedialer Werbung im Sinne rein kommerzieller Werbemaßnahmen für Verbundprodukte legte das Bundeskartellamt dar, dass die öffentliche Wahrnehmung der konzernzugehörigen Produkte durch eine vergünstigte Weitergabe von Werbemöglichkeiten wirksam verstärkt werde[577]. Soweit die Anmelderinnen vorgetragen hatten, dass die Werbekapazitäten im Fernsehbereich begrenzt seien und eine vergünstigte interne Weitergabe von Werbezeiten daher mit Umsatzeinbußen verbunden sei, folgte das Bundeskartellamt diesem Einwand nur sehr eingeschränkt. Es betonte stattdessen, dass eine „„nahezu vollständige“ Ausschöpfung“ keine vollständige Ausschöpfung der Kapazitäten impliziere und dass verbleibende Lücken im Werbeprogramm auch kurzfristig für Werbespots der Bild-Zeitung genutzt werden könnten[578]. Hingewiesen wurde zudem auf europäische Rechtsentwicklungen, auf deren Grundlage eine Liberalisierung für Produktplatzierungen zu erwarten stehe. Auch dieser Bereich lasse sich für entsprechende Zwecke crossmedial nutzen[579].

Zu den Möglichkeiten publizistischer Crosspromotion führte das Bundeskartellamt aus, dass ein Zusammenschluss von Springer und ProSiebenSat.1 zunächst Markenverlängerungen in den Fernsehbereich nahe lege. Die Einführung eines Boulevard-Magazins wie „Bild-TV“ stufte es als wettbewerblich attraktive

---

573 BKartA, Beschluss v. 19.01.2006, B6 - 103/05, S. 46 ff. „Springer – ProSiebenSat.1“, abrufbar unter http://www.bundeskartellamt.de/wDeutsch/download/pdf/Fusion/Fusion 06/B6-103-05.pdf; zustimmend Kuchinke/Schubert, WuW 2006, 477, 480; vgl. auch die Ausführungen im Zweiten Teil, Gliederungspunkt IV B 4.

574 BKartA, Beschluss v. 19.01.2006, B6 - 103/05, S. 51 (ff.) „Springer – ProSiebenSat.1“ , abrufbar unter http://www.bundeskartellamt.de/wDeutsch/download/pdf/Fusion/Fusion 06/B6-103-05.pdf.

575 Ebenda, S. 46.

576 Ebenda, S. 46 ff.

577 Ebenda, S. 52.

578 Ebenda, S. 52.

579 Ebenda, S. 53; vgl. auch die Richtlinie über audiovisuelle Mediendienste (Richtlinie 2010/13/EU des Europäischen Parlaments und des Rates vom 10. März 2010), dort Artikel 11 und die Erwägungsgründe Nr. 81 ff.

Option ein, die bei nur geringem Risiko als kaufmännisch sinnvoll anzusehen sei. Dass positive wechselseitige Image-Transfers zwischen Printmedien und Fernsehen möglich seien, habe sich in der Vergangenheit beispielsweise im Verhältnis des Nachrichtenmagazins „Spiegel" zur Sendung „Spiegel-TV" feststellen lassen[580]. Darüber hinaus würden sich nach Auffassung des Bundeskartellamts aber auch Möglichkeiten ergeben, den Absatz der Bild-Zeitung durch inhaltlich-redaktionelle Bezugnahmen in Sendungen konzernangehöriger Fernsehsender zu erhöhen[581].

(3) Anzeigenmarkt für Tageszeitungen

Ebenso wie auf den zuvor genannten Märkten wäre es auch auf dem bundesweiten Anzeigenmarkt für Tageszeitungen durch den Zusammenschluss nicht zu einer Addition von Marktanteilen gekommen. Für diesen Markt begründete das Bundeskartellamt die Verstärkungswirkung mit den sich ergebenden Möglichkeiten, medienübergreifende Werbekampagnen durchzuführen. Gemeint war damit nicht die gegenseitige Bevorzugung konzernverbundener Produkte in kommerziellen oder publizistischen Kontexten, wie sie für den Lesermarkt für Straßenverkaufszeitungen erörtert worden war. Es ging vielmehr um die Möglichkeit, kommerzielle Werbemaßnahmen für externe Werbekunden über die Nutzung mehrerer Medien gezielt abzustimmen und mit crossmedialen Rabattgewährungen zu verbinden[582]. Aus Sicht des Bundeskartellamts war insoweit ausreichend, dass Überschneidungen der Nutzergruppen zumindest teilweise vorhanden waren, unbeachtlich hingegen, dass bestimmte Produkte und Marken sich in ihrer Werbefähigkeit nur für bestimmte Medien eigneten[583].

d) Beurteilung möglicher Auflagen

Die vor dem Untersagungsbeschluss zum Teil angeregten Auflagen, mit denen eine Freigabe nach § 40 Abs. 3 S. 1 GWB grundsätzlich versehen werden kann,

---

580 BKartA, Beschluss v. 19.01.2006, B6 - 103/05, S. 54-56 „Springer – ProSiebenSat.1", abrufbar unter http://www.bundeskartellamt.de/wDeutsch/download/pdf/Fusion/Fusion 06/B6-103-05.pdf.

581 Ebenda, S. 56-58.

582 Ebenda, S. 62 f.; vgl. auch Gounalakis/Zagouras NJW 2006, 1624, 1626, die hier von einem „Multiplying-Effekt" sprechen.

583 BKartA, Beschluss v. 19.01.2006, B6 - 103/05, S. 63-66 „Springer – ProSiebenSat.1", abrufbar unter http://www.bundeskartellamt.de/wDeutsch/download/pdf/Fusion/Fusion 06/B6-103-05.pdf; vgl. auch die Ausführungen im Zweiten Teil, Gliederungspunkt IV B 4.

erachtete das Bundeskartellamt als nicht ausreichend, um bestehende Bedenken auszuräumen[584]. Es war vorgeschlagen worden, dass Springer sich von bestimmten Unternehmensbeteiligungen trennen würde, und es war erwogen worden, Auflagen in die Rundfunklizenzen der Sender von ProSiebenSat.1 aufzunehmen. Zu den vorgeschlagenen Lizenzauflagen zählten unter anderem die „Verpflichtung, keine Programminhalte unter Verwendung der Marke Bild-Zeitung zu gestalten" und die „Verpflichtung, nicht in einer Weise auf die Berichterstattung der Bild-Zeitung Bezug zu nehmen, die über das Maß anerkannter journalistischer Grundsätze hinausgeht"[585].

e) *Bewertung des Untersagungsbeschlusses*

Rechtlich bedeutsam ist die Entscheidung des Bundeskartellamts vor allem deshalb, weil sie maßstabsbildenden Charakter für die Beurteilung künftiger Crossmedia-Fusionen haben kann. Im Gegensatz zu den vorherigen Verfahren war in diesem Fall ein konglomerates Zusammenschlussvorhaben zu beurteilen, das auf eine Verflechtung von Printmedien und Fernsehgeschäft gerichtet war und sich darüber hinaus durch jeweils überregionale Verbreitungsschwerpunkte kennzeichnete.

Durch das OLG Düsseldorf und den BGH wurde die behördliche Untersagungsverfügung inzwischen bestätigt. In der Literatur sind indessen zum Teil auch kritische Einschätzungen formuliert worden[586]. Die Kritik richtete sich insbesondere gegen die wettbewerbspolitische Grundhaltung, von der der Beschluss getragen war, aber auch zum Beispiel gegen die vorgenommenen Marktabgrenzungen.

So wurde bemängelt, dass mit der engen sachlichen Marktabgrenzung die erheblichen Wandlungen in der Mediennutzung nicht ausreichend berücksichtigt worden seien. Die Verschiebungen in der Nutzung etwa von Print- und Online-

---

584 BKartA, Beschluss v. 19.01.2006, B6 - 103/05, S. 67, 72 f., 74 „Springer – ProSiebenSat.1", abrufbar unter http://www.bundeskartellamt.de/wDeutsch/download/pdf/Fusion/Fusion06/B6-103-05.pdf.

585 Ebenda, S. 66 f., 73.

586 Mit gewissen Vorbehalten, im Ergebnis aber zustimmend Kuchinke/Schubert, WuW 2006, 477, 481, 484; vgl. Gounalakis/Zagouras NJW 2006, 1624 (1624), m.w.N.; ferner Säcker, K&R 2006, 49, 52 f.; vgl. auch Hanfeld, „Die Erlaubnis : Springers Fusion wird zum Politikum, das ZDF klagt nicht", FAZ vom 25.01.2006, Nr. 21, S. 38.

medien seien nicht gewürdigt worden. Dasselbe gelte für die insoweit bestehenden Substitutionsbeziehungen[587].

Darüber hinaus wurde eingewandt, dass sich in der Entscheidung grundsätzliche Defizite in der deutschen Fusionskontrolle offenbaren würden. Bei der Prognose zu fusionsbedingten Verschlechterungen der Wettbewerbsbedingungen habe sich das Bundeskartellamt mit einer formalen Strukturanalyse begnügt, anstatt seine Entscheidung auf eine fundierte Wirkungsanalyse zu stützen[588]. Im Einzelnen habe es die behördliche Entscheidung versäumt, eine substanzielle Untersuchung sowohl der wirtschaftlichen Anreize für Crosspromotion wie auch der zu erwartenden Folgen für die Marktentwicklung vorzunehmen[589]. Unter anderem sei aus der Beschlussbegründung nicht hervorgegangen, ob eine Strategie der internen Weitergabe von Werbemöglichkeiten im konkreten Fall einer Kosten-Nutzen-Analyse standhalten würde[590]. Zum Teil wurde auch eine nach Marktphasen unterteilte Analyse für erforderlich gehalten[591]. Nicht zuletzt wurde darauf hingewiesen, dass im Vergleich zur europäischen Entscheidungspraxis nur geringe Nachweisanforderungen gestellt worden seien[592].

Unabhängig von diesen letztlich grundsätzlichen Fragen zu den Anforderungen an eine Untersagungsentscheidung ist es als wettbewerbspolitisch fragwürdig angesehen worden, ein Fusionsvorhaben zu unterbinden, dessen legitimes Ziel darin bestehe, in zukunftsträchtige Märkte zu diversifizieren, um die Abhängigkeit von Geschäftsfeldern zu reduzieren, die einer „schleichenden Erosion ausgesetzt“ seien[593].

Einer juristischen Stellungnahme und Bewertung sind die dargestellten Beanstandungen zum Teil allerdings wenig zugänglich. Denn inwieweit es gerechtfertigt ist, in der Prognose der Zusammenschlussfolgen vorrangig an strukturellen Bedingungen anzuknüpfen, anstatt eine stärker ökonomische Wirkungsanalyse vorzunehmen, ist vor allem eine wettbewerbspolitische Frage. Sie betrifft

---

587 Von Wallenberg, WuW 2007, 115 (115); vgl. auch Kuchinke/Schubert, WuW 2006, 477, 482, 485; grundlegend ferner Theilmann, Medienwirtschaft und Kartellrecht, S. 192 f.; vgl. auch Bohne, WRP 2006, 540, 546-548.

588 Vgl. z.B. Satzky WuW 2006, 870, 871, 878.

589 Satzky, WuW 2006, 870, 872 f., 878, 880, fordert anstelle der aus seiner Sicht nicht mehr zeitgemäßen Ressourcentheorie einen „more economic approach“; vgl. auch Säcker, K&R 2006, 49, 52-54; ähnlich Bohne, WRP 2006, 540, 545 f.; vgl. zur Beurteilung konglomerater Zusammenschlüsse im Allgemeinen Rasek, WuW 2007, 38, 41.

590 Kuchinke/Schubert, WuW 2006, 477, 482-484; vgl. auch Bohne, WRP 2006, 540, 545 f.

591 Kuchinke/Schubert, WuW 2006, 477, 482 f.

592 Vgl. Satzky, WuW 2006, 870, 878; vgl. auch Säcker, WuW 2006, 223 (223).

593 Säcker, K&R 2006, 49, 53.

die Fusionskontrolle als solche und die mit ihr verbundenen Zielsetzungen. Es ist dies keine Frage, die sich für das Verfahren „Springer - ProSiebenSat.1“ in anderer Weise stellen würde als für andere Verfahren insbesondere zu marktübergreifenden Zusammenschlüssen. Aber auch in Anbetracht der Komplexität der Fragestellung und der weitreichenden Implikationen der widerstreitenden Wettbewerbskonzepte (Marktstrukturansatz und „more economic approach“) erscheint eine weitergehende Stellungnahme an dieser Stelle wenig sinnvoll. Der Bedeutung der Fragestellung könnte man im vorliegenden Untersuchungsrahmen kaum gerecht werden.

Feststellen lasst sich allerdings, dass der Untersagungsbeschluss in sich schlüssig ist und sich vor allem widerspruchsfrei in die bisherige Entscheidungspraxis des Bundeskartellamts und der Gerichte einfügt[594].

Was zunächst die Festlegung der relevanten Märkte anbetrifft, so erscheint die differenzierte sachliche Marktabgrenzung nach wie vor zutreffend und gerechtfertigt. Sie ist wesentlich durch das Bedarfsmarktkonzept und die bislang entwickelten Abgrenzungslinien im medienwirtschaftlichen Bereich vorgegeben und sollte bei Beachtung zunehmender Substitutionskonkurrenz durch Onlineangebote jedenfalls vorerst beibehalten werden. Hinweise auf eine vollständige Austauschbarkeit der klassischen Medienangebote mit funktionell vergleichbaren Onlineangeboten sind für die vom Bundeskartellamt untersuchten Einzelmärkte nicht ersichtlich[595].

In der weiteren sachlichen Bewertung des Fusionsvorhabens folgt der Kartellamtsbeschluss dem im deutschen Kartellrecht vorherrschenden Marktstrukturansatz und stellt demgemäß vergleichsweise geringe Anforderungen an den Nachweis struktureller Verschlechterungen der Wettbewerbsbedingungen.

In der bisherigen Entscheidungspraxis zu konglomeraten Fusionsvorhaben waren im Rahmen der anzustellenden Wettbewerbsprognose regelmäßig vor allem Kriterien des Ressourcen- und Finanzkraftzuwachses von Bedeutung, ferner mögliche Abschreckungswirkungen gegenüber potenziellen Wettbewerbern sowie Fragen des Substitutionswettbewerbs und des verbesserten Zugangs zu den Absatzmärkten[596]. Genau diese Wertungsgesichtspunkte hat das Bundeskartell-

---

594 Ähnlich Satzky, WuW 2006, 870, 879; vgl. auch Lange, Media Perspektiven 2005, 546, 556 f., der bereits im Vorfeld die „sichere Erwartung“ geäußert hatte, „dass die Fusion – wenn überhaupt – nur mit Auflagen genehmigt wird“.

595 Vgl. Podszun MMR 2007, 761, 765.

596 Ähnlich das BKartA, Diskussionspapier „Konglomerate Zusammenschlüsse“, S. 11 ff.; vgl. auch Emmerich, Kartellrecht, S. 468 f.; vgl. zu Fragen des Substitutionswettbewerbs auch WuW/E BGH, 1533, 1536 f. „Erdgas Schwaben“, und WuW/E BKartA, 1719, 1725 „BP - Gelsenberg“.

amt in unterschiedlichen Differenzierungen auch in der Entscheidung zum Fall „Springer - ProSiebenSat.1" berücksichtigt. Aber auch die weiteren Erwägungen, auf die die Verschlechterungsprognosen für die jeweiligen Einzelmärkte gestützt wurden, lassen sich überwiegend konsistent auf gesetzliche oder in der Rechtsanwendung entwickelte Vorgaben zurückführen. Genannt seien etwa die fusionsbedingt erwartete Angleichung vorhandener Strukturmerkmale[597] und das Bestehen von Drittmarktverflechtungen (vgl. insoweit schon § 19 Abs. 2 S. 1 Nr. 1 GWB).

Fraglich ist jedoch, wie die Zusammenschlusswirkungen zu bewerten sind, die das Bundeskartellamt unter dem Gesichtspunkt „crossmedialer Effekte"[598] thematisiert hat. Angesprochen sind damit zum einen die Möglichkeiten zur Crosspromotion, namentlich die erweiterten Vermarktungsmöglichkeiten in Form von medienübergreifender „Werbung zugunsten von Konzernprodukten" und die Potenziale zu Markenverlängerungen und redaktionell gestalteten Bezugnahmen (publizistisch vermittelte Crosspromotion)[599]. Zum anderen hat das Bundeskartellamt einen relevanten Wettbewerbsvorteil in der Möglichkeit gesehen, crossmediale Werbekampagnen im Zusammenspiel von Fernseh- und Zeitungsgeschäft anbieten zu können.

Das Bundeskartellamt bezeichnete die genannten Effekte als vorteilhafte Ressourcen und sprach zugleich davon, dass sie einen Beitrag zur Verbesserung der Absatzmöglichkeiten leisten und eine „Erhöhung der Marktzutrittsschranken" bewirken könnten[600]. Was die rechtliche Einordnung der crossmedialen Effekte anbelangt, so dürfte es sich – wie vom Bundeskartellamt vorgegeben – vor allem um Möglichkeiten der Absatzförderung und zur Erhöhung von Marktzutrittsschranken handeln. Die in der Beschlussbegründung gewählte Bezeichnung als Ressourcen erscheint dagegen missverständlich. Sofern für diese medienübergreifenden Handlungs- und Koordinationsmöglichkeiten überhaupt die Verwendung des Ressourcenbegriffs in Betracht kommt, dürfte ein denkbar weites Begriffsverständnis zugrunde zu legen sein. Denn eine Einordnung als Ressourcen im engeren ökonomischen Wortsinne setzt vor allem eine Relevanz für

597 Zur Bedeutung von Symmetrien in Oligopolsituationen vgl. Bechtold, Kartellgesetz Kommentar, § 36 Rn. 21; vgl. auch BKartA, Diskussionspapier „Konglomerate Zusammenschlüsse", S. 25 f.; kurz nach der obigen Entscheidung dann auch im Beschluss des BKartA v. 11.04. 2006, B6 - 142/05, S. 37 f. „RTL - n-tv", abrufbar unter http://www.bundeskartellamt.de/wDeutsch/download/pdf/Fusion/Fusion06/B6-142-05.pdf.

598 BKartA, Beschluss v. 19.01.2006, B6 - 103/05, S. 43, 51 ff. „Springer – ProSiebenSat.1", abrufbar unter http://www.bundeskartellamt.de/wDeutsch/download/pdf/Fusion/Fusion06/B6-103-05.pdf.

599 Ebenda, S. 46 ff., 51 ff., 53 ff.

600 Ebenda, S. 46, 52, 57 f.

die Produktionsbedingungen voraus. Im Kontext von Crosspromotion und crossmedialen Werbekampagnen hingegen ergeben sich Wettbevorteile primär über eine verbesserte Absatzförderung, über einen erleichterten Zugang zu Absatzmärkten und über erweiterte Möglichkeiten zur Abwehr potenziellen Wettbewerbs.

Setzt man die besagten crossmedialen Effekte im Verfahren „Springer – ProSiebenSat.1" in Beziehung zu den zuvor dargestellten Entscheidungen des Bundeskartellamts und der Kartellgerichte, so werden wertungsmäßige Parallelen lediglich in der 1998 getroffenen Untersagungsverfügung im Verfahren „Premiere" ersichtlich. Auch damals hatte sich das Bundeskartellamt nicht vorrangig mit zusammenschlussbedingten Ressourcenerweiterungen befasst, sondern mit strategischen Handlungs- und Koordinierungsmöglichkeiten, insoweit bezogen auf die Märkte für Pay-TV und Free-TV. Neben der Option eines gemeinsamen Rechteeinkaufs waren Möglichkeiten zur marktübergreifenden Optimierung der Programmstrategien angeführt worden. Ähnlich wie im Fall „Springer – ProSiebensat.1" hatte damit die marktübergreifende Steuerung des Wettbewerbsverhaltens unter anderem in Absatzfragen im Vordergrund gestanden.

Eine ähnliche Parallele lässt sich zu einer Überlegung der Europäischen Kommission in ihrer ersten Entscheidung zum Zusammenschluss „Sony/BMG" aus dem Jahr 2004 feststellen[601]. Für die nationalen Tonträgermärkte hatte die Kommission damals die Möglichkeit in Betracht gezogen, dass sich die Fernsehsender der verbundenen RTL Group strategisch nutzen ließen, um die Vermarktung von SonyBMG-Künstlern gezielt zu steuern und so wichtige Synergien zu ermöglichen.

Nach dieser rechtlichen Einordnung soll abschließend noch auf die Frage eingegangen werden, welche Bedeutung die Berücksichtigung crossmedialer Effekte im Sinne der hiesigen Untersagungsverfügung für die zukünftige Entscheidungspraxis zu konglomeraten Medienfusionen haben kann.

Auf den ersten Blick erscheinen die neuen Begründungsansätze[602] des Bundeskartellamts als sehr einschneidend und folgenreich. Sie geben möglicherweise sogar Anlass zu der Besorgnis, dass es in Zukunft zu einer unangemessen restriktiven Entscheidungspraxis kommen könnte[603]. Denn stellt man in Rechnung, dass fast alle Medienunternehmen die Möglichkeit haben, andere Medienprodukte redaktionell zu bewerben oder ihnen kommerziellen Werberaum zur

---

601 Siehe oben, Vierter Teil, Gliederungspunkt III E 2.

602 Vgl. Kuchinke/Schubert, WuW 2006, 477 (477); vgl. auch Gounalakis/Zagouras NJW 2006, 1624 (1624).

603 Vgl. Gounalakis/Zagouras NJW 2006, 1624, 1627.

Verfügung zu stellen, liegt es zumindest nahe, dass auch nahezu jede konglomerate Medienfusion Möglichkeiten zu Crosspromotion und crossmedialen Werbekampagnen eröffnet. Ein solcher Zusammenschluss könnte damit unter Umständen fast zwangsläufig die Erwartung der Entstehung oder Verstärkung einer marktbeherrschenden Stellung begründen.

Dem im späteren Beschwerdeverfahren ergangenen Beschluss des OLG Düsseldorf lässt sich allerdings eine etwas relativierende Sichtweise entnehmen. Für den Lesermarkt für Straßenverkaufszeitungen stellte das Beschwerdegericht zunächst fest, dass das Bundeskartellamt zu Recht eine „Verstärkungswirkung durch die entstehenden crossmedialen Effekte angenommen" habe[604]. Ausschlaggebende Bedeutung komme insoweit vor allem den Möglichkeiten kommerzieller und publizistischer Crosspromotion zu. Weiter heißt es in der Beschlussbegründung jedoch, dass „der Effekt solcher Werbemaßnahmen, wie die Beschwerde geltend macht, nur sehr gering gewesen wäre"[605]. Bei einer marktbeherrschenden Stellung, die sich wie im vorliegenden Fall unter anderem durch einen Marktanteil von über 75 Prozent und damit durch einen sehr geringen Restwettbewerb kennzeichnete, reiche indessen „jede Verfestigung der Position am Markt aus, um eine Verstärkungswirkung anzunehmen"[606]. Das OLG Düsseldorf gestand der Beschwerde also zu – und es ist dies der entscheidende Punkt –, dass die wettbewerbsrelevanten Einflüsse crossmedialer Werbe- und Vermarktungsmethoden kein besonderes Gewicht gehabt hätten. Eine Art Untersagungsautomatismus aufgrund derartiger Wettbewerbsvorteile ist mithin nicht unbedingt zu befürchten. Welche weitere Entwicklung die Entscheidungspraxis in dieser Frage nehmen wird, bleibt abzuwarten.

7. Zwischenergebnis

Die in den fünf angesprochenen Fusionsverfahren ergangenen Entscheidungen liefern wichtige Grundlagen für das Verständnis der behördlichen und gerichtlichen Beurteilung crossmedialer Zusammenschlüsse. Der Schwerpunkt der dargestellten Entscheidungspraxis lag im Bereich der Pressemärkte. Erst relativ spät sind auch Entscheidungen mit Bezügen etwa zum Fernsehgeschäft ergangen.

Bemerkenswert ist zunächst, dass alle fünf Zusammenschlussvorhaben untersagt wurden. Lediglich im Fall „Premiere" (1998) wurde im Rahmen eines späteren gerichtlichen Kostenbeschlusses darauf hingewiesen, dass es dem Bundeskartellamt an der erforderlichen Entscheidungszuständigkeit gefehlt habe,

---

604 OLG Düsseldorf WuW/E DE-R, 2593, 2601 „Springer – ProSiebenSat.1".

605 Ebenda.

606 Ebenda.

dies unter Hinweis auf die vorrangige Zuständigkeit der Europäischen Kommission. Die getroffenen Untersagungsentscheidungen stützten sich in der Mehrzahl auf den Tatbestand der Verstärkung und nur in wenigen Fällen auf den Tatbestand der Entstehung einer marktbeherrschenden Stellung. Gerade für konglomerate Zusammenschlüsse ist das sicherlich nicht überraschend. Denn sie bringen begriffsimmanent keine Marktanteilsadditionen mit sich.

Was die konkreten Wettbewerbsprognosen anbetrifft, so wurden die prognostizierten Verschlechterungen in ihrer Gesamtheit auf sehr vielfältige Erwägungen gestützt. Es gab allerdings mehrere Abwägungsfaktoren, mit denen sich die Beschlussbegründungen auffällig häufig auseinandersetzten. So wurden wiederholt zum Beispiel die Auswirkungen auf den potenziellen Wettbewerb und das fortbestehende Vorhandensein oder der fusionsbedingte Wegfall von Substitutionskonkurrenz einbezogen. In fast allen Fällen wurden zusammenschlussbedingte Ressourcenerweiterungen und deren Folgewirkungen für die Wettbewerbsbedingungen thematisiert. Abgestellt wurde insoweit in erster Linie auf einen erweiterten Zugang zu finanziellen, personellen oder fachlichen, insbesondere journalistisch-redaktionellen Ressourcen. Nicht unerhebliche untersagungsbegünstigende Bedeutung maßen das Bundeskartellamt und die Gerichte in diesem Zusammenhang unter anderem auch der gegebenenfalls vorhandenen Marktnähe der relevanten Produkte bei.

Mit den Beschlüssen in den Verfahren „Premiere“ (1998) und „Springer - ProSiebenSat.1“ (2010) haben einige wichtige Wertungsfaktoren Bedeutung erlangt, die über die bisherigen Erwägungen im medienrelevanten Bereich zum Teil deutlich hinausgingen. Die Rede ist von der Berücksichtigung von Wettbewerbsvorteilen, die in Möglichkeiten zur Koordinierung marktübergreifender Wettbewerbsinteressen bestanden, ohne dass es sich um unmittelbar ressourcenbezogene Crossmediavorteile gehandelt hätte. Im Verfahren „Premiere“ ging es um eine erweiterte Verhandlungsmacht im Rechteeinkauf und um die Möglichkeit zur marktübergreifenden Optimierung von Programmstrategien. Im Verfahren „Springer - ProSiebenSat.1“ hat das Bundeskartellamt vor allem marktübergreifende Synergiepotenziale in Form von crossmedialer Werbung zugunsten von Konzernprodukten, publizistischer Crosspromotion und medienübergreifenden Werbekampagnen als maßgebliche Wettbewerbseinflüsse gewertet. Einordnen lassen sich diese Vorteile insbesondere als Mittel zur Absatzförderung und zur Erhöhung der Marktzutrittsschranken. Die praktische Bedeutung gerade des Untersagungsbeschlusses im Fall „Springer - ProSiebenSat.1“ für die Zukunft könnte groß sein. Das OLG Düsseldorf hat den Einfluss der Wettbewerbsvorteile allerdings etwas relativiert.

C. Bedeutung der Fusionskontrolle für die Meinungsvielfalt

Anknüpfend an die obigen Ausführungen zu den Anwendungsvoraussetzungen der Fusionskontrolle und zur Entscheidungspraxis im Medienbereich stellt sich abschließend die Frage, inwieweit die deutsche Fusionskontrolle zur Begrenzung medienübergreifender Konzentrationsprozesse und damit indirekt zum Schutz der Meinungsvielfalt vor crossmedialen Verflechtungen beitragen kann.

Im folgenden Abschnitt wird zu untersuchen sein, welche Regelungswirkungen der Fusionskontrolle sich zugunsten eines effektiven Schutzes der Meinungsvielfalt auswirken und welche Schutzlücken verbleiben würden, wenn man den Vielfaltsschutz allein den Regelungsmechanismen der Zusammenschlusskontrolle überlassen würde. Soweit im Folgenden von Eignungsdefiziten oder Schutzlücken gesprochen werden wird, soll dies nicht zu dem Missverständnis führen, dass es originäre Aufgabe der Fusionskontrolle wäre, für den Schutz medialer und meinungsmäßiger Vielfalt Sorge zu tragen[607]. Beabsichtigt ist eine rein faktische Eignungsbeurteilung.

I. Vielfaltsbegünstigende Umstände

Zunächst erhebt sich also die Frage, durch welche Umstände eine wirksame Begrenzung medienübergreifender Konzentrationsprozesse begünstigt wird. Von Bedeutung erscheinen die Höhe der Aufgreifschwellen im deutschen Recht und die enge Abgrenzung der sachlich relevanten Märkte. Weitere Ansatzpunkte ergeben sich über den im deutschen Kartellrecht bis heute verfolgten Marktstrukturansatz und die besondere Berücksichtigung crossmedialer Effekte im Sinne des behördlichen Untersagungsbeschlusses „Springer – ProSiebenSat.1".

a) Höhe der Aufgreifschwellen

Die medienspezifisch herabgesetzten Aufgreifschwellen, normiert in den §§ 35 Abs. 1, 38 Abs. 3 GWB, ermöglichen die Einbeziehung einer relativ großen Vielzahl von Zusammenschlusstatbeständen. Maßgeblich ist insoweit die Vorgabe, in den Bereichen Rundfunk und Presse das Zwanzigfache der tatsächlichen Umsatzerlöse in Ansatz zu bringen. Ohne sie wäre vor allem die in § 35 Abs. 1 Nr. 1 GWB festgeschriebene Voraussetzung eines gemeinsamen Vorjah-

607 Monopolkommission WuW/E DE-V, 737, 745, Sondergutachten v. 10.04.2003 – Tagesspiegel/Berliner Zeitung, stellt allerdings fest, dass die „Fusionskontrolle konzeptionell Teil der Vielfaltssicherung im Medienbereich" sei.

resumsatzes der beteiligten Unternehmen von über 500 Mio. Euro nur vergleichsweise selten erfüllt. Von Bedeutung ist dies unter anderem für Zusammenschlussvorhaben in regionalen und lokalen Bereichen[608].

Der weite Anwendungsbereich der deutschen Fusionskontrolle resultiert aber nicht nur aus den niedrigen Aufgreifschwellen. Er ist zugleich den hohen Aufgreifschwellen der – gemäß § 35 Abs. 3 GWB vorrangig anzuwendenden – europäischen Fusionskontrollregelungen geschuldet. Die europäischen Fusionsvorschriften kommen gemäß Art. 1 Abs. 1 und 2 FKVO grundsätzlich erst dann zur Anwendung, wenn die fusionsbeteiligten Unternehmen zusammen einen weltweiten Gesamtumsatz von mehr als 5 Mrd. Euro erwirtschaften und zugleich ein gemeinschaftsweiter Gesamtumsatz von mindestens zwei beteiligten Unternehmen von jeweils mehr als 250 Mio. Euro erzielt wird. Unter bestimmten Voraussetzungen kann die erforderliche gemeinschaftsweite Bedeutung zwar auch dann zu bejahen sein, wenn der weltweite Gesamtumsatz aller beteiligten Unternehmen mehr als 2,5 Mrd. Euro beträgt, Art. 1 Abs. 3 FKVO. Auch dies ist aber ein Schwellenwert, der jedenfalls in medienwirtschaftlichen Zusammenhängen nur in Ausnahmekonstellationen erreicht werden kann. Medienspezifische Anpassungen der Aufgreifschwellen sind auf europäischer Ebene nicht vorgesehen.

b) Differenzierte Marktabgrenzung

Ebenfalls großen Einfluss auf die kartellrechtliche Beurteilung von Medienfusionen hat die kleinteilige Abgrenzung sachlich relevanter Märkte, wie sie sich gerade auch im medienwirtschaftlichen Bereich etabliert hat und zuletzt im Fall „Springer - ProSieben Sat.1“ bestätigt wurde[609].

Denn je enger ein Markt sachlich oder räumlich gefasst wird, desto weniger Wettbewerber konkurrieren typischerweise miteinander und desto stärkere Marktanteilskonzentrationen können sich ergeben[610]. Konglomerate Zusammenschlüsse werden, wenn sie unterbunden werden, in der Mehrzahl der Fälle über den Verstärkungstatbestand des § 36 Abs. 1 GWB untersagt. Insofern spielt die Marktabgrenzung auch für marktübergreifende Zusammenschlüsse eine bedeutende Rolle. Zwar kommt es infolge konglomerater Zusammenschlüsse naturgemäß nicht zu einzelmarktbezogenen Konzentrationssteigerungen. Die Marktabgrenzung ist aber häufig mitbestimmend für die Beantwortung der Frage, ob die für die anschließende Verstärkungsprüfung vorausgesetzte marktbeherr-

608 Vgl. oben, Vierter Teil, Gliederungspunkt V A 1.

609 Siehe oben, Vierter Teil, Gliederungspunkt V B 6 a).

610 Vgl. Bohne, WRP 2006, 540, 542.

schende Stellung besteht oder nicht[611]. Die Marktabgrenzung begründet damit eine Weichenstellung für die Beurteilung der Zulässigkeit eines Zusammenschlusses.

c) Marktstrukturansatz und Ressourcenorientierung

Des Weiteren wirkt sich der im deutschen Recht vorherrschende Marktstrukturansatz zugunsten einer niedrigen Eingriffs- und Untersagungsschwelle aus. Das Ziel der Offenhaltung wettbewerblicher Marktstrukturen gebietet in der Regel ein früheres Eingreifen als eine Fusionskontrolle, die vorrangig an einer präzisen ökonomischen Analyse der erwarteten Auswirkungen des Zusammenschlusses ausgerichtet ist und überdies vergleichsweise hohe Nachweisanforderungen bei der Prognose negativer Wettbewerbswirkungen stellt[612].

Zu erwähnen ist in diesem Zusammenhang auch der Umstand, dass die deutsche Fusionskontrolle zusammenschlussbedingten Ressourcenerweiterungen regelmäßig ein erhebliches Gewicht für die Wettbewerbsprognose beimisst[613]. Die Bestimmung des § 19 Abs. 2 S. 1 Nr. 2 HS. 2 GWB benennt lediglich die Finanzkraft des Unternehmens als ressourcenrelevantes Abwägungsmerkmal. In der Entscheidungspraxis des Bundeskartellamts und der Gerichte gerade auch zu konglomeraten Zusammenschlüssen zeigt sich indessen, dass insbesondere auch sonstige, nicht finanzkraftbedingte Ressourcenerweiterungen von großer Bedeutung für die Beurteilung der Wettbewerbswirkungen sind[614]. Dies gilt uneingeschränkt auch für die bisherige medienbezogene Entscheidungspraxis, in der sachliche und personelle Ressourcenzuwächse – etwa unter dem Gesichtspunkt journalistischer Unterstützungsmöglichkeiten – wiederholt zu den mitentscheidenden Abwägungsfaktoren gezählt haben.

Insgesamt werden Untersagungsentscheidungen auf Grundlage der vergleichsweise geringen Anforderungen an die Prognose und den Nachweis negativer Wettbewerbsfolgen deutlich begünstigt. Mit dem Ansatz der europäischen Entscheidungspraxis hingegen, das jeweilige Vorhaben auf Grundlage einer stärker am Einzelfall ausgerichteten Analyse konkreter Wirkungs- und Verhal-

611 Vgl. Podszun, MMR 2007, 761, 764.

612 Siehe oben, Vierter Teil, Gliederungspunkt V A 3.

613 Vgl. Satzky, WuW 2006, 870, 872 f., 880; vgl. auch Podszun, MMR 2007, 761, 764.

614 Vgl. WuW/E BKartA, 2335, 2336, 2356-2358 „Daimler - MBB“; vgl. auch die alten Auslegungsgrundsätze des BKartA, Oktober 2000, in überarbeiteter Fassung von 2005, S. 19, m.w.N. (nicht mehr online abrufbar).

tenserwartungen zu beurteilen[615], werden Untersagungen gerade im Bereich konglomerater Zusammenschlüsse erheblich erschwert. Für die Medien- und Meinungsvielfalt bietet die deutsche Fusionskontrolle damit ein signifikant höheres Schutzniveau. Bestätigt wird diese Einschätzung nicht zuletzt durch die Ergebnisse der hier behandelten Fusionsverfahren. Während die angesprochenen Zusammenschlüsse, soweit sie nach deutschem Recht beurteilt wurden, ausnahmslos untersagt wurden (lediglich im Fall „Premiere" fehlte es an der Zuständigkeit des Bundeskartellamts), wurde der Fall „Sony/BMG" trotz eines relativ hohen Konzentrationsniveaus von der Europäischen Kommission nach zweimaliger Anmeldung jeweils freigegeben.

d) Berücksichtigung crossmedialer Effekte

Bei der kartellrechtlichen Bewertung konglomerater Zusammenschlüsse sind in der Vergangenheit immer wieder vor allem Ressourcen- und Finanzkraftzuwächse und erwartete Beschränkungen potenziellen und substitutionellen Wettbewerbs geprüft worden. Einen vergleichsweise neuen Aspekt bildet dagegen die Berücksichtigung der medienwirtschaftlichen Wettbewerbsvorteile, die das Bundeskartellamt im Verfahren „Springer – ProSiebenSat.1" als marktübergreifende Effekte in Form von Crosspromotion und crossmedialen Werbekonzepten erörtert und in die Wettbewerbsprognose einbezogen hat[616].

Die Berücksichtigung derartiger Wettbewerbsvorteile könnte einen nicht unerheblichen Einfluss auf die künftige Beurteilung marktübergreifender Medienzusammenschlüsse haben. Dies gilt insbesondere für die mögliche Verbindung von Fernseh- und Pressemedien.

Denn eine Eignung zum Beispiel zu crossmedial angelegten Werbekampagnen ist für die Kombination von Fernseh- und Zeitungsgeschäft bei gleichartiger räumlicher Marktabdeckung geradezu typisch. Es ist also davon auszugehen, dass es infolge crossmedialer Zusammenschlüsse häufig zu einem Auftreten derartiger Effekte kommen dürfte. Neben dem Vorteil möglicher Crossmedia-

---

615 Siehe oben, Vierter Teil, Gliederungspunkt III D; vgl. auch Schwenn/FAZ.net, „Effizienter Wettbewerb zugunsten der Verbraucher", veröffentlicht am: 06.09.2007, abrufbar unter http://www.faz.net/s/Rub0E9EEF84AC1E4A389A8DC6C23161FE44/Doc~E1AA6E26D13EC4143B71D23079727CCE8~ATpl~Ecommon~Scontent.html (besucht am 08.07.2010); ferner Albers, „Der „more economic approach" bei Verdrängungsmissbräuchen: Zum Stand der Überlegungen der Europäischen Kommission", S. 1 f., abrufbar unter http://ec.europa.eu/competition/antitrust/art82/albers.pdf (besucht am 08.10.2010).

616 Siehe oben, Vierter Teil, Gliederungspunkt V B 6 c) (2).

kampagnen eröffnen sich für diversifizierte Medienunternehmen fast zwangsläufig aber auch die vom Bundeskartellamt angeführten Möglichkeiten zu interner werblicher und publizistischer Crosspromotion. Insgesamt dürfte die Berücksichtigung solcher Fusionsfolgen zu einem weiteren Ansteigen der Untersagungswahrscheinlichkeit crossmedialer Zusammenschlüsse und damit zu einem eher restriktiven Umgang mit konglomeraten Medienfusionen führen.

2. Eignungsdefizite und Schutzlücken

Es lässt sich damit feststellen, dass die bisherige Entscheidungspraxis in der deutschen Zusammenschlusskontrolle medienübergreifenden Konzentrationsentwicklungen relativ enge Grenzen zieht. Verantwortlich hierfür sind neben den niedrigen Aufgreifschwellen vor allem die kleinteilige Marktabgrenzung, der geltende Marktstrukturansatz, die besondere Berücksichtigung von Ressourcenvorteilen und die Bedeutung, die das Bundeskartellamt crossmedialen Verbundeffekten im seiner Untersagungsentscheidung im Fall „Springer - ProSiebenSat.1“ zuerkannt hat.

Gleichwohl stellt sich die Frage, ob der publizistische Wettbewerb durch die Fusionskontrolle auch perspektivisch ausreichend gesichert werden kann oder ob relevante Defizite im kartellrechtlich vermittelten Vielfaltsschutz verbleiben. Zentrale Ansatzpunkte für mögliche Schutzlücken sind die Nichterfassung internen Wachstums durch § 36 Abs. 1 GWB, der großzügige Umgang mit Zusammenschlüssen auf jungen Märkten, eine mögliche Abkehr vom traditionellen Marktstrukturansatz und die Möglichkeit der Ministererlaubnis nach § 42 GWB.

a) Nichterfassung internen Wachstums

Zunächst liegt es in der Natur der Fusionskontrolle, dass sie allein Begrenzungen zusammenschlussbedingten Unternehmenswachstums vorsieht[617]. Wettbewerbskritische Entwicklungen infolge von Wachstumsprozessen, die sich allein über die in einem Unternehmen bereits vorhandenen Ressourcen vollziehen (internes Wachstum), sollen und können mit ihr nicht verhindert werden.

Im Sinne des verfassungsrechtlichen Vielfaltsschutzauftrags muss diese Beschränkung auf Vorgänge externen Wachstums als unbefriedigend und lückenhaft erscheinen. Denn für das Ziel einer effektiven Vielfaltssicherung kann es grundsätzlich keinen Unterschied machen, ob eine unerwünschte Konzentration von Medieneigentum auf externem oder auf internem Wachstum beruht. In bei-

617 Zum Begriff des internen Wachstums vgl. auch die Ausführungen im Ersten Teil, Gliederungspunkt II B 2 a).

den Fällen erhöht sich die Gefahr einer Verkürzung der publizistisch vermittelten Meinungsvielfalt.

Zuzugestehen ist sicherlich, dass externes Wachstum in der Regel eine stärkere Gefährdung sowohl für den ökonomischen wie auch für den publizistischen Wettbewerb begründet. Vor allem sind durch Zusammenschlüsse von Unternehmen gerade kurzfristig deutlich größere Konzentrationssteigerungen und Marktmachtverschiebungen möglich als durch interne Wachstumsprozesse. Doch ändert diese Abstufung im Gefährlichkeitsgrad nichts an dem Umstand, dass auch internes Wachstum ein nicht zu unterschätzendes Schädigungspotenzial aufweist und gleichwohl schlechterdings nicht dem Anwendungsbereich der Fusionskontrolle unterfällt. Die kartellrechtlichen Zusammenschlussregeln würden selbst dann keine Handhabe bieten, wenn infolge internen Wachstums die Entstehung medialer Monopolstellungen und mit ihnen schwere Nachteile für den ökonomischen und den publizistischen Wettbewerb drohen würden. Zwar mag die Wahrscheinlichkeit einer solchen Entwicklung gering sein. Die eventuell zu erwartenden Folgen könnten sich aber als überaus schwerwiegend erweisen.

b) Zusammenschlüsse auf jungen Märkten

Ist der Anwendungsbereich der Zusammenschlusskontrolle einmal eröffnet, so ist bemerkenswert, dass Zusammenschlussvorhaben auf Märkten in frühen und unausgereiften Phasen regelmäßig weniger streng beurteilt werden als vergleichbare Vorhaben in späteren Marktphasen[618].

Diese wettbewerbsrechtliche Besonderheit zeigte sich zum Beispiel im Zusammenschlussverfahren „O2/T-Mobile/Vodafone". Im Jahr 2007 erteilte das Bundeskartellamt eine Freigabe für den Zusammenschluss[619]. Angemeldet war die Gründung eines Gemeinschaftsunternehmens durch drei Mobilfunkanbieter, dessen Aufgabe darin bestehen sollte, eine Plattform für Mobil-TV nach dem DVB-H-Standard zu betreiben[620]. Von dem Zusammenschluss waren nach Auf-

---

618 Aufschlussreich sind in diesem Zusammenhang die alten Auslegungsgrundsätze des BKartA, Oktober 2000, in überarbeiteter Fassung von 2005, S. 35 f., m.w.N. (nicht mehr online abrufbar).

619 BKartA, Beschluss v. 13.08.2007, B7 - 61/07, S. 1 ff. „O2/T-Mobile/Vodafone", abrufbar unter http://www.bundeskartellamt.de/wDeutsch/download/pdf/Fusion/Fusion07/B7-61-07.pdf; vgl. auch Podszun, MMR 2007, 761, 763 f.

620 BKartA, Beschluss v. 13.08.2007, B7 - 61/07, S. 13 f. „O2/T-Mobile/Vodafone", abrufbar unter http://www.bundeskartellamt.de/wDeutsch/download/pdf/Fusion/Fusion07/B7-61-07.pdf.

fassung des Bundeskartellamts insgesamt fünf Märkte betroffen, unter anderem der Endkundenmarkt für mobilen Rundfunk und der Markt für den Großhandel mit entsprechenden Programmpaketen.

Für keinen der analysierten Märkte gelangte das Bundeskartellamt zu dem Ergebnis, dass eine marktbeherrschende Stellung entstehen oder verstärkt werden würde[621]. Zwar sei etwa für den Endkundenmarkt für mobilen Rundfunk anzunehmen, dass die Zusammenschlussbeteiligten schon kurzfristig hohe Marktanteile erreichen würden. Doch handele es sich um einen in der Entstehung begriffenen, technologiegetriebenen Markt, der sich noch in einer Phase des Experimentierens befinde. Unter diesen Umständen sei für eine Verschlechterungsprognose eine "dauerhafte Abschottung des Marktes" erforderlich, die vorliegend nicht zu erwarten sei[622]. In ähnlicher Weise argumentierte das Bundeskartellamt für die Mehrzahl der anderen betroffenen Märkte[623].

Der unter den genannten Voraussetzungen anzulegende Maßstab einer dauerhaften Marktabschottung, den das Bundeskartellamt so zuvor zum Beispiel in dem Verfahren „T-Venture - Nexnet GmbH" formuliert hatte[624], wird auch zugrunde zu legen sein, wenn Zusammenschlüsse in anderen entsprechend jungen Medienmärkten zur Beurteilung stehen. Mit Blick auf die aktuellen Marktentwicklungen könnte dies Fusionsvorhaben unter anderem im Bereich Internet-Fernsehen (IPTV) oder mit Bezügen zu anderen publizistisch relevanten Onlineangeboten betreffen[625].

Auch bezogen auf das verfassungsrechtliche Ziel der Vielfaltsförderung erscheint es zunächst sinnvoll, auf jungen Märkten größere Spielräume zu belassen, um vorhandene Entwicklungsmöglichkeiten umfassend auszuschöpfen. Zugleich aber ist es wünschenswert, dass medienrelevante Märkte gerade in ihren

621 BKartA, Beschluss v. 13.08.2007, B7 - 61/07, S. 15 „O2/T-Mobile/Vodafone", abrufbar unter http://www.bundeskartellamt.de/wDeutsch/download/pdf/Fusion/Fusion07/B7 - 61-07.pdf.

622 Ebenda, S. 18, 20.

623 Ebenda, S. 23-26, 30, S. 49 f., eine etwas abweichende Begründung wurde für den Endkundenmarkt für Mobilfunkdatendienste gegeben, vgl. S. 36-41. Im Übrigen seien verstärkende Rückwirkungen des Gemeinschaftsunternehmens auf den bereits ausgereiften Endkundenmarkt für Sprachtelefonie nicht zu erwarten, S. 47 f.

624 BKartA, Beschluss v. 20.02.2002, B7 - 206/01, S. 9, 13 „T-Venture - Nexnet GmbH", abrufbar unter http://www.bundeskartellamt.de/wDeutsch/download/pdf/Fusion/Fusion 02/B7_206_01.pdf; vgl. ferner Kommission, Entscheidung v. 09.11.1994, ABl. 1994 Nr. L 364/1 Tz. 55 „MSG Media Service".

625 Vgl. Loewenheim/Meessen/Riesenkampf - Kahlenberg/Peter, Kartellrecht Kommentar, § 36 GWB Rn. 105; ähnlich die alten Auslegungsgrundsätze des BKartA, Oktober 2000, in überarbeiteter Fassung von 2005, S. 36, m.w.N. (nicht mehr online abrufbar).

Frühphasen nicht durch vorzeitige Vermachtungsprozesse auf bestimmte Marktaufteilungen festgelegt werden. Nur wenn solche Festlegungen ausgeschlossen werden können, bestehen auch mittel- und langfristig gute Voraussetzungen, dass sich der publizistische Wettbewerb frei entfalten kann. Zur Verwirklichung des Ziels der Verhinderung vorherrschender Meinungsmacht dürfte es trotz der gegebenen Ambivalenz deshalb schon in Zweifelsfällen angebracht sein, nennenswerte Konzentrationstendenzen möglichst auch in frühen Marktphasen zu unterbinden. In jedem Fall birgt der großzügige Umgang der Fusionskontrolle mit Zusammenschlüssen auf jungen Märkten Risiken für die publizistische Vielfaltsentwicklung.

c) Mögliche Hinwendung zum „more economic approach"

Dass gewisse Schutzlücken vorhanden sind, zeigen bereits die obigen Ausführungen. Es besteht darüber hinaus aber auch die Möglichkeit einer grundlegenden Neuorientierung in der deutschen Zusammenschlusskontrolle. Für den Fall, dass sich das deutsche Kartellrecht im Bereich der Fusionskontrolle und insbesondere in der Einschätzung konglomerater Zusammenschlüsse der Entscheidungspraxis auf europäischer Ebene angleichen sollte, hätte dies voraussichtlich eine spürbare Absenkung des Schutzniveaus zur Folge, das ihm mittelbar auch für die Meinungsvielfalt zukommt.

Dieser Gedanke steht in engem Zusammenhang mit dem Paradigmenwechsel, der sich zuletzt im europäischen Wettbewerbsrecht vollzogen hat[626]. Die europäische Herangehensweise kennzeichnet sich nach heutigem Stand durch den starken Einfluss des „more economic approach" und die mit ihm verbundene Ausrichtung an Verbraucherinteressen[627]. Die Annahme, dass konglomerate Zusammenschlüsse grundsätzlich ein geringeres Gefahrenpotenzial besitzen als horizontale Zusammenschlüsse, geht mit der Vorgabe einher, gerade auch konglomerate Zusammenschlüsse nur noch auf Grundlage fundierter ökonomischer Untersuchungen zu beurteilen und dabei auch erwartete Effizienzvorteile einzubeziehen. Untersagungen aufgrund konglomerater Zusammenschlusswirkungen bleiben damit möglich, sind aber nur noch in Ausnahmefällen zu erwarten.

Ein ähnliches Grundverständnis findet sich im Übrigen in den USA, wo sich schon im Verlauf der siebziger und mit dem Übergang in die achtziger Jahre die Auffassung durchgesetzt hat, dass konglomerate Zusammenschlüsse grundsätzlich positiv zu bewerten sind. Unter Berufung auf die Annahmen der so genann-

---

626 Siehe oben, Vierter Teil, Gliederungspunkt III D.

627 Als Wendepunkt werden die Verfahren „Tetra Laval/Sidel" und „GE/Honeywell" gesehen, vgl. hierzu die Ausführungen im Vierten Teil, Gliederungspunkt III E 1.

ten Chicago-School[628] werden konglomerate Zusammenschlüsse in der US-amerikanischen Fusionskontrolle bis heute als tendenziell unbedenklich angesehen[629]. An den Nachweis wettbewerbsbeschränkender Effekte infolge marktübergreifender Fusionen werden entsprechend hohe Anforderungen gestellt. Schon die so genannten Merger Guidelines des Department of Justice aus dem Jahr 1984 maßen nur noch dem Wegfall potenziellen Wettbewerbs kritische Bedeutung für konglomerate Unternehmenszusammenschlüsse bei[630]. Zusammenfassend lässt sich feststellen, dass heute sowohl in den USA wie auch im europäischen Rechtsrahmen ein vergleichsweise großzügiger Umgang mit konglomeraten Zusammenschlüssen dominiert.

Vor diesem Hintergrund erscheint eine Neuausrichtung auch für die deutsche Fusionskontrolle, die nach wie vor am traditionellen Marktstrukturansatz festhält, ohne weiteres möglich und zumindest diskussionswürdig[631].

Für die Einführung eines am „more economic approach" orientierten Wettbewerbskonzepts spricht zunächst der im europäischen Ansatz vorzufindende Verbraucherschutzgedanke. Angeführt wird zum einen, dass das Verhältnis der Wettbewerbsbehörden und der fusionsbeteiligten Unternehmen in aller Regel durch zum Teil weitreichende Informationsvorsprünge der Unternehmen geprägt sei. Zum anderen sei von Bedeutung, dass Verbraucher anders als große Unternehmen über keine vergleichbaren Einflüsse und Lobbymöglichkeiten verfügten, um ihre Interessen in politischen Prozessen zur Geltung zu bringen. Unter diesen beiden Gesichtspunkten gelte es, bestehende Asymmetrien durch eine einseitige Ausrichtung des Wettbewerbsrechts am Wohl der Verbraucher auszugleichen[632].

Weiter lässt sich für einen Übergang zu stärker ökonomisch ausgerichteten Entscheidungsmaßstäben anführen, dass sich mit ihnen sach- und einzelfallgerechtere Ergebnisse erzielen lassen. Mit dem „more economic approach" eröffnen sich umfassendere Analysemöglichkeiten, und es ist mit ihm eine Berück-

---

628 Zum Konzept der Chicago-School vgl. Schmidt, Wettbewerbspolitik und Kartellrecht, S. 19-24; vgl. auch Theilmann, Medienwirtschaft und Kartellrecht, S. 49 f.

629 Vgl. bereits die Non-Horizontal Merger Guidelines des United States Department of Justice von 1984, Nr. 4, abrufbar unter http://www.justice.gov/atr/public/guidelines/2614.htm (besucht am 08.10.2010).

630 United States Department of Justice, Merger Guidelines von 1984, Nr. 4.1, abrufbar unter http://www.justice.gov/atr/hmerger/11249.htm (besucht am 08.10.2010).

631 Vgl. BKartA, Diskussionspapier „Wettbewerbsschutz und Verbraucherinteressen im Lichte neuer ökonomischer Methoden", S. 27 f.; vgl. auch Monopolkommission, 15. Hauptgutachten 2002/2003, Tz. 228, 230, 235-237.

632 Vgl. Monopolkommission, 17. Hauptgutachten 2006/2007, BT-Drucks. 16/10140, S. 384 f.

sichtigung neuerer Ansätze in der Anwendung empirischer Methoden und ökonomischer Modelle verbunden[633].

Vorteilhaft erscheint eine Überprüfung des jeweiligen Zusammenschlussvorhabens auf Grundlage einer sorgfältigen ökonomischen Wirkungsanalyse nicht zuletzt vor dem Hintergrund der häufig anzutreffenden Komplexität der Wettbewerbsbedingungen und aufgrund des Umstands, dass sich viele relevante Strukturmerkmale in Abhängigkeit von den weiteren tatsächlichen Voraussetzungen sowohl positiv als auch negativ auf den Wettbewerb auswirken können. Demgegenüber ist eine Entscheidung für weniger komplexe Entscheidungsgrundlagen stets mit dem Risiko behaftet, dass die politisch gewünschten Ergebnisse verfehlt werden und die danach getroffenen Entscheidungen nicht den materiellen Zielsetzungen des Gesetzgebers entsprechen[634].

Soweit dem „more economic approach" unter anderem[635] entgegengehalten wird, dass mit ihm ein Verlust an Rechtssicherheit und unternehmerischer Planungssicherheit einhergehe[636], handelt es sich um einen grundsätzlich zutreffenden Einwand. Ob und in welchem Umfang diese Gefahr zum Tragen käme, hängt allerdings wesentlich davon ab, wie die Einbeziehung des neuen Konzepts ausgestaltet und welchen Regeln es in der rechtlichen Praxis unterworfen würde[637]. In Rechnung zu stellen ist zudem, dass Rechtssicherheit gerade in vielschichtigen Regelungszusammenhängen nicht von Anfang an gegeben sein,

---

633 Vgl. oben, Vierter Teil, Gliederungspunkt III D.

634 Vgl. Röller, in: van Bergeijk/Kloosterhuis, Modelling European Mergers, S. 14 f., 18 f., 21-25; vgl. auch Schmidt, Freiburger Diskussionspapiere zur Ordnungsökonomik 06/10, S. 6-8, mit Ausführungen zu den Vor- und Nachteilen von sog. per-se-Regeln in der Wettbewerbspolitik im Vergleich zur einzelfallorientierten „rule of reason"; ferner Schmidtchen, WuW 2006, 707; vgl. auch etwa Satzky, WuW 2006, 870, 877, 880; positiv zu den erhöhten Beweisanforderungen in der europäischen Rechtsprechung Säcker, K&R 2006, 49, 52 f.

635 Als weitere mögliche Kritikpunkte begegnen der höhere Verfahrensaufwand und die verstärkte Anfälligkeit für den Einfluss von Interessengruppen, vgl. insoweit z.B. Schmidt, Freiburger Diskussionspapiere zur Ordnungsökonomik 06/10, S. 9, 19 f.; vgl. auch Monopolkommission, 17. Hauptgutachten 2006/2007, BT-Drucks. 16/10140, S. 284, die hier den hohen zeitlichen und personellen Aufwand anspricht, den umfassende ökonomische Analysen mit sich bringen.

636 Christiansen, WuW 2005, 285, 288-293; Immenga, WuW 2006, 463; Schmidt, WuW 2005, 877; differenzierend Schmidtchen, WuW 2006, 6, 12 f., 16 f.

637 Vgl. Schmidt, Freiburger Diskussionspapiere zur Ordnungsökonomik 06/10, S. 1 f., 5, 9; vgl. auch Schmidtchen, WuW 2006, 707; ferner Röller, in: van Bergeijk/Kloosterhuis, Modelling European Mergers, S. 23.

sondern nur im Rahmen einer fortschreitenden Entscheidungspraxis entstehen kann[638].

Die Argumentationsmöglichkeiten sollen damit nur angedeutet sein. Entscheidend ist, dass durchaus überzeugende Argumente auch für eine stärker ökonomisch ausgerichtete Bewertung von Unternehmenszusammenschlüssen und für einen großzügigeren Umgang insbesondere mit konglomeraten Fusionsvorhaben vorhanden sind. Ein vergleichbarer Reformprozess dürfte damit auch für die deutsche Fusionskontrolle möglich sein. Zu berücksichtigen ist überdies, dass mit der gewandelten Sichtweise auf europäischer Ebene ein nicht unerheblicher faktischer Anpassungsdruck entstanden ist, mit dem sich die Wahrscheinlichkeit eines Paradigmenwechsels zusätzlich erhöht[639].

d) Ministererlaubnis

Ein anderer Risikofaktor für den Vielfaltsschutz geht von einem Instrument aus, das in medienwirtschaftlichen Kontexten bislang kaum eine Rolle gespielt hat. Die Rede ist von der so genannten Ministererlaubnis nach § 42 GWB.

Hat das Bundeskartellamt einen Zusammenschluss untersagt, können die Zusammenschlussbeteiligten Antrag auf Erteilung einer Ministererlaubnis stellen, § 42 Abs. 1 S. 1, Abs. 3 GWB. Darauf ist die Erlaubnis durch den Bundesminister für Wirtschaft und Technologie zu erteilen, wenn die erwarteten Wettbewerbsbeschränkungen durch gesamtwirtschaftliche Vorteile der Fusion aufgewogen werden oder wenn ein überragendes Interesse der Allgemeinheit den Zusammenschluss rechtfertigt, § 42 Abs. 1 S. 1 GWB. In beiden Varianten handelt es sich um unbestimmte Rechtsbegriffe mit Beurteilungsspielraum[640].

Unter gesamtwirtschaftlichen Vorteilen sind vor allem volkswirtschaftliche Belange zu verstehen, nicht hingegen partikuläre, einzelwirtschaftliche Vorteile[641]. Zu nennen sind beispielsweise die Erhaltung volkswirtschaftlich bedeutsamen Know-hows, „die langfristige Sicherung der Energieversorgung" oder die Förderung der internationalen Wettbewerbsfähigkeit (vgl. § 42 Abs. 1 S. 2

638 Vgl. Monopolkommission, 15. Hauptgutachten 2002/2003, Tz. 236.

639 Vgl. ebenda, Tz. 228, 232-235, 237; vgl. auch Christiansen, Deutsche Bank Research, Working Paper Series (21), Einleitung vor S. 1 ff.; ferner Hildebrand, WuW 2005, 513 f.; vgl. auch BKartA, Diskussionspapier „Wettbewerbsschutz und Verbraucherinteressen im Lichte neuerer ökonomischer Methoden", S. 1 f.; vgl. auch Nothelfer, EuZW 2007, 332, 336.

640 Loewenheim/Meessen/Riesenkampf - Riesenkampff/Lehr, Kartellrecht Kommentar, § 42 GWB Rn. 4, 23, m.w.N.

641 Ebenda, Rn. 5.

GWB)[642]. Überragende Gemeinwohlinteressen hingegen können sich auch auf staats- und gesellschaftspolitische Zielsetzungen jenseits wirtschaftspolitischer Belange erstrecken, müssen als solche aber von besonderem Gewicht sein. In Betracht kommen etwa sozial- und gesundheitspolitische Gründe[643], die Sicherung von Arbeitsplätzen[644] und die Erhaltung der Pressevielfalt[645].

Lassen sich derartige Gemeinwohlinteressen in der einen oder anderen Form feststellen, bedarf es einer Abwägung gegenüber den erwarteten Wettbewerbsbeschränkungen. Ein Überwiegen der Vorteile muss dabei nicht festgestellt werden. Ausreichend ist, dass die Nachteile durch die positiven Wirkungen aufgewogen werden[646].

Was die praktische Bedeutung und Reichweite der Ministererlaubnis anbelangt, so lässt sich feststellen, dass seit Einführung der Fusionskontrolle im Jahr 1973[647] insgesamt 21 Anträge gestellt worden sind. Davon wurden sieben Anträge vorzeitig zurückgenommen. In sechs Fällen wurde die Erlaubnis versagt. Acht Mal hatte der Antrag zumindest teilweise Erfolg, was bedeutet, dass die Erlaubniserteilungen zum Teil mit Auflagen oder Bedingungen versehen wurden (vgl. § 42 Abs. 2 GWB)[648]. In medienwirtschaftlichen Zusammenhängen hat es bislang keinen Fall gegeben, in dem eine Entscheidung ergangen ist. In dem Verfahren „Holtzbrinck - Berliner Zeitung“ wurde der Antrag im September 2003 wieder zurückgezogen[649]. Im Fall „Springer - ProSiebenSat.1“ wurde ein Antrag lediglich erwogen[650].

---

642 Kling/Thomas, Kartellrecht, S. 768; zu den Anforderungen an den Gesichtspunkt der internationalen Wettbewerbsfähigkeit Loewenheim/Meessen/Riesenkampf - Riesenkampff/Lehr, Kartellrecht Kommentar, § 42 GWB Rn. 8.

643 Loewenheim/Meessen/Riesenkampf - Riesenkampff/Lehr, Kartellrecht Kommentar, § 42 GWB Rn. 7.

644 Bechtold, Kartellgesetz Kommentar, § 42 Rn. 9; vgl. Monopolkommission WuW/E DE-V, 737, 745 f., Sondergutachten vom 10.04.2003 – Tagesspiegel/Berliner Zeitung.

645 Vgl. Monopolkommission WuW/E DE-V, 737, 740, Sondergutachten – Tagesspiegel/Berliner Zeitung; vgl. auch Immenga, Mestmäcker - Mestmäcker/Veelken, Kommentar zum Deutschen Kartellrecht, § 42 Rn. 52-55.

646 Vgl. Loewenheim/Meessen/Riesenkampf - Riesenkampff/Lehr, Kartellrecht Kommentar, § 42 GWB Rn. 9.

647 Vgl. Bechtold, Kartellgesetz Kommentar, vor § 35 Rn. 1.

648 Übersicht des BMWi über die bisherigen Anträge auf Ministererlaubnis, abrufbar unter http://www.bmwi.de/BMWi/Redaktion/PDF/Wettbewerbspolitik/antraege-auf-ministererlaubnis,property=pdf,bereich=bmwi,sprache=de,rwb=true.pdf (besucht am 03.07.2010); vgl. auch Emmerich, Kartellrecht, S. 481 f.

649 Ebenso im Fall „Burda/Springer“, wo die Rücknahme im Januar 1983 erfolgte, vgl. die Übersicht des BMWi, abrufbar unter http://www.bmwi.de/BMWi/Redaktion/PDF/

Mangels einer gefestigten Entscheidungspraxis lässt sich nicht abschließend klären, welche Reichweite die Ministererlaubnis haben kann. Es kommt eine schwer überschaubare Vielzahl von Gemeinwohlinteressen in Betracht, auf die eine Erlaubnis potenziell gestützt werden kann. Hinzu kommt, dass die vor der Entscheidung einzuholende Stellungnahme der Monopolkommission (§ 42 Abs. 4 S. 2 GWB) keine Bindungswirkung entfaltet[651] und dass die Ministererlaubnis aufgrund des vorhandenen Beurteilungsspielraums nur einer eingeschränkten gerichtlichen Überprüfung unterliegt[652].

Im Fall „Springer - ProSiebenSat.1" beispielsweise wäre eine Erlaubnis nicht zwingend, wohl aber unter Umständen denkbar gewesen. Ansatzpunkte hätten etwa die internationale Wettbewerbsfähigkeit der zusammengeschlossenen Unternehmen und die Sicherung einer gesellschafts- und kulturpolitischen Verantwortung im deutschen Medienwesen geboten[653].

3. Zwischenergebnis

Die deutsche Fusionskontrolle ist trotz abweichender Zielsetzungen grundsätzlich sehr gut geeignet, zum Schutz der Meinungsvielfalt vor crossmedialen Verflechtungen beizutragen[654]. Ungeachtet ihrer vielfaltsbegünstigenden Wirkungen

---

Wettbewerbspolitik/antraege-auf-ministererlaubnis,property=pdf,bereich=bmwi,sprache =de,rwb=true.pdf (besucht am 03.07.2010).

650 Vgl. z.B. theu./FAZ, dpa, „Union räumt Ministererlaubnis gute Chancen ein", veröffentlicht am 18.01.2006, abrufbar unter http://www.faz.net/s/RubE2C6E0BCC2F04DD787 CDC274993E94C1/Doc~E2FFE59C403C1459E9471955BCDBC5A9E~ATpl~Ecomm on~Scontent.html (besucht am 4.07.2010); vgl. zu ersten öffentlich geäußerten Überlegungen zu einer etwaigen Ministererlaubnis den Überblick bei dir, epd medien Nr. 6/2006, 7, 8 f.; vgl. ferner rid, epd medien Nr. 5/2006, 8 f.

651 Bechtold, Kartellgesetz Kommentar, § 42 Rn. 18.

652 Loewenheim/Meessen/Riesenkampf - Riesenkampff/Lehr, Kartellrecht Kommentar, § 42 GWB Rn. 23; nach dem Sondergutachten der Monopolkommission im Fall „Tagesspiegel/Berliner Zeitung", WuW/E DE-V, 737, 740, kann die Erlaubnis auch auf Gemeinwohlgründe gestützt werden, die „ihren Niederschlag nicht im Grundgesetz gefunden haben".

653 Vgl. Weischenberg, epd medien Nr. 26/2006, 10, 16, demzufolge sich für die Erteilung z.B. Hessens damaliger Ministerpräsident Koch ausgesprochen habe, weil hier nationale Interessen auf dem Spiel stünden; vgl. auch Säcker, K&R 2006, 49, 53; vgl. aber auch Klocker, epd medien Nr. 26/2006, 29, 33 f., der sich kritisch mit dem Argument der internationalen Wettbewerbsfähigkeit und einem bevorzugten Umgang mit „nationalen Champions" auseinandersetzt.

654 Vgl. Gounalakis/Zagouras NJW 2006, 1624, 1627; vgl. auch Podszun MMR 2007, 761, 764; ferner Tschon, Cross Ownership, S. 300 f., 304-307; anderer Auffassung Bender,

könnte sie ein medienrechtliches Schutzkonzept allerdings nicht ersetzen. Nicht unerhebliche Risiken für den Vielfaltsschutz bestünden unter anderem aufgrund der Nichterfassung internen Wachstums durch die Zusammenschlusskontrolle und aufgrund der Möglichkeit, dass das deutsche Wettbewerbsrecht sich den gewandelten europäischen Zielvorstellungen und Bewertungsmaßstäben angleichen und eine Wende hin zum „more economic approach" vollziehen könnte.

Eine wirksame Begrenzung crossmedialer Konzentrationsprozesse wird zunächst durch mehrere Umstände begünstigt. Zu nennen sind die niedrigen Aufgreifschwellen für Medienzusammenschlüsse und die kleinteiligen Marktabgrenzungen. Von erheblichem Gewicht sind daneben die Ausrichtung der Fusionskontrolle auf die Offenhaltung wettbewerblicher Marktstrukturen (Marktstrukturansatz) und der damit verbundene Verzicht auf eine ökonomisch fundierte Wirkungsanalyse. Hinzu kommen gerade in medienwirtschaftlichen Kontexten die vielfältige Berücksichtigung von Ressourcenvorteilen und die Einbeziehung crossmedialer Effekte im Sinne der behördlichen Untersagungsbegründung im Verfahren „Springer - ProSiebenSat.1".

Alle genannten Faktoren können die wettbewerbliche Beurteilung maßgeblich beeinflussen. Besonders starke Einflüsse dürften allerdings vom Marktstrukturansatz ausgehen, dessen Implikationen gerade in Zweifelsfällen den Ausschlag zugunsten einer Untersagung geben können.

Zugleich aber hat die Analyse gezeigt, dass nicht alle konglomeraten Medienzusammenschlüsse, die eine verfassungsrechtlich unerwünschte Gefährdungslage für die Meinungsvielfalt schaffen, durch die Fusionskontrolle auch notwendig unterbunden werden.

Schutzlücken könnten vor allem durch die angesprochene Möglichkeit eines Wandels in der Bewertung konglomerater Zusammenschlüsse entstehen. Eine Angleichung der Entscheidungspraxis an europäische Vorgaben ist nicht unwahrscheinlich und würde praktisch weitreichende Auswirkungen auf die Prognose- und Beweisanforderungen haben. Das Schutzniveau für die Meinungsvielfalt würde voraussichtlich eine deutliche Absenkung erfahren.

Zu erwähnen sind ferner die Nichterfassung internen Wachstums durch die Fusionskontrolle, die Unwägbarkeiten einer möglichen Ministererlaubnis und der Umstand, dass Zusammenschlüsse auf jungen Märkten regelmäßig weit weniger streng beurteilt werden als in späteren Marktphasen. In den angeführten Defiziten der Zusammenschlusskontrolle macht sich nicht zuletzt die Zieldivergenz zwischen wettbewerbsrechtlichen und medienrechtlichen Vorgaben bemerkbar. Die Fusionskontrolle hat grundsätzlich nicht die Aufgabe, medien-

---

Cross-Media-Ownership, S. 233; vgl. auch die Stellungnahme der Bundesregierung zum 5. Hauptgutachten der Monopolkomission 1982/83, BT-Drucks. 10/3683, S. 14.

rechtliche Ziele zu verwirklichen. Es ist insofern zumindest auch ein zufälliger Wirkungszusammenhang, wenn medienverfassungsrechtliche Vorgaben durch wettbewerbsrechtliche Regelungsmechanismen gegenwärtig relativ zuverlässig umgesetzt werden können.

VI. Zusammenfassung und Ergebnis

Der Schutz der Medien- und Meinungsvielfalt gehört prinzipiell nicht zum Aufgabenkreis des Wettbewerbsrechts. Indirekt kann es gleichwohl einen wichtigen Beitrag zum verfassungsrechtlich vorgegebenen Schutz von Meinungsvielfalt und freier individueller und öffentlicher Meinungsbildung leisten. Dies gilt auch in Hinblick auf die Gefahren multimedialer Meinungsmacht. Die beste Eignung zur Sicherung einer positiven Vielfaltsentwicklung hat grundsätzlich die Fusionskontrolle. Der Entstehung vorherrschender Meinungsmacht kann sie potenziell vor allem deshalb entgegenwirken, weil sie über einen konzentrationsverhütenden Ansatz verfügt. Ebenfalls vielfaltsfördernde Effekte können vom Verbot missbräuchlicher Verhaltensweisen ausgehen. Seine Eignung zur Sicherung des Pluralismus ist jedoch deutlich geringer.

Was das europäische Missbrauchsverbot anbelangt, so ergibt sich eine Relevanz für Fragen von Konzentration und Vielfaltsschutz durch die tatbestandliche Anknüpfung an das Vorhandensein einer marktbeherrschenden Stellung und die grundsätzlich vielfaltsbegünstigende Förderung des wirtschaftlichen Wettbewerbs im Allgemeinen. In der medienrelevanten Entscheidungspraxis haben sich die Kommission und die Gerichte in erster Linie mit Verhaltensweisen beschäftigt, die sich gegen Unternehmen auf vertikal vor- oder nachgelagerten Marktstufen oder gegen Unternehmen in anderweitig begründeter wirtschaftlicher oder rechtlicher Abhängigkeit gerichtet haben. In der Regel ging es dabei weniger um Fallkonstellationen, in denen crossmedial bedingte Wettbewerbsvorteile ein missbräuchliches Verhalten ermöglicht oder begünstigt hätten. Kennzeichnend war vielmehr, dass anderen Marktteilnehmern bestimmte wirtschaftliche Leistungen oder die Einräumung zentraler Rechtspositionen verweigert wurden. In der weiteren Perspektive steht einem positiven Einfluss der Missbrauchskontrolle auf die Meinungsvielfalt und einem wirksamen Schutz vor den Gefahren crossmedialer Konzentration entgegen, dass es dem Missbrauchsverbot an einer präventiven Grundausrichtung fehlt und dass es sich stark an Einzelmärkten orientiert (Marktmachtkonzept). Zwar können auch marktübergreifende Verhaltensweisen von der Verbotsregelung des Art. 102 AEUV erfasst werden. Die Anforderungen an ein Missbrauchsurteil – zum Beispiel in Fällen unternehmensinterner Quersubventionierungen oder marktübergreifender Rabattstrategien – sind aber vergleichsweise hoch. Die praktische Bedeutung des europäischen Missbrauchsverbots muss insoweit als gering eingestuft werden.

Ein ähnliches Bild ergibt sich für das grundsätzlich parallel anwendbare Missbrauchsverbot nach § 19 GWB und seine indirekte Eignung zur Sicherung der Meinungsvielfalt vor medienübergreifender Meinungsmacht. In den Entscheidungen „Gemeinsamer Anzeigenteil" und „Pay-TV/Premiere" wurden Kopplungsangebote im Anzeigengeschäft und die Ungleichbehandlung eines Pay-TV-Anbieters durch einen Kabelnetzbetreiber auf ihre Vereinbarkeit mit wettbewerbsrechtlichen Vorgaben geprüft. Die Verhaltensweisen betrafen auch insoweit maßgeblich vertikale Wettbewerbsbeziehungen und waren nicht durch diversifizierte Unternehmensausrichtungen bedingt oder beeinflusst. Im Übrigen gilt auch im Kontext des deutschen Missbrauchsverbots, dass die Anwendungsmöglichkeiten auf marktübergreifend angelegte Verhaltensweisen auf eher seltene Ausnahmen beschränkt bleiben dürften. Potenziell relevante Anwendungsfelder sind unternehmensinterne Quersubventionen einerseits und Kopplungsangebote in Form marktübergreifender Preisdifferenzierungen andererseits. Ähnlich wie im europäischen Recht werden indessen relativ hohe Anforderungen an eine Bejahung des Missbrauchstatbestands in marktübergreifenden Zusammenhängen gestellt. Schließlich ist auch für die Eignungsbewertung des deutschen Missbrauchsverbots von Bedeutung, dass es keine präventive Grundausrichtung hat und dass es sich vorrangig auf Einzelmärkte bezieht.

Bessere Wirkungsvoraussetzungen haben demgegenüber die deutschen und die europäischen Regelungen im Bereich der Fusionskontrolle. Anknüpfend an die Entstehung oder Verstärkung einer marktbeherrschenden Stellung wirken sie unmittelbar konzentrationshemmend und tragen damit zur Sicherung der Grundlagen einer positiven Vielfaltsentwicklung bei. Zudem können sie auch bei markt- und medienübergreifenden Konzentrationsprozessen zur Anwendung kommen.

Das Potenzial der europäischen Fusionskontrolle zur Förderung der Medien- und Meinungsvielfalt wird jedoch durch verschiedene Merkmale und Gegebenheiten deutlich begrenzt. Zunächst normiert die europäische Fusionskontrollverordnung vergleichsweise hohe Aufgreifschwellen. Es werden damit von vornherein nur Zusammenschlüsse erfasst, an denen besonders umsatzstarke Großunternehmen beteiligt sind. Auch große Medienunternehmen erreichen die maßgeblichen Umsatzschwellen häufig nicht. Hinzu kommt, dass Konzentrationsprozesse auf Grundlage internen Wachstums in der Zusammenschlusskontrolle unberücksichtigt bleiben. Aus der Perspektive des Vielfaltsschutzes sind die Risiken internen und externen Wachstums aber prinzipiell gleichartig. Schließlich fällt ins Gewicht, dass sich mit dem „more economic approach", von dem das europäische Wettbewerbsrecht inzwischen deutlich geprägt ist, die Voraussetzungen insbesondere an eine Untersagung konglomerater Zusammenschlüsse signifikant erhöht haben. Angenommen wird heute, dass die positiven Folgen konglomerater Zusammenschlüsse die nachteiligen Auswirkungen tendenziell überwiegen. Dieser Wandel in der Bewertung marktübergreifender Zusammenschlüsse steht in engem Zusammenhang mit einer Neuordnung der Regelungsziele und Bewertungsparameter. Zu erwähnen ist die verstärkte Ausrichtung der Fusionskontrolle an Verbraucherinteressen und die Entscheidung für eine vorrangig wirtschaftliche und weniger juristisch-abstrahierende Betrachtungsweise in Verbindung mit dem Anspruch umfassender ökonomischer Wirkungsanalysen, dies gerade auch für konglomerate Zusammenschlüsse. Untersagungen konglomerater Unternehmenszusammenschlüsse dürften sich in Zukunft am wahrscheinlichsten noch auf erwartete Foreclosure-Wirkungen aufgrund von Bündelungsstrategien und auf einen zusammenschlussbedingten Ausfall potenzieller Wettbewerber stützen lassen. Die Voraussetzungen sind aber auch insoweit hoch.

Die besten Aussichten für eine indirekt vielfaltsschützende Regelungswirkung bietet die deutsche Fusionskontrolle. Die Auswertung der medienrelevanten Entscheidungen mit marktübergreifender Relevanz hat eine bemerkenswert restriktive Haltung des Bundeskartellamts und der Gerichte erkennen lassen. Konglomerate Zusammenschlüsse, die begriffsimmanent keine Marktanteilsadditionen mit sich bringen, wurden typischerweise über den Tatbestand der Verstärkung einer marktbeherrschenden Stellung untersagt. Abgestellt wurde dabei wiederholt auf die Auswirkungen auf den potenziellen oder auf den substitutionellen Wettbewerb und auf einen fusionsbedingten Zuwachs finanzieller, fachlicher oder personeller Ressourcen. In den Verfahren „Premiere“ und „Springer - ProSiebenSat.1“ sind zusätzlich auch Wettbewerbsvorteile berücksichtigt worden, die in nicht ressourcenbezogenen Möglichkeiten zur Koordinierung marktübergreifender Interessen bestanden. Unter anderem ging es dabei um eine erweiterte Verhandlungsmacht im Rechteeinkauf und um marktübergreifende Synergiepotenziale in Form von crossmedialer Werbung zugunsten von Konzernprodukten, publizistischer Crosspromotion und medienübergreifender Werbekampagnen. Bei abstrahierender Betrachtung sind als vielfaltsbegünstigende Umstände die medienspezifisch herabgesetzten Aufgreifschwellen und die enge sachliche Marktabgrenzung zu nennen, ferner der im deutschen Recht nach wie vor vorherrschende Marktstrukturansatz (als Gegenkonzept zum europäischen „more economic approach“) und die weitreichende Berücksichtigung crossmedialer Effekte im Sinne der behördlichen Untersagungsentscheidung im Fall „Springer - ProSiebenSat.1“. Lücken im kartellrechtlich vermittelten Vielfaltsschutz ergeben sich dagegen aus der Nichterfassung internen Wachstums, aus dem großzügigen Umgang mit Zusammenschlüssen auf jungen Märkten und aus der Möglichkeit, dass – aus außerwettbewerblichen Gründen – eine Ministererlaubnis erteilt werden kann. Vor allem aber besteht das Risiko, dass sich das deutsche Wettbewerbsrecht möglicherweise schon in naher Zukunft an europäische Bewertungsmaßstäbe annähert und sich dann von einer wesentlich großzügigeren Haltung gegenüber konglomeraten Zusammenschlüssen leiten lässt.

Die deutsche Fusionskontrolle ist damit gegenwärtig relativ gut geeignet, zu einem wirksamen Schutz vor crossmedialen Verflechtungen beizutragen. Gleichwohl kann ein ausreichender und perspektivisch verlässlicher Schutz vor unerwünschten übergreifenden Vermachtungstendenzen durch sie nicht gewährleistet werden. Ein eigenes medienrechtliches Regularium bleibt vor diesem Hintergrund unverzichtbar.

Fünfter Teil: Medienrechtliches Regularium

I. Einleitung

Die Gefahren, die crossmediale Konzentrationsentwicklungen für die Meinungsvielfalt mit sich bringen, sind vielfältig. Auf ökonomischer Ebene kann es unter anderem zu Marktverdrängungseffekten und zu einer Erhöhung der Marktzutrittsschranken kommen. Im publizistischen Kontext drohen mit zunehmender crossmedialer Konzentration eine Ausweitung verflechtungsbedingter Rücksichtnahmen und eine Abnahme der Kritikbereitschaft gegenüber Verbundmedien. Verkürzungen der Meinungsvielfalt können aber auch infolge medienübergreifender Verwertungskonzepte zum Beispiel für Nachrichteninhalte auftreten, und es besteht die Gefahr, dass marktübergreifende Medieneinflüsse zur Durchsetzung politischer oder wirtschaftlicher Partikularinteressen genutzt werden.

Im vierten Kapitel hat sich gezeigt, dass das Wettbewerbsrecht indirekt einen positiven Beitrag leisten kann, soweit es darum geht, der Entstehung auch multimedialer Meinungsmacht vorzubeugen. Die besten Voraussetzungen für einen wirksamen Schutz der Meinungsvielfalt bietet derzeit die deutsche Fusionskontrolle. Einen begünstigenden Einfluss auf den Vielfaltsschutz haben – auch im Kontext crossmedialer Konzentration – namentlich die niedrigen Aufgreifschwellen des deutschen Rechts, die enge sachliche Marktabgrenzung, der traditionelle Marktstrukturansatz und die Berücksichtigung crossmedialer Effekte. Der Einfluss der Fusionskontrolle mag gegenwärtig positiv sein. Einen verlässlichen Vielfaltsschutz kann sie im Ergebnis aber nicht gewährleisten. Gegenüber internem Wachstum ist die Fusionskontrolle indifferent. Es besteht die Möglichkeit, dass ein zunächst untersagter Zusammenschluss im Wege der Ministererlaubnis freigegeben wird, und es scheint nicht fern liegend, dass sich auch im deutschen Wettbewerbsrecht eine Hinwendung zum „more economic approach" vollziehen wird.

Angesichts dieser aktuellen und potenziellen Eignungsschwächen der Zusammenschlusskontrolle wirft sich die Frage auf, welche Möglichkeiten das deutsche und europäische Medienrecht bietet, um die verfassungsrechtlich zu gewährleistende Meinungsvielfalt vor den Gefahren insbesondere crossmedialer Konzentration zu schützen. Anders als das Wettbewerbsrecht ist das Medienrecht – zumindest in der deutschen Rechtsordnung – gerade dazu berufen, die freie individuelle und öffentliche Meinungsbildung vor den Gefahren einer zunehmenden Medienkonzentration zu bewahren. Der Vielfaltsschutz zählt insoweit zu den originären Aufgaben des deutschen Medienrechts.

Im Folgenden wird zunächst zu untersuchen sein, welche Anknüpfungspunkte das europäische Recht bietet, um zur Sicherung der Meinungsvielfalt beizutragen. Hierzu soll auf die Frage nach den kompetenzrechtlichen Befugnissen eingegangen werden, ferner auf die bisherigen Bemühungen zur Schaffung einer europäischen Vielfaltsschutzrichtlinie, auf die aktuellen politischen Entwicklungen und schließlich auf die Ansatzpunkte, die die Europäische Menschenrechtskonvention für einen eigenständigen Vielfaltsschutz bereit hält.

Sodann wird der Blick auf das deutsche Recht zu richten und der Frage nachzugehen sein, mit welchen Normkonzepten die unterschiedlichen landesrechtlichen Regelungen arbeiten, um ihrem Auftrag zur Sicherung der Meinungsvielfalt vor Konzentrationsentwicklungen im Rundfunkbereich und in crossmedialen Zusammenhängen nachzukommen, dies namentlich auf lokaler, regionaler oder landesweiter Ebene. Zur Umsetzung sind sowohl außen- wie auch binnenpluralistische Vielfaltsschutzmodelle gekommen. Relativ weit verbreitet sind etwa Begrenzungen zulässiger Beteiligungen im Rundfunkbereich und crossmediale Zulieferungsbeschränkungen für Sendeinhalte. Ein Sondermodell, auf das ebenfalls einzugehen sein wird, ist das in Nordrhein-Westfalen im Jahr 1988 eingeführte so genannte Zwei-Säulen-Modell.

Im Schwerpunkt dieses Kapitels wird schließlich zu beleuchten sein, welche Konzeption der Rundfunkstaatsvertrag für den Vielfaltsschutz im bundesweiten Fernsehen und in der Verbindung von Fernsehen und anderen publizistisch relevanten Märkten verfolgt. Im Einzelnen wird darzustellen sein, welche konkreten Vorgaben durch die Vielfaltsschutzregelungen des Rundfunkstaatsvertrags gemacht werden und welche Entwicklung sich in der bisherigen Rechtsanwendung vollzogen hat. Besonderes Augenmerk soll dabei auf die Entscheidung der Kommission zur Ermittlung der Konzentration im Medienbereich (KEK) zum Fusionsvorhaben „Springer - ProSiebenSat.1" gelegt werden. Es stellt sich nicht zuletzt die Frage, ob das normkonkretisierende Leitbildmodell, das die KEK in ihrer Entscheidung aus dem Jahr 2006 entwickelt hat, als plausibel und rechtlich tragfähig zu bewerten ist.

II. Europäische Vorgaben zum Vielfaltsschutz

Innerhalb der Europäischen Union existieren verbindliche Vielfaltsschutzkonzepte bislang allein in den Rechtsordnungen der Mitgliedsstaaten. Zwar sind bereits 1992 mit dem damals veröffentlichten Grünbuch der Europäischen Kommission „Pluralismus und Medienkonzentration im Binnenmarkt" grundlegende Überlegungen zur Schaffung eines gemeinschaftsweit einheitlichen rechtlichen Rahmens zur Sicherung von Meinungs- und Medienpluralismus angestellt worden[655]. Zu einer Verwirklichung vorhandener Ansatzpunkte ist es jedoch bis heute nicht gekommen.

Nachfolgend wird zu untersuchen sein, welche Ansätze zum Schutz der Meinungsvielfalt es auf europäischer Ebene bislang gegeben hat und welche Handlungsmöglichkeiten der unionsrechtliche Ordnungsrahmen grundsätzlich bictct.

Im Einzelnen soll zunächst nachvollzogen werden, welche Grundregeln für die Kompetenzabgrenzung zwischen der Europäischen Union und den Mitgliedsstaaten gelten und auf welche Kompetenzgrundlagen Rechtsakte der Europäischen Gemeinschaft mit medienrechtlicher Bedeutung in der Vergangenheit gestützt worden sind. Es soll untersucht werden, welche inhaltlichen Vorgaben die bisherigen Vorschläge zur Schaffung eines eigenständigen europäischen Vielfaltsmodells[656] enthalten haben und welche Fragestellungen in der bis heute noch nicht abgeschlossenen Diskussion um ein mögliches Tätigwerden auf europäischer Ebene eine Rolle spielen. Ferner wird ein Blick auf die aktuellen Planungen und Aktivitäten zu richten sein.

Außerdem soll der Frage nachgegangen werden, ob das Meinungs- und Mediengrundrecht des Art. 10 der Europäischen Konvention zum Schutz der Menschenrechte und Grundfreiheiten (EMRK) geeignet ist, die Schaffung eines einheitlichen europäischen Schutzkonzepts zu befördern und hierfür als Grundlage zu dienen.

A. Allgemeine Regeln zur Kompetenzordnung

Die bisherigen Diskussionen zu möglichen Initiativen und insbesondere zur Zulässigkeit und Gebotenheit einer Harmonisierung der rechtlichen Vielfaltssicherungen sind maßgeblich vor dem Hintergrund des besonderen Kompetenzgefüges zu sehen, in dem sich die Europäische Union und ehemals die Europäische Gemeinschaft einerseits und die Mitgliedsstaaten andererseits bewegen und bewegten. Die Frage nach einer europäischen Rechtsetzungskompetenz zum Schutz der Meinungsvielfalt vor medialer Konzentration ist sehr uneinheitlich

---

655 Kommission, Grünbuch v. 23.12.1992, „Pluralismus und Medienkonzentration im Binnenmarkt. Bewertung der Notwendigkeit einer Gemeinschaftsaktion", KOM (92) 480 endg.

656 Es geht um zwei Vorschläge der Kommission zur Schaffung einer europäischen Vielfaltsrichtlinie, namentlich ein interner Richtlinienentwurf „zum Schutz des Pluralismus in der Beherrschung der Medien" von 1996 und ein überarbeiteter Entwurf unter der Bezeichnung „Richtlinie des Europäischen Parlaments und des Rates über das Eigentum an Medien im Binnenmarkt" von 1997.

beantwortet worden. Ihre Klärung ist nach wie vor eine Grundvoraussetzung für eine Auseinandersetzung mit konkreten Gestaltungs- und Lösungsansätzen.

Mit Inkrafttreten des Vertrags von Lissabon am 1. Dezember 2009 ist es unterdessen zu wichtigen Neuerungen im europäischen Primärrecht gekommen. Zu den zentralen Änderungen, soweit sie Auswirkungen auf die vorliegende Untersuchung haben, zählen der Umstand, dass die Europäische Union eine eigene Rechtspersönlichkeit erlangt hat (Art. 47 EUV n.F.), ferner die Aufhebung des so genannten Drei-Säulen-Modells und der Wegfall der Europäischen Gemeinschaft, damit einhergehend die Umbenennung des EG-Vertrags in den „Vertrag über die Arbeitsweise der Europäischen Union" (AEUV) und nicht zuletzt die Einführung eines Kompetenzkatalogs mit einer gewissen Ähnlichkeit zur Ordnung der legislativen Zuständigkeiten im deutschen Grundgesetz[657]. Weitere Änderungen betreffen die erweiterten Einflüsse des Europäischen Parlaments, die Entscheidung für eine Rechtsverbindlichkeit der Charta der Grundrechte der Europäischen Union (Art. 6 Abs. 1 EUV n.F.) und den Beitritt der Europäischen Union zur EMRK (Art. 6 Abs. 2 EUV n.F.).

Wie bereits angesprochen haben sich mit Inkrafttreten des Vertrags von Lissabon unter anderem wichtige kompetenzrechtliche Neuerungen ergeben. Entscheidende Prinzipien zur Abgrenzung der Rechtsetzungszuständigkeiten sind allerdings auch beibehalten worden. Ebenso wenig wie zuvor für die Europäische Gemeinschaft besteht für die Europäische Union eine universelle Zuständigkeit zu legislativem Tätigwerden. In Abgrenzung zu den Zuständigkeiten der Mitgliedsstaaten bestimmt sich der Umfang ihrer Gesetzgebungskompetenzen nach dem nach wie vor zentralen Prinzip der begrenzten Einzelermächtigung und ergänzend nach dem Subsidiaritätsprinzip, Art. 5 Abs. 1 bis 3 EUV (vgl. ehemals Art. 5 Abs. 1 und 2 EG).

Dem Prinzip der begrenzten Einzelermächtigung zufolge darf die Europäische Union nur dann Recht setzen, wenn und soweit sie hierzu durch die Mitgliedsstaaten ermächtigt worden ist, Art. 5 Abs. 1 und 2 EUV, vgl. auch Art. 288 Abs. 1 AEUV (vgl. ehemals Art. 249 Abs. 1 EG). Zu prüfen ist deshalb im Einzelfall, ob ihr eine entsprechende Befugnis durch den EU-Vertrag oder durch den Vertrag über die Arbeitsweise der Europäischen Union ausdrücklich zugewiesen ist.

Neben dem Prinzip der begrenzten Einzelermächtigung übernimmt der Grundsatz der Subsidiarität gemäß Art. 5 Abs. 3 EUV eine wichtige Begrenzungsfunktion. So darf die Europäische Union außerhalb von Bereichen, die in

---

657 Zu Recht weist Braams, in: Pernice, Vertrag von Lissabon, S. 115, 133, allerdings darauf hin, dass es sich nicht um einen geschlossenen Kompetenzkatalog handele, wie er im Grundgesetz verwirklicht worden sei.

ihre ausschließliche Zuständigkeit fallen, nur tätig werden, sofern und soweit die Ziele der in Betracht gezogenen Maßnahmen von den Mitgliedsstaaten weder auf zentraler noch auf regionaler oder lokaler Ebene ausreichend verwirklicht werden können, sondern wegen des Umfangs oder ihrer Wirkungen besser auf Unionsebene zu verwirklichen sind. Das Subsidiaritätsprinzip fungiert – anders als das Prinzip der begrenzten Einzelermächtigung – nicht als Regel der Kompetenzverteilung, sondern als Schranke für die Kompetenzausübung. Es betrifft nicht die Frage des rechtlichen Könnens, sondern die des rechtlichen Sollens, wirkt aber gleichfalls als verbindliche Handlungsbeschränkung[658].

Schon den tatbestandlichen Voraussetzungen des Subsidiaritätsprinzips gemäß Art. 5 Abs. 3 EUV (ehemals Art. 5 Abs. 2 EG) lassen sich unterschiedliche Formen von Rechtsetzungskompetenzen unterscheiden. Wann nach früherer Rechtslage von einer ausschließlichen Zuständigkeit der Europäischen Gemeinschaft im Sinne des Art. 5 Abs. 2 EG auszugehen war, wurde nicht einheitlich beurteilt. In einem eher großzügigen Verständnis knüpfte die Europäische Kommission vor allem an eine Relevanz für das Binnenmarktkonzept und die ihm zugrunde liegenden Grundfreiheiten an, leitete aus dieser Bezugnahme aber keine abschließende Begriffsdefinition ab[659]. Gelangte die Auslegung der jeweiligen Kompetenznorm nicht zu dem Ergebnis einer ausschließlichen Zuständigkeit, waren unter anderem konkurrierende oder parallele Zuständigkeiten in Betracht zu ziehen[660].

Nach altem Recht begründeten die vorhandenen Kompetenzen typischerweise keine Zuständigkeiten, die sich auf bestimmte fest stehende Sachgebiete bezogen. Vielmehr waren sie in der Regel final gefasst und dabei primär auf eine umfassende Verwirklichung des Binnenmarkts ausgerichtet[661].

Im neuen Vertrag über die Arbeitsweise der Europäischen Union ist dagegen eine relativ klare Zuordnung von Regelungsmaterien getroffen worden. In den Kompetenzkatalogen der Art. 3 und 4 AEUV ist unter anderem geregelt, ob für ein bestimmtes Sachgebiet eine ausschließliche oder eine – der neuen Terminologie der Verträge entsprechend – mit den Mitgliedsstaaten geteilte Zuständigkeit besteht (vgl. auch Art. 2 Abs. 1 und 2 AEUV). Darüber hinaus ist die Europäische Union „nach Maßgabe der Verträge dafür zuständig, Maßnahmen zur Unterstützung, Koordinierung oder Ergänzung der Maßnahmen der Mitglieds-

---

658 Vgl. Vedder/Heintschel von Heinegg - Vedder, Kommentar zum Europäischen Verfassungsvertrag, Art. I-11 Rn. 11; vgl. auch Streinz, Europarecht, Rn. 166; ferner Calliess/Ruffert - Calliess, Kommentar zu EUV und EGV, Art. 5 EGV Rn. 19.

659 Vgl. Calliess/Ruffert - Calliess, Kommentar zu EUV und EGV, Art. 5 EGV Rn. 24.

660 Ebenda, Rn. 23; vgl. auch Streinz, Europarecht, Rn. 148 ff.

661 Vgl. Herdegen, Europarecht, § 9 Rn. 63; vgl. auch Streinz, Europarecht, Rn. 147.

staaten durchzuführen, ohne dass dadurch die Zuständigkeit der Union für diese Bereiche an die Stelle der Zuständigkeit der Mitgliedsstaaten tritt“, Art. 2 Abs. 5 S. 1 AEUV[662].

Ergänzend sieht Art. 2 Abs. 6 AEUV allerdings vor, dass sich der Umfang der Zuständigkeiten der Union und die Einzelheiten ihrer Ausübung aus den Bestimmungen der Verträge zu den einzelnen Bereichen ergeben. Aus diesem Verweis ist zu Recht gefolgert worden, dass es sich bei den allgemeinen Bestimmungen der Art. 3 bis 6 AEUV vor allem um eine „Art Auslegungshilfe für die Heranziehung und Anwendung der jeweils speziellen Kompetenznormen“ handele und nicht um geschlossene Kompetenzkataloge[663]. Die Regelungen stellten sich als eine „vor die Klammer gezogene Systematisierung“ der Kompetenzen dar[664].

Dieser Systematisierung zufolge verfügt die Europäische Union zum Beispiel in den Bereichen der Zollunion und der gemeinsamen Handelspolitik über eine ausschließliche Zuständigkeit, Art. 3 Abs. 1 lit. a und e AEUV. Eine geteilte Zuständigkeit besteht hingegen etwa für den Binnenmarkt und den Verbraucherschutz, Art. 4 Abs. 2 lit. a und f AEUV. Auf unterstützende, koordinierende und ergänzende Maßnahmen ist die Union unter anderem im Bereich der Kultur beschränkt, Art. 6 lit. c AEUV.

Über das Prinzip der begrenzten Einzelermächtigung und den Subsidiaritätsgrundsatz hinaus können weitere Grundsätze und Vertragsbestimmungen zum Tragen kommen. Dies gilt zum Beispiel für den in Art. 5 Abs. 4 EUV (ehemals Art. 5 Abs. 3 EG) normierten Verhältnismäßigkeitsgrundsatz, für den für die Bestimmung der Reichweite von Kompetenznormen relevanten Grundsatz des „effet utile“, für die Lehre der „implied powers“[665] und für die ergänzende Rechtsetzungskompetenz nach Art. 352 AEUV (vgl. den ehemaligen Art. 308 EG)[666].

---

662 Aufschlussreich zu den unterschiedlichen Kompetenzformen Braams, in: Pernice, Vertrag von Lissabon, S. 115, 120 ff.

663 Braams, in: Pernice, Vertrag von Lissabon, S. 115, 119, 133.

664 Ebenda, S. 115, 133 f., m.w.N.

665 Vgl. Calliess/Ruffert - Calliess, Kommentar zu EUV und EGV, Art. 5 EGV Rn. 15-17; vgl. auch Vedder/Heintschel von Heinegg - Epping, Kommentar zum Europäischen Verfassungsvertrag, Art. I-19 Rn. 8.

666 Zur Bedeutung der so genannten Flexibilitätsklausel nach Art. 352 AEUV vgl. Braams, in: Pernice, Vertrag von Lissabon, S. 115, 132.

B. Kompetenzgrundlagen im Medienbereich

Die bisherigen Regulierungsaktivitäten des europäischen Gesetzgebers in medienrechtlichen Fragen einschließlich medienprivatrechtlicher Zusammenhänge betreffen insbesondere den Bereich des Fernsehens und anderer audiovisueller Mediendienste, elektronische Kommunikationsnetze und -dienste und das Urheberrecht[667]. Im Schwerpunktbereich Rundfunk und audiovisuelle Mediendienste bestehen Vorgaben unter anderem zu Werbefragen, zum Schutz von Minderjährigen und Verbrauchern, zur grenzüberschreitenden Weiterverbreitung von Programmen (Sendestaatsprinzip), zur Förderung europäischer Werke und zur Kurzberichterstattung. Zentrale Regelungsgrundlage ist die Richtlinie über audiovisuelle Mediendienste[668].

Trotz der vergleichsweise breit angelegten Regulierungstätigkeit sind die kompetenziellen Befugnisse auf europäischer Ebene nicht besonders weit gefasst[669]. Die bedeutendsten Kompetenzgrundlagen bisheriger Rechtsakte mit unmittelbarer Relevanz für medienrechtliche Fragen im weiteren Sinne sind die Befugnisse zu einem koordinierenden Tätigwerden zur erleichterten Wahrnehmung von Grundfreiheiten im Rahmen des europäischen Binnenmarktkonzepts, namentlich zum Abbau von Beschränkungen der Niederlassungs- und Dienstleistungsfreiheit durch divergierende Rechts- oder Verwaltungsvorschriften der Mitgliedsstaaten, Art. 47 Abs. 2, 55 EG[670] (vgl. nach heutigem Stand die Art. 53 Abs. 1, 62 AEUV).

Als durch die Rechtsprechung des EuGH abschließend geklärt kann heute angesehen werden, dass Rundfunksendungen als Dienstleistungen im Sinne von Art. 57 AEUV (ehemals Art. 50 EG) zu qualifizieren sind und damit der Dienstleistungsfreiheit des Art. 56 AEUV (ehemals Art. 49 EG) unterfallen. Dem steht nicht entgegen, dass es sich bei Rundfunkleistungen nicht allein um Wirtschaftsgüter, sondern zugleich um Gegenstände von kultureller Bedeutung handelt. Ebenso wenig ist es für die begriffliche Einordnung als Dienstleistung als hinderlich anzusehen, dass Rundfunkleistungen im Verhältnis zum Rezipienten im Regelfall nicht gegen Entgelt erbracht werden[671].

---

667 Vgl. Fink/Cole/Keber, Europäisches und Internationales Medienrecht, S. 45 ff.; vgl. auch Dörr/Schwartmann, Medienrecht, S. 137-140.

668 Vgl. z.B. Fechner, Medienrecht, S. 191 ff.

669 Vgl. Hain, AfP 2007, 527, 531; vgl. auch Fink/Cole/Keber, Europäisches und Internationales Medienrecht, S. 44.

670 Fink/Cole/Keber, Europäisches und Internationales Medienrecht, S. 22, 26, 36, 45.

671 Vgl. EuGH Slg. 1980, 833 (833) Urteil v. 18.03.1980, Rs. 52/79 „Debauve"; vgl. auch EuGH Slg. 1994 I, 4795, 4796, Urteil v. 05.10.1994, Rs. C-23/93 „TV10 SA"; vgl. auch

Daneben ist die Anwendbarkeit der Niederlassungsfreiheit nach Art. 49 AEUV (ehemals Art. 43 EG) zu bejahen. Rundfunk- und Medienunternehmen nehmen als solche am wirtschaftlichen Leben teil und sind überdies als Unternehmen im Sinne von Art. 49 Abs. 2 AEUV (ehemals Art. 43 Abs. 2 EG) zu begreifen. Damit stehen sie ohne weiteres unter dem Schutz des Art. 49 Abs. 2 AEUV[672].

Eine nicht unerhebliche Bedeutung hatte in der Vergangenheit auch die Kompetenznorm des Art. 95 EG. Ebenso wie für Art. 95 EG dürfte auch für die Nachfolgeregelung des Art. 114 AEUV gelten, dass die Norm beispielsweise als Ergänzung zu den speziellen Harmonisierungsvorschriften zur erleichterten Wahrnehmung der Niederlassungs- und Dienstleistungsfreiheit (Art. 47 Abs. 2, 55 EG bzw. Art. 53 Abs. 1, 62 AEUV) zum Tragen kommen kann, dass sie in deren Anwendungsbereich aber zurücktritt. Auch diese „Generalangleichungskompetenz" dient ausdrücklich der Verwirklichung des europäischen Binnenmarkts[673].

Aktionen der Kulturförderung sind demgegenüber vor allem auf die ergänzende Rechtsetzungsbefugnis des Art. 308 EG gestützt worden[674] (vgl. die abweichende Neuregelung des Art. 352 AEUV).

C. Kulturförderung nach Art. 167 AEUV

Eine andere für die Kompetenzordnung – gerade im medienrechtlichen Zusammenhang – besonders bedeutsame Norm bildet Art. 167 AEUV, deren Vorgängerin, Art. 151 EG, im Jahr 1992 als eigenständiger Titel „Kultur" in den damaligen EG-Vertrag eingefügt wurde[675]. Der Bestimmung des Art. 167 AEUV lassen sich grundlegende Vorgaben zu Voraussetzungen und Grenzen unmittelbar medien- und kulturpolitischer Handlungsbefugnisse der Europäischen Union

---

Roider, Europäische Rundfunkordnung, S. 37 f.; ferner Fink/Cole/Keber, Europäisches und Internationales Medienrecht, S. 26 f.

672 Vgl. Geiger, Kommentar EUV/EGV, Art. 43 EGV Rn. 5 f.; vgl. auch Tschon, Cross Ownership, S. 199 f.

673 Vgl. Vedder/Heintschel von Heinegg - Rossi, Kommentar zum Europäischen Verfassungsvertrag, Art. III-172 Rn. 1-3; vgl. auch Fink/Cole/Keber, Europäisches und Internationales Medienrecht, S. 40; ferner Calliess/Ruffert - Kahl, Kommentar zu EUV und EGV, Art. 95 EGV Rn. 4 f.

674 Geiger, Kommentar EUV/EGV, Art. 151 EGV Rn. 2.

675 Grundlage der Neuregelung war der Maastrichter Unionsvertrag von 1992, ABl. 1992 Nr. C 191/1 ff. vom 29.07.1992; vgl. Art. 128 EG alter Fassung.

entnehmen. Bei näherem Hinsehen offenbart die Norm vor allem einen kompetenzbegrenzenden Charakter.

Nach Art. 167 Abs. 1 AEUV leistet die Union einen Beitrag zur Entfaltung der Kulturen der Mitgliedsstaaten, dies unter Wahrung ihrer nationalen und regionalen Vielfalt und unter Hervorhebung des gemeinsamen kulturellen Erbes. Auf Grundlage des Art. 167 Abs. 2 AEUV kommt ihr der Auftrag zu, durch ihre Tätigkeit die Zusammenarbeit zwischen den Mitgliedsstaaten zu unterstützen und deren Tätigkeit zum Beispiel in den Bereichen des nichtkommerziellen Kulturaustauschs und des künstlerischen und literarischen Schaffens erforderlichenfalls zu ergänzen (Art. 167 Abs. 2 AEUV dritter und vierter Spiegelstrich).

Es besteht danach ein Auftrag zur Kulturförderung, der die Primärverantwortung der Mitgliedsstaaten unangetastet lassen soll (vgl. auch Art. 6 S. 1 und S. 2 lit. c AEUV). Der Europäischen Union ist aufgegeben, komplementäre Funktionen zu erfüllen, ohne die kulturpolitischen Eigenheiten der Mitgliedsstaaten zu nivellieren oder zu überlagern[676]. Zum Ausdruck kommen die Beschränkungen unter anderem in der Hervorhebung der Kulturen der Mitgliedsstaaten und Regionen sowie darin, dass die Union auch im Rahmen unterstützender und ergänzender Initiativen ausdrücklich nur im Fall der Erforderlichkeit tätig werden darf[677]. Besonders deutlich tritt der Wille der Vertragsparteien zur Begrenzung der unionsrechtlichen Befugnisse für die Kulturpolitik in den Maßgaben des Art. 167 Abs. 5 AEUV hervor. Der Handlungsspielraum zur Verwirklichung der zuvor genannten Ziele ist danach ausdrücklich auf den Erlass von Fördermaßnahmen (organisatorischer und finanzieller Natur[678]) und Empfehlungen reduziert.

Hinzu kommt, dass mögliche Fördermaßnahmen schon nach dem Wortlaut keine Harmonisierung der Rechts- und Verwaltungsvorschriften der Mitgliedsstaaten mit sich bringen dürfen; es gilt nach Art. 167 Abs. 5 AEUV ein ausdrückliches Harmonisierungsverbot[679].

Ergänzt werden die genannten Vorgaben durch die so genannte Kulturverträglichkeitsklausel des Art. 167 Abs. 4 AEUV. Dieser Querschnittsklausel zufolge trägt die Europäische Union „bei ihrer Tätigkeit aufgrund anderer Be-

---

676 Vgl. Calliess/Ruffert - Blanke, Kommentar zu EUV und EGV, Art. 151 EGV Rn. 16; vgl. auch Tschon, Cross Ownership, S. 197 f., unter anderem mit Hinweis auf die Ausschlussregelung im damaligen Art. 151 Abs. 5 EG; vgl. auch Schellenberg, DZWir 1994, 410, 411; zudem Eberle, AfP 1993, 422, 426.

677 Vgl. Fink/Cole/Keber, Europäisches und Internationales Medienrecht, S. 42; ferner Tschon, Cross Ownership, S. 197 f.

678 Vgl. Geiger, Kommentar EUV/EGV, Art. 151 EGV Rn. 9.

679 Vgl. hierzu u.a. Hain, AfP 2007, 527, 532; vgl. auch BVerfGE 89, 155, 194.

stimmungen der Verträge den kulturellen Aspekten Rechnung, insbesondere zur Wahrung und Förderung der Vielfalt ihrer Kulturen“. Die Norm beinhaltet ein Gebot der Rücksichtnahme gegenüber den kulturellen Interessen der Mitgliedsstaaten. Als Gegengewicht zu wirtschaftspolitischen Zielsetzungen kann es in rechtliche Abwägungs- und Entscheidungsvorgänge einfließen und dient eher als Begrenzung denn als Erweiterung bestehender Handlungsbefugnisse[680].

Zusammenfassend lässt sich feststellen, dass Art. 167 AEUV in seiner gegenwärtigen Fassung nur sehr zurückhaltend zur Rechtsetzung ermächtigt. Die Kulturpolitik als solche verbleibt im Grundsatz den mitgliedsstaatlichen Kompetenzen vorbehalten. Die Union bleibt auf ein förderndes und komplementäres Tätigwerden beschränkt. Eine Harmonisierung nationaler Regelungen ist ihr im Rahmen des Art. 167 AEUV sogar ausdrücklich versagt[681].

D. Bemühungen um eine Vielfaltsschutzrichtlinie

Ein eigenständiger unionsrechtlicher Kompetenztitel zur Sicherung der Medien- und Meinungsvielfalt besteht also nicht[682]. Der Vielfaltsschutz ist von den Mitgliedsstaaten bislang nicht in den Rang eines originären Gemeinschafts- bzw. Unionsziels erhoben worden[683].

Gleichwohl haben sich das Europäische Parlament und die Europäische Kommission vor allem in den neunziger Jahren vergleichsweise intensiv mit möglichen politischen Initiativen zur Konzentrationskontrolle beschäftigt[684]. Zu den Kernbestandteilen der in diesem Zusammenhang geführten Diskussion zählen die Frage nach einer Harmonisierungskompetenz und die Frage nach der Gebotenheit eines einheitlichen Schutzniveaus, dies auch zum Beispiel in Hin-

---

680 Vgl. dazu eingehend Roider, Europäische Rundfunkordnung, S. 68-76; vgl. auch Frey, Fernsehen und audiovisueller Pluralismus, S. 230 ff.; ferner Calliess/Ruffert - Blanke, Kommentar zu EUV und EGV, Art. 151 EGV Rn. 1, 4 f.; vgl. auch Bender, Cross-Media-Ownership, S. 309 f.

681 Vgl. Geiger, Kommentar EUV/EGV, Art. 151 EGV Rn. 11; vgl. auch Nettesheim, JZ 2002, 157, 162; ferner z.B. Tschon, Cross Ownership, S. 196 ff.

682 Vgl. allerdings die Entschließung des Europäischen Parlaments zum Grünbuch der Kommission vom 20.01.1994, ABl. 1994 Nr. C 44/177 ff.; ebenfalls mit gegenläufiger Tendenz Ring, ZUM 1993, 7, 10.

683 Vgl. Kommission, Grünbuch v. 23.12.1992, „Pluralismus und Medienkonzentration im Binnenmarkt. Bewertung der Notwendigkeit einer Gemeinschaftsaktion“, KOM (92) 480 endg., S. 57; vgl. auch Kibele in: Holznagel/Grünwald, Meinungsvielfalt im kommerziellen Fernsehen, S. 94.

684 Vgl. hierzu, aber auch zu noch weiter zurück liegenden Entwicklungen, Gounalakis/Zagouras, ZUM 2006, 716, 724 f.

blick auf eine mögliche Schwächung bestehender Regelungen in einzelnen Mitgliedsstaaten.

1. Vorgaben der Richtlinien-Entwürfe

Ausgangspunkt der politischen Diskussion war das auf Anstöße des Europäischen Parlaments zurückgehende, 1992 veröffentlichte Grünbuch der Europäischen Kommission „Pluralismus und Medienkonzentration im Binnenmarkt“[685]. Mit ihm wurde eine öffentliche Debatte zur Erforderlichkeit eines gemeinschaftsrechtlichen Tätigwerdens und zu möglichen Vorgehensweisen ausgelöst[686]. In deren Folge legte die Kommission in den Jahren 1996 und 1997 zwei inoffizielle Entwürfe für eine Medienkonzentrationsrichtlinie vor[687], die sowohl die Risiken rundfunkbezogener Vermachtung wie auch die Gefahren multimedialer Konzentrationsentwicklungen adressierten.

Ziel der damaligen Überlegungen war die Harmonisierung der mitgliedsstaatlichen Vielfaltskonzepte im Interesse des europäischen Binnenmarktkonzepts und einer verbesserten Gewährleistung insbesondere der Dienstleistungs- und Niederlassungsfreiheit. Als Kompetenzgrundlagen sollten demgemäß nicht etwa medien- und kulturpolitische Handlungsbefugnisse dienen. Vorgesehen war vielmehr, die geplante Richtlinie auf die wirtschaftspolitischen Koordinierungskompetenzen der Art. 57 Abs. 2, 66 und 100a EGV a.F. zu stützen[688] (vgl. die späteren Art. 47 Abs. 2, 55, 95 EG und die heutigen Art. 53 Abs. 1, 62, 114 AEUV).

In der inhaltlichen Umsetzung sahen die weitgehend deckungsgleichen Entwurfsfassungen von 1996 und 1997 zunächst einfache Marktanteilsbegrenzungen jeweils für den Fernseh- und Hörfunkbereich vor (vgl. Art. 3 (1) und (2) der Richtlinienvorschläge). Unternehmen mit einem beherrschenden Einfluss auf einem der bezeichneten Märkte und einem zurechenbaren Marktanteil von

---

685 Kommission, Grünbuch v. 23.12.1992, „Pluralismus und Medienkonzentration im Binnenmarkt. Bewertung der Notwendigkeit einer Gemeinschaftsaktion“, KOM (92) 480 endg.; vgl. auch von Wallenberg, WuW 1993, 910 ff.

686 Vgl. zu den Reaktionen auf das Grünbuch der Kommisson KOM (94) 353 endg., 45.

687 Namentlich einen internen Richtlinienentwurf „zum Schutz des Pluralismus in der Beherrschung der Medien“ (1996) und einen überarbeiteten Entwurf unter der Bezeichnung „Richtlinie des Europäischen Parlaments und des Rates über das Eigentum an Medien im Binnenmarkt“ (1997); angestoßen wurde die Initiative durch das Grünbuch der Kommission v. 23.12.1992, „Pluralismus und Medienkonzentration im Binnenmarkt. Bewertung der Notwendigkeit einer Gemeinschaftsaktion“, KOM (92) 480 endg.

688 Vgl. König, Digitales Fernsehen, S. 121 f.; ferner Kibele in: Holznagel/Grünwald, Meinungsvielfalt im kommerziellen Fernsehen, S. 97.

über 30 Prozent sollten sich an der Veranstaltung von Fernseh- bzw. Hörfunkdiensten nicht in weitergehendem Umfang beteiligen dürfen. Unter denselben Voraussetzungen sollten Lizenzen nicht mehr verlängert und die Übernahme von Rundfunkdiensten untersagt werden[689].

Flankiert wurde dieses Prinzip durch einen vergleichsweise strengen multimedialen Regulierungsansatz. Erfasst wurden neben Fernseh- und Hörfunkdiensten auch Tageszeitungen, sofern sie mindestens fünfmal wöchentlich erscheinen (Art. 1 lit. a bis e der Richtlinienvorschläge). In der Sache sollte einem Unternehmen der Zugang zur Fernsehveranstaltung verweigert werden, wenn es in demselben Verbreitungsgebiet im Hörfunk oder im Bereich der Tagespresse bereits einen Marktanteil von 10 Prozent erreichen würde (vgl. Art. 3 Abs. 3 und Art. 1 lit. 1 n der Richtlinienvorschläge)[690]. Für bestimmte binnenpluralistisch strukturierte Veranstalter waren Ausnahmeregelungen normiert, desgleichen für Medien mit lokaler Verbreitung[691].

Bemerkenswert ist, dass es für die Mitgliedsstaaten nicht möglich sein sollte, abweichende Regelungen zu erlassen (Art. 2 Abs. 2 des Entwurfs). Als einzig substanzieller Unterschied zwischen den beiden Entwurfsfassungen lässt sich der Umstand benennen, dass der zweite Richtlinienvorschlag eine 10-jährige Übergangsfrist einräumte, Art. 5 Abs. 3 der zweiten Entwurfsfassung[692].

Im Ergebnis hat die Kommission darauf verzichtet, das Vorhaben weiter zu verfolgen. Die Diskussion habe eine Notwendigkeit zur Schaffung eines europäischen Rechtsrahmens nicht bestätigt. Diese Entscheidung dürfte insbesondere auf den vehementen Widerstand der Mitgliedsstaaten zurückzuführen sein[693].

---

689 Vgl. Kibele in: Holznagel/Grünwald, Meinungsvielfalt im kommerziellen Fernsehen, S. 96; vgl. auch Monopolkommission, 12. Hauptgutachten 1996/1997, Tz. 495.

690 Vgl. ebenda; eingehend zum Richtlinienvorschlag Ress/Bröhmer, Europäische Gemeinschaft und Medienvielfalt, S. 20 ff.; Tschon, Cross Ownership, S. 214; vgl. auch König, Digitales Fernsehen, S. 122 f.

691 Vgl. Kibele in: Holznagel/Grünwald, Meinungsvielfalt im kommerziellen Fernsehen, S. 96.

692 Vgl. ebenda, S. 96 f.

693 Vgl. den Kurzbericht „EU-Kommissare stellen Konzentrationsrichtlinie in Frage", AfP 1997, S. 615; vgl. auch z.B. das von der Kommission im Juli 2005 veröffentlichte Themenpapier zur Liverpooler Audiovisuellen Konferenz mit dem Titel „Medienvielfalt – Welche Rolle sollte die Europäische Union spielen?", S. 1, 6 f., abrufbar unter http://ec.europa.eu/avpolicy/docs/reg/modernisation/issue_papers/ispa_mediaplur_de.pdf (besucht am 29.07.2010); vgl. auch das Weißbuch der Kommission zu Dienstleistungen von allgemeinem Interesse, S. 23, KOM(2004) 374 endg.

2. Inhaltliche Diskussion

Die inhaltliche Debatte zu einer Rechtsvereinheitlichung im Bereich der medialen Vielfaltssicherung ist bis heute nicht abgeschlossen. Sie betrifft in erster Linie die kompetenzrechtliche Beurteilung und im Weiteren unter anderem die Auswirkungen auf die Medienordnungen der Mitgliedsstaaten und deren Vielfaltsschutzsysteme.

a) Kompetenzgrundlagen

Die geplante Konzentrationsrichtlinie sollte auf die Kompetenzen zur Koordinierung mitgliedsstaatlicher Vorschriften gestützt werden, die aufgrund divergierender Vorgaben ein Hindernis für das Funktionieren des europäischen Binnenmarkts begründen können. Im Vordergrund standen die Grundfreiheiten der Niederlassungs- und der Dienstleistungsfreiheit und die zu ihrem Schutz normierten Harmonisierungskompetenzen der Art. 57 Abs. 2, 66 EGV a.F. (vgl. die späteren Art. 47 Abs. 2, 55 EG und die heutigen Art. 53 Abs. 1, 62 AEUV). Darüber hinaus sollte die ebenfalls binnenmarktbezogene „Generalangleichungskompetenz" des Art. 100a EGV a.F. (vgl. den späteren Art. 95 EG und den heutigen Art. 114 AEUV) herangezogen werden. Dass die zwei Grundfreiheiten auch in medienwirtschaftlichen Zusammenhängen und insbesondere für Rundfunkunternehmen und deren Tätigkeit zur Anwendung kommen können, ist bereits dargelegt worden[694].

Voraussetzung für eine Koordinierungskompetenz gemäß den Art. 53 Abs. 1, 62 AEUV (vgl. auch Art. 47 Abs. 2, 55 EG) ist, dass die unionsrechtliche Regulierung auf eine Erleichterung der durch die Grundfreiheiten geschützten Handlungsmöglichkeiten gerichtet ist. Nach bisheriger Rechtslage war insoweit erforderlich, dass die harmonisierende Rechtsetzung auf einen Abbau von Hindernissen für den freien Binnenmarkt abzielte und zur Erreichung dieses Ziels auch tatsächlich beitrug. Sofern die Hindernisse für die Wahrnehmung und Gewährleistung der Grundfreiheiten noch nicht bestanden, musste ihre Entstehung für die Zukunft jedenfalls als wahrscheinlich einzustufen sein[695]. Anhaltspunkte für eine Änderung der Bewertungsmaßstäbe durch die Neufassung der in

---

694 Siehe oben, Fünfter Teil, Gliederungspunkt II B.

695 Vgl. Hain, AfP 2007, 527, 532; vgl. auch die Ausführungen des Generalanwalts Fenelly im Rahmen der Schlussanträge zu der Entscheidung EuGH Slg. 2000 I, 8419, 8458 ff. Rn. 83 ff., Rs. C-376/98 „Tabakwerberichtlinie"; ferner die Urteilsbegründung des EuGH in jener Sache selbst, ebenda, S. 8524 ff.; vgl. auch EuGH Slg. 1997 I, 2405, 2449-2453, Urteil v. 13.05.1997, Rs. C-233/94 „Deutschland/EP".

Rede stehenden Koordinierungskompetenzen nach den heutigen Art. 53 Abs. 1, 62 AEUV bestehen nicht.

In ihrem Grünbuch von 1992 hatte die Kommission nach damaliger Rechtslage potenzielle Beeinträchtigungen der Dienstleistungsfreiheit als ausreichend angesehen und diese maßgeblich mit möglichen Umgehungsversuchen begründet. So könnten divergierende nationale Konzepte zur medialen Konzentrationsbegrenzung insbesondere im Rundfunkbereich zu Versuchen von Unternehmen führen, strengere innerstaatliche Schutzvorkehrungen durch eine grenzüberschreitende Sendetätigkeit beispielsweise aus benachbarten Mitgliedsstaaten zu umgehen (etwa im Wege einer satellitengebundenen Ausstrahlung). Dies könnte seinerseits dazu führen, dass im Zielland Maßnahmen ergriffen werden, die eine Umgehung seiner Vielfaltsschutzvorkehrungen wirksam verhindern[696].

Gegen die Annahme eines rechtlich relevanten Einflusses divergierender nationaler Vielfaltsschutzregelungen auf die genannten Grundfreiheiten ließ und lässt sich anführen, dass sich fassbare Beeinträchtigungen bislang nicht erkennen lassen. Im Gegenteil wurde in der Literatur zu Recht auf „erhebliche Spielräume für ausländische Unternehmen“ hingewiesen, Beteiligungen an inländischen Veranstaltern oder auch eigene Veranstaltungslizenzen zu erwerben[697]. Auch die Kommission selbst hatte in ihrem Grünbuch zum Ausdruck gebracht, dass es in der Praxis zu etwaigen Umgehungsfällen noch nicht gekommen sei[698]. Die Bedrohung der Grundfreiheiten durch unterschiedliche Vielfaltsstandards hat insofern einen eher abstrakten und theoretischen Charakter[699]. Ließe man einen solchen Zusammenhang für die Anerkennung einer Koordinierungskompetenz ausreichen, könnte hieraus schnell eine mit dem Prinzip der begrenzten Einzelermächtigung nur noch schwer zu vereinbarende „wirtschaftsbezogene Allzuständigkeit“ entstehen[700].

---

696 Kommission, Grünbuch v. 23.12.1992, „Pluralismus und Medienkonzentration im Binnenmarkt. Bewertung der Notwendigkeit einer Gemeinschaftsaktion“, KOM (92) 480 endg., S. 64 f., 76, 88 f.; vgl. auch König, Digitales Fernsehen, S. 122; für eine Kompetenz der Gemeinschaft grundsätzlich auch Frey, Fernsehen und audiovisueller Pluralismus, S. 239; vgl. auch Mailänder, Konzentrationskontrolle im privaten Rundfunk, S. 333 f.; ferner Schüll, Schutz der Meinungsvielfalt, S. 139 ff., 147.

697 Kibele in: Holznagel/Grünwald, Meinungsvielfalt im kommerziellen Fernsehen, S. 97.

698 Kommission, Grünbuch vom 23.12.1992, „Pluralismus und Medienkonzentration im Binnenmarkt. Bewertung der Notwendigkeit einer Gemeinschaftsaktion“, KOM (92) 480 endg., S. 64.

699 Kritisch in Bezug auf Beeinträchtigungen der Dienstleistungsfreiheit auch Tschon, Cross Ownership, S. 201 f.

700 Ress/Bröhmer, Europäische Gemeinschaft und Medienvielfalt, S. 34, 36.

Zweifel an der kompetenziellen Zulässigkeit europäischer Harmonisierungsinitiativen hat frühzeitig auch die Monopolkommission geäußert. Ihre Bedenken gegen die Annahme einer Beeinträchtigung der Dienstleistungsfreiheit hat sie unter anderem mit der so genannten Umgehungsrechtsprechung des Europäischen Gerichtshofs (EuGH) begründet[701].

So hatte der EuGH im Jahr 1994 im Verfahren „TV10 SA" entschieden, dass die Vorschriften des EWG-Vertrags über den freien Dienstleistungsverkehr dahin auszulegen seien, „daß sie einen Mitgliedsstaat nicht daran hindern, eine nach den Rechtsvorschriften eines anderen Mitgliedsstaats gegründete und in diesem Staat niedergelassene Sendeanstalt, deren Tätigkeit aber ganz oder vorwiegend auf das Gebiet des ersten Mitgliedsstaats ausgerichtet ist, einer inländischen Sendeanstalt gleichzustellen", wenn die Niederlassung lediglich den Zweck verfolgt habe, sich den im eigentlichen Zielland geltenden Regeln zu entziehen[702].

Demzufolge soll es den Mitgliedsstaaten also gerade erlaubt sein, bestimmte Umgehungen rundfunkrechtlicher Vorgaben zu unterbinden[703]. Dies deutet darauf hin, dass der EuGH ein einzelstaatliches Regelungsinteresse gerade als legitim anerkennt. Dann aber drängt sich die Frage auf, inwiefern für dieselbe Materie zugleich ein Bedürfnis nach einer gemeinschafts- bzw. unionsweiten Rechtsangleichung bestehen kann[704].

Bezogen auf die Niederlassungsfreiheit und deren Beschränkungen durch divergierende Vielfaltsschutzmodelle argumentierte die Kommission in ihrem Grünbuch von 1992, dass die Möglichkeiten zur Niederlassung in einem Mitgliedsstaat dann eingeschränkt sein könnten, wenn sich das betreffende Unternehmen bereits in einem anderen Mitgliedsstaat als Rundfunkveranstalter betätige. Relevante Beschränkungen der nach Art. 43 EG (vgl. Art. 49 AEUV) geschützten Handlungsmöglichkeiten seien namentlich dort zu befürchten, wo das jeweilige Vielfaltsschutzregime in der Frage der Zulassung eines Rundfunkveranstalters auch Aktivitäten des Anmelders im Ausland berücksichtige (etwa bei der Prüfung zulässiger Beteiligungsgrenzen, beispielsweise nach dem Kriterium gleichsprachiger Programme, die zugleich im Inland empfangen werden können, vgl. etwa §§ 28 Abs. 3, 27 Abs. 1 RStV in der heutigen Fassung). Auf diese Weise könne ein Unternehmen, das in einem anderen Mitgliedsstaat bereits nie-

---

701 Monopolkommission, 11. Hauptgutachten 1994/1995, Tz. 870.

702 EuGH Slg. 1994 I, 4795, 4834 Rn. 26, Urteil v. 05.10.1994, Rs. C-23/93 „TV10 SA".

703 Zu den weiteren Erwägungen vgl. EuGH Slg. 1994 I, 4795, 4811 f. Tz. 50-53, Urteil v. 05.10.1994, Rs. C-23/93 „TV10 SA".

704 Vgl. zur fortbestehenden Bedeutung der angegebenen Rechtsprechung z.B. Fink/Cole/Keber, Europäisches und Internationales Medienrecht, S. 51.

dergelassen sei, durch die Vielfaltsschutzregeln des Ziellandes benachteiligt und damit in seiner Niederlassungsfreiheit beeinträchtigt werden[705]. Auch insoweit bejahte die Kommission eine Harmonisierungskompetenz der Gemeinschaft[706].

Gegen die so begründete Kompetenzzuweisung lässt sich allerdings einwenden, dass tatsächliche Hindernisse auch für die Niederlassungsfreiheit bislang nicht erkennbar sind und dass die vorgesehene Harmonisierung kaum zu einer Erleichterung der Aufnahme und Ausübung selbständiger Tätigkeiten geführt hätte (vgl. Art. 47 Abs. 2 EG und Art. 53 Abs. 1 AEUV). Zutreffend wurde angemerkt, dass die geltenden Konzentrationsregelungen in der Praxis sogar eine Begünstigung für den Marktzutritt ausländischer Anbieter bedeuten können, weil inländische Akteure die gesetzlich normierten Handlungsspielräume häufig bereits ausgeschöpft haben[707].

Nicht zuletzt hat der Richtlinienvorschlag deshalb Anlass zur Kritik gegeben, weil er für die potenziell betroffenen Unternehmen letztlich auf eine Beschneidung von Markt- und Handlungsfreiheiten hinausgelaufen wäre. Eine solche Verkürzung hätte sich jedenfalls für diejenigen Unternehmen ergeben, die sich in ihren Mitgliedsstaaten im Vergleich zum damaligen Entwurf weniger strengen Vorgaben gegenübersahen[708].

Bei aller Plausibilität der Argumentation der Kommission dürfte also ausschlaggebend sein, dass die angenommenen Beeinträchtigungen der besagten Grundfreiheiten in erster Linie als abstrakte und theoretische Beschränkungen begegnen. Als solche können sie für die Anerkennung einer unionsrechtlichen Binnenmarktszuständigkeit kaum ausreichend sein. Angesichts des vergleichsweise kleinen Anwendungsbereichs und der allenfalls geringen praktischen Relevanz der von der Kommission angeführten Fallkonstellationen muss das Bestehen einer unionsrechtlichen Harmonisierungskompetenz auch auf Grundlage

---

705 Kommission, Grünbuch v. 23.12.1992, „Pluralismus und Medienkonzentration im Binnenmarkt. Bewertung der Notwendigkeit einer Gemeinschaftsaktion“, KOM (92) 480 endg., S. 90 f., 67; vgl. auch Brühann, ZUM 1993, 600, 602.

706 Vgl. auch Tschon, Cross Ownership, S. 200; mit einer weitergehenden Analyse zur Sichtweise der Kommission Ress/Bröhmer, Europäische Gemeinschaft und Medienvielfalt, S. 32 f.; ferner Schüll, Schutz der Meinungsvielfalt, S. 143 f.; skeptisch zum Vorliegen kompetenzrechtlich relevanter Beschränkungen der Niederlassungsfreiheit hingegen Mailänder, Konzentrationskontrolle im privaten Rundfunk, S. 332 f.

707 Vgl. Ress/Bröhmer, Europäische Gemeinschaft und Medienvielfalt, S. 38 f.; zu denken ist auch an die Diskussion um das 2006 gescheiterte Fusionsvorhaben von Springer und ProSiebenSat.1, vgl. in diesem Kontext auch Gounalakis/Zagouras, ZUM 2006, 716, 721 f.

708 Ress/Bröhmer, Europäische Gemeinschaft und Medienvielfalt, S. 40, 34; anderer Auffassung Frey, Fernsehen und audiovisueller Pluralismus, S. 226.

der heutigen Art. 53 Abs. 1, 62 AEUV wohl verneint, zumindest aber als zweifelhaft angesehen werden[709].

b) Subsidiaritätsprinzip

Folgt man trotz der genannten Zweifel der Auffassung, dass der Union eine Kompetenz nach den Art. 53 Abs. 1, 62, 114 AEUV eingeräumt ist, erhebt sich die Frage nach einem möglichen Entgegenstehen des Subsidiariätsprinzips (Art. 5 Abs. 1 S. 2, Abs. 3 EUV). Außerhalb ihrer ausschließlichen Zuständigkeiten darf die Union danach nur unter zwei Voraussetzungen tätig werden. Die jeweiligen Ziele dürfen auf mitgliedsstaatlicher Ebene nicht ausreichend verwirklicht werden können, und sie müssen wegen ihres Umfangs oder ihrer Wirkungen besser auf unionsrechtlicher Ebene zu verwirklichen sein.

Vor Inkrafttreten des Vertrags von Lissabon wurde unterschiedlich beurteilt, ob der Subsidiaritätsgrundsatz vorliegend überhaupt zur Anwendung gelangen würde, ob nämlich nicht eine ausschließliche Kompetenz der Gemeinschaft bestand. Eine ausschließliche Zuständigkeit war grundsätzlich dort anzunehmen, wo der EG-Vertrag einen Handlungsauftrag enthielt, der die Gemeinschaft in besonders zwingender Weise auf die Erreichung eines bestimmten Ziels verpflichtete. Ob dies der Fall war, war durch Auslegung zu ermitteln. Traditionell wurde eine ausschließliche Zuständigkeit insbesondere im Bereich der Grundfreiheiten angenommen, namentlich dort, wo es um die Beseitigung von Hindernissen etwa für den freien Waren-, Dienstleistungs- und Personenverkehr ging[710].

Unter Bezugnahme auf die unmittelbare Bedeutung der Harmonisierung für die Funktionsfähigkeit des Binnenmarkts und die Gewährleistung der Grundfreiheiten war eine ausschließliche Zuständigkeit im vorliegenden Kontext teilweise bejaht worden[711]. Diese Auffassung vertrat grundsätzlich auch die Europäische Kommission[712].

---

709 Vgl. auch – ebenfalls zweifelnd, eine Kompetenz im Ergebnis aber bejahend – Gounalakis/Zagouras ZUM 2006, 716, 724 f.

710 Vgl. Schwartz, AfP 1993, 409, 413; vgl. auch Mailänder, Konzentrationskontrolle im privaten Rundfunk, S. 336; vgl. auch Calliess/Ruffert - Calliess, Kommentar zu EUV und EGV, Art. 5 EGV Rn. 20 ff.

711 So Tschon, Cross Ownership, S. 207; mit dem gleichen Ergebnis für die Niederlassungsfreiheit auch Schellenberg, Rundfunk-Konzentrationsbekämpfung, S. 237.

712 In ihrem Grünbuch von 1992 hatte die Kommission seinerzeit allerdings keine ausschließliche Zuständigkeit angenommen, Kommission, Grünbuch v. 23.12.1992, „Pluralismus und Medienkonzentration im Binnenmarkt. Bewertung der Notwendigkeit einer

In weiten Teilen der Literatur sprach man sich hingegen für das Vorliegen einer konkurrierenden Zuständigkeit aus[713]. Für eine konkurrierende Kompetenz sprach zunächst, dass der Anwendungsbereich des Subsidiaritätsprinzips unangemessen verengt werden würde, wenn man der Gemeinschaft für jede Bestimmung, die ihr eine Befugnis zur Koordination der einzelstaatlichen Rechtsvorschriften im Interesse der europäischen Binnenmarktziele einräumte, eine ausschließliche Rechtsetzungskompetenz zugestehen würde. Denn die potenziell betroffenen Regelungsfelder waren ausgesprochen vielgestaltig und weitläufig[714]. Zu berücksichtigen ist weiter, dass In bestimmten Regelungszusammenhängen ein legitimes Interesse der Mitgliedsstaaten anzuerkennen war und ist, sich spezifischen Problemkreisen durch eigenständige Lösungsansätze anzunehmen[715].

Darüber hinaus hat der EuGH in einer Entscheidung aus dem Jahr 2002 die Anwendbarkeit des Subsidiariätsprinzips für diejenigen Fälle bestätigt, in denen ein Rechtsakt auf die „Generalangleichungskompetenz" des Art. 95 EG gestützt wurde, weil aus dieser Norm keine ausschließliche Zuständigkeit zugunsten der Gemeinschaft erwachse[716]. Von Bedeutung war dies vorliegend deshalb, weil auch in den Entwurfsfassungen von 1996 und 1997 unter anderem auf die Kompetenz des Art. 100a EGV a.F. abgestellt worden war, die dem späteren Art. 95 EG entsprach (vgl. Art. 114 AEUV).

Nach heutiger Rechtslage liegen die Dinge etwas klarer. Die Kompetenzvorschriften der Art. 2 bis 4 AEUV lassen allein noch den Schluss auf eine geteilte Zuständigkeit zu, sodass das Subsidiaritätsprinzip zur Anwendung kommen würde.

Die Harmonisierungskompetenzen der Art. 53 Abs. 1, 62, 114 AEUV unterfallen nicht der ausschließlichen Zuständigkeit der Europäischen Union gemäß Art. 3 AEUV, sondern sind entsprechend ihrer Regelungsmaterie der geteilten Zuständigkeit nach Art. 4 AEUV zuzuordnen. In der Anknüpfung an die Niederlassungs- und Dienstleistungsfreiheit handelt es sich bei den Art. 53 Abs. 1, 62 AEUV um binnenmarktsbezogene Kompetenzen, die als solche dem Sachgebiet

---

Gemeinschaftsaktion", KOM (92) 480 endg., S. 103; vgl. zur Haltung der Kommission auch Schwartz, AfP 1993, 409, 413 f.

713 Vgl. z.B. Mailänder, Konzentrationskontrolle im privaten Rundfunk, S. 336 f.; ferner Schüll, Schutz der Meinungsvielfalt, S. 150-154.

714 Frey, Fernsehen und audiovisueller Pluralismus, S. 241 f.

715 Vgl. Mailänder, Konzentrationskontrolle im privaten Rundfunk, S. 336 f., m.w.N.; vgl. auch Schüll, Schutz der Meinungsvielfalt, S. 153.

716 EuGH Slg. 2002 I, 11453, 11605 f., Urteil v. 10.12.2002, Rs. C-491/01 „BAT u. Imperial Tobacco"; vgl. hierzu auch Schüll, Schutz der Meinungsvielfalt, S. 153; ferner Calliess/Ruffert - Calliess, Kommentar zu EUV und EGV, Art. 5 EGV Rn. 22, 26.

Binnenmarkt als einem der Hauptbereiche der geteilten Zuständigkeit nach Art. 4 Abs. 2 lit. a AEUV zuzuordnen sind. Dasselbe gilt – ebenfalls aufgrund des Binnenmarktbezugs – für die Rechtangleichungskompetenz nach Art. 114 AEUV[717]. Die in Art. 3 AEUV als Bereiche der ausschließlichen Zuständigkeit angegebenen Materien weisen dagegen keine Übereinstimmung mit den Art. 53 Abs. 1, 62, 114 AEUV auf. Es liegen insbesondere keine Kompetenzzuweisungen vor, die sich auf die Zollunion, die Festlegung der für das Funktionieren des Binnenmarkts erforderlichen Wettbewerbsregeln, die Währungspolitik oder die gemeinsame Handelspolitik beziehen lassen würden (vgl. Art. 3 Abs. 1 und 2 AEUV).

Unter der Annahme, dass eine Binnenmarktkompetenz auf der Ausgangsebene besteht, bedarf es nach dem Gesagten also der Durchführung einer Subsidiaritätsprüfung[718]. Das Ergebnis der Prüfung, nämlich die Beantwortung der Frage, ob das Unionsrecht bessere Zielerreichungsmöglichkeiten eröffnet als eine Regelung über nationale Kompetenzen, hängt entscheidend davon ab, wie die Zielvorgabe inhaltlich definiert wird[719].

Fasst man die Definition in Übereinstimmung mit dem Grünbuch der Kommission von 1992 dahingehend, dass eine europäische Regelung darauf abzielen würde, Hindernisse für die Funktionsfähigkeit des Binnenmarkts zu beseitigen, soweit sie auf abweichenden nationalen Regelungen beruhen[720], und betont damit den Harmonisierungsgedanken, so wird der Antwortspielraum schon aus dieser Vorgabe heraus entscheidend verkürzt. Denn naturgemäß dürfte eine unionsweite Harmonisierung von Vielfaltsschutzregeln durch die Mitgliedsstaaten kaum effektiv und verlässlich zu realisieren sein, während die Erreichung eines solchen Ziels auf supranationaler Ebene keine nennenswerten Schwierigkeiten bereiten würde[721].

Es besteht bei näherer Betrachtung aber auch die Möglichkeit, abweichende Zieldefinitionen festzulegen. Mögliche Anknüpfungspunkte bietet neben der angesprochenen Harmonisierung die Beseitigung von Hemmnissen für den Bin-

---

717 Vgl. Vedder/Heintschel von Heinegg - Vedder, Kommentar zum Europäischen Verfassungsvertrag, Art. I-14 Rn. 4; vgl. auch Calliess/Ruffert - Calliess, Kommentar zur Verfassung der EU (Teil I), Art. I-14 Rn. 3-8.

718 Vgl. Dörr/Schwartmann, Medienrecht, S. 143.

719 Bender, Cross-Media-Ownership, S. 309; Kresse, Pluralismus, Markt und Medienkonzentration, S. 91 f.

720 Vgl. Kommission, Grünbuch v. 23.12.1992, „Pluralismus und Medienkonzentration im Binnenmarkt. Bewertung der Notwendigkeit einer Gemeinschaftsaktion", KOM (92) 480 endg., S. 103.

721 Vgl., wenn auch in einem anderen sachlichen Kontext stehend, EuGH Slg. 1996 I, 5755, 5808 f. Rn. 46 f., Urteil v. 12.11.1996, Rs. C-84/89 „Vereinigtes Königreich/Rat".

nenmarkt oder aber auch die Pluralismussicherung als eigentlicher Gegenstand der Vereinheitlichungsbestrebungen. Angesichts des Umstandes, dass die betroffenen Zuständigkeiten typischerweise eine Mehrzahl von Interessen berühren, dürfte eine Zuordnung der nach Art. 5 Abs. 3 EUV zu berücksichtigenden Ziele kaum feststehend vorgegeben sein[722]. Entsprechend unterschiedlich sind auch die in der Literatur formulierten Definitionsansätze ausgefallen[723].

Ohne auf die weiteren Einzelheiten einzugehen, soll damit festgehalten werden, dass der Subsidiaritätsgrundsatz gerade im hiesigen Zusammenhang vergleichsweise große Spielräume für unterschiedliche Zieldefinitionen und insofern für unterschiedliche Subsumtionsergebnisse eröffnet. Welche Sichtweise am Ende den Vorzug verdient, bedarf – auch in Anbetracht der bereits auf der Stufe der Kompetenzverteilung zum Ausdruck gebrachten Zweifel – keiner Entscheidung.

c) Divergenz der mitgliedsstaatlichen Rahmenbedingungen

Über die genannten Zweifelsgründe hinaus lassen sich dem Bestreben nach einer Harmonisierung der Medienkonzentrationsvorschriften weitere Einwände entgegenhalten, die vor allem mit der Verschiedenheit der nationalen Medienmärkte und den Eigenheiten der rechtlichen Vielfaltsschutzsysteme in Zusammenhang stehen.

Eine Vereinheitlichung des Vielfaltsschutzes würde für einige Mitgliedsstaaten vermutlich eine Absenkung des Schutzniveaus zur Folge haben. Nach Maßgabe der Richtlinienvorschläge von 1996 und 1997 wäre dies beispielsweise für Frankreich und Großbritannien der Fall gewesen[724]. Ob es rechtspolitisch gewollt sein kann, eine partiell erreichte effektive Pluralismussicherung zugunsten möglichst uneingeschränkter Freiheiten im Binnenmarkt aufzugeben oder zumindest in Frage zu stellen, ist letztlich eine Wertungsfrage, die sich nach rechtlichen Maßstäben kaum beurteilen lässt.

---

722 Vgl. nach altem Recht auch Calliess/Ruffert - Calliess, Kommentar zu EUV und EGV, Art. 5 EGV Rn. 39, wonach die Zielvorgaben der Art. 2 bis 4 EG maßgeblich sein sollten; vgl. auch Mailänder, Konzentrationskontrolle im privaten Rundfunk, S. 338-341; vgl. ferner die Hinweise bei Ress/Bröhmer, Europäische Gemeinschaft und Medienvielfalt, S. 27.

723 Sehr differenziert in der Frage der Zieldefinition Mailänder, Konzentrationskontrolle im privaten Rundfunk, S. 338-341; vgl. auch Frey, Fernsehen und audiovisueller Pluralismus, S. 243 f.

724 Kibele in: Holznagel/Grünwald, Meinungsvielfalt im kommerziellen Fernsehen, S. 97; Kull, AfP 1993, 430, 434.

Davon unabhängig ist zu Recht darauf hingewiesen worden, dass die mitgliedsstaatlichen Medienmärkte sehr stark durch divergierende Rahmenbedingungen im Tatsächlichen gekennzeichnet sind. Abgesehen von den besonderen sprachlichen und kulturellen Vorgegebenheiten bestehen erhebliche Unterschiede in der Größe der relevanten Märkte, in den demografischen Ausgangsbedingungen und in der Wirtschaftskraft innerhalb der jeweiligen Mitgliedsstaaten und Verbreitungsgebiete. Genau diese Faktoren sind es aber, die maßgeblichen Einfluss darauf haben, in welchem Umfang bestimmte Medienangebote im wirtschaftlichen Wettbewerb nebeneinander bestehen können und in welchem rechtlichen Rahmen sich die publizistische Vielfalt möglichst frei und offen entwickeln kann. Anders als in großen und einwohnerstarken Mitgliedsstaaten sind zum Beispiel in kleinen Räumen typischerweise nur vergleichsweise wenige Konkurrenzangebote zugleich überlebensfähig. Insofern sind in kleinen Verbreitungsgebieten tendenziell großzügigere Konzentrationsgrenzen angebracht (alternativ unter Umständen auch binnenpluralistisch ausgerichtete Schutzvorkehrungen). Ob eine vollständige Harmonisierung der Konzentrationsbestimmungen diesen Besonderheiten gerecht werden könnte, ist zumindest zu bezweifeln[725]. Auch vor diesem Hintergrund liegt damit die Einschätzung nahe, dass sich die Aufgabe der medialen Vielfaltssicherung auf nationale Einzelmärkte beschränken sollte.

d) *Zwischenergebnis*

Nach alledem erscheint das Bestehen einer Binnenmarktkompetenz zur Harmonisierung der nationalen Vielfaltsschutzregelungen zwar nicht ausgeschlossen. Angesichts der marginalen praktischen Relevanz von Beeinträchtigungen der in Rede stehenden Grundfreiheiten durch divergierende nationale Sicherungskonzepte ist die Annahme einer Unionskompetenz aber eher fern liegend. Die Europäische Kommission hatte in den neunziger Jahren mit Fallgestaltungen argumentiert, die zwar potenziell relevant gewesen sein mögen, aber faktisch keine Bedeutung hatten. In der Praxis implizieren die nationalen Vielfaltsschutzregelungen indessen sogar häufig eine Begünstigung ausländischer Anbieter.

---

725 Kull, AfP 1993, 430, 434; vgl. auch Monopolkommission, 11. Hauptgutachten 1994/1995, Tz. 870; vgl. ferner Kleist, ZUM 1993, 503, 507 f.; vgl. zudem die instruktiven Hinweise bei Tschon, Cross Ownership, S. 213; vgl. auch Hain, AfP 2007, 527, 531; ferner Kommission, Weißbuch zu Dienstleistungen von allgemeinem Interesse, S. 23, KOM(2004) 374 endg., abrufbar unter http://eur-lex.europa.eu/LexUriServ/LexUriServ.do?uri=COM:2004:0374:FIN:DE:PDF (besucht am 01.08.2010).

Würde man die Zuweisung einer legislativen Unionszuständigkeit gleichwohl bejahen, so bedürfte es auf der zweiten Stufe einer Prüfung des Subsidiaritätsgrundsatzes nach Art. 3 EUV. Da nach neuem Recht Vieles dafür spricht, dass die Kompetenzen nach Art. 53 Abs. 1, 62, 114 AEUV als geteilte Zuständigkeiten im Sinne der neu eingeführten allgemeinen Zuständigkeitsbestimmungen nach Art. 3 bis 6 AEUV anzusehen sind, dürfte eine Prüfung der Subsidiarität nach neuem Recht unausweichlich sein. In der Prüfung des Subsidiaritätsgrundsatzes bleiben sodann erhebliche Spielräume in der Festlegung der maßstabsbildenden Ziele der in Betracht gezogenen Maßnahmen und damit in der Beurteilung der Subsidiariätsfrage selbst.

Im Ergebnis führt die kompetenzrechtliche Beurteilung nur zu begrenzt aussagefähigen Ergebnissen. Nach hier vertretener Auffassung bestehen an der Zulässigkeit eines unionsrechtlichen Tätigwerdens erhebliche Zweifel, dies vor allem in Hinblick auf die eigentliche Kompetenzzuweisung.

Darüber hinaus ist in Rechnung zu stellen, dass eine rechtliche Vereinheitlichung bestehende nationale Lösungsansätze teilweise unterlaufen und damit zumindest partiell einen Rückschritt für die Vielfaltssicherung bedeuten würde. Eine weitere Rolle spielt der Umstand, dass die sich vielfältig unterscheidenden Bedingungen innerhalb der nationalen Medienmärkte im Rahmen eines verbindlichen unionsrechtlichen Vorgehens vermutlich nur sehr unzureichend berücksichtigt werden könnten. Gerade im Bereich des Vielfaltsschutzes dürften politische Konzepte, die sich gegenüber den konkreten Bedingungen insbesondere in der Angebots- und Nachfragestruktur indifferent zeigen, wenig tragfähig sein.

E. Aktuelle Entwicklungen

Nachdem die Europäische Kommission von ihren Bemühungen zur Einführung einer Medienkonzentrationsrichtlinie Ende der neunziger Jahre Abstand genommen hatte, haben sich die Aktivitäten um Fragen der Pluralismussicherung in den vergangenen Jahren wieder etwas verstärkt.

Im Juli 2005 veröffentlichte die Kommission ein Themenpapier zur Liverpooler Konferenz zur audiovisuellen Politik („Medienvielfalt – Welche Rolle sollte die Europäische Union spielen?“), um abermals die Diskussion zu der Frage zu eröffnen, welchen Nutzen und Mehrwert ein europäisches Tätigwerden haben könnte[726]. Das Themenpapier gibt einen kurzen Überblick zur aktuellen

726 Kommission, Themenpapier zur Liverpooler Konferenz zur audiovisuellen Politik mit dem Titel „Medienvielfalt – Welche Rolle sollte die Europäische Union spielen?“, ab-

Auseinandersetzung um Fragen der medialen Vielfaltssicherung, unter anderem zur Bedeutung des europäischen Wettbewerbsrechts und zum Spannungsverhältnis von Konzentrationskontrolle und internationaler Wettbewerbsfähigkeit[727].

In Reaktion auf die insbesondere vom Europäischen Parlament weiterhin zum Ausdruck gebrachte Besorgnis in Hinblick auf fortschreitende Konzentrationsentwicklungen und ihre Auswirkungen auf die Meinungsvielfalt wurde im Januar 2007 das so genannte „Reding-Wallström-Konzept" vorgestellt[728]. Mit ihm ist ein dreistufiger Plan zum weiteren Vorgehen formuliert worden, der von der damaligen Medienkommissarin Viviane Reding und der damaligen Vizepräsidentin der Kommission Margot Wallström den anderen EU-Kommissaren vorgelegt wurde. Verbindliche Maßnahmen sollen danach vorerst allerdings nicht getroffen werden.

Auf erster Stufe steht ein bereits Anfang 2007 veröffentlichtes Arbeitsdokument der Dienststellen der Kommission über Medienpluralismus in den Mitgliedsstaaten, das sich in einer ersten Annäherung mit den rechtlichen, politischen und tatsächlichen Rahmenbedingungen für die Entwicklung von Medien- und Meinungsvielfalt in der Gemeinschaft und in den Mitgliedsstaaten befasst[729].

Im Anschluss hieran wurde auf der zweiten Stufe eine unabhängige Studie erarbeitet, die sich in einem neuen Ansatz damit beschäftigt, relevante Indikatoren zur Einschätzung und Bewertung von Medienvielfalt in den Mitgliedsstaaten zu identifizieren. Mit der Studie wurde ein Analysekonzept entwickelt, das dazu dienen soll, eine systematische Erhebung empirischer Daten zu ermöglichen und auf Grundlage der gewonnenen Informationen relevante Risiken für die mediale Vielfalt erfassen und bewerten zu können. Das entwicklungsoffen angelegte Analysekonzept, bezeichnet als „Media Pluralism Monitor", soll dazu beitragen, auf Grundlage erprobter Risikomanagement-Strategien aktuelle und potenzielle Gefahren für die Medienvielfalt erkennbar und vergleichbar zu machen. Einem

---

rufbar unter http://ec.europa.eu/avpolicy/docs/reg/modernisation/issue_papers/ispa_mediaplur_de.pdf (besucht am 30.07.2010).

727 Kommission, Themenpapier zur Liverpooler Konferenz zur audiovisuellen Politik mit dem Titel „Medienvielfalt – Welche Rolle sollte die Europäische Union spielen?", S. 1-7, abrufbar unter http://ec.europa.eu/avpolicy/docs/reg/modernisation/issue_papers/ispa_mediaplur_de.pdf (besucht am 30.07.2010).

728 Vgl. zu diesem Konzept grundlegend Zagouras, AfP 2007, 1 ff.

729 Arbeitsdokument der Dienststellen der Kommission über Medienpluralismus in den Mitgliedsstaaten vom 16.01.2007, SEC(2007) 32, S. 5-17, abrufbar unter http://ec.europa.eu/information_society/media_taskforce/doc/pluralism/media_pluralism_swp_en.pdf (besucht am 01.08.2010).

ganzheitlichen Ansatz folgend, berücksichtigen die Indikatoren die jeweils vorzufindenden rechtlichen, sozialdemografischen und wirtschaftlichen Rahmenbedingungen, deren Analyse in unterschiedlichen Referenzgebieten sehr unterschiedliche Ausgangsbedingungen für die Entwicklung der Meinungsvielfalt offen legen kann.

Das Analysekonzept soll letztlich einen Rahmen bieten, der in allen Mitgliedsstaaten der Union gleichermaßen anwendbar ist. Die Studie erhebt aber ausdrücklich nicht die Forderung nach einer Harmonisierung der mitgliedsstaatlichen Schutzkonzepte. Die Sicherung der medialen Vielfalt müsse vielmehr in der politischen Verantwortung der Mitgliedsstaaten verbleiben, um – der jeweiligen Risikolage Rechnung tragend – ein sachgerechtes Vorgehen zu ermöglichen[730].

Ob der dritte Schritt des „Reding-Wallström-Konzepts" – eine Mitteilung der Kommission über die Ergebnisse der genannten Studie – wie ursprünglich geplant zur Umsetzung gelangen wird, erscheint offen. Mit der Mitteilung sollte für die Betroffenen und die Mitgliedsstaaten die Möglichkeit geschaffen werden, in einen sachlich und methodisch fundierten Dialog zu treten[731].

Konkrete weitergehende Maßnahmen, etwa zu einem harmonisierenden legislativen Tätigwerden, sind zumindest derzeit nicht geplant. Für die Zukunft dürften mögliche Initiativen aber nicht gänzlich auszuschließen sein[732]. In der Literatur wurde eine gemeinsame europäische Lösung unter anderem in Hinblick auf die Gefahr einer zunehmenden „Internationalisierung des Phänomens der Meinungskonzentration" im Sinne einer sich verstärkenden grenzüberschreitenden Verflechtung von Medieneigentum gefordert[733]. Ob es zu weiterführenden Aktivitäten des europäischen Gesetzgebers tatsächlich kommen wird, dürfte vor allem von politischen Faktoren abhängig sein[734].

---

730 Katholieke Universiteit Leuven u.a., Independent Study on Indicators für Media Pluralism in the Member States – Towards a Risk-Based Approach, Final Report, Stand Juli 2009, S. viii f., abrufbar unter http://ec.europa.eu/information_society/media_taskforce/doc/pluralism/study/final_report_09.pdf (besucht am 02.08.2010).

731 Zusammenfassung zum Arbeitsdokument der Dienststellen der Kommission über Medienpluralismus, SEK(2007) 32, S. 8, abrufbar unter http://ec.europa.eu/information_society/media_taskforce/doc/pluralism/swp_sec_32_sum_de.pdf (besucht am 01.08.2010); vgl. auch Hain, AfP 2007, 527, 528.

732 Mit positiver Erwartung zu möglichen Aktionen der Gemeinschaft Bender, Cross-Media-Ownership, S. 310; vgl. ferner z.B. die Forderungen von Gounalakis/Zagouras, ZUM 2006, 716, 721 f., 725, nach einer einheitlichen europäischen Vielfaltssicherung.

733 Gounalakis/Zagouras, ZUM 2006, 716, 718, 721 f.

734 So auch Gounalakis/Zagouras, ZUM 2006, 716, 725.

F. Meinungs- und Medienfreiheit nach Art. 10 EMRK

Anders als im unionsrechtlichen Regelungsrahmen stellt sich für die Europäische Konvention zum Schutz der Menschenrechte und Grundfreiheiten (EMRK) weniger die Frage, ob neben den mitgliedsstaatlichen Zuständigkeiten auch eigene supranationale Rechtsetzungskompetenzen für die europäische Medienordnung bestehen. Die zentrale Fragestellung liegt vielmehr darin, welche dogmatische Einordnung für das Recht der freien Meinungsäußerung nach Art. 10 EMRK vorzunehmen ist, ob ihm nämlich über seine abwehrrechtliche Bedeutung hinaus auch eine objektivrechtliche, dienende Funktion zukommt[735].

Was zunächst den Rang und die Bedeutung der Konvention insgesamt anbelangt, so handelt es sich um einen eigenständigen völkerrechtlichen Vertrag, der im Rahmen des Europarats erarbeitet wurde und dem unter anderem die Mitgliedsstaaten der Europäischen Union angehören. Der durch den Vertrag von Lissabon geänderte EU-Vertrag sieht aber auch einen Beitritt der Europäischen Union vor (Art. 6 Abs. 2 EUV)[736].

Der Vertrag über die Europäische Union schreibt überdies fest, dass die Grundrechte, wie sie von der Konvention gewährleistet sind und sie sich aus den gemeinsamen Verfassungsüberlieferungen der Mitgliedsstaaten ergeben, als allgemeine Grundsätze Bestandteil des Rechts der Europäischen Union sind, Art. 6 Abs. 3 EUV. In ständiger Rechtsprechung hatte der EuGH anerkannt, dass die EMRK als Maßstab für das Handeln der Gemeinschaft zu berücksichtigen und dass das EG-Recht im Lichte der in ihr normierten Grundrechte auszulegen sei[737]. Innerhalb der deutschen Rechtsordnung steht die EMRK grundsätzlich im Rang eines einfachen Gesetzes[738].

Mit Art. 10 EMRK ist ein Freiheitsrecht zum Schutz der freien Meinungsäußerung normiert, das über einen umfassenden, die Freiheit der Presse und anderer Medienformen einschließenden Schutzbereich verfügt[739]. In seiner

---

735 Hamburger Kommentar zum Medienrecht - Schulz, Art. 10 EMRK Rn. 29, m.w.N.

736 Vgl. Vedder/Heintschel von Heinegg - Folz, Kommentar zum Europäischen Verfassungsvertrag, Art. I-9 Rn. 3 f.

737 Vgl. u.a. EuGH Slg. 1974, 491, 507 Rn. 12 f., Urteil v. 4.05.1974, Rs. 4/73 „Nold/Kommission“; vgl. auch Kibele in: Holznagel/Grünwald, Meinungsvielfalt im kommerziellen Fernsehen, S. 99; ferner Peters, Einführung in die Europäische Menschenrechtskonvention, S. 1 f., 27 ff.

738 Vgl. BGBl II 2002, 1054, Bekanntmachung zur Neufassung der Konvention vom 4. November 1950 zum Schutz der Menschenrechte und Grundfreiheiten vom 17. Mai 2002; vgl. auch BVerfGE 74, 358, 370; 111, 307, 317; 120, 180, 200.

739 Vgl. Meyer-Ladewig, Kommentar zur EMRK, Art. 10 Rn. 5.

deutschsprachigen Fassung hat Art. 10 EMRK folgenden Wortlaut, der hier nur verkürzt wiedergegeben werden soll:

> „(1) Jede Person hat das Recht auf die freie Meinungsäußerung. Dieses Recht schließt die Meinungsfreiheit und die Freiheit ein, Informationen und Ideen ohne behördliche Eingriffe und ohne Rücksicht auf Staatsgrenzen zu empfangen und weiterzugeben. Dieser Artikel hindert die Staaten nicht, für Hörfunk-, Fernseh- oder Kinounternehmen eine Genehmigung vorzuschreiben.
>
> (2) Die Ausübung dieser Freiheiten ist mit Pflichten und Verantwortung verbunden; sie kann daher Formvorschriften, Bedingungen, Einschränkungen oder Strafdrohungen unterworfen werden, die gesetzlich vorgesehen und in einer demokratischen Gesellschaft notwendig sind für die nationale Sicherheit, die territoriale Unversehrtheit oder […].“

Einigkeit besteht darüber, dass das aus Art. 10 EMRK abgeleitete Gebot der Pluralismussicherung in die subjektivrechtliche Prüfung einzubeziehen sein kann, namentlich als gegenläufiger objektiver Rechtswert bei der Frage der Rechtfertigung möglicher Eingriffe in den Schutzbereich der Meinungsäußerungsfreiheit[740]. Das eigentliche Augenmerk gilt vorliegend aber der Frage, ob Art. 10 ERMK überdies auch eine dienende Funktion hat, ob die Norm nämlich – ähnlich wie in der zu Art. 5 GG entwickelten Dogmatik – so zu verstehen ist, dass sie den konventionsangehörigen Staaten und Rechtssubjekten die positive Verpflichtung zu einem legislativen Schutz der Medien- und Meinungsvielfalt auferlegt.

Unter Hinweis auf ein Urteil des Europäischen Gerichtshofs für Menschenrechte (EGMR) aus dem Jahr 1993 ist eine solche Verpflichtung zum Teil ohne weitere Begründung bejaht worden[741]. Ob eine solche Auffassung durch die Entscheidung hinreichend gestützt wird, ist allerdings fraglich.

In dem damaligen Verfahren „Informationsverein Lentia/Österreich“ hatte der EGMR das österreichische Rundfunkmonopol, dessen rechtlicher Rahmen einen Zugang Privater nicht vorsah, als unverhältnismäßige Beschränkung der Freiheit der Meinungsäußerung gewertet und damit eine Verletzung des Art. 10 EMRK bejaht[742]. In der Prüfung einer möglichen Rechtfertigung der Beeinträchtigung der Beschwerdeführer in ihrer Äußerungsfreiheit hat der EGMR unter dem Erfordernis der Notwendigkeit des gesetzlichen Eingriffs die besondere Bedeutung hervorgehoben, die der Meinungsäußerungsfreiheit in ihrer Funktion

---

740 Vgl. EGMR EuGRZ 1994, 549, 550 „Informationsverein Lentia/Österreich“; vgl. auch Hamburger Kommentar zum Medienrecht - Schulz, Art. 10 EMRK Rn. 29, 38, m.w.N.

741 So Meyer-Ladewig, Kommentar zur EMRK, Art 10 Rn. 9, unter Bezugnahme auf EGMR EuGRZ 1994, 549 ff. „Informationsverein Lentia/Österreich“; vgl. auch Frowein/Peukert - Frowein, Kommentar zur EMRK, Art. 10 Rn. 4.

742 EGMR EuGRZ 1994, 549, 551 „Informationsverein Lentia/Österreich“.

zukomme, „Nachrichten und Meinungen von allgemeinem Interesse zu verbreiten, auf deren Empfang die Öffentlichkeit ein Anrecht hat“[743]. Entscheidend heißt es in den weiteren Ausführungen, dass sich eine solche Aufgabe nur dann erfolgreich bewältigen lasse, „wenn man sich auf den Grundsatz des Pluralismus stützt, dessen Garant letzten Endes der Staat ist“[744].

Für die Annahme einer positiven Verpflichtung der Vertragsstaaten zum Schutz der Meinungsvielfalt lässt sich allein die Wortwahl in der Urteilsbegründung fruchtbar machen, das heißt die Qualifikation des Staates als Garant der Meinungsvielfalt.

Gegen eine abschließende normative Festlegung des Art. 10 EMRK auf eine dienende Funktion im angegebenen Sinne spricht hingegen, dass der Gerichtshof eine klassische subjektivrechtliche Prüfung vorgenommen hat und dabei gerade keinen eigenständigen objektivrechtlichen Erwägungen nachgegangen ist. Darüber hinaus erfolgte der Hinweis auf die Garantenstellung des Staates eher beiläufig. Inhaltlich blieb er wenig aussagekräftig. Insbesondere mangelte es an konkreten Maßgaben für einen möglichen Schutz- und Ausgestaltungsauftrag[745].

Zuzugestehen ist sicherlich, dass die genannte Formulierung einen ersten Ansatzpunkt bietet, anhand dessen sich eine weiterführende Rechtsprechung perspektivisch entwickeln ließe. Da eine mögliche Handlungsverpflichtung der Konventionsstaaten nicht zuletzt aber einer gewissen dogmatischen Fundierung bedarf, kann die in Bezug genommene Aussage des Gerichtshofs für sich genommen für die Annahme einer solchen Festlegung nicht als ausreichend angesehen werden. Das Grundrecht des Art. 10 EMRK ist daher nach wie vor vor allem als klassisches Abwehr- und Individualrecht zu begreifen[746].

G. Zwischenergebnis und Ausblick

Die bisherigen Entwicklungen zu möglichen europäischen Vielfaltsschutzkonzepten deuten an, dass die Frage nach einer unionsrechtlichen Kompetenzgrundlage nicht ganz einfach zu beurteilen ist. Die in den Entwurfsfassungen von 1996 und 1997 gescheiterte Medienkonzentrationsrichtlinie sollte auf die Binnenmarktskompetenzen der Art. 57 Abs. 2, 66, 100a EGV a.F. gestützt werden.

---

743 EGMR EuGRZ 1994, 549, 550 „Informationsverein Lentia/Österreich“.

744 Ebenda.

745 Vgl. Kibele in: Holznagel/Grünwald, Meinungsvielfalt im kommerziellen Fernsehen, S. 98; vgl. auch Frey, Fernsehen und audiovisueller Pluralismus, S. 54 ff.; ferner Engel, Privater Rundfunk, S. 75 f.

746 Beck'scher Kommentar zum RundfunkR - Rossen-Stadtfeld, § 25 Rn. 73 ff., m.w.N.

In ihren heutigen Ausformungen, normiert in den Art. 53 Abs. 1, 62, 114 AEUV, sind dies nach wie vor die zentralen Kompetenzgrundlagen, die für ein europäisches Vorgehen auf dem Gebiet der Pluralismussicherung in Betracht kommen würden. Zweifelhaft ist vor allem allerdings, ob die Zuständigkeit insoweit tatsächlich bei der Europäischen Union liegt, ob nämlich die divergierenden Vielfaltsschutzbestimmungen der Mitgliedsstaaten eine relevante Beeinträchtigung der in Bezug genommenen Binnenmarktsfreiheiten begründen. Die Kommission hat diese Frage in der Vergangenheit mitunter bejaht und unter anderem mit potenziellen Beeinträchtigungen der Dienstleistungsfreiheit argumentiert, namentlich mit möglichen mitgliedsstaatlichen Schutzvorkehrungen gegen Versuche privater Rundfunkunternehmen, bestehende Regelungen zum Beispiel durch eine bewusst grenzüberschreitende Sendetätigkeit zu umgehen. Die von der Kommission angeführten Beschränkungen der Grundfreiheiten hatten jedoch eher hypothetischen Charakter. Im Ergebnis sind deshalb erhebliche Zweifel angebracht, ob sich auf Grundlage dieser Erwägungen die Zuweisung einer europäischen Harmonisierungskompetenz annehmen lässt.

Darüber hinaus erhebt sich die Frage, ob nicht gegebenenfalls auf zweiter Stufe das Subsidiaritätsprinzip (Art. 5 Abs. 1 S. 2, Abs. 3 EUV) als Schranke der Kompetenzausübung einem unionsrechtlichen Tätigwerden entgegenstehen würde. Insoweit sind unterschiedliche Sichtweisen möglich. Entscheidend ist vor allem, wie das Ziel definiert wird, für das dann entweder auf europäischer oder auf mitgliedsstaatlicher Ebene die besseren Erreichungsmöglichkeiten bestehen.

Die Mitgliedsstaaten haben sich bislang vehement gegen gemeinschaftsrechtliche Aktionen auf dem Gebiet der Pluralismussicherung ausgesprochen. Begründet wurde die ablehnende Haltung unter anderem mit den starken Abweichungen im Verhältnis der unterschiedlichen nationalen Medienmärkte zueinander, die in ihren jeweiligen Eigenheiten auch einer jeweils eigenständigen Regulierung bedürften und insofern einer supranationalen Regulierung nicht zugänglich seien.

Vor einigen Jahren hat die Kommission die Überlegungen zu möglichen Aktivitäten auf europäischer Ebene wieder aufgenommen. Mit dem so genannten „Reding-Wallström-Konzept“ verfolgt sie gegenwärtig den Ansatz, die empirischen und rechtlichen Grundlagen und Wirkungsmechanismen genauer zu untersuchen, um damit die notwendigen wissenschaftlichen und methodischen Grundlagen für eine erneute politische Diskussion zu schaffen. Die inzwischen vorgelegte unabhängige Studie zu relevanten Indikatoren zur Einschätzung und Bewertung von Medienvielfalt gelangt unter anderem zu dem Schluss, dass der Schutz der medialen Vielfalt in der Verantwortung der Mitgliedsstaaten verbleiben sollte.

Außerhalb unionsrechtlicher Zusammenhänge bietet das Grundrecht der freien Meinungsäußerung nach Art. 10 EMRK einen Anknüpfungspunkt für eine supranationale Verpflichtung, für einen positiven Schutz der Meinungsvielfalt Sorge zu tragen. Die bisherige Rechtsprechung des EGMR reicht jedoch nach hier vertretener Auffassung nicht aus, um eine solche Verpflichtung der konventionsangehörigen Staaten tatsächlich zu begründen. Die dogmatischen Grundlagen sind noch nicht ausreichend entwickelt.

III. Vielfaltsschutzvorgaben der Landesmediengesetze

Bezogen auf die deutsche Medienordnung ist der Schwerpunkt des multimedialen Gefahrenpotenzials vom Bundesverfassungsgericht im regionalen und lokalen Bereich gesehen worden, wo bereits frühzeitig eine Vielzahl von Monopolstellungen von Zeitungsverlagen entstanden waren. Vor diesem Hintergrund hat es in seinem vierten Rundfunkurteil von 1986 strengere Anforderungen an die legislativen „Vorkehrungen gegen die Entstehung multimedialer Meinungsmacht im *regionalen und lokalen Bereich*“ als notwendig erachtet[747].

Es ist sicher zutreffend, dass marktübergreifende Konzentrationsvorgänge in regionalen und lokalen Kontexten angesichts weit verbreiteter Einzeitungskreise schnell einen vollständigen Verlust publizistischen Wettbewerbs mit sich bringen und insofern ein gesteigertes Gefahrenpotenzial für die Meinungsvielfalt in sich tragen.

In der Frage der Gefahrenschwerpunkte liegt dennoch eine abweichende Einschätzung nahe. Die Konzentration überregionaler Meinungsmacht birgt aus zwei Gründen das größere Risiko- und Gefahrenpotenzial. Zum einen dominiert im Regionalen neben der Tagespresse das Medium Hörfunk und nicht das suggestivkräftigere und einflussreichere Medium Fernsehen. Zum anderen können publizistische Konzentrationswirkungen im lokal oder regional begrenzten Raum gegebenenfalls durch gegenläufige Meinungsströmungen in benachbarten Gebieten und auf überregionaler Ebene ausgeglichen werden. In umgekehrter Richtung erscheint ein solcher Ausgleich allenfalls sehr eingeschränkt möglich.

Die nachfolgenden Ausführungen zu den landesgesetzlichen Beschränkungen lokaler und regionaler Verflechtungsprozesse sollen sich deshalb auf das Wesentliche beschränken, namentlich auf eine kurze Darstellung und Analyse der unterschiedlichen Grundkonzepte der Vielfaltssicherung, die innerhalb der

747 BVerfGE 73, 118, 176 f.; vgl. auch BVerfGE 83, 238, 324 f.

verschiedenen Landesmediengesetze und Medienstaatsverträge verwirklicht worden sind. Besonderes Augenmerk soll auf die Crossmedia-Regelungen gelegt werden, mit denen insbesondere einer unerwünschten Konzentration von Rundfunk- und Presseeinflüssen entgegengewirkt werden soll. Anspruch auf eine vollständige und erschöpfende Erfassung der unterschiedlichen Schutzmodelle erheben die nachfolgenden Darstellungen nicht.

A. Beteiligungsbegrenzungen

Wie der verfassungsrechtliche Regelungsauftrag zur Begrenzung übermäßiger Meinungsmacht im Einzelnen zu erfüllen ist, ist weitgehend der Entscheidung der Gesetzgeber überlassen. Insbesondere gibt es keine verfassungsrechtlichen Vorgaben zu der Frage, ob grundsätzlich einem außen- oder binnenpluralistischen Schutzkonzept der Vorzug zu geben ist, ob also die betreffenden Programme in ihrer Gesamtheit auf ein bestimmtes Vielfaltsziel zu verpflichten sind oder ob eine hinreichende Ausgewogenheit im Meinungsspektrum schon innerhalb des einzelnen Programms gewährleistet sein muss. Auch diese Entscheidung ist dem Gesetzgeber überlassen[748].

Zu den bedeutsamsten Steuerungsinstrumenten innerhalb der landesgesetzlichen Regelungssysteme zählt die Beschränkung von Beteiligungsmöglichkeiten. Zum einen werden, einem außenpluralistischen Vielfaltskonzept folgend, zahlenmäßige Begrenzungen von Programmträgerschaften bzw. von Beteiligungen an lokal, regional oder landesweit verbreiteten Rundfunkprogrammen vorgesehen (Kumulationsbeschränkungen). So darf ein Veranstalter nach § 5 Abs. 1 Bremisches Landesmediengesetz (BremLMG) schlechterdings nur ein Vollprogramm oder ein Spartenprogramm mit Schwerpunkt Information im Hörfunk oder im Fernsehen verbreiten. In anderen Ländern gelten dagegen durchaus großzügigere Obergrenzen[749].

Zum anderen kann eine Beschränkung von Beteiligungsmöglichkeiten über eine Limitierung gesellschaftsrechtlicher Einflüsse erfolgen, das heißt über eine Begrenzung der zulässigen Kapital- und Stimmrechtsanteile innerhalb des einzelnen Programmveranstalters (Anteilsbegrenzungen). Diese Form der Beteili-

---

748 BVerfGE 83, 238, 324 f.

749 Vgl. z.B. § 11 Abs. 3 S. 1 Landesrundfunkgesetz M-V (RundfG M-V); vgl. ferner § 12 Abs. 3 Landesrundfunkgesetz Schleswig-Holstein (LRG SH), § 19 Abs. 1 Staatsvertrag über das Medienrecht in Hamburg und Schleswig-Holstein (Medienstaatsvertrag HSH); § 7 Abs. 2 Nr. 1 Niedersächsisches Mediengesetz (NMedienG) und Art. 25 Abs. 6 Bayerisches Mediengesetz (BayMG).

gungsbeschränkung kann als abgestuftes Modell ausgestaltet sein, in dem beispielsweise zwei Programme mit einer Beteiligung von mehr als 50 Prozent der Kapital- oder Stimmrechte veranstaltet werden dürfen, zwei weitere Programme mit einer Beteiligung von nur noch bis zu 50 Prozent der Kapital- und Stimmrechte und weitere zwei Programme mit einer Beteiligung bis zu 25 Prozent, vgl. § 19 Abs. 1 S. 1 und 2 Staatsvertrag über das Medienrecht in Hamburg und Schleswig-Holstein (Medienstaatsvertrag HSH).

Die Beschränkung gesellschaftsrechtlicher Einflüsse kann ihren Normzweck unabhängig von außenpluralistischen Rahmenvorgaben erfüllen[750]. Sie lässt sich ohne weiteres aber auch mit außenpluralistisch angelegten Kumulationsbeschränkungen kombinieren[751]. In jedem Fall impliziert sie einen Ausschluss der Alleinveranstaltung und damit eine Konzentrationsbegrenzung durch die Pflicht zur Bildung von Anbietergemeinschaften.

Was in diesem Zusammenhang die Begrenzung medienübergreifender Konzentrationsentwicklungen anbetrifft, so haben die Landesgesetzgeber zur Verhinderung so genannter Doppelmonopole in der Mehrzahl auch crossmediale Beteiligungsbeschränkungen normiert[752]. Die Vorschriften sind zum Teil sehr unterschiedlich konzipiert. Zentraler tatbestandlicher Ansatzpunkt ist regelmäßig das Vorliegen einer marktbeherrschenden Stellung auf lokalen, regionalen oder landesweiten Pressemärkten.

In vergleichsweise restriktiver Ausgestaltung sieht das Thüringische Landesmediengesetz (ThürLMG) vor, dass die Zulassung eines privaten Rundfunkveranstalters grundsätzlich zu versagen ist, wenn der Antragsteller zum Beispiel bei einem Antrag für ein Vollprogramm bereits eine marktbeherrschende Stellung bei Tageszeitungen innerhalb des jeweiligen Verbreitungsgebiets innehat, § 17 Abs. 1 S. 1 Nr. 3 und 4 ThürLMG. Ähnlich weitreichende Zugangsbeschränkungen gelten im Saarland und in Bremen, § 44 Nr. 6 Saarländisches Mediengesetz (SMG) und § 5 Abs. 2 BremLMG[753]. Demgegenüber zwingt das Regelungsmodell des Landesmediengesetzes Rheinland-Pfalz (LMG Rheinland-Pfalz) marktbeherrschende Verleger von Tageszeitungen zur Bildung von Anbietergemeinschaften. Ihre Beteiligungsmöglichkeiten an nicht bundesweit sen-

---

750 Vgl. §§ 16, 17 Abs. 1-3 Hessisches Privatrundfunkgesetz (HPRG); vgl. auch Art. 25 Abs. 5 S. 2 Nr. 1 BayMG.

751 Vgl. § 19 Abs. 1 Medienstaatsvertrag HSH; § 7 Abs. 2 NMedienG.

752 Auf ein entsprechendes Crossmedia-Korrektiv verzichten z.B. das Rundfunkgesetz für das Land Mecklenburg-Vorpommern, das Gesetz über den privaten Rundfunk und neue Medien in Sachsen und das Mediengesetz des Landes Sachsen-Anhalt.

753 Vgl. auch z.B. § 7 Abs. 2 Nr. 3 NMedienG; § 33 Abs. 3 S. 1 Landesmediengesetz Nordrhein-Westfalen (LMG NRW); § 19 Abs. 2 Medienstaatsvertrag HSH; § 22 Abs. 5 S. 1 LMG Rheinland-Pfalz.

denden Rundfunkveranstaltern sind auf 35 Prozent des Kapitals und 25 Prozent der Stimmrechte begrenzt, § 22 Abs. 5 S. 1 LMG Rheinland-Pfalz.

Keine Anknüpfung an das Vorliegen einer marktbeherrschenden Stellung sucht das Modell des Bayerischen Mediengesetzes (BayMG). In positiver Formulierung ist hier gesetzlich vorgegeben, dass sich ein Unternehmen mit einer Gesamtauflage von mehr als 50 Prozent „der im Versorgungsgebiet periodisch erscheinenden Druckwerke mit meinungsrelevantem Inhalt" dann an Rundfunkprogrammen beteiligen kann, wenn bestimmte vielfaltsrelevante äußere Bedingungen erfüllt sind oder wenn in ausreichendem Umfang binnenplurale Vielfaltsschutzvorkehrungen getroffen werden, Art. 25 Abs. 7 BayMG.

Einen anderen Weg hat man auch in Berlin und Brandenburg beschritten. Den Bestimmungen des gemeinsamen Medienstaatsvertrags (MStV Berlin/Brandenburg) gemäß kommt es auch hier auf die Anteile an der Gesamtauflage im Pressebereich an, namentlich im Bereich regionaler Tageszeitungen. Anders als in Bayern beeinflussen die erreichten Auflagenanteile allerdings lediglich die Höhe der zulässigen Kapital- und Stimmrechte bei der Beteiligung an Rundfunkveranstaltern und nicht die Zulässigkeit der Beteiligung schlechthin, § 21 MStV Berlin/Brandenburg.

Die Gemeinsamkeit der genannten Crossmedia-Modelle besteht demnach darin, dass bestimmte Marktstellungen von Unternehmen mit Aktivitäten im lokalen oder regionalen Pressebereich – konkretisiert etwa über den Begriff der Marktbeherrschung oder über einen bestimmten Mindestanteil an der Gesamtauflage – zu Beschränkungen und Restriktionen in der Zulassung des betreffenden Verlagsunternehmens als Rundfunkveranstalter oder in der anteilsmäßigen Beteiligung an bestehenden Veranstaltern führen.

Während die meisten Regelungsmodelle das Verhältnis von Rundfunk und Tageszeitungen in den Mittelpunkt rücken, werden zum Teil auch einflussreiche Zeitschriftenverlage oder sogar solche Unternehmen mit einbezogen, an denen Presseverlage ihrerseits nur beteiligt sind[754]. Mit einem noch offeneren Ansatz arbeitet das Landesmediengesetz Baden-Württemberg (LMedienG BW), indem es – wie auch der Rundfunkstaatsvertrag der Länder – auf das Merkmal einer marktbeherrschenden Stellung auf einem medienrelevanten verwandten Markt abstellt und daran eine Vermutung vorherrschender Meinungsmacht knüpft, § 24 Abs. 2 S. 3 Var. 1 LMedienG BW.

---

754 Vgl. § 33 Abs. 3 LMG NRW; § 17 Abs. 2 HPRG; vgl. ferner Jöst, Verfassungsrechtliche Aspekten von Presse und Rundfunk, S. 101 ff.

B. Zuliefererbeschränkungen

Relativ weit verbreitet sind Begrenzungen für die Zulieferung von Programminhalten. Ab einer bestimmten Marktstärke dürfen Presseunternehmen lokal oder regional relevante Sendeinhalte nur noch in eingeschränktem Umfang an Rundfunkveranstalter innerhalb desselben Verbreitungsgebiets weitergeben[755].

Das Sächsische Privatrundfunkgesetz (SächsPRG) sieht beispielsweise vor, dass lokale oder regionale Fernseh- oder Hörfunkprogramme „grundsätzlich nicht zu mehr als einem Drittel von einem Unternehmen gestaltet oder zugeliefert werden" sollen, das innerhalb des Sendegebiets bestimmte periodisch erscheinende Printerzeugnisse mit einem Anteil von über 20 Prozent an der Gesamtauflage dieser Druckwerke verlegt, § 8 Abs. 2 S. 1 SächsPRG.

Zum einen handelt es sich bei dem angesprochenen Normprinzip um einen medienübergreifenden Regelungsansatz. Zum anderen haben Zuliefererbeschränkungen aber auch eine Relevanz für vertikale Unternehmensbeziehungen, denn sie schützen vor einer Vereinheitlichung von Inhalten, die sich aus Zulieferungsbeziehungen in der medienwirtschaftlichen Wertschöpfungskette ergeben kann. Anstatt einer steigenden Marktkonzentration entgegenzutreten, operieren die Landesmediengesetze insoweit mit einem unmittelbar programm- und rechtebezogenen Regelungskonzept. Derartige Beschränkungen eignen sich vor allem als funktionale Ergänzung zu gängigen Beteiligungsobergrenzen. In ihrer praktischen Bedeutung sind sie allerdings nicht allzu hoch einzuschätzen. Dies ergibt sich allein schon aus den vergleichsweise großzügigen Grenzziehungen für erlaubte Zulieferungsanteile.

C. Binnenpluralistische Sicherungen

Viele Landesmediengesetze eröffnen auch die Möglichkeit binnenpluralistischer Vielfaltsschutzmechanismen. Vorgesehen sind zum Beispiel die Pflicht zur Bildung pluralistisch zusammengesetzter Anbietergemeinschaften, die Einführung von Programmrichtlinien[756], die Vergabe von Drittsendezeiten[757] oder die Bildung eines Programmbeirats[758]. Programmbeiräte sind eine der häufigsten Formen binnenpluraler Sicherungsmittel. Bei ihnen handelt es sich um pluralistisch

755 Vgl. beispielhaft § 18 HPRG; § 18 Thüringer Landesmediengesetz; § 18 NMedienG; § 8 Abs. 2 S. 1 Sächsisches Privatrundfunkgesetz (Sächs PRG).

756 Art. 25 Abs. 5 S. 2 Nr. 3 BayMG; § 22 Abs. 2 S. 3 LMG Rheinland-Pfalz; § 50 Abs. 2 S. 3 Saarländisches Mediengesetz (SMG).

757 §§ 24 Abs. 3 S. 1 Nr. 2, 27 LMedienG BW.

758 § 22 Abs. 2 S. 2 LMG Rheinland-Pfalz; § 50 Abs. 2 S. 2 SMG.

zusammengesetzte Gremien, denen ein (beispielsweise beratender) Einfluss auf die Programmgestaltung eingeräumt ist (vgl. etwa § 20 Abs. 4 RundfG M-V, § 32 Abs. 2 S. 3 und 4 Mediengesetz des Landes Sachsen-Anhalt (MedienG LSA) i.V.m. § 32 RStV).

Mit diesen und anderen Schutzvorkehrungen kann zur programminternen Stärkung der inhaltlichen Vielfalt beigetragen werden, wobei entsprechende Vorgaben und Anordnungen als Begrenzungen sowohl von einfachen Rundfunk- wie auch von kombinierten Crossmedia-Einflüssen zum Tragen kommen können.

Vergleichsweise strenge rechtliche Maßstäbe gelten in Hessen. Für landesweite private Hörfunkvollprogramme und für private regionale Fernsehprogramme ist dort von vornherein eine Pflicht zur Bildung einer Anbietergemeinschaft vorgeschrieben, §§ 16 Abs. 1, 17 Abs. 1 HPRG. Im Falle landesweiter Hörfunkvollprogramme muss die Anbietergemeinschaft aus mindestens zehn Personen bestehen, oder es müssen mindestens zehn Personen Anteils- oder Mitgliedschaftsrechte besitzen, sofern sie durch eine juristische Person gebildet wird, § 16 Abs. 2 S. 1 HPRG. Eine medienübergreifende Relevanz ist in diesem Fall nicht gegeben.

In den meisten übrigen Ländern sind die maßgeblichen Bestimmungen zu binnenpluralistischen Sicherungen indessen als Ausfall- oder Korrekturregelungen ausgestaltet[759].

Die bayerische Regelung kennzeichnet sich durch vergleichsweise vielfältige und zum Teil besonders weitreichende Möglichkeiten binnenpluralistischer Vielfaltsschutzvorkehrungen. Neben der Einrichtung eines Programmbeirats besteht die Option, den Anbieter im Sinne einer pluralen gesellschaftsrechtlichen Zusammensetzung zu strukturieren, Stimmrechtsbeschränkungen in Programmfragen einzuführen oder ein Programmschema und Programmrichtlinien verbindlich zu machen, § 25 Abs. 5 S. 2 BayMG. Solche Schritte können durch das Vorhandensein eines in hohem Maße ungleichgewichtigen Einflusses auf die Meinungsbildung allein im Rundfunkbereich veranlasst sein, § 25 Abs. 5 S. 1 BayMG. Im crossmedialen Zusammenhang können die genannten Maßnahmen aber auch legitimieren, dass sich ein Presseunternehmen mit einer Gesamtauflage von mehr als 50 Prozent bestimmter periodisch erscheinender Druckwerke im Versorgungsgebiet ausnahmsweise auch an einem Rundfunkunternehmen beteiligen darf, § 25 Abs. 7 RStV[760].

Eine Regelung, die direkt auf den Verbund von Rundfunk- und Presseeinflüssen Bezug nimmt, ist § 32 Abs. 2 S. 3 des Mediengesetzes des Landes Sach-

759 Vgl. z.B. § 50 Abs. 2 S. 2 SMG.

760 Vgl. auch die Regelung in § 24 Abs. 2 und 3 LMedienG BW.

sen-Anhalt (MedienG LSA). Hier gilt, dass Unternehmen, die auf einem Zeitungs- oder Zeitschriftenmarkt in einem Verbreitungsgebiet über eine marktbeherrschende Stellung verfügen, keinen beherrschenden Einfluss auf Rundfunkveranstalter ausüben dürfen, § 32 Abs. 2 S. 1 MedienG LSA[761]. Bei der Prüfung eines solchen Einflusses sieht § 32 Abs. 2 S. 3 MedienG LSA vor, dass der Veranstalter als Ausgleichsmöglichkeit einen Programmbeirat einrichten kann, der dann als relevanter Faktor in die Betrachtung mit einzubeziehen ist.

Schon die vorliegend nur ausschnitthaft dargestellten Regelungsbeispiele zeigen, wie unterschiedlich binnenpluralistische Sicherungsinstrumente ausgestaltet sein und wie vielfältig sie im Zusammenspiel auch mit anderen Schutzkonzepten zum Einsatz kommen können. Überwiegend handelt es sich um Ausfall- und Korrekturmechanismen, die bei unzureichender Wirkung der allgemeinen Sicherungsvorkehrungen zur Anwendung kommen können. Es kann mit ihnen ein Ausgleich für zu starke Einflüsse allein im Rundfunkbereich verbunden sein, ebenso aber auch ein Ausgleich für Meinungseinflüsse, die sich aus dem Verbund von Rundfunk- und Pressemedien ergeben.

D. Zwei-Säulen-Modell

Für einen Sonderweg hat sich der Gesetzgeber in Nordrhein-Westfalen entschieden. Im Jahr 1988 wurde ein stark binnenpluralistisch ausgerichtetes Alternativmodell eingeführt, das sich allein auf den lokalen Rundfunk bezieht. Es ist dies das bis heute gültige so genannte Zwei-Säulen-Modell.

Die Zulassung zum lokalen Hörfunk setzt danach eine organisatorische Zweiteilung in der Trägerschaft der Rundfunkveranstaltung voraus. In den Aufgabenbereich der privatrechtlich verfassten Betriebsgesellschaft fallen die Finanzierung und die zur technischen Verbreitung erforderlichen Leistungen, §§ 52, 60 Abs. 1 und 2 Landesmediengesetz Nordrhein-Westfalen (LMG NRW). Die Verantwortung für die programmlichen Inhalte trägt hingegen allein die Veranstaltergemeinschaft, vgl. § 52 S. 2 LMG NRW. Bei letzterer handelt es sich um ein als Verein verfasstes, pluralistisch zusammengesetztes Gremium aus mindestens 12 Personen. Seine Mitglieder nehmen ihre Aufgaben überwiegend als Vertreter bestimmter gesellschaftlicher Kräfte und Gruppen wahr, von denen sie zu diesem Zweck bestimmt worden sind, §§ 58 Abs. 3 S. 2, 62 Abs. 1 bis 3 LMG NRW.

Auf Grundlage der organisatorischen Trennung von Finanzierungs- und Programmverantwortung besteht für Presseunternehmen die Möglichkeit, sich

761 Vgl. auch § 33 Abs. 3 LMG NRW.

wirtschaftlich am lokalen Hörfunk zu beteiligen, während ihnen inhaltliche Einflussnahmen weitgehend verwehrt sind, vgl. §§ 62 Abs. 1 Nr. 12, 59 Abs. 3 LMG NRW. Dem Postulat eines effektiven Vielfaltsschutzes gerade auch vor multimedialer Meinungsmacht soll damit prinzipiell ebenso Rechnung getragen werden wie der wirtschaftlichen Sorge der Presseverleger um eine Verlagerung des Werbegeschäfts zugunsten des privaten Rundfunks[762].

Die Konstruktion des nordrhein-westfälischen Zwei-Säulen-Modells hat durchaus auch zu Kritik und Bedenken geführt. In Frage gestellt wurde es nicht zuletzt unter verfassungsrechtlichen Gesichtspunkten[763]. Im Rahmen eines Normenkontrollverfahrens hat das Bundesverfassungsgericht das Modell mit seinem sechsten Rundfunkurteil aus dem Jahr 1991 aber für mit dem Grundgesetz vereinbar erklärt[764]. Die dreifache Zielsetzung des Modells sei verfassungsrechtlich nicht zu beanstanden. Es diene dem Zweck, die Zulassung privaten Rundfunks mit lokaler Verbreitung mit bestimmten Vielfalts- und Programmanforderungen zu verknüpfen, der Gefahr vorherrschender Meinungsmacht zu begegnen, die im lokalen Bereich in besonderer Weise durch örtliche Zeitungsverlage drohe, und schließlich auch einer Gefährdung der wirtschaftlichen Grundlagen der Lokalpresse vorzubeugen, die aus der Zulassung privater Rundfunkanstalter resultieren könne[765].

Die im nordrhein-westfälischen Vielsfaltsschutzsystem vorgesehene Zweiteilung der Programmträgerschaft in eine Veranstaltergemeinschaft und eine Betriebsgesellschaft ist nach Ansicht des Bundesverfassungsgerichts zur Sicherung der Rundfunkfreiheit grundsätzlich geeignet, weil sie insbesondere zur Verhinderung so genannter Doppelmonopole von Rundfunk und Presse im lokalen Bereich beitrage. Zudem seien die maßgeblichen Normen als Regeln zur bloßen Ausgestaltung der Rundfunkfreiheit von den dem Gesetzgeber zugestandenen weiten Gestaltungsspielräumen gedeckt[766].

Darüber hinaus stellte das Bundesverfassungsgericht fest, dass der Gesetzgeber, wenn er sich für ein binnenpluralistisches Konzept zur Vielfaltssicherung entscheide, auch festzulegen habe, „welche gesellschaftlichen Kräfte oder Personengruppen sich an der Veranstaltung von Rundfunk beteiligen dürfen“[767].

---

762 Prodoehl, Media Perspektiven 1987, 229, 232, 234 f.; vgl. auch die amtliche Begründung, NRW-LT-Drucks. 10/1440, 57, Nr. 11.

763 Vgl. Jöst, Verfassungsrechtliche Aspekte von Presse und Rundfunk, S. 118 ff.; vgl. ferner Bender, Cross-Media-Ownership, S. 301 f.

764 BVerfGE 83, 238, 324.

765 BVerfGE 83, 238, 325 f.

766 BVerfGE 83, 238, 326.

767 Ebenda.

Dies habe der nordrhein-westfälische Gesetzgeber in sachgerechter und damit verfassungsrechtlich beanstandungsfreier Art und Weise getan, indem er die gesellschaftlich relevanten Kräften des örtlichen Bereichs berücksichtigt und diese unter anderem um Repräsentanten nicht verbandsmäßig organisierter Bevölkerungsgruppen ergänzt habe (vgl. § 26 LRG NRW a.F.).

E. Zwischenergebnis und Bewertung

Die landesgesetzlichen Vorkehrungen zur Verhinderung vorherrschender Meinungsmacht im lokalen und regionalen Bereich gestalten sich ausgesprochen vielfältig und variantenreich. Es finden sich sowohl außen- wie auch binnenpluralistisch angelegte Grundmodelle, die zudem häufig auch als Mischformen begegnen und durch ergänzende Regelungselemente zusätzlich abgesichert werden. Vor dem Hintergrund der Vorgaben des Bundesverfassungsgerichts zur Problematik lokaler und regionaler „Doppelmonopole" sind in die meisten Landesmediengesetze auch spezielle Beschränkungen crossmedialer Verflechtungen aufgenommen worden.

Zum Teil bestehen rein zahlenmäßige Beschränkungen von Beteiligungsmöglichkeiten und Programmträgerschaften (Kumulationsbeschränkungen). Weit verbreitet sind vor allem anteilsmäßige Beschränkungen für die Beteiligung an privaten Rundfunkunternehmen. Sie laufen auf eine Bildung von Anbietergesellschaften und damit auf einen Ausschluss der Alleinveranstaltung hinaus. Solche Beschränkungen gesellschaftsrechtlicher Einflüsse sind nicht selten in Stufenmodelle eingebettet, wonach für die erste Beteiligung umfangreichere Kapital- und Stimmrechtsanteile zulässig sind als in den nachfolgenden Fällen. In Abhängigkeit von ihrer jeweiligen Marktstärke dürfen sich gerade lokale und regionale Zeitungsverlage oftmals nur in eingeschränktem Umfang an Hörfunk- oder Fernsehveranstaltern mit einem gemeinsamen Verbreitungsgebiet beteiligen. Hinzu kommen in zahlreichen Landesmediengesetzen crossmediale Zulieferungsbeschränkungen für Programminhalte. Ihre praktische Bedeutung ist gegenwärtig allerdings vergleichsweise gering.

Weitere Elemente in der Ausgestaltung der Vielfaltsschutzmodelle bestehen in den vielfach normierten Möglichkeiten zur Einleitung binnenpluralistischer Sicherungsmaßnahmen. Vorgesehen sind unter anderem die Einrichtung eines unabhängigen Programmbeirats und die Einführung von Drittfensterprogrammen oder Programmrichtlinien. Solche binnenpluralistischen Vorkehrungen dienen typischerweise als Korrektiv für Vermachtungstendenzen allein im Rundfunkbereich. In einigen Landesmediengesetzen können sie aber auch die Bewertung multimedialer Meinungsmacht beeinflussen.

Ein von vornherein binnenpluralistisch ausgerichtetes Konzept zur Verhinderung von „Doppelmonopolen“ bildet das nordrhein-westfälische Zwei-Säulen-Modell. Die mit ihm verbundene organisatorische Trennung von wirtschaftlicher und publizistischer Verantwortung wurde vom Bundesverfassungsgericht im Jahr 1991 grundsätzlich für verfassungsrechtlich beanstandungsfrei erklärt[768].

Was die Wirksamkeit der unterschiedlichen Modelle anbetrifft, so sind alle landesmediengesetzlichen Regelungen als geeignet anzusehen, den Fortbestand meinungsmäßiger Vielfalt zu schützen und zu fördern. In allen Fällen ist zumindest ein potenziell positiver Einfluss auf die Meinungsvielfalt anzuerkennen. Dies gilt auch für die bestehenden crossmedialen Regelungselemente. Auf eine weitergehende Bewertung der Schutzwirkungen soll an dieser Stelle verzichtet werden. Eine Analyse, die die unterschiedlichen Regelungsmodelle unter Gesichtspunkten der Effektivität und Sachgerechtigkeit miteinander vergleichen würde, lässt sich kaum sinnvoll leisten. Problematisch ist zunächst, dass die Bundesländer in ihrer Fläche, in der Bevölkerungszahl und in der Struktur der lokalen, regionalen und landesweiten Versorgung mit publizistischen Angeboten zum Teil stark voneinander abweichen. Es fehlt also bereits an einer annähernd gleichartigen Regelungssituation. So kann es in einem kleinen Bundesland wie Bremen durchaus sinnvoll sein, die Anzahl zulässiger Rundfunkbeteiligungen von vornherein stark zu begrenzen, während sich eine vergleichbare Regelung in einem bevölkerungsstarken Flächenstaat unter Umständen durchaus negativ auswirken würde.

Hinzu kommen unterschiedliche rechtliche Grundentscheidungen, die eine Vergleichbarkeit der Regelungskonzepte erschweren. So macht es einen grundlegenden Unterschied, ob ein privater Rundfunkveranstalter nur landesweit senden darf (vgl. § 14 Abs. 1 NMedienG) oder ob auch eine lokale und regionale Verbreitung der Sendeinhalte zulässig ist. Auch dies muss Konsequenzen für die weitere Ausgestaltung möglicher Vielfaltssicherungen haben. Auch insoweit ist zu berücksichtigen, dass Monopolstellungen in kleineren Gebieten mit niedrigen Einwohnerzahlen regelmäßig schneller zu erwarten sind als etwa in größeren Verbreitungsgebieten, die vergleichsweise dicht besiedelt sind[769].

---

768 BVerfGE 83, 238, 324.

769 In der Zusammenfassung zum Arbeitsdokument der Dienststellen der Kommission über Medienpluralismus, SEK(2007) 32, S. 3, heißt es bezogen auf Europa, aber auf die Situation in Deutschland grundsätzlich übertragbar, dass in kleineren Märkten „die Werbeausgaben auf Dauer keine große Anzahl von Akteuren tragen“ könnten. Deshalb könnten sich dort binnenpluralistische Schutzkonzepte als vorzugswürdig erweisen. Quelle: http://ec.europa.eu/information_society/media_taskforce/doc/pluralism/swp_sec_32_sum_de.pdf (besucht am 01.08.2010).

Aus verfassungsrechtlicher Sicht lassen sich gegen die vorhandenen Regelungen im Grundsatz keine durchgreifenden Bedenken geltend machen. Zunächst ist entscheidend, dass es sich bei den landesrechtlichen Vorgaben um einfachgesetzliche Regelungen zur Ausgestaltung der Rundfunkfreiheit handelt und nicht um rechtfertigungsbedürftige Eingriffe in die Rundfunkfreiheit, die sich als solche an den Maßstäben des Art. 5 Abs. 2 GG messen lassen müssten[770]. Darüber hinaus ist dem Gesetzgeber durch das Bundesverfassungsgericht ausdrücklich ein weiter Gestaltungsspielraum in der Umsetzung seiner Vorgaben eingeräumt worden[771].

Ob eine Ausgestaltung der Rundfunkfreiheit oder ein legislativer Eingriff in die Rundfunkfreiheit vorliegt, ist danach abzugrenzen, ob der Gesetzgeber – objektiv betrachtet – die Rundfunkordnung ausgestalten will, ob nämlich die jeweilige Regelung dazu bestimmt ist, die Rundfunkfreiheit zu sichern, oder ob andere Belange und Rechtsgüter geregelt und geschützt werden sollen[772]. Der Einordnung als Regelung zur Ausgestaltung der Rundfunkfreiheit steht im Übrigen nicht entgegen, dass die Normen für die betroffenen Grundrechtsträger eine belastende Wirkung entfalten können[773].

Als Eingriff in die Rundfunkfreiheit ist es beispielsweise gewertet worden, wenn die Rundfunkveranstalter zur „Zulassung von Wahlwerbung für politische Parteien“ verpflichtet werden[774]. Als zumindest auch grundrechtsbeschränkend hat das Bundesverfassungsgericht Bestimmungen des Niedersächsischen Landesmediengesetzes qualifiziert, die privaten Rundfunkveranstaltern die Pflicht auferlegen, „ihre Sendungen zu Zwecken der Rundfunkaufsicht aufzuzeichnen und die Aufzeichnungen unter bestimmten Voraussetzungen der Landesmedienanstalt vorzulegen“[775].

Dagegen ist die „Entscheidung für den Ordnungsrahmen, in dem Rundfunk veranstaltet werden kann, [...] als Ausgestaltung und nicht als Einschränkung der Rundfunkfreiheit anzusehen“[776]. Im Fall der landesgesetzlichen Vorgaben zur Sicherung der Meinungsvielfalt handelt es sich damit um originäre Ausgestaltungsregelungen. Dies gilt unabhängig von der Tatsache, dass die Regelungen unterschiedliche Beschränkungen der wirtschaftlich-publizistischen Hand-

770 Vgl. Jöst, Verfassungsrechtliche Aspekte von Presse und Rundfunk, S. 100 f.; anderer Auffassung Bender Cross-Media-Ownership, S. 166 f.

771 BVerfGE 90, 60, 94; 97, 228, 267; 119, 181, 214.

772 Vgl. BVerfGE 95, 220, 235 ff.

773 Vgl. Jarass/Pieroth - Jarass, Kommentar zum Grundgesetz, Art. 5 Rn. 45.

774 Sachs - Bethge, Kommentar zum Grundgesetz, Art. 5 Rn. 158; vgl. auch Wieland, ZUM 1994, 447, 450.

775 BVerfGE 95, 220, 235.

776 BVerfGE 83, 238, 326.

lungsmöglichkeiten und einen unterschiedlichen organisatorischen Aufwand in der Umsetzung mit sich bringen. Angesichts der weiten Gestaltungsspielräume, die dem Gesetzgeber ausdrücklich zugestanden sind, sind Anhaltspunkte für eine Überschreitung des verfassungsrechtlich Zulässigen nicht erkennbar.

IV. Konzentrationskontrolle im Rundfunkstaatsvertrag

Besonderes Augenmerk wird im Folgenden auf die Regelungszusammenhänge für Konzentrationsentwicklungen im bundesweit verbreiteten Fernsehen zu legen sein, namentlich auf die Regelungen des Staatsvertrags für Rundfunk und Telemedien (Rundfunkstaatsvertrag/RStV).

Auf Grundlage des Rundfunkstaatsvertrags haben die Länder ein Regelungsmodell geschaffen, das sich in seiner heutigen Fassung zwei Gefahrenquellen für die Meinungsvielfalt zuwendet. Mit dem Ansatz des so genannten Zuschaueranteilsmodells soll ein kritisches Anwachsen von Meinungsmacht im Fernsehbereich beschränkt werden. Ergänzend sollen durch das so genannte Mediennutzungsmodell starke Marktpositionen im Fernsehbereich begrenzt werden, die sich deshalb als problematisch darstellen, weil sich mit ihnen zusätzliche Einflüsse auf anderen publizistisch relevanten Märkten verbinden.

Im Mittelpunkt der staatsvertraglichen Regelungen steht auch heute noch das verfassungsrechtlich vorgegebene Verbot vorherrschender Meinungsmacht. Zur Verhinderung vielfaltsschädlicher Vermachtungsentwicklungen haben sich die Länder für ein außenpluralistisches Sicherungskonzept entschieden. Maßgeblich ist damit, dass die unterschiedlichen gesellschaftlichen und politischen Kräfte im inhaltlichen Angebot kommerzieller Fernsehveranstalter insgesamt zum Ausdruck kommen. Die Einzelprogramme müssen hierzu lediglich einen nicht näher definierten Teilbeitrag leisten[777]. Eine zahlenmäßige Begrenzung von Programmbeteiligungen ist seit der Abkehr vom so genannten Beteiligungsmodell im Jahr 1996[778] ausdrücklich nicht mehr vorgesehen. Stattdessen

777 Vgl. Beucher/Leyendecker/von Rosenberg, Mediengesetze, § 25 RStV Rn. 5 f.; vgl. auch den Beck'schen Kommentar zum RundfunkR - Rossen-Stadtfeld, § 25 Rn. 6; ferner BVerfGE 57, 295, 325; 73, 118, 153; 83, 238, 315 f.

778 Zum vorausgegangenen Beteiligungsmodell nach § 21 RStV 1991 beispielsweise Beck'scher Kommentar zum RundfunkR - Trute, § 26 Rn. 10-14.

orientiert sich das heutige Modell vor allem an einer Begrenzung von Zuschauerreichweiten[779].

Im Folgenden wird zunächst darzulegen sein, wie die staatsvertraglichen Vielfaltsschutzvorgaben konkret ausgestaltet sind. Dabei wird im Schwerpunkt auf das markt- und medienübergreifend angelegte Mediennutzungsmodell einzugehen sein. Von Bedeutung sind der Begriff der medienrelevanten verwandten Märkte, die Frage nach den Voraussetzungen einer beherrschenden Stellung auf einem solchen Markt und die im Mediennutzungsmodell vorgesehenen Bonusregelungen. Im Anschluss hieran soll der Blick auf die bisherige Entscheidungspraxis der Kommission zur Ermittlung der Konzentration im Medienbereich (KEK) gerichtet werden. Besonderes Augenmerk wird dabei auf den Beschluss der KEK im Verfahren „Springer - ProSiebenSat.1“ aus dem Jahr 2006 zu legen sein.

A. Zuschaueranteilsmodell

Im Jahr 1996 verständigten sich die Bundesländer auf ein Regelungsmodell[780], das seine Zielsetzungen zunächst positiv formuliert. Gemäß § 25 Abs. 1 S. 1 und 2 RStV ist im privaten Rundfunk „inhaltlich die Vielfalt der Meinungen im wesentlichen zum Ausdruck zu bringen. Die bedeutsamen politischen, weltanschaulichen und gesellschaftlichen Kräfte müssen in den Vollprogrammen angemessen zu Wort kommen; Auffassungen von Minderheiten sind zu berücksichtigen“. In § 25 Abs. 2 RStV heißt es dann weiter, dass ein einzelnes Programm die Bildung der öffentlichen Meinung „nicht in hohem Maße ungleichgewichtig beeinflussen“ darf.

Konkretisiert werden diese an den Kernaussagen des Bundesverfassungsgerichts angelehnten Programmsätze durch das Zuschaueranteilsmodell des heutigen § 26 RStV. Nach § 26 Abs. 1 RStV kann ein Unternehmen bundesweit im Fernsehen eine unbegrenzte Anzahl von Programmen veranstalten, sofern es nicht insgesamt eine vorherrschende Meinungsmacht erlangt. Vermutet wird das Vorliegen vorherrschender Meinungsmacht, sobald ein Unternehmen mit den ihm zurechenbaren bundesweit ausgestrahlten Programmen im Jahresdurchschnitt einen Zuschaueranteil von 30 Prozent erreicht, § 26 Abs. 2 S. 1 RStV. Die Marktanteile öffentlich-rechtlicher Veranstalter gehen dabei mit in die Be-

779 Zustimmend zur Orientierung am Zuschauermarkt Pelny, AfP 1998, 35, 38; ähnlich Engels, ZUM 1996, 44, 52 f.

780 Rundfunkstaatsvertrag 1997, basierend auf dem Dritten Rundfunkänderungsstaatsvertrag vom 12.11.1996, vgl. etwa für das Land Hessen GVBl. I S. 485 ff.

rechnung ein, § 27 Abs. 1 S. 1 RStV. Die 30-Prozent-Grenze bezieht sich mithin auf den dual geteilten Fernsehmarkt insgesamt, nicht etwa auf einen Markt allein für private Veranstalter.

Die Frage der Zurechnung eines Programms zu einem Unternehmen bestimmt sich nach § 28 RStV. Zuzurechnen sind danach insbesondere diejenigen Programme, die das jeweilige Unternehmen selbst veranstaltet oder die von anderen Unternehmen veranstaltet werden, an dem es unmittelbar mit mindestens 25 Prozent an dem Kapital oder an den Stimmrechten beteiligt ist, § 28 Abs. 1 S. 1 RStV.

Was die Rechtsfolgen anbetrifft, so gilt in Fällen externen Wachstums[781], die zu vorherrschender Meinungsmacht führen, dass für weitere Programme des jeweiligen Unternehmens keine Zulassung erteilt werden darf und dass der Erwerb weiterer zurechenbarer Beteiligungen an Veranstaltern nicht als unbedenklich bestätigt werden darf, § 26 Abs. 3 RStV. Im Falle internen Wachstums[782] kommen die Rechtsfolgen des § 26 Abs. 4 RStV zum Zuge, wonach dem Unternehmen zunächst vorzuschlagen ist, Beteiligungen an Fernsehveranstaltern aufzugeben, seine Marktstellung auf verwandten medienrelevanten Märkten zu vermindern oder vielfaltssichernde Maßnahmen nach den §§ 30 bis 32 RStV zu ergreifen (Sendezeit für unabhängige Dritte und Einrichtung eines Programmbeirats). Kann eine im Zusammenwirken mit der KEK einvernehmlich zu treffende Regelung nicht herbeiführt werden oder bleibt die getroffene Vereinbarung innerhalb angemessener Frist ohne Erfolg, ist die zuständige Landesmedienbehörde verpflichtet, laufende Programmzulassungen zu widerrufen bis für das fragliche Unternehmen eine vorherrschende Meinungsmacht nicht mehr besteht, § 26 Abs. 4 RStV[783].

Flankiert wird das beschriebene Modell durch die Regelung des § 26 Abs. 5 RStV. Danach besteht eine Pflicht zur Aufnahme von Drittfenstern, sofern ein einzelnes Vollprogramm oder ein Spartenprogramm mit Schwerpunkt Information einen jahresdurchschnittlichen Zuschaueranteil von mindestens 10 Prozent erreicht, §§ 26 Abs. 5 S. 1, 31 RStV. Entsprechendes gilt für das reichweiten-

781 Vgl. Spindler/Schuster - Holznagel/Grünwald, Kommentar zum Recht der elektronischen Medien, § 26 RStV, Rn. 25-27.

782 Vgl. ebenda, Rn. 28 ff.

783 Zur Verteilung der aufsichtsrechtlichen Zuständigkeiten vgl. die Bestimmungen der §§ 35 bis 39 RStV; vgl. zur Rechtsfolgenfrage den Beck'schen Kommentar zum RundfunkR - Trute, § 26 Rn. 52 ff. und Rn. 56 ff.

stärkste Programm, wenn bei kumulativer Betrachtung ein Zuschaueranteil von 20 Prozent erreicht wird, § 26 Abs. 5 S. 2 RStV[784].

Die Zuständigkeit für die abschließende Beurteilung von Fragestellungen der Sicherung der Meinungsvielfalt im Bereich des bundesweiten Fernsehens liegt seit Inkrafttreten der Reform der Landesmedienanstalten nach Maßgabe des 10. Rundfunkänderungsvertrags (in Kraft seit dem 1. September 2008) allein bei der KEK (§§ 35 Abs. 1 und 2, 36 Abs. 4 RStV). Dabei handelt sie als Organ für diejenige Landesmedienanstalt, bei der ein Lizenzantrag gestellt wurde oder bei der der jeweilige Fernsehveranstalter lizenziert ist.

Was die Möglichkeiten anbelangt, Entscheidungen der KEK anzugreifen, so ist mit der Neuregelung der Aufsichtsstruktur die Konferenz der Direktoren der Landesmedienanstalten (KDLM) abgeschafft worden und damit auch deren Letztentscheidungsrecht entfallen (vgl. § 37 Abs. 2 RStV a.F.). Im Übrigen findet ein Vorverfahren nach § 68 Abs. 1 VwGO gegen Entscheidungen nach den §§ 35 und 36 RStV nicht statt, § 37 Abs. 5 RStV. Was bleibt, sind die von der VwGO zur Verfügung gestellten verwaltungsprozessualen Handlungsmöglichkeiten.

B. Mediennutzungsmodell

Ergänzt wird das Zuschaueranteilsmodell durch das so genannte Mediennutzungsmodell (§ 26 Abs. 2 S. 2 und S. 3 RStV). Im gesetzlichen Ausgangsfall gilt die Vermutung vorherrschender Meinungsmacht ab einem jahresdurchschnittlichen Zuschaueranteil von 30 Prozent, § 26 Abs. 2 S. 1 RStV. Die Vermutungswirkung kann aber auch schon dann einsetzen, wenn die einem Unternehmen zurechenbaren Programme einen Zuschaueranteil von 25 Prozent erreichen. Das setzt im Sinne des so genannten Mediennutzungsmodells voraus, dass das fragliche Unternehmen über das Fernsehgeschäft hinaus auf anderen medienrelevanten Märkten aktiv ist, § 26 Abs. 2 S. 2 RStV.

Zum einen gilt die herabgesetzte Vermutungsschwelle von 25 Prozent, wenn auf einem medienrelevanten verwandten Markt eine marktbeherrschende Stellung des Veranstalters besteht. Zum anderen greift die Absenkung der Vermutungsschwelle dann ein, wenn eine Gesamtbeurteilung der unternehmerischen Aktivitäten ergibt, dass die marktübergreifend gebündelte Meinungsmacht dem Einfluss eines Unternehmens entspricht, das im Fernsehen einen Zuschaueran-

---

784 Beck'scher Kommentar zum RundfunkR - Trute, § 26 Rn. 72 f.; vgl. ergänzend auch Engel, ZUM 2000, 345, 350, 355 f.

teil von 30 Prozent erreicht, § 26 Abs. 2 S. 2 RStV. In beiden Varianten stellt die Vorschrift auf den Begriff der medienrelevanten verwandten Märkte ab[785].

Erwähnt sei in diesem Zusammenhang noch, dass die medienübergreifend angelegten Vermutungsregeln des Absatz zwei Satz zwei ursprünglich nicht bei einem Grenzwert von 25 Prozent ansetzten, sondern danach fragten, ob die 30-Prozent-Grenze im Sinne des ersten Vermutungstatbestands nur geringfügig unterschritten sei. Diese so genannte Geringfügigkeitsklausel wurde im Jahr 2002 durch den heute geltenden Grenzwert von 25 Prozent ersetzt.

1. Medienrelevante verwandte Märkte

Eine Absenkung der Zuschaueranteilsgrenze auf 25 Prozent setzt schon nach den staatsvertraglichen Ausgangsvorgaben immer Parallelaktivitäten des Fernsehveranstalters auf medienrelevanten verwandten Märkten voraus. Insoweit erhebt sich zunächst die Frage nach dem eigentlichen Bezugsrahmen der Prüfung, nämlich nach dem Begriff der medienrelevanten verwandten Märkte.

Die amtliche Begründung zu § 26 RStV nennt beispielhaft und nicht weiter spezifiziert die Bereiche „Werbung, Hörfunk, Presse, Rechte, Produktion“ und bezeichnet sie als Beurteilungsindikatoren[786]. Unzweifelhaft lässt sich danach feststellen, dass medienrelevante verwandte Märkte zur Veranstaltung privater Fernsehprogramme grundsätzlich sowohl in vertikalen wie auch in diagonalen Verflechtungsbeziehungen stehen können.

Unklarheiten bestehen indessen in der Frage, ob insgesamt eine extensive Begriffsbestimmung den Vorzug verdient oder ob die tatbestandlich vorausgesetzte Verwandtschaft mit dem Fernsehmarkt nach besonderen Restriktionen verlangt[787]. Neben den Vorgaben der Gesetzesbegründung muss es letztlich auf eine teleologische Betrachtungsweise ankommen. Maßgebend ist deshalb, ob

785 Zur politischen Entstehungsgeschichte vgl. Hartstein/Ring/Kreile, Rundfunkstaatsvertrag, § 26 Rn. 1.

786 Amtliche Begründung zum Rundfunkstaatsvertrag, in: Hartstein/Ring/Kreile, Rundfunkstaatsvertrag, § 26, abgedruckt im Anhang zum Normtext; zur Weite des Begriffs medienrelevanter verwandter Märkte mit eingehender Auseinandersetzung auch das kommunikationswissenschaftliche Gutachten von Hasebrink, Zur Berücksichtigung medienrelevanter verwandter Märkte.

787 Vgl. Beck'scher Kommentar zum RundfunkR - Trute, § 26 Rn. 49; ferner Renck-Laufke, ZUM 2000, 105, 111; Beucher/Leyendecker/von Rosenberg, Mediengesetze, § 26 RStV Rn. 11; vgl. auch Kreile/Stumpf, MMR 1998, 192, 194; vgl. auch Spindler/Schuster – Holznagel/Grünwald, Kommentar zum Recht der elektronischen Medien, § 26 RStV Rn. 15 f.

der Markt, auf dem entsprechende Aktivitäten entfaltet werden, geeignet ist, die öffentliche und private Meinungsbildung zu beeinflussen[788].

Im Verfahren „Springer - ProSiebenSat.1“, dies sei vorweggenommen, hat die KEK im Januar 2006 festgestellt, dass Medienrelevanz für einen anderen Markt dann bestehe, wenn eine Bedeutung für den Prozess öffentlicher Meinungsbildung oder eine Eignung des Marktes zu bejahen sei, die Meinungsmacht im Fernsehen im vertikalen Zusammenhang zu verstärken. Unter anderem müsse man inzwischen „sicher auch Online-Angebote“ zu den medienrelevanten verwandten Märkten rechnen. Etwaige Einschränkungen hat die KEK nicht formuliert[789]. Im anschließenden gerichtlichen Verfahren hat das VG München in seinem Urteil aus dem Jahr 2007 in ähnlich extensiver Auslegung davon gesprochen, dass der Begriff des medienrelevanten verwandten Marktes neben einer Eignung zur Beeinflussung der Meinungsbildung auch einen „inneren Zusammenhang mit dem Fernsehen aufweisen“ müsse, wobei es genüge, wenn die angebotenen Leistungen mit der Verbreitung eines TV-Programms vergleichbar seien. Dies sei heute insbesondere auch bei Online-Medien anzunehmen[790].

Soweit bisweilen die Einbeziehbarkeit lokaler und regionaler Medienteilmärkte verneint wurde[791], erscheint dies nicht überzeugend. Einen Einfluss auf die Meinungsbildung haben regelmäßig auch lokal oder regional verbreitete Medienangebote. Der Begriff des medienrelevanten verwandten Marktes dürfte in Übereinstimmung auch mit den Hinweisen der amtlichen Begründung prinzipiell weit auszulegen sein[792].

---

788 Vgl. Beck'scher Kommentar zum RundfunkR - Trute, § 26 Rn. 49; vgl. auch Renck-Laufke, ZUM 2000, 105, 111; ebenso, wenn auch im Ergebnis mit abweichenden Schlussfolgerungen, Hartstein/Ring/Kreile, Rundfunktstaatsvertrag, § 26 Rn. 21-25.

789 KEK, Beschluss v. 10.01.2006, KEK 293-1 bis -5, S. 80 „Springer - ProSiebenSat.1“, abrufbar unter http://www.kek-online.de/kek/verfahren/kek293prosieben-sat1.pdf.; vgl. ergänzend auch die Hinweise der KEK, „Medienrelevante verwandte Märkte“, abrufbar unter http://www.kek-online.de/Inhalte/medienrelevante_verwandte_maerkte.htm (besucht am 03.10.2010).

790 VG München K&R 2008, 195, 199.

791 Spindler/Schuster – Holznagel/Grünwald, Kommentar zum Recht der elektronischen Medien, § 26 RStV Rn. 16; Beucher/Leyendecker/von Rosenberg, Mediengesetze, § 26 RStV Rn. 11; abwägend Renck-Laufke, ZUM 2000, 105, 111 f.

792 Vgl. u. a. das kommunikationswissenschaftliche Gutachten von Hasebrink, Zur Berücksichtigung medienrelevanter verwandter Märkte, S. 7 ff., 14 ff.; vgl. ferner Gericke, Beurteilung von vorherrschender Meinungsmacht, S. 60-65; der Beck'sche Kommentar zum RundfunkR - Trute, § 26 Rn. 49, spricht sich für eine weitere Differenzierung innerhalb der Pressemärkte aus.

2. Marktbeherrschende Stellung

Zur Herabsetzung der Vermutungsschwelle von 30 Prozent auf 25 Prozent Zuschaueranteil setzt § 26 Abs. 2 S. 2 RStV in seiner ersten Variante eine marktbeherrschende Stellung auf einem medienrelevanten verwandten Markt voraus. Für die Beurteilung einer möglichen Marktbeherrschung ist in erster Linie auf wettbewerbsrechtliche Grundsätze zurückzugreifen, namentlich auf die Vorgaben des § 19 Abs. 2 und 3 GWB[793].

Eine Marktbeherrschung ist danach gegeben, wenn sich ein Unternehmen als Anbieter oder Nachfrager einer bestimmten Art von Waren oder Leistungen[794] keinem oder keinem wesentlichen Wettbewerb ausgesetzt sieht oder wenn es eine im Verhältnis zu seinen Wettbewerbern überragende Marktstellung einnimmt. Zu berücksichtigen sind neben den Marktanteilen die Finanzkraft, bestehende Verflechtungen mit anderen Unternehmen sowie rechtliche oder faktische Marktzutrittshemmnisse für potenzielle Konkurrenten (vgl. § 19 Abs. 2 S. 1 Nr. 2 GWB). Im Übrigen gelten die Vermutungstatbestände des § 19 Abs. 3 GWB. Vermutet wird danach unter anderem, dass ein einzelnes Unternehmen marktbeherrschend ist, wenn es über einen Marktanteil von mindestens einem Drittel verfügt. In Anbetracht der unterschiedlichen Zielsetzungen des Wettbewerbsrechts und des Rechts der rundfunkrechtlichen Vielfaltssicherung sind Abweichungen von den Vorgaben des § 19 Abs. 2 und 3 GWB möglich[795].

In seiner zweiten Variante bestimmt § 26 Abs. 2 S. 2 RStV, dass der strengere Zuschaueranteilswert von 25 Prozent auch dann heranzuziehen ist, wenn ein Unternehmen über seine marktübergreifenden Aktivitäten im Fernsehen und auf medienrelevanten verwandten Märkten zusammen einen Meinungseinfluss erlangt, der – auf Grundlage einer wertenden Gesamtbeurteilung – dem Meinungseinfluss eines Unternehmens mit einem TV-Zuschauermarktanteil von 30 Prozent entspricht. Direkt ist diese Entsprechensklausel bislang noch nicht zur Anwendung gekommen. Dass es angesichts der erheblichen Unbestimmtheit der

793 Vgl. Hartstein/Ring/Kreile, Rundfunkstaatsvertrag, § 26 Rn. 20; Beck'scher Kommentar zum RundfunkR - Trute, § 26 Rn. 47 f.

794 Beck'scher Kommentar zum RundfunkR - Trute, § 26 Rn. 47, zu möglichen Modifikationen des Bedarfsmarktkonzepts im medienrechtlichen Kontext.

795 Spindler/Schuster - Holznagel/Grünwald, Kommentar zum Recht der elektronischen Medien, § 26 RStV Rn. 20.

Entsprechensaussage nicht einfach sein dürfte, Maßstäbe zu ihrer Konkretisierung zu entwickeln, erscheint zumindest nahe liegend[796].

3. Bonusregelungen

In Hinblick auf die reduzierte 25-Prozent-Grenze des § 26 Abs. 2 S. 2 RStV ist zu beachten, dass die Unternehmen Einfluss auf die Berechnung der Zuschaueranteile nehmen können (vgl. § 26 Abs. 2 S. 3 RStV). Zunächst besteht die Möglichkeit, in bestimmtem Umfang Regionalfensterprogramme in das reichweitenstärkste Vollprogramm aufzunehmen (vgl. aber auch § 25 Abs. 4 RStV). In diesem Fall werden von den tatsächlich erreichten Zuschaueranteilen pauschal zwei Prozentpunkte abgezogen. Weitere drei Prozentpunkte sind in Abzug zu bringen, wenn unabhängigen Dritten Sendezeit nach Maßgabe des § 26 Abs. 5 RStV eingeräumt wird, §§ 26 Abs. 2 S. 3, 31 RStV. Aufgrund dieser Abzugsmöglichkeiten können die tatsächlichen Zuschaueranteile des jeweiligen Unternehmens also über einen Jahresdurchschnitt von 25 Prozent hinausgehen, ohne dass bei Vorliegen einer der weiteren Voraussetzungen des Mediennutzungsmodells die Vermutung vorherrschender Meinungsmacht nach § 26 Abs. 2 S. 2 RStV ausgelöst sein muss.

C. Behördliche und gerichtliche Entscheidungspraxis

Das Entstehen vorherrschender Meinungsmacht ist unter anderem im Rahmen von Zulassungsverfahren für private Fernsehveranstalter (§§ 26 Abs. 3, 20 ff. RStV) und bei Veränderungen von Beteiligungsverhältnissen zu prüfen (§§ 26 Abs. 3, 29 RStV). Es besteht aber auch die Möglichkeit, eine Prüfung durchzuführen, wenn die Marktentwicklung gleichsam aus sich heraus zu einem kritischen Ansteigen der Zuschaueranteile führt (vgl. § 26 Abs. 4 RStV).

Bei der Analyse der Entscheidungspraxis ist zunächst auffällig, dass bislang keine Entscheidung ergangen ist, in der die dargestellten Vermutungsgrenzen als erreicht angesehen worden sind. Die drei Vermutungstatbestände des § 26 Abs. 2 RStV sind nach Auffassung der KEK bisher also noch in keinem Fall erfüllt gewesen. Dies gilt sowohl für die Anwendungsfälle im Rahmen der heutigen Fassung des § 26 Abs. 2 S. 2 RStV, wonach auf einen Zuschaueranteil von mindestens 25 Prozent abgestellt wird, wie auch für die Fälle, die der Norm in

796 Vgl. Beck'scher Kommentar zum RundfunkR - Trute, § 26 Rn. 50 f.; vgl. auch Hartstein/Ring/Kreile, Rundfunkstaatsvertrag, § 26 Rn. 26; zudem Kreile/Stumpf, MMR 1998, 192, 195; ferner Renck-Laufke, ZUM 2000, S. 105, 113.

ihrer ursprünglichen Ausgestaltung unterfielen, wonach eine geringfügige Unterschreitung der 30-Prozent-Grenze vorliegen musste.

In den bisherigen Konstellationen markt- und medienübergreifender Aktivitäten eines Unternehmens hat die KEK im Regelfall untersucht, ob die meinungsrelevanten Einflussmöglichkeiten allein über die Grundnorm des § 26 Abs. 1 RStV den Tatbestand vorherrschender Meinungsmacht ausfüllen. Wiederholt hatte sie sich in diesem Zusammenhang mit der Frage auseinanderzusetzen, ob es überhaupt rechtlich möglich ist, Aktivitäten auf fernsehverwandten Märkten unabhängig von den Vermutungsregelungen des § 26 Abs. 2 S. 2 RStV zu berücksichtigen.

Zu einem vorherrschende Meinungsmacht bejahenden Ergebnis gelangte die KEK allein in ihrer Entscheidung zum Zusammenschlussvorhaben „Springer - ProSiebenSat.1" aus dem Jahr 2006. Vom VG München ist diese Entscheidung in erster Instanz bestätigt worden[797]. Das Berufungsverfahren vor dem Bayerischen Verwaltungsgerichtshof ist zu dem Ergebnis gekommen, dass die erhobene Klage wegen fehlenden Fortsetzungsfeststellungsinteresses unzulässig sei[798]. Das anschließend als Revisionsgericht angerufene Bundesverwaltungsgericht hat den Beschluss des Bayerischen Verwaltungsgerichtshofs im November 2010 allerdings aufgehoben und die Sache zur anderweitigen Verhandlung und Entscheidung an den Bayerischen Verwaltungsgerichtshof zurückverwiesen[799].

Im Folgenden soll dargestellt werden, wie sich die Entscheidungspraxis der KEK seit Einführung des Zuschaueranteilsmodells 1997 entwickelt hat. Der Schwerpunkt der Analyse soll dabei auf der Entscheidung „Springer-ProSiebenSat.1" liegen, die sich in mehrfacher Hinsicht als Zäsur darstellt. Anknüpfend an die Bewertungsvorgaben der KEK und die Rechtsprechung insbesondere des VG München soll eine Auseinandersetzung mit einigen zentralen Fragestellungen im Kontext von Zuschaueranteils- und Mediennutzungsmodell erfolgen. Im Einzelnen wird es um die Frage gehen, ob § 26 Abs. 1 RStV einen gegenüber den nachfolgenden Vermutungsregelungen eigenständigen Regelungsgehalt besitzt, ferner um die Bewertungsmaßstäbe, die die KEK in den ersten Jahren des Zuschaueranteilsmodells entwickelt hat, und schließlich um das 2006 eingeführte Konzept zur Bewertung medienübergreifender Meinungseinflüsse im Verfahren „Springer - ProSiebenSat.1".

---

797 VG München, K&R 2008, 195 ff.

798 BayVGH, Beschluss v. 07.07.2009, 7 BV 08.254, S. 9 ff., abrufbar unter http://www.vgh.bayern.de/BayVGH/documents/7BV08254_anonymisiert_.pdf (besucht am 26.06.2010).

799 BVerwG, Urteil v. 24.11.2010, 6 C 16.09, S. 2, abrufbar unter http://www.bverwg.de/pdf/1455.pdf.

1. Anfängliche Entscheidungen der KEK

Nachfolgend soll zunächst das Verhältnis des Begriffs vorherrschender Meinungsmacht in § 26 Abs. 1 RStV zu den im Folgeabsatz normierten Vermutungsregelungen beleuchtet werden. Anschließend wird zu untersuchen sein, welche normativen Festlegungen die KEK in ihren Entscheidungen getroffen hat, soweit sie dem Beschluss „Springer - ProSiebenSat.1" von 2006 zeitlich vorausgingen.

a) Eigenständigkeit des § 26 Abs. 1 RStV

Eine der wichtigsten Fragestellungen, mit denen sich die KEK schon relativ früh zu befassen hatte, bestand darin, ob vorherrschende Meinungsmacht im Sinne des § 26 Abs. 1 RStV allein unter Rückgriff auf die Vermutungstatbestände des Absatz zwei festzustellen ist oder ob vorherrschende Meinungsmacht auch unabhängig von den dort festgeschriebenen Vermutungsregelungen angenommen werden kann.

Die Interpretationen zum systematischen Verhältnis der zwei genannten Absätze kommen zu unterschiedlichen Ergebnissen. Im Folgenden sollen im Wesentlichen zwei Positionen gegenübergestellt werden[800]. Zum Teil wird die Auffassung vertreten, dass es sich bei den Vermutungstatbeständen um materiellrechtliche Konkretisierungsmaßstäbe handelt, die das Vorliegen vorherrschender Meinungsmacht abschließend determinieren (so genannter quantitativer Ansatz)[801]. Die KEK hingegen folgt einem Normverständnis, wonach der Terminus vorherrschender Meinungsmacht einen eigenständigen, von den in Absatz zwei enthaltenen Vermutungstatbeständen grundsätzlich unabhängigen Rechtsbegriff verkörpert (so genannter qualitativer Ansatz). Die Vermutungstatbestände sollen danach als Sonderregeln der materiellen (objektiven) Beweislast fungieren, die namentlich dann zum Tragen kommen, wenn der Sachverhalt in entscheidungsrelevanten Teilen unaufklärbar bleibt, also im Falle eines „non liquet". In diesen Fällen entscheidet die Vermutung als Regel der materiellen Beweislast abschließend über das Vorliegen vorherrschender Meinungsmacht[802]. Grundsätzlich zu-

---

800 Zu weiteren Auffassungen vgl. Prütting, in: Prütting, Marktmacht und Konzentrationskontrolle auf dem Fernsehmarkt, S. 120, 122 ff.

801 Vgl. KDLM ZUM 1998, 1054, 1057; vgl. auch Hepach, ZUM 2003, 112, 115 f.; ferner Engel, ZUM 2005, 776, 777-782.

802 Vgl. z.B. KEK, Beschluss v. 26.01.1999, KEK 026, S. 20 f. „Premiere", abrufbar unter http://www.kek-online.de/kek/verfahren/kek026premieredigital.pdf; vgl. auch Prütting, in: Prütting, Marktmacht und Konzentrationskontrolle auf dem Fernsehmarkt, S. 120; ferner Stelkens/Bonk/Sachs - Kallerhoff, Kommentar zum VwVfG, § 24 Rn. 55.

stimmend zu dieser Auffassung hat sich zuletzt im Übrigen auch das Bundesverwaltungsgericht geäußert, das als Revisionsinstanz im Verfahren „Springer-ProSiebenSat.1“ eine Einordnung der Vermutungsregelung im Sinne der „Vorschriften des Beweisrechts“ vornahm, namentlich im Sinne einer Regelung eben der objektiven Beweislast[803].

Für die Frage nach der Rechtsnatur der Vermutungsregelungen ist zunächst der Wortlaut des § 26 Abs. 1 und 2 RStV von Bedeutung. In § 26 Abs. 1 RStV wird für die Grenze unzulässiger vorherrschender Meinungsmacht ausdrücklich auf die Vermutungsregeln des Absatz zwei verwiesen. Die Rede ist von vorherrschender „Meinungsmacht nach Maßgabe der nachfolgenden Bestimmungen“.

Dieser Umstand dürfte dafür sprechen, dass die Parteien des Staatsvertrags und letztlich der Gesetzgeber eine materiellrechtliche Regelung treffen wollten, wonach Einflüsse unterhalb der Vermutungsgrenzen keine vorherrschende Meinungsmacht begründen können. Zu berücksichtigen ist auch, dass der Normgeber auf die Bezugnahme schlechterdings hätte verzichten können, wenn eine abschließende Konkretisierung durch die Vorgaben des Absatz zwei nicht gewollt gewesen wäre, und dass die Vermutungsregeln mit insgesamt drei Tatbestandsvarianten und einem ergänzenden System von Bonusregelungen für bloße Non-liquet-Regelungen sehr stark ausdifferenziert worden sind.

Der Interpretation des § 26 Abs. 2 RStV als einer abschließenden materiellrechtlichen Regelung steht allerdings entgegen, dass sich der Verweis des § 26 Abs. 1 RStV auf die „nachfolgenden Bestimmungen“ lediglich auf gesetzliche Vermutungen bezieht. Gesetzliche Vermutungen fungieren auch im Verwaltungsrecht typischerweise als verfahrensbezogene Beweiserleichterungen in Form von Regelungen der objektiven Beweislast. Abschließende materiellrechtliche Begriffsfestlegungen werden durch sie nicht begründet. Eine solche Annahme wäre schon mit der Natur von Vermutungsregeln und der grundsätzlich anzunehmenden Widerleglichkeit nicht vereinbar[804].

---

803 BVerwG, Urteil v. 24.11.2010, 6 C 16.09, S. 14 f., abrufbar unter http://www.bverwg.de/pdf/1455.pdf.

804 Vgl. KEK, Beschluss v. 10.01.2006, KEK 293-1 bis -5, S. 72 f. „Springer - ProSiebenSat.1“, abrufbar unter http://www.kek-online.de/kek/verfahren/kek293prosiebensat1.pdf.; vgl. auch VG München, K&R 2008, 195, 197; vgl. auch Beck'scher Kommentar zum RundfunkR - Trute, § 26 Rn. 38; vgl. auch Prütting, in: Prütting, Marktmacht und Konzentrationskontrolle auf dem Fernsehmarkt, S. 123-125, m.w.N.; zur Bedeutung von Vermutungsregelungen im Verwaltungsrecht vgl. etwa Stelkens/Bonk/Sachs - Kallerhoff, Kommentar zum VwVfG, § 24 Rn. 55; vgl. auch KEK, Beschluss v. 26.01.1999, KEK 026, S. 20 „Premiere“, abrufbar unter http://www.kek-online.de/kek/verfahren/kek026premieredigital.pdf.

Auch ein systematisch vergleichender Blick auf die kartellrechtlichen Vermutungstatbestände in § 19 Abs. 3 GWB spricht für eine Einordnung als Regelung der materiellen Beweislast. Zumindest im wettbewerbsrechtlichen Verwaltungsverfahren werden die – den rundfunkstaatsvertraglichen Vorschriften sachlich und funktionell nahe stehenden – Vermutungen zugunsten marktbeherrschender Stellungen nach § 19 Abs. 3 GWB maßgeblich als Sonderregeln für Fälle des „non liquit" interpretiert[805].

Bestätigt wird das Verständnis des § 26 Abs. 1 RStV als eines selbständigen Tatbestands ferner durch die Gesetzesmaterialien. In der amtlichen Begründung zu § 26 RStV heißt es ausdrücklich, die Ausgestaltung der 30-Prozent-Grenze als Vermutungsgrenze schließe nicht aus, dass die KEK vorherrschende Meinungsmacht im Fernsehen auch unterhalb dieser Grenze feststelle (wenngleich in einem solchen Fall besondere Anforderungen an den von der KEK zu erbringenden Nachweis zu stellen seien)[806]. Eine Qualifikation der Vermutungstatbestände als abschließende materiellrechtliche Regelungen lässt sich hiermit nicht vereinbaren.

Zudem lassen sich teleologische Gesichtspunkte für eine qualitative Bestimmung vorherrschender Meinungsmacht anführen. Angesichts der Vorgaben des Bundesverfassungsgerichts, eine vorsorgende und möglichst effektive Konzentrationskontrolle zur Sicherung der Meinungsvielfalt zu gewährleisten[807], dürfte es dem Zweck der gesetzlichen Regelungen zuwiderlaufen, den Begriff vorherrschender Meinungsmacht allein über die Vermutungsvorgaben des § 26 Abs. 2 RStV auszufüllen. Eine solchermaßen verengende Sichtweise liefe auf ein Begriffsverständnis hinaus, in dem ein mögliches Vorhandensein starker fernsehverwandter Einflüsse nicht angemessen berücksichtigt werden könnte. Eine Vielzahl von Konstellationen mit einem gesteigerten Gefahrenpotenzial für die Meinungsvielfalt ließe sich nicht adäquat erfassen. Eine effektive Konzentrationskontrolle wäre mit einer solchen Interpretation nur sehr eingeschränkt möglich[808].

---

805 Bechtold, Kartellgesetz Kommentar, § 19 Rn. 53; vgl. auch Immenga/Mestmäcker - Möschel, Kommentar zum Deutschen Kartellrecht, § 19 Rn. 92 f.; ferner KEK, Beschluss v. 10.01.2006, KEK 293-1 bis -5, S. 73 f. „Springer - ProSiebenSat.1", abrufbar unter http://www.kek-online.de/kek/verfahren/kek293prosieben-sat1.pdf.

806 Amtliche Begründung, in Hartstein/Ring/Kreile, Rundfunkstaatsvertrag, § 26, abgedruckt im Anhang zum Normtext.

807 Vgl. BVerfGE 57, 295, 323; 73, 118, 160.

808 Vgl. Beck'scher Kommentar zum RundfunkR - Trute, § 26 Rn. 38; vgl. ferner VG München, K&R 2008, 195, 197 f.; etwas weitgehend argumentiert die KEK z.B. in ihrem Beschluss v. 26.01.1999, KEK 026, S. 21 ff. „Premiere", sogar mit dem Gebot ver-

Nach Maßgabe der vorgenannten Überlegungen ist im Ergebnis der Auffassung der KEK zu folgen. Die besseren Argumente sprechen für ein Verständnis, wonach es sich bei dem Terminus vorherrschender Meinungsmacht in § 26 Abs. 1 RStV um einen grundsätzlich qualitativ zu bestimmenden Rechtsbegriff handelt. Die quantitativ orientierten Vermutungstatbestände des § 26 Abs. 2 RStV sind lediglich als Zuweisungsregeln für die objektive Beweislast anzusehen sind und kommen damit primär in Fällen eines möglichen „non liquet" zum Tragen.

Ähnlich hat sich wie bereits festgestellt zuletzt auch das Bundesverwaltungsgericht geäußert. Bemerkenswert ist allerdings, dass das Bundesverwaltungsgericht die Vermutungsregeln des § 26 Abs. 2 RStV nicht nur als Regelungen der materiellen Beweislast verstanden wissen will. Vielmehr enthalte § 26 Abs. 2 RStV zugleich Regelbeispiele, die als solche eine indizielle Wirkung hätten und „die es nur bei Vorliegen gewichtiger Gründe ermöglichen, eine vorherrschende Meinungsmacht auch dann anzunehmen, wenn die Schwellenwerte nicht ganz erreicht werden"[809].

b) Entwicklung erster Entscheidungsmaßstäbe

Bei der Analyse der an dem Begriffsverständnis der KEK ausgerichteten Entscheidungspraxis fällt auf, dass sich die KEK bis zu ihrer Untersagungsentscheidung im Fall „Springer - ProSiebenSat.1" kaum auf normkonkretisierende allgemeine Beurteilungsmaßstäbe festgelegt und stattdessen einer eher einzelfallbezogenen Argumentation den Vorzug gegeben hat.

So gründete sie ihren Beschluss im Zulassungsverfahren „Premiere" aus dem Jahr 1999 – bezogen auf die Stellung der KirchGruppe – auf eine Abwägung vielfaltsverengender und vielfaltsfördernder Faktoren, die sich an den Gegebenheiten des konkreten Falls orientierte[810]. Im Rahmen der Prüfung vorherrschender Meinungsmacht unterhalb der damaligen Vermutungsschwellen wurden starken Stellungen auf dem Fernsehmarkt und auf vor- und nachgelagertern Märkten (zum Beispiel auf den „Märkten für Programmgut") unter anderem die Entwicklung eines digitalen Pay-TV-Systems durch die KirchGruppe und die damit verbundenen erweiterten „Wahlmöglichkeiten der Verbraucher" gegen-

---

fassungskonformer Auslegung. Quelle: http://www.kek-online.de/kek/verfahren/kek026 premieredigital.pdf.

809 BVerwG, Urteil v. 24.11.2010, 6 C 16.09, S. 21, 15, abrufbar unter http:// www.bverwg.de/pdf/1455.pdf.

810 KEK, Beschluss v. 26.01.1999, KEK 026, S. 29 ff. „Premiere", abrufbar unter http://www.kek-online.de/kek/verfahren/kek026premieredigital.pdf.

übergestellt[811]. Als entscheidend hat die KEK letztlich gewertet, dass die starke Stellung der KirchGruppe auf den Programmmärkten nicht dominant genug sei, um die Programmautonomie der öffentlich-rechtlichen Anstalten oder der unmittelbar konkurrierenden CLT-UFA in Gefahr zu bringen[812].

Ähnlich einzelfallbezogen argumentierte die KEK in mehreren weiteren Verfahren in den Jahren 1999 bis 2003[813], in denen zumindest mittelbar immer eine der zwei großen deutschen Sendergruppen beteiligt war. Aus den damaligen Entscheidungen geht hervor, dass mediale Diversifikation und eine abgestimmte Nutzung medienübergreifender Einflussnahmemöglichkeiten für die Frage vorherrschender Meinungsmacht auch unterhalb der Schwellenwerte des § 26 Abs. 2 RStV grundsätzlich entscheidungserhebliches Gewicht erlangen können[814]. Zugleich aber sollten publizistische Gegengewichte in Rechnung zu stellen sein, die etwa in Gestalt von „finanziell unabhängigen öffentlich-rechtlichen Anstalten" oder auch in Gestalt der jeweils anderen privaten Sendergruppe begegnen könnten[815].

Ihre Aufgabe sah die KEK darin, eine „wertende Gesamtbetrachtung" vorzunehmen, die „alle Faktoren der Einflussnahme auf die Meinungsbildung im bundesweiten Fernsehen in ihre Beurteilung einbezieht"[816]. Im Übrigen, so das

---

811 KEK, Beschluss v. 26.01.1999, KEK 026, S. 35 „Premiere", abrufbar unter http://www.kek-online.de/kek/verfahren/kek026premieredigital.pdf.

812 Ebenda, S. 36.

813 KEK, Beschluss v. 21.09.1999, KEK 040, S. 30 ff. „RTL Television", abrufbar unter http://www.kek-online.de/kek/verfahren/kek040rtltelevision.pdf; KEK, Beschluss v. 16.05.2000, KEK 046 „Sat.1", abrufbar unter http://www.kek-online.de/kek/verfahren/kek046sat1.pdf; KEK, Beschluss v. 19.09.2000, KEK 080, S. 16 ff. „CLT-UFA-Gruppe", abrufbar unter http://www.kek-online.de/kek/verfahren/kek080cltufa.pdf; KEK, Beschluss v. 24.10.2000, KEK 090-5, S. 20 f. „ProSiebenSat.1 Media AG", abrufbar unter http://www.kek-online.de/kek/verfahren/kek0905versch.pdf; KEK, Beschluss v. 14.05.2002, KEK 138, S. 5 ff. „CLT-UFA-Gruppe", abrufbar unter http://www.kek-online.de/kek/verfahren/kek138clt-ufa.pdf; KEK, Beschluss v. 13.05.2003, KEK 173-1, S. 13 f. „Sat.1", abrufbar unter http://www.kek-online.de/kek/verfahren/kek173-1sat1.pdf.

814 KEK, Beschluss v. 21.09.1999, KEK 040, S. 33 „RTL Television", abrufbar unter http://www.kek-online.de/kek/verfahren/kek040rtltelevision.pdf.

815 Ebenda, S. 34; vgl. zur Berücksichtung anderweitigen publizistischen Wettbewerbs auch KEK, Beschluss v. 14.05.2002, KEK 138, S. 6 f. „CLT-UFA-Gruppe", abrufbar unter http://www.kek-online.de/ kek/verfahren/kek138clt-ufa.pdf; ferner KEK, Beschluss v. 13.05.2003 - KEK 173-1, S. 14 „Sat.1", abrufbar unter http://www.kek-online.de/kek/verfahren/kek173-1sat1.pdf.

816 KEK, Beschluss v. 24.10.2000, KEK 090-5, S. 20 f. „ProSiebenSat.1 Media AG", abrufbar unter http://www.kek-online.de/kek/verfahren/kek0905versch.pdf; vgl. auch

Verständnis der KEK, setze die Bejahung vorherrschender Meinungsmacht voraus, dass sich das abstrakte Gefährdungspotenzial für die Meinungsvielfalt, das sich aus einer starken Stellung eines Unternehmens auf dem deutschen Fernsehmarkt ergebe, durch die angestrebte Beteiligungsveränderung konkretisiere und „in seinen Auswirkungen für das bundesdeutsche Fernsehen“ aktualisiere[817].

Das Verfahren „CLT-UFA“[818] war eines der ersten Verfahren, die auf Grundlage des Zuschaueranteilsmodells bewertet wurden. In diesem Verfahren, das später auch als „„Sündenfall“ der medialen Konzentrationskontrolle“ bezeichnet wurde[819], hatte die KEK 1998 bemerkenswerterweise die Auffassung geäußert, dass es auf den Einfluss eines Unternehmens auf fernsehverwandten Märkten außerhalb des Anwendungsbereichs von § 26 Abs. 2 RStV nicht ankomme[820]. An dieser Sichtweise hat die KEK in ihren späteren Entscheidungen indessen nicht mehr festgehalten. In dem damaligen Verfahren, an dem indirekt auch die Bertelsmann AG beteiligt war, hatte die KEK für das neu gegründete Gemeinschaftsunternehmen CLT-UFA Holding und die ihm zurechenbaren Programme einen Zuschaueranteil von 27 Prozent errechnet. Nach ihrer Auffassung waren damit aber weder die damaligen Vermutungstatbestände erfüllt noch hätten losgelöst von den Vermutungsregeln anderweitige Hinweise auf das Vorliegen vorherrschender Meinungsmacht bestanden[821].

Zusammenfassend ist festzustellen, dass von der KEK schon vor der Untersagungsentscheidung im Verfahren „Springer - ProSiebenSat.1“ erste Beurteilungsvorgaben zur Frage vorherrschender Meinungsmacht entwickelt worden waren. Im Rahmen der von der KEK angestellten „wertenden Gesamtbetrachtung“ gingen die normativen Festlegungen über partikuläre, stark am Einzelfall orientierte Wertungsvorgaben jedoch kaum hinaus. Mangels einer umfassenderen Maßstabsbildung im Sinne etwa eines stärker generalisierenden Kriterienkatalogs blieben die Entscheidungsspielräume groß und die Vorhersehbarkeit der

---

KEK, Beschluss v. 19.09.2000, KEK 080, S. 15 „CLT-UFA-Gruppe“, abrufbar unter http://www.kek-online.de/kek/verfahren/kek080cltufa.pdf.

817 KEK, Beschluss v. 24.10.2000, KEK 090-5, S. 21 „ProSiebenSat.1 Media AG“, abrufbar unter http://www.kek-online.de/kek/verfahren/kek0905versch.pdf; vgl. auch KEK, Beschluss v. 16.05.2000, KEK 046, S. 27, und KEK, Beschluss v. 21.09.1999, KEK 040, S. 33 „RTL Television“, abrufbar unter http://www.kek-online.de/kek/verfahren/kek040rtltelevision.pdf.

818 KEK, Beschluss v. 16.02.1998, KEK 008 - 012 „CLT/UFA“, abrufbar unter http://www.kek-online.de/kek/verfahren/kek008bis012cltufa.pdf.

819 So Lange, Media Perspektiven 2005, S. 546, 551 f.

820 KEK, Beschluss v. 16.02.1998, KEK 008 - 012, S. 14 „CLT/UFA“, abrufbar unter http://www.kek-online.de/kek/verfahren/kek008bis012cltufa.pdf.

821 Ebenda, S. 13.

behördlichen Beurteilung – trotz einer gleich bleibend großzügigen Entscheidungspraxis – vergleichsweise gering.

2. Entscheidungen im Verfahren „Springer-ProSiebenSat.1“

Gegenstand des Verfahrens „Springer-ProSiebenSat.1“ war der geplante Erwerb der ProSiebenSat.1 Media AG durch die Axel Springer AG. Anders als in den vorausgegangenen Entscheidungen hat die KEK die beabsichtigte Veränderung von Beteiligungsverhältnissen bei den Tochterunternehmen der ProSiebenSat.1-Gruppe nicht als unbedenklich bestätigt, sondern hat eine Entstehung vorherrschender Meinungsmacht angenommen.

Vor allem aber ist mit der Beschlussbegründung erstmals ein relativ breit angelegtes Konzept vorgelegt worden, anhand dessen medienübergreifende Meinungseinflüsse umfassend auf das Vorliegen vorherrschender Meinungsmacht geprüft werden können. Im Gegensatz zu den vorherigen Entscheidungen hat sich die KEK damit auf einen Konkretisierungs- und Bewertungsansatz festgelegt, der auf andere Fallkonstellation relativ umfassend übertragbar ist.

Auf die anschließende Fortsetzungsfeststellungsklage der Axel Springer AG bestätigte das VG München die Entscheidung der KEK im November 2007 als beanstandungsfrei[822]. Im nachfolgenden Berufungsverfahren wies der Bayerische Verwaltungsgerichtshof das gegen das Urteil des VG München eingelegte Rechtsmittel hinsichtlich des Antrags auf Feststellung der Rechtswidrigkeit der behördlichen Ausgangsentscheidung zurück[823]. Mit Beschluss vom 7. Juli 2009 verneinte es das Vorliegen eines Fortsetzungsfeststellungsinteresses. Unter anderem fehle es an einer Wiederholungsgefahr. Nach der im Februar 2009 von Springer öffentlich erklärten Aufgabe des Zusammenschlussvorhabens sei „ungewiss, ob in Zukunft noch einmal die gleichen tatsächlichen Verhältnisse eintreten wie im Zeitpunkt des Erlasses des erledigten Verwaltungsakts“[824]. Das anschließend als Revisionsinstanz angerufene Bundesverwaltungsgericht hat den vorinstanzlichen Beschluss mit Urteil vom 24. November 2010 aufgehoben und die Sache zur anderweitigen Verhandlung an den Bayerischen Verwaltungsgerichtshof zurückverwiesen. Das erforderliche Fortsetzungsfestellungsinteresse bejahte es unter dem Gesichtspunkt eines den besonderen wirtschaftlichen Gegebenheiten geschuldeten Rehablilitationsinteresses. Das Rehabilitationsinteres-

822 VG München, K&R 2008, 195 ff.

823 BayVGH, Beschluss v. 07.07.2009 - 7 BV 08.254, S. 2, 5, abrufbar unter http://www.vgh.bayern.de/BayVGH/documents/7BV08254_anonymisiert_.pdf (besucht am 26.06.2010).

824 Ebenda, S. 10 f.

se sei zwar nicht unter dem Aspekt einer rechtlich relevanten Ehrverletzung, wohl aber in Hinblick auf die künftigen unternehmerischen Entfaltungsmöglichkeiten der Klägerin anzunehmen[825]. Die neuerliche Entscheidung des Bayerischen Verwaltungsgerichtshofs steht noch aus.

In den weiteren Ausführungen wird zunächst das Grundkonzept darzustellen sein, zu dem die KEK in ihrem Beschluss „Springer-ProSiebenSat.1" gefunden hat, und es wird nachvollzogen werden, wie die Vorgaben des neuen Modells in der Prüfung umgesetzt wurden. Anschließend wird der Frage nachzugehen sein, ob das Verhältnis der gesetzlichen Vorgaben und ihrer behördlichen Konkretisierung den Maßgaben der verfassungsrechtlichen Wesentlichkeitstheorie genügt, welche Vorteile der Beschluss der KEK mit sich bringt und welchen Bedenken er begegnet.

a) Vorgaben der KEK für das Grundkonzept

Der zentrale Gedanke des neuen Konzepts besteht darin, den Vorgaben der Vermutungsregelungen in § 26 Abs. 2 RStV eine gesetzliche Leitbildfunktion zuzuschreiben[826], um hierauf ein normkonkretisierendes Bewertungskonzept aufzubauen, mit dem quantifizierende Bewertungen von Einflüssen medienrelevanter verwandter Märkte auf die Meinungsbildung ermöglicht werden.

Den Vermutungsregelungen des § 26 Abs. 2 RStV entnimmt die KEK zunächst, dass Ausgangsbasis der vielfaltsrechtlichen Bewertung der Zuschaueranteil ist, den das betreffende Unternehmen erreicht. Die Vermutungsschwelle von 30 Prozent soll dabei einen wichtigen – wenn auch nicht abschließenden – Orientierungswert für das Vorliegen vorherrschender Meinungsmacht markieren[827].

In denjenigen Fällen, in denen ein Unternehmen Aktivitäten auf verschiedenen medienrelevanten Märkten verbindet und damit über ein marktübergreifendes Einflusspotenzial verfügt, soll im Sinne des angesprochenen Leitbildgedankens entscheidend sein, dass die dritte und letzte Vermutung des § 26 Abs. 2 RStV vorherrschende Meinungsmacht dann annimmt, wenn die „Gesamtbeurteilung der Aktivitäten eines Unternehmens im Fernsehen und auf medienrelevanten verwandten Märkten ergibt, dass der dadurch erzielte Meinungseinfluss dem einem Unternehmen mit einem Zuschaueranteil mit 30 vom Hundert ent-

---

825 BVerwG, Urteil v. 24.11.2010, 6 C 16.09, S. 2, 9-13, abrufbar unter http://www.bverwg.de/pdf/1455.pdf.

826 KEK, Beschluss v. 10.01.2006, KEK 293-1 bis -5, S. 78 f. „Springer - ProSiebenSat.1", abrufbar unter http://www.kek-online.de/kek/verfahren/kek293prosieben-sat1.pdf.

827 Ebenda, S. 79 f.

spricht“[828]. Nach Maßgabe des Leitbildmodells der KEK soll sich aus dieser Entsprechensregelung der eigentliche Zulässigkeitsmaßstab für kombinierte Einflüsse im bundesweiten Fernsehen und auf fernsehverwandten Märkten ergeben. Das heißt, dass kein Unternehmen mit seinen medienrelevanten Gesamtmarktaktivitäten im Fernsehbereich und darüber hinaus einen Einfluss erreichen soll, der dem Einfluss eines Unternehmens mit einem TV-Zuschaueranteil von 30 Prozent entspricht. Dies soll unabhängig vom Erreichen der Vermutungsgrenzen gelten.

Aus der in § 26 Abs. 2 S. 2 RStV normierten Reduzierung der Zuschaueranteilsgrenze auf 25 Prozent leitet die KEK zudem ab, dass die weiteren, fernsehverwandten Einflüsse umso gewichtiger sein müssen, je weiter der Zuschaueranteil die 25-Prozent-Schwelle unterschreitet[829].

Vor dem Hintergrund dieser Vorgaben stellt sich für die konkrete Prüfung zunächst die Frage, auf welchen medienrelevanten verwandten Märkten sich das betreffende fernsehveranstaltende Unternehmen bewegt. In welcher Weise und mit welchen Gewichtungen die Aktivitäten auf diesen Nebenmärkten in die Bewertung einzubeziehen sind, will die KEK wesentlich vom Grad der Verwandtschaft abhängig machen, den das jeweilige Medium zum bundesweiten Fernsehen hat (dies sagt die KEK nicht bezogen auf vor- und nachgelagerte Märkte). Dabei sollen drei so genannte Leistungsmerkmale als Kriterien dienen, die für die starke meinungsbildende Bedeutung des Fernsehens kennzeichnend sind. Die Rede ist von den in der Rechtsprechung des Bundesverfassungsgerichts angelegten Merkmalen der Suggestivkraft, der Breitenwirkung und der Aktualität[830].

Die Suggestivkraft eines Mediums ist nach Ansicht der KEK daran zu messen, ob es Text-, Bild- und Tonelemente miteinander kombiniert oder ob nur reduzierte Ausdruckskombinationen möglich sind. Unterschieden wird auch nach der Darstellbarkeit bewegter und unbewegter Bilder. Die Breitenwirkung erfasst die „Reichweite eines Mediums in der Gesamtbevölkerung“[831]. Ergänzend soll auch zu berücksichtigen sein, ob und gegebenenfalls inwieweit die Produkte „unabhängig von Zeit und räumlicher (technischer) Umgebung konsumiert werden“ können (zeitliche und räumliche Disponibilität eines Medi-

---

828 KEK, Beschluss v. 10.01.2006, KEK 293-1 bis -5, S. 80 „Springer - ProSiebenSat.1“, abrufbar unter http://www.kek-online.de/kek/verfahren/kek293prosieben-sat1.pdf.

829 Ebenda, S. 80.

830 Ebenda, S. 81; BVerfGE 90, 60, 87.

831 KEK, Beschluss v. 10.01.2006, KEK 293-1 bis -5, S. 81 „Springer - ProSiebenSat.1“, abrufbar unter http://www.kek-online.de/kek/verfahren/kek293prosieben-sat1.pdf.

ums). Für das Merkmal der Aktualität verweist die KEK auf den Begriff der Tagesaktualität[832].

Anhand dieser drei Faktoren – Suggestivkraft, Breitenwirkung und Aktualität – soll das jeweils relevante Medium auf seine Nähe zum bundesweiten Fernsehen untersucht werden, um so spezifische Gewichtungsfaktoren herausbilden zu können. Unter anschließender Verrechnung mit den jeweiligen Marktanteilen des betreffenden Unternehmens ermöglicht der spezifische Gewichtungsfaktor eine quantifizierende Erfassung meinungsbildender Einflüsse auf medienrelevanten verwandten Märkten. Die auf diese Weise ermittelten Werte sollen, so zeigt es die anschließende Anwendung im Fall „Springer - ProSiebenSat.1", als Entsprechenswerte zu den tatsächlichen Zuschaueranteilen im Sinne des § 26 Abs. 2 RStV behandelt und diesen dann hinzugerechnet werden[833].

Innerhalb dieses leitbildhaft entwickelten, letztlich quantifizierenden Systems zur Erfassung crossmedialer Meinungsmacht sieht die KEK schließlich eine ausgleichende Einbeziehung vielfaltsverstärkender Gesichtspunkte vor. Dies betrifft namentlich so genannte Regional- und Drittfensterprogramme, deren Aufnahme nach den legislativen Leitentscheidungen der §§ 26 Abs. 2 S. 3, 25 Abs. 4, 26 Abs. 5, 31 RStV unter anderem mit einem System von Bonusregelungen verknüpft ist.

b) Anwendung auf den vorliegenden Fall

Der geplante Erwerb der Fernsehgruppe ProSiebenSat.1 durch Springer kennzeichnete sich durch vergleichsweise starke Stellungen der Beteiligten im Fernsehzuschauermarkt einerseits und im Pressebereich andererseits. Hinzu kamen weitere Markteinflüsse der zusammenschlussbeteiligten Unternehmen zum Beispiel in den Bereichen Hörfunk und Online-Medien.

In ihrer Beschlussbegründung hat die KEK die Zuschaueranteile der ProSiebenSat.1-Gruppe im bundesweiten Fernsehen ermittelt und mit 22,06 Prozent ausgewiesen[834]. Damit war weder die gesetzliche Ausgangsschwelle eines Zuschaueranteils von 30 Prozent noch die mit dem sechsten Rundfunkänderungsstaatsvertrag im Jahr 2002 eingeführte 25-Prozent-Schwelle nach § 26 Abs. 2 S. 2 RStV erreicht[835].

---

832 KEK, Beschluss v. 10.01.2006, KEK 293-1 bis -5, S. 82 „Springer - ProSiebenSat.1", abrufbar unter http://www.kek-online.de/kek/verfahren/kek293prosieben-sat1.pdf.

833 Ebenda, S. 83 ff.

834 Ebenda, S. 84.

835 Ebenda, S. 85.

Es stellte sich deshalb die Frage, ob die besonderen Umstände des in Aussicht genommenen Beteiligungserwerbs gleichwohl den Schluss auf das Entstehen vorherrschender Meinungsmacht im Sinne des § 26 Abs. 1 RStV rechtfertigen, insoweit nach Maßgabe der Vorgaben des Bundesverfassungsgerichts und des zuvor beschriebenen Leitbildmodells[836]. Ausgehend von der Einschätzung, dass die ProSiebenSat.1-Gruppe mit einem Zuschaueranteil von knapp über 22 Prozent bei einer insgesamt oligopolistischen Marktaufteilung eine „starke Stellung"[837] im bundesweiten Fernsehen einnehme, wandte sich die KEK der entscheidenden Frage zu, inwieweit es aufgrund anderweitiger medienrelevanter Einflüsse zu einer hinreichenden Vermachtung im Sinne des § 26 Abs. 1 RStV kommen würde[838].

Den wichtigsten Parallelmarkt, den Markt für Tageszeitungen, betrachtete die KEK ausdrücklich ohne Differenzierung nach Vertriebsformen[839]. Unter Berücksichtigung der flexiblen zeitlichen und räumlichen Nutzbarkeit und der ausgeprägten Aktualität des Mediums einerseits und der im Vergleich zum Fernsehen deutlich geringeren Reichweite und der mangels Ton und bewegter Bilder verminderten Suggestivkraft andererseits gelangte die KEK zu der Einschätzung, dass der Meinungseinfluss der Tagespresse gegenüber dem Einfluss des bundesweiten Fernsehens mit einem Faktor von zwei Dritteln zu bewerten sei[840]. Sodann ermittelte sie für den Springer-Verlag einen gewichteten Gesamtmarktanteil im Bereich der Tageszeitungen von 26 Prozent. Verrechnet mit dem zuvor entwickelten Gewichtungsfaktor von zwei Dritteln ergab sich damit ein potenzieller Meinungseinfluss, der einem Fernsehzuschaueranteil von ca. 17 Prozent gleichzustellen sei[841].

In gleicher Weise verfahrend, untersuchte die KEK die Märkte für Programmzeitschriften, für Publikumszeitschriften, für Anzeigenblätter und die Bereiche Online und Hörfunk. Die stärksten Gewichtungen wurden mit entsprechender Begründung für die Medien Online und Hörfunk ausgewiesen. Sie bewertete die KEK mit einem potenziellen Meinungseinfluss von jeweils 0,5 im

836 KEK, Beschluss v. 10.01.2006, KEK 293-1 bis -5, S. 85 „Springer - ProSiebenSat.1", abrufbar unter http://www.kek-online.de/kek/verfahren/kek293prosieben-sat1.pdf.

837 Kritik an der Verwendung des Begriffs der starken Stellung übt Bornemann, ZUM 2006, 200, 201 f.

838 KEK, Beschluss v. 10.01.2006, KEK 293-1 bis -5, S. 85, 87 „Springer - ProSiebenSat.1", abrufbar unter http://www.kek-online.de/kek/verfahren/kek293prosieben-sat1.pdf.

839 Ebenda, S. 87 f.

840 Ebenda, S. 88-90.

841 Ebenda, S. 91.

Verhältnis zum bundesweiten Fernsehen[842]. Alle anderen Märkte wurden mit höchstens einem Siebtel angesetzt.

Neben den Leistungsmerkmalen Breitenwirkung, Suggestivkraft und Aktualität hat die KEK auch sonstige meinungsrelevante Merkmale in Rechnung gestellt. Zu nennen sind zum einen der spezielle Fernsehbezug von Programmzeitschriften[843] und zum anderen das besondere „Entwicklungspotenzial, das das Internet als Informationsmedium“ aufweise[844]. Diese Gesichtspunkte sind ausdrücklich ergänzend zu den drei eigentlichen Leistungsmerkmalen in die Bewertung eingegangen. Zusammengefasst haben die Äquivalenzwerte auf medienrelevanten verwandten Märkten nach den vorgenommenen Wertungen einen Entsprechenswert von ca. 25 Prozent erreicht[845].

Hervorzuheben ist nicht zuletzt die Art und Weise, mit der die KEK die quantifizierten Einzeleinflüsse aller Märkte in eine Art Gesamtrechnung einbezogen hat. Denn dem tatsächlichen TV-Zuschaueranteil von ca. 22 Prozent hat die KEK die ermittelten Äquivalenzwerte für Aktivitäten auf medienrelevanten verwandten Märkten interessanterweise schlechterdings hinzugerechnet. In der Summe habe sich so eine Meinungsmacht ergeben, die „derjenigen eines Fernsehveranstalters mit einem Zuschaueranteil von 47 % entspricht“. Die in der Vermutung des § 26 Abs. 2 S. 1 RStV leitbildhaft angelegte Grenze eines Zuschaueranteils von 30 Prozent sei mithin, so die KEK, deutlich überschritten[846].

Um schließlich auch dem Leitbildcharakter gerecht zu werden, der den Bonusregelungen für Regional- und Drittfensterprogramme nach § 26 Abs. 2 S. 3 RStV innewohne, hat die KEK geprüft, ob die Voraussetzungen der Regelungen in direkter Anwendung vorliegen würden, dies jedoch für den Entscheidungszeitpunkt verneint[847]. Dann aber hat sie festgestellt, dass selbst dann, wenn die gesetzlichen Anforderungen in Zukunft in vollem Umfang erfüllt sein sollten, auch im Rahmen des hiesigen Leitbildmodells allenfalls fünf Prozentpunkte in Abzug gebracht werden könnten. Auch in diesem Fall bestünde also noch ein marktübergreifend akkumulierter Meinungseinfluss, der einem Zuschaueranteil von 42 Prozent entsprechen würde[848].

---

842 KEK, Beschluss v. 10.01.2006, KEK 293-1 bis -5, S. 97 f. „Springer - ProSiebenSat.1“, abrufbar unter http://www.kek-online.de/kek/verfahren/kek293prosieben-sat1.pdf.

843 Ebenda, S. 92.

844 Ebenda, S. 96.

845 Ebenda, S. 99.

846 Ebenda.

847 Ebenda, S. 100-102.

c) *Bewertung und Kritik*

Das von der KEK entwickelte Leitbildmodell ist vom VG München als rechtmäßig bestätigt worden. Es hat bisweilen aber auch deutliche Kritik hervorgerufen. In Hinblick auf die nachfolgend darzustellenden Kritikpunkte wird unter anderem zu berücksichtigen sein, dass es sich bei dem Terminus vorherrschender Meinungsmacht um einen unbestimmten Rechtsbegriff handelt, bei dem die KEK als weisungsfreies und sachverständiges Gremium (§ 35 Abs. 2, 5 RStV) über einen Beurteilungsspielraum verfügt[849]. Die gerichtliche Rechtmäßigkeitskontrolle ist also auf die Prüfung so genannter Beurteilungsfehler und auf eine Kontrolle der Verhältnismäßigkeit beschränkt.

Zunächst gibt die Entscheidung jedoch Anlass, sich mit der Frage auseinanderzusetzen, ob die nicht unerhebliche Unbestimmtheit des Tatbestands vorherrschender Meinungsmacht nach § 26 Abs. 1 RStV mit den Anforderungen der verfassungsrechtlichen Wesentlichkeitstheorie zu vereinbaren ist.

(1) Wesentlichkeitstheorie

Die KEK sah sich unter anderem mit dem Vorwurf konfrontiert, sie greife „ohne hinreichend bestimmte Eingriffsnorm eines im demokratischen Verfahren erlassenen Gesetzes in grundrechtlich geschützte Freiheitsrechte von Rundfunkveranstaltern ein“[850]. Im Sinne dieses Einwands stellt sich die Frage, ob es mit den Vorgaben der Wesentlichkeitstheorie vereinbar ist, wenn es der KEK als Teil der Exekutivgewalt überlassen bleibt, den Begriff vorherrschender Meinungsmacht weitgehend nach eigenen Vorstellungen auszufüllen, oder ob die Konkretisierung nicht zu einem weitergehenden Grade durch die Legislative vorgegeben werden muss.

Der Rechtsprechung des Bundesverfassungsgerichts gemäß verlangt der Vorbehalt des Gesetzes unter anderem, dass „alle wesentlichen Fragen vom Par-

---

848 KEK, Beschluss v. 10.01.2006, KEK 293-1 bis -5, S. 102 „Springer - ProSiebenSat.1“, abrufbar unter http://www.kek-online.de/kek/verfahren/kek293prosieben-sat1.pdf.

849 VG München, K&R 2008, 195, 198; Hain, K&R 2008, 160, 163; Beck'scher Kommentar zum RundfunkR - Trute, § 26 Rn. 29, 32; Hain, MMR 2000, 537, 543 f.; anderer Ansicht (bezogen auf die damalige Rechtslage) Hess, AfP 1997, 680, 684, und Neft, ZUM 1999, 97, 101 f.; skeptisch in dieser Frage die Anmerkung von Hepach, ZUM 2008, 351, 353.

850 Bornemann, ZUM 2006, 200, 203; eingehend zu dieser Frage auch Hepach, ZUM 2007, 40, 46; vgl. auch Müller, MMR 2006, 125, 126; zur Frage der Vereinbarkeit mit den Anforderungen der Wesentlichkeitstheorie vgl. auch VG München K&R 2008, 195, 198.

lament selbst entschieden und nicht anderen Normgebern überlassen werden“[851]. Als wesentlich gelten alle Regelungen, „die für die Verwirklichung von Grundrechten erhebliche Bedeutung haben“[852].

Bezogen auf rundfunkrechtliche Zusammenhänge hat das Bundesverfassungsgericht ausdrücklich erklärt, dass der Gesetzgeber in der Aufgabe der Ausgestaltung einer vielfaltsförderlichen Rundfunkordnung einen weiten Gestaltungsspielraum habe, dies insbesondere auch in Fragen der Regelungsart und der Regelungsdichte. Zuletzt hat es auf diesen Spielraum in seinem zweiten Gebührenurteil aus dem Jahr 2007 hingewiesen[853].

Für einen möglichen Verstoß gegen die Wesentlichkeitstheorie durch die der KEK gegenwärtig eröffneten Wertungs- und Entscheidungsspielräume könnte gleichwohl sprechen, dass auf Grundlage der jetzigen Regelung vergleichsweise folgenschwere Entscheidungen für unternehmerische Betätigungsmöglichkeiten getroffen werden können, die sich unmittelbar im grundrechtsrelevanten Bereich bewegen[854]. Die potenzielle Intensität möglicher Eingriffe lässt es unter Wertungsgesichtspunkten zumindest nicht fern liegend erscheinen, vom Gesetzgeber – neben der Grenzziehung durch den Begriff vorherrschender Meinungsmacht – auch zu verlangen, dass er Regelungen zu den weiteren sachlichen Voraussetzungen seines Vorliegens trifft. Hinzu kommt, dass es sich bei den Entscheidungen der KEK um Entscheidungen handelt, die eine nicht unerhebliche politische Bedeutung haben können[855].

Zugunsten einer ausreichenden gesetzlichen Regelungsgrundlage im Sinne der Wesentlichkeitstheorie lässt sich demgegenüber anführen, dass eine existenzielle Betroffenheit im Sinne eines der klassischen Fälle eines Verstoßes gegen die Wesentlichkeitstheorie nicht vorlag. Es handelte sich insbesondere nicht um einen Eingriff, der eine Einzelperson existenziell etwa in der Freiheit der Berufswahl oder in einem Bereich betroffen hätte, der der Berufswahl zumindest nahe kommen würde[856]. Auch ein besonders starkes Spannungsfeld unterschiedlicher Grundrechtspositionen – wie es etwa in schulischen Fragen gegeben sein kann[857] – lag nicht vor. Vielmehr standen sich in einem überschaubaren Konflikt rechtlicher Interessen die Rundfunk- und Unternehmerfreiheit der Axel Springer

---

851 BVerfGE 95, 267, 307.

852 BVerfGE 95, 267, 308.

853 BVerfG ZUM 2007, 712, 721; vgl. auch BVerfGE 12, 205, 262 f.; 57, 295, 321 f., 325 f.; 83, 238, 296; 90, 60, 94.

854 Vgl. VG München, K&R 2008, 195, 200; vgl. ergänzend auch BVerfGE 57, 295, 320 f.

855 Vgl. Monopolkommission, 16. Hauptgutachten 2004/2005, S. 87.

856 Vgl. BVerfGE 33, 125, 160 f.

857 Vgl. BVerfGE 47, 46, 78 ff.

AG einerseits und die vielfaltsbezogenen objektivrechtlichen Anforderungen der Rundfunkfreiheit andererseits gegenüber.

Darüber hinaus bleibt zu bedenken, dass das grundsätzliche Bestreben nach einem umfassenden Tätigwerden des Gesetzgebers im Bereich grundrechtswesentlicher Lebens- und Regelungsbereiche mit dem „Prinzip ausgewogener Gewaltenteilung" in Einklang gebracht werden muss[858]. Das heißt, dass auch den ausführenden Stellen in ausreichendem Umfang Befugnisse zu situationsbedingt angemessenen und eigenverantwortlichen Entscheidungen belassen werden müssen. Nur so kann eine sachgerechte Verteilung gewaltenteiliger Kompetenzzuweisungen erreicht und zugleich ein Ausufern des Parlamentsvorbehalts hin zu einem Parlamentsvorrang verhindert werden[859].

Vor allem ist am Ende aber von Relevanz, dass es im vorliegenden Fall nur um die Regelungsdichte gehen kann, nämlich um das „Wie" der legislativen Ausgestaltung der Eingriffsnorm und nicht um die Frage des „Ob". Das Vorhandensein einer gesetzlichen Regelung lässt sich nicht bestreiten (vgl. insbesondere die §§ 26 Abs. 1 bis 4, 29 S. 3 und 4 RStV). Anhaltspunkte, die zwingend nach einer stärkeren Ausdifferenzierung durch den Gesetzgeber verlangen würden, sind nach dem Gesagten nicht erkennbar. Im Gegenteil hat sich das Bundesverfassungsgericht positiv für einen weiten Gestaltungsspielraum gerade auch in der Frage der Regelungsdichte ausgesprochen. Die besseren Argumente sprechen danach für eine den Anforderungen der Wesentlichkeitstheorie genügende Eingriffs- und Ermächtigungsgrundlage. Eine Verletzung des Grundsatzes vom Vorbehalt des Gesetzes lässt sich im Ergebnis nicht feststellen.

(2) Vorteile des Bewertungsmodells

Ein großer Vorteil des von der KEK entwickelten Modells liegt darin, dass mit ihm ein differenziertes Bewertungssystem gegeben ist, das die Erfassung unterschiedlicher medienrelevanter Einflüsse auf die Meinungsbildung quantifizierbar und die Entscheidung über das Vorliegen vorherrschender Meinungsmacht damit operationalisierbar macht. In der zukünftigen Anwendung gewährleistet es so potenziell ein hohes Maß an Transparenz und Vorhersehbarkeit.

Zugleich hat die KEK grundlegende verfassungsrechtliche Vorgaben beachtet. Dies gilt für das Gebot einer effektiven und vorbeugenden Konzentrationskontrolle ebenso wie für die Rundfunkbezogenheit des Vielfaltsschutzauftrags. Das Bewertungsmodell orientiert sich zudem in prinzipiell nachvollziehbarer Weise an den vorhandenen Wertungen des Rundfunkstaatsvertrags. Da konkrete

---

858 Zippelius/Würtenberger, Deutsches Staatsrecht, S. 116.

859 Ebenda; vgl. auch VG München, K&R 2008, 195, 198.

materielle Vorgaben zur Auslegung des Begriffs vorherrschender Meinungsmacht gerade auch für marktübergreifende Zusammenhänge kaum vorhanden sind[860], knüpft die KEK an den Vermutungstatbeständen des § 26 Abs. 2 RStV an und weist ihnen über die eigentlichen Rechtsfolgen hinaus eine gesetzliche Leitbildfunktion zu. Es ist dies ein methodischer Ansatz, der als solcher keinen Beanstandungen unterliegt.

Bevor im Folgenden auf die Schwächen und Kritikpunkte einzugehen sein wird, die in der Diskussion um die Entscheidung der KEK eine Rolle gespielt haben, muss dem vorgelegten Bewertungssystem schließlich zugute gehalten werden, dass vermutlich jeder Versuch eines quantifizierenden Bewertungssystems für marktübergreifende Sachverhalte auf begründete Einwände und Widerstände stoßen würde. Die normativen Festlegungen, die für die notwendigen Gewichtungen und Quantifizierungen erforderlich sind, sind fast zwangsläufig mit Unsicherheiten behaftet und eröffnen damit Raum für Zweifel und Kritik. Welchen konkreten Beanstandungen sich das Modell der KEK ausgesetzt gesehen hat, soll Gegenstand der nachfolgenden Ausführungen sein.

(3) Bedenken gegen das Bewertungsmodell

Die gegen das Leitbildmodell und seine Anwendung geltend gemachten Einwände richten sich vor allem gegen die vorgenommenen Gewichtungen und Quantifizierungen und gegen die anschließende Verrechnung der ermittelten medienrelevanten Einflusswerte. Die Vorgehensweise der KEK wurde dabei insbesondere unter methodischen Gesichtspunkten und in Hinblick auf die Einhaltung mathematischer Grundvorgaben angegriffen[861].

Nochmals betont sei an dieser Stelle allerdings, dass es sich bei dem Begriff vorherrschender Meinungsmacht um einen unbestimmten Rechtsbegriff mit Beurteilungsspielraum handelt. Etwaige Mängel oder Schwächen in der rechtlichen Beurteilung führen also nicht dazu, dass die Entscheidung der KEK ohne weiteres als rechtswidrig anzusehen wäre. Die Prüfung der Rechtmäßigkeit muss sich vielmehr allein an der Frage ausrichten, ob die KEK im Umgang mit dem Rechtsbegriff vorherrschender Meinungsmacht die Grenzen des ihr eingeräumten Beurteilungsspielraums eingehalten hat. Das prüfende Gericht ist insbesondere nicht befugt, seine Einschätzung an die Stelle der Wertungen der Behörde zu setzen. Die gerichtliche Rechtmäßigkeitskontrolle ist vielmehr auf die Prü-

---

860 Vgl. auch die amtliche Begründung zu § 26 RStV, in Hartstein/Ring/Kreile, Rundfunkstaatsvertrag, § 26, abgedruckt im Anhang zum Normtext.

861 Vgl. Beck'scher Kommentar zum RundfunkR - Trute, § 26 Rn. 49a; vgl. auch Bornemann ZUM 2006, 200, 201 f.

fung so genannter Beurteilungsfehler und damit auf eine reine Vertretbarkeitskontrolle beschränkt[862].

In der angesprochenen Vertretbarkeitsprüfung ist namentlich der Frage nachzugehen, ob die Behörde ihrer Entscheidung einen vollständigen und zutreffenden Sachverhalt zugrunde gelegt, die Verfahrensregeln – einschließlich des Erfordernisses einer ausreichenden Entscheidungsbegründung – und geltende rechtliche Bewertungsgrundsätze eingehalten hat, ob eine Verkennung des anzuwendenden Rechts vorliegt und ob sachfremde Erwägungen in die Entscheidung einbezogen wurden[863]. Es ist also eine klare Trennlinie zu ziehen. Auf der ersten Ebene stellt sich die Frage, ob die Entscheidung der KEK inhaltlich überzeugt oder nicht, und erst auf einer zweiten Ebene kann die Frage nach der Rechtmäßigkeit der Entscheidung erhoben werden.

Zunächst hat sich die Vorgehensweise der KEK dem Vorwurf ausgesetzt gesehen, mit den von ihr vollzogenen Gewichtungen zu zufallsbehafteten und arbiträren Ergebnissen zu gelangen. Nicht ganz unberechtigt wurde angemerkt, dass etwa die höhere Suggestivkraft des Mediums Fernsehen gegenüber Printmedien keine Anhaltspunkte dafür geben könne, ob ein Gewichtungsfaktor beispielsweise von drei Vierteln, zwei Dritteln oder einem Viertel zutreffend und angemessen sei[864]. Geltend gemacht wurde in diesem Zusammenhang auch, dass es für den quantifizierenden Ansatz der KEK an kommunikationswissenschaftlichen und an empirisch-soziologischen Studien fehle (etwa zum Verhältnis der Meinungseinflüsse von Fernsehen und Tageszeitungen)[865] und dass die vorgenommenen Bewertungen und Gewichtungen medienrelevanter verwandter Einflüsse insoweit nicht ausreichend fundiert gewesen seien[866].

Aus einem noch etwas weiteren Blickwinkel lässt sich hinterfragen, ob der potenzielle Einfluss anderer medienrelevanter Märkte auf die Meinungsbildung überhaupt plausibel und konsistent über die Merkmale der Suggestivkraft, der Breitenwirkung und der Aktualität erfasst werden kann. Es handelt sich hier um Kriterien, die vom Bundesverfassungsgericht für das Medium Fernsehen entwi-

---

862 Sodan/Ziekow - Wolff, Kommentar zur VwGO, § 114 Rn. 351.

863 BVerwGE 91, 262, 266; vgl. auch Sodan/Ziekow - Wolff, Kommentar zur VwGO, § 114 Rn. 354.

864 Monopolkommission, 16. Hauptgutachten 2004/2005, S. 87.

865 Aufschlussreiche Ansätze liefert etwa das Gutachten von Hasebrink, Zur Berücksichtigung medienrelevanter verwandter Märkte, S. 14 ff., 34 ff.

866 Säcker, K&R 2006, 49, 54; Bornemann, ZUM 2006, 200, 201-203; vgl. auch Hepach, ZUM 2007, 40, 47; vgl. denselben, ZUM 2008, 351, 353; vgl. ferner das Gutachten der tns infratest, Beurteilung der Rechenmethode der KEK, S. 7; vgl. auch Spindler/Schuster - Holznagel/Grünwald, Kommentar zum Recht der elektronischen Medien, § 26 RStV, Rn. 17.

ckelt worden sind. Von einer unmittelbaren Übertragbarkeit auf verwandte Märkte ist deshalb nicht ohne weiteres auszugehen[867]. Unbeantwortet bleibt im Übrigen, inwieweit diese Kriterien in Märkten zur Anwendung kommen sollen, denen es an einem direkten Rezipientenkontakt fehlt. Zu denken ist etwa an die in der amtlichen Begründung genannten Bereiche Werbung, Rechte oder Produktion, deren Bedeutung für die Meinungsbildung sich unter den Gesichtspunkten der Aktualität, der Breitenwirkung und der Suggestivkraft kaum sinnvoll erfassen lässt[868].

Schließlich wirft sich nach der Entscheidung der KEK die Frage auf, in welchem Umfang die Bewertung auch durch andere, zusätzliche Kriterien beeinflusst werden kann. Dass andere Kriterien eine Rolle spielen können, zeigt die ergänzende Berücksichtigung des besonderen Fernsehbezugs für den Markt für Programmzeitschriften und der Bedeutungszuschlag, den die KEK für das Zukunfts- und Entwicklungspotenzial des „Internet als Informationsmedium" vorgesehen hat[869].

Besonders kritisch wurde zum Teil die Bewertung der Meinungseinflüsse auf dem Markt für Tageszeitungen gesehen[870]. Von besonderem Interesse war dieser Markt vorliegend nicht zuletzt aufgrund des Umstands, dass bei einem Wertungsfaktor von zwei Dritteln und einem Entsprechenswert von 17 Prozent ein auffällig hoher Meinungseinfluss angenommen wurde.

Was zunächst die von der KEK gewählte Marktabgrenzung anbetrifft, so ist unter anderem vorgebracht worden, dass die Zusammenfassung unterschiedlicher Tageszeitungsformen in einen gemeinsamen medienrelevanten verwandten Markt nicht ausreichend begründet worden sei[871].

Kritik wurde vor allem aber in Hinblick auf die gewählte Messgröße geäußert. Die verkaufte Auflage, die von der KEK herangezogen worden war, könne lediglich als besonders grober Indikator für den Einfluss auf die Meinungsbildung angesehen werden. In der verkauften Auflage kämen insbesondere keine Aussagen zur Nutzungsdauer zum Ausdruck, womit ein Relevanzkriterium unberücksichtigt bleibe, das für die Frage der tatsächlichen Nutzung ausschlagge-

867 Vgl. Beck'scher Kommentar zum RundfunkR – Trute, § 26 Rn. 49a; anderer Ansicht das VG München, K&R 2008, 195, 199.

868 Die KEK selbst sagt in ihrem Beschluss v. 10.01.2006, KEK 293-1 bis -5, auf S. 81 lediglich, dass andere Medien nach diesen Merkmalen zu beurteilen seien, abrufbar unter http://www.kek-online.de/kek/verfahren/kek293prosieben-sat1.pdf.

869 Ebenda, S. 92 f., 96-98; vgl. auch Monopolkommission, 16. Hauptgutachten 2004/2005, S. 87; vgl. auch Hasebrink, Zur Berücksichtigung medienrelevanter verwandter Märkte, S. 38 f., der zum Teil aber auch andere Kriterien formuliert.

870 Vgl. z.B. Beck'scher Kommentar zum RundfunkR - Trute, § 26 Rn. 49a.

871 Gutachten der tns infratest, Beurteilung der Rechenmethode der KEK, S. 6.

bende Bedeutung habe und das für die Bestimmung der gesetzlich vorgegebenen Zuschaueranteile für den Fernsehbereich begriffsimmanent vorgegeben sei[872].

Gegenstand der Kritik war schließlich auch der Umstand, dass die Wettbewerbsverhältnisse auf dem Markt für Tageszeitungen nicht berücksichtigt wurden. Es habe namentlich keine Erwähnung gefunden, dass innerhalb des Markts der Tagespresse für sich genommen wesentlicher Wettbewerb bestehe. Dieser Umstand aber sei auch für die Verbindung von Fernsehen und Printmedien von Bedeutung[873].

Die dargestellten Kritikpunkte erscheinen überwiegend schlüssig und berechtigt. Zu den zentralen Angriffspunkten zählt der Umstand, dass die für das Medium Fernsehen entwickelten Merkmale der Breitenwirkung, Suggestivkraft und Aktualität die maßgebliche Bewertungsgrundlage auch für die meinungsbildende Bedeutung fernsehverwandter Medienmärkte sein sollen, ohne dass dies der Sache nach ausreichend begründet erscheint. Es bleibt vielmehr der Eindruck einer gewissen Zufälligkeit in der Wahl dieser drei Parameter. Überzeugend ist im Ergebnis auch der Vorwurf, dass die qualitativen Bewertungen und die anschließenden Umsetzungen in quantitativ fassbare Größen nicht in einem Verhältnis juristisch oder wissenschaftlich stringenter Ableitung zueinander stehen, sondern am Ende mehr oder minder beliebig gegriffen sein dürften. Wünschenswert wäre gerade an dieser Stelle eine stärkere Absicherung der gefundenen Ergebnisse durch empirische und kommunikationswissenschaftliche Studien gewesen. Genau hieran hat es aber gefehlt.

Auch die gegenüber den Wertungen der KEK im Tageszeitungsbereich vorgebrachten Bedenken stellen sich grundsätzlich als nachvollziehbar und diskussionswürdig dar. Doch kommt ihnen sachlich kein vergleichbares Gewicht zu. Was den Einwand einer unzureichend begründeten Marktabgrenzung anbetrifft, fragt sich, welche Maßstäbe hier anzulegen sein sollen. Schon angesichts des plausiblen Hinweises der KEK, dass auch für den Zuschauermarkt eine Unter-

---

872 Gutachten der tns infratest, Beurteilung der Rechenmethode der KEK, S. 5; ähnliche Mängel wurden im Übrigen bei der Gewichtung für die Meinungseinflüsse im Online-Bereich beanstandet, wo die Quantifizierungen sogar nur auf Grundlage einer Fiktion bei der Erfassung relevanter Seitenaufrufe im Bereich werberelevanter und redaktionell gestalteter Angebote erfolgte, vgl. KEK, Beschluss v. 10.01.2006, KEK 293-1 bis -5, S. 97 „Springer - ProSiebenSat.1", abrufbar unter http://www.kek-online.de/kek/verfahren/kek293prosieben-sat1.pdf; kritisch auch in diesem Punkt tns infratest, Beurteilung der Rechenmethode der KEK, S. 8; ferner Bornemann, ZUM 2006, 200, 201 f.

873 Säcker, K&R 2006, S. 49, 54; ähnlich Bornemann, ZUM 2006, 200, 204.

scheidung nach Vertriebsformen nicht erfolge[874], lässt sich ein solcher Vorwurf nicht halten.

Grundsätzlich berechtigt ist der Hinweis, die KEK habe eine nur eingeschränkt aussagefähige Messgröße herangezogen, indem sie im Pressebereich auf die verkaufte Auflage abgestellt hat, anstatt an die konkrete Nutzungsdauer der jeweiligen Pressetitel anzuknüpfen. Angesichts des Umstands jedoch, dass die verkaufte Auflage durchaus einen sachlich sinnvollen und prinzipiell aussagefähigen Anhaltspunkt für den Einfluss auf die Meinungsbildung liefert und dass annähernd verlässliche Daten über die Nutzungsdauer mit hoher Wahrscheinlichkeit nicht verfügbar waren[875], verliert dieser Einwand deutlich an Relevanz[876].

(4) Vorliegen eines Beurteilungsfehlers

Es sind damit wesentliche Gesichtspunkte der bisherigen Kritik benannt. Den Schluss auf eine Überschreitung des Beurteilungsspielraums lassen sie allerdings nicht zu. Insbesondere lässt sich weder ein relevanter Begründungsmangel noch eine Einbeziehung sachfremder Erwägungen feststellen. Etwas anderes könnte aber in Hinblick auf zwei andere Erwägungen gelten.

Unter dem Blickwinkel eines möglichen Beurteilungsfehlers dürfte zunächst die zuletzt vom Bundesverwaltungsgericht getroffene Ausssage zu berücksichtigen sein, dass es zum „richtigen Verständnis des anzuwendenen Gesetzesbegriffs“ gehöre, „dass § 26 Abs. 2 RStV zwar nicht zwingend erfordert, dass die dort genannten Schwellenwerte für den Zuschaueranteil erreicht werden, aber Regelbeispiele enthält, die es nur bei Vorliegen gewichtiger Gründe ermöglichen, eine vorherrschende Meinungsmacht auch dann anzunehmen, wenn die Schwellenwerte nicht ganz erreicht werden“. Konkretisierend sprach das Bundesverwaltungsgericht von einer indiziellen Bedeutung der Regelbeispiele, die „im Rahmen einer Gesamtabwägung nur kompensiert werden“ könne, „wenn sich der Einzelfall aufgrund individueller Besonderheiten vom Normalfall so deutlich abhebt, dass ein Festhalten an der regelmäßig vorgesehenen Rechtsfol-

874 KEK, Beschluss v. 10.01.2006, KEK 293-1 bis -5, S. 87 f. „Springer - ProSiebenSat.1“, abrufbar unter http://www.kek-online.de/kek/verfahren/kek293prosieben-sat1.pdf.

875 Gutachten der tns infratest, Beurteilung der Rechenmethode der KEK, S. 5.

876 Mit der Frage sinnvoller Messgrößen zur Erfassung von Meinungsmacht im Pressebereich befasst sich auch Hasebrink, Zur Berücksichtigung medienrelevanter verwandter Märkte, S. 23.

ge unangemessen" erscheine[877]. Es lässt sich aus diesen Ausführungen zwar nicht ohne weiteres ableiten, ob die angesprochenen Voraussetzungen im vorliegenden Fall als erfüllt angesehen werden können. Unzweifelhaft dürfte jedoch sein, dass die Anforderungen an die Feststellung vorherrschender Meinungsmacht damit nicht unwesentlich erhöht worden sind.

Ein zweiter, nach hier vertretener Auffassung noch bedeutenderer Gesichtspunkt, auf den es bei der Beantwortung der Frage nach einem Beurteilungsfehler ankommen dürfte, betrifft die Art und Weise, mit der die unterschiedlichen Einflusswerte, die die KEK für die einzelnen Medienmärkte ermittelt hat, im zweiten Schritt rechnerisch zusammengeführt worden sind. So ist zu bezweifeln, ob die Verrechnung der zuvor quantifizierten Werte rationalen und mathematisch vorgegebenen Maßstäben genügen kann. Berechtigterweise wurde die Frage aufgeworfen, wie es möglich sein soll, zwei ungleiche Rechengrößen, nämlich tatsächliche Zuschaueranteile einerseits und potenzielle Meinungseinflüsse auf fernsehverwandten Märkten in Form von Entsprechenswerten andererseits schlechterdings zu einem einheitlichen Gesamtwert zu addieren[878].

Verstärkt werden die Zweifel an der gewählten Methode noch durch den Umstand, dass der Bezugsrahmen mit einem bundesweiten Zuschauermarkt von 100 Prozent beibehalten wurde, obwohl neben Zuschaueranteilen nunmehr auch andere Medieneinflüsse in das Rechenmodell einbezogen wurden[879]. Dieses Vorgehen führt zwangsläufig zu einer Überschreitung der 100-Prozent-Grenze, ohne dass die Überschreitung den begrifflichen Voraussetzungen nach zulässig erscheint. Ein – wie auch immer zu definierender – Meinungs- oder Rezipientenmarkt kann begriffsimmanent nicht über ein Gesamtvolumen von 100 Prozent hinausgehen[880].

Das VG München vertritt in seinem Urteil die Auffassung, dass die Überschreitung der 100-Prozent-Grenze insbesondere keinen Verstoß gegen die „Gesetze der Denklogik" begründe[881]. Es müsse in Rechnung gestellt werden, dass die Entscheidung der KEK nicht auf rein quantitative Annahmen zurückgehe, sondern dass den rechnerischen Werten, zu denen der Beschluss gelangt sei, auf komplexen Wertungen beruhten. Zudem sei von Bedeutung, dass es sich bei

---

877 BVerwG, Urteil v. 24.11.2010, 6 C 16.09, S. 21, 15, abrufbar unter http://www.bverwg.de/pdf/1455.pdf.

878 Bornemann, ZUM 2006, 200, 203; vgl. auch Monopolkommission, 16. Hauptgutachten 2004/2005, S. 86 f.

879 Säcker, K&R 2006, 49, 54, spricht u.a. von der „Logik der Prozentrechnungmethode"; Bornemann, ZUM 2006, 200, 203, bemängelt eine Nichtbeachtung mathematischer Gesetze.

880 Gutachten tns infratest, Beurteilung der Rechenmethode der KEK, S. 10.

881 VG München, K&R 2008, 195, 199.

dem relevanten Markt bei „Hinzurechnung des Einflusses der Aktivitäten auf medienrelevanten verwandten Märkte nur um einen virtuellen Meinungsmarkt handelt, den die KEK so behandelt, als wäre dieser quantifizierte Einfluss der eines Fernsehveranstalters“[882]. Im Übrigen sei die Betrachtungsweise der KEK auch im Gesetz angelegt, weil die Vermutungsregel in § 26 Abs. 2 S. 2 RStV den Meinungseinfluss eines Unternehmens zum Maßstab erhebe, der dem eines Unternehmens mit einem Zuschaueranteil von 30 Prozent entspreche[883].

Die vom Gericht gewählten Formulierungen erscheinen an dieser Stelle zum Teil bewusst unbestimmt und wenig nachvollziehbar. Gänzlich ungeklärt bleibt der Begriff des virtuellen Meinungsmarkts. Auch unter den Vorbedingungen des von der KEK entwickelten Bewertungsmodells dürfte eine sinnvolle Konkretisierung dieses Terminus kaum möglich sein.

Der Hinweis auf den dritten Vermutungstatbestand in § 26 Abs. 2 RStV bietet bei näherem Hinsehen keinen Anhaltspunkt für eine Rechtfertigung der Berechnungsmethode. Nach dieser Regelung muss es zwar bei normativer Betrachtung möglich sein, dass medienübergreifende Einflüsse in ihrer Gesamtheit der Meinungsmacht einer bestimmten Zuschauerreichweite im bundesweiten Fernsehen entsprechen, beispielsweise einem Zuschaueranteil von 30 Prozent. Es folgt hieraus aber weder, dass im Ergebnis ein virtueller Meinungsmarkt an die Stelle eines tatsächlichen Meinungsmarkts treten würde, noch lässt sich daraus ableiten, dass das Modell der KEK insoweit im Rundfunkstaatsvertrag angelegt wäre. Die Formulierung der dritten Vermutungsregel soll lediglich ein zu spezifizierendes Maß für die Bewertung crossmedialer Meinungseinflüsse vorgeben. Unter welchen Voraussetzungen der genannte Tatbestand erfüllt sein soll, kann nur auf Grundlage eines konstruktiv zu entwickelnden Konkretisierungsansatzes beantwortet werden, mit dem sich das Vorliegen eines solchen Entsprechenswertes plausibel und überzeugend begründen lässt[884].

Unvereinbar mit dem Begriff des Marktanteils und der Festlegung auf prozentuale Bestimmungen ist es hingegen, tatsächliche Zuschaueranteile und Entsprechenswerte für andere Märkte zu addieren und in ihrer Gesamtheit als Äquivalenzwerte zu behandeln[885]. Bei Hinzunahme allein der von der KEK gewichteten fernsehverwandten Märkte wird der Bezugsrahmen damit im vorliegenden Fall auf weit über 200 Prozent ausgedehnt, ohne dass dies in den Endergebnissen (Entsprechenswerte von 47 bzw. 42 Prozent) auch nur andeutungsweise

---

882 VG München, K&R 2008, 195, 199; vgl. auch Hain, K&R 2008, 160, 164.

883 VG München, K&R 2008, 195, 199.

884 Vgl. etwa Hasebrink, Zur Berücksichtigung medienrelevanter verwandter Märkte, S. 38 ff.

885 Gutachten der tns infratest, Beurteilung der Rechenmethode der KEK, S. 10.

Ausdruck findet. Ferner verliert der Bezugsrahmen bei diesem Vorgehen seine bisherige inhaltliche Bedeutung. Von einem Zuschauermarkt kann nicht mehr die Rede sein.

Fraglich ist, ob dieser rechnerisch-methodische Fehler auch einen gerichtlich überprüfbaren Beurteilungsfehler bildet. In Betracht kommt hier allein ein Beurteilungsfehler aufgrund einer fehlerhaften Auslegung des Begriffs vorherrschender Meinungsmacht oder aufgrund eines Verkennens des Rechts[886]. Ein Auslegungsfehler dürfte nicht gegeben sein. Weder im Bereich legislativer Vorgaben noch in der Rechtsprechung findet sich ein Hinweis, der einen Auslegungsfehler nach dem Wortlaut, nach dem Sinn und Zweck der Norm oder nach einem der anderen Auslegungskriterien nahe legen würde.

Zu erwägen ist aber, ob der Begriff vorherrschender Meinungsmacht nicht deshalb verkannt wurde, weil in seiner leitbildbasierten Konkretisierung ein entscheidungserheblicher methodischer Fehler festzustellen ist, der sich seinerseits in einem fehlerhaften Begriffsverständnis des Tatbestandsmerkmals vorherrschender Meinungsmacht fortsetzen muss.

Es handelt sich bei dem von der KEK entwickelten Modell um eine rechtliche Konstruktion, die jedenfalls in der Verrechnung der unterschiedlichen Rechengrößen fehlerbehaftet ist. Diese Konstruktion beruht indessen nicht nur auf einer Auslegung rechtlicher Normen, sondern auch auf einem Vorgang konstruktiver Rechtsfortbildung. Auch in einem Fall rechtsfortbildender Normkonkretisierung dürfte die gerichtliche Überprüfbarkeit aber kaum schlechthin ausgeschlossen sein. Auch hier muss (analog zu einem möglichen Auslegungsfehler) zumindest ein gerichtlich überprüfbares Verkennen des Rechts möglich sein. Nahe liegend erscheint die Annahme eines solchen Beurteilungsfehlers insbesondere bei Verstößen gegen die Gesetze der Logik oder wie im hiesigen Fall gegen anerkannte methodisch-mathematische Grundvorgaben.

Stützen lässt sich die Annahme eines gerichtlich überprüfbaren Beurteilungsfehlers auch durch eine allgemeinere Erwägung. Die sachlichen Gründe für die Einräumung von Beurteilungsspielräumen bestehen insbesondere darin, dass die zu treffenden Entscheidungen stark von subjektiven oder politischen Wertungen abhängen, dass eine Nachvollziehbarkeit der Beurteilungssituation nicht gegeben ist oder dass es an der Vorhersehbarkeit künftiger Entwicklungen fehlt[887].

---

886 Vgl. hierzu Sodan/Ziekow - Wolff, Kommentar zur VwGO, § 114 Rn. 365, 355.

887 Vgl. Hufen, Verwaltungsprozessrecht, § 25 Rn. 34; vgl. auch Stelkens/Bonk/Sachs - Sachs, Kommentar zum VwVfG, § 40 Rn. 160-162; ferner Sodan/Ziekow - Wolff, Kommentar zur VwGO, § 114 Rn. 310 f.

Diese Legitimationsgrundlagen können für die Frage des Umfangs der gerichtlichen Überprüfbarkeit nicht unberücksichtigt bleiben. Wo der Verwaltung ein Spielraum für eine normative Letztentscheidung zugestanden sein soll, rechtfertigen die genannten Legitimationskriterien es nicht, dass auch jeder Zwischenschritt im Rahmen der behördlichen Entscheidungsfindung von vornherein der gerichtlichen Kontrolle entzogen ist. Vielmehr liegt es nahe, dass bei Vorliegen eines offenkundigen Fehlers dieser im Interesse einer sachgerechten Rechtsentwicklung auch in vollem Umfang justiziabel ist.

Entsprechendes dürfte für die Entscheidung der KEK im Fall „Springer-ProSiebenSat.1" gelten. Grundsätzlich handelt es sich um eine komplexe Wertentscheidung eines unabhängigen Sachverständigengremiums, die als solche nur einer beschränkten Kontrolle unterliegt. Doch die Addition unterschiedlicher Rechengrößen zu einem einheitlichen Gesamtwert bildet nicht selbst eine solche, grundsätzlich schützenswerte Wertentscheidung. Es liegt hierin lediglich ein Zwischenschritt, der mit einem evidenten methodischen Fehler behaftet ist. Im Sinne der genannten Legitimationskriterien kann eine solche Fehlentscheidung nicht als schützenswert angesehen werden und deshalb auch der gerichtlichen Kontrolle nicht entzogen sein.

Im Ergebnis sprechen damit gute Gründe für das Vorliegen eines Beurteilungsfehlers[888]. Die rechtliche Vertretbarkeit der Entscheidung der KEK stellt sich insofern als zumindest zweifelhaft dar.

Aber selbst wenn man davon ausgeht, dass es sich vorliegend allein um eine Subsumtions- und Wertungsfrage handelt, die als solche der gerichtlichen Kontrolle nicht unterliegt, und dass auch eine sonstige Überschreitung des Beurteilungsspielraums nicht vorliegt, erschiene es wenig überzeugend, das von der KEK entwickelte Verrechnungsmodell unter Verweis auf die eingeschränkte gerichtliche Überprüfbarkeit als legitimen Konkretisierungsansatz anzuerkennen.

Auch wenn die Entscheidung der KEK formal als rechtmäßig anzusehen wäre, baut sie in ihrem methodischen Vorgehen auf einer mathematisch-quantifizierenden Konstruktion auf, die in einem entscheidenden Punkt fehlerbehaftet ist. Für die Zukunft bestünde damit das erhebliche Risiko, dass sich dieser Fehler in der Entscheidungspraxis der Vielfaltskontrolle fortschreibt, ohne dass sich die Gerichte einer solchen Entwicklung entgegenstellen könnten. Wenn also nicht schon aus rechtlichen Überlegungen heraus, so scheint es doch wenigstens aus politischen Gründen geboten, einer möglichen Perpetuierung des Verrechnungsmodells der KEK für die Zukunft entgegenzuwirken. Eine politi-

---

888 Anderer Auffassung das VG München, K&R 2008, 195, 198-200.

sche Klärung durch konkretisierende legislative Vorgaben zur Beurteilung marktübergreifender Meinungsmacht wäre also in jedem Fall wünschenswert.

3. Auswertung nachfolgender Beschlüsse

In den nachfolgenden Beschlüssen hat die KEK an dem Leitbild- und Verrechnungsmodell der Springer-Entscheidung festgehalten[889]. Vorherrschende Meinungsmacht hat sie seither aber nicht wieder angenommen.

In einer im Mai 2006 ergangenen Entscheidung zum Erwerb sämtlicher noch nicht gehaltener Beteiligungen an dem Nachrichtensender n-tv durch die RTL Group[890] lag der Schwerpunkt der Begründung erneut in der Prüfung vorherrschender Meinungsmacht unterhalb der Vermutungsgrenzen des § 26 Abs. 2 S. 1 und 2 RStV, also allein nach Maßgabe des Grundtatbestands in § 26 Abs. 1 RStV. Dem dargestellten Leitbildmodell folgend, sollte die Grenze zulässiger Meinungsmacht dort gezogen werden, wo die Gesamtbetrachtung ergibt, dass alle relevanten Meinungseinflüsse des Unternehmens dem Einfluss eines Zuschaueranteils von mindestens 30 Prozent entsprechen[891]. Bei einem für die RTL Group ermittelten Zuschaueranteil von 25,2 Prozent abzüglich von fünf Prozentpunkten für bestehende Fensterprogramme und unter Hinzurechnung von Zuschaueräquivalenzwerten für zurechenbare Aktivitäten auf medienrelevanten verwandten Märkten von zusammen sieben Prozent ergebe sich eine Summe von ca. 27 Prozent, die als solche „nennenswert unter der Messgröße eines Zuschaueranteils von 30 %" bleibe[892]. Ein Erreichen vorherrschender Meinungsmacht sei deshalb nicht anzunehmen.

Interessant ist der Beschluss der KEK unter anderem deshalb, weil ein älteres Argument wieder aufgenommen wurde, dass nämlich mit der ProSiebenSat.1-Gruppe und den öffentlich-rechtlichen Rundfunkanstalten starke publizistische Gegengewichte bestünden[893]. Bei der Bewertung verwandter medienrelevanter Märkte hat sich die KEK unter anderem mit der Bedeutung so genannter

889 Vgl. KEK, Beschluss v. 08.05.2006, KEK 309, S. 46 f. „n-tv", abrufbar unter http://www.kek-online.de/kek/verfahren/kek309n-tv.pdf; ferner z.B. KEK, Beschluss v. 19.08.2008 - KEK 505, S. 9 „Sat.1", abrufbar unter http://www.kek-online.de/kek/verfahren/kek505sat1-satelliten-fernsehen-gmbh.pdf.

890 KEK, Beschluss v. 08.05.2006, KEK 309, S. 1 ff. „n-tv", abrufbar unter http://www.kek-online.de/kek/verfahren/kek309n-tv.pdf.

891 Ebenda, S. 47.

892 Ebenda, S. 54, 47 ff., 50 ff.

893 Ebenda, S. 48.

TV-Supplements und ihrem Verhältnis etwa zu Programmzeitschriften auseinandergesetzt[894].

In weiterer Konkretisierung des in der Springer-Entscheidung entwickelten Leitbildmodells hat die KEK ausgeführt, dass neben den Medien Buch, Musik, Video/DVD auch die Bereiche Fernsehproduktion und Rechtehandel nicht geeignet seien, sich in ihren Einflusspotenzialen als Äquivalenzwerte zu Zuschaueranteilen darstellen zu lassen[895]. In den Bereichen TV-Produktion und Rechtehandel gehe es um bloße Vorprodukte, die erst durch die Auswahl und konzeptionelle Einbindung in das Gesamtprogramm und damit durch Leistungen des Veranstalters zur eigentlichen Marktreife gelangen würden. Als bloßen Vorprodukten fehle ihnen dagegen noch eine unmittelbare Relevanz für die öffentliche Meinungsbildung. Nichtsdestotrotz seien starke Stellungen des fernsehveranstaltenden Unternehmens auf den vorgelagerten Inhaltemärkten – aufgrund der Eigenschaft von Inhalten als Kernprodukte des Fernsehangebots – in der Gesamtbewertung berücksichtigungsfähig[896].

D. Zwischenergebnis

Im überregionalen Bereich wird das verfassungsrechtliche Vielfaltsschutzgebot durch die Konzentrationsvorschriften des Rundfunkstaatsvertrags umgesetzt. Grundsätzlich können Unternehmen danach eine unbegrenzte Anzahl von Fernsehprogrammen veranstalten, nur dürfen sie dadurch keine vorherrschende Meinungsmacht erlangen. Den Normvorgaben des § 26 Abs. 2 S. 1 und S. 2 RStV gemäß gelten unterschiedliche Vermutungen zum Vorliegen vorherrschender Meinungsmacht. Angeknüpft wird an das Erreichen eines jahresdurchschnittlichen Zuschaueranteils von 30 Prozent und alternativ an einen jahresdurchschnittlichen Zuschaueranteil von mindestens 25 Prozent in Verbindung entweder mit einer marktbeherrschenden Stellung auf einem medienrelevanten verwandten Markt oder einer Gesamtbeurteilung der fernseh- und medienrelevanten Aktivitäten, die zu dem Ergebnis führt, dass die Meinungsmacht des Unternehmens dem Einfluss eines Unternehmens entspricht, das auf dem Fernsehmarkt einen Zuschaueranteil von 30 Prozent erreicht.

Ob ein medienrelevanter verwandter Markt vorliegt, beurteilt sich wesentlich danach, ob der jeweilige Markt geeignet ist, die öffentliche und private

---

894 KEK, Beschluss v. 08.05.2006, KEK 309, S. 51 „n-tv", abrufbar unter http://www.kek-online.de/kek/verfahren/kek309n-tv.pdf.

895 Ebenda, S. 52.

896 Ebenda.

Meinungsbildung zu beeinflussen und ob – in einem eher weiten Begriffsverständnis – ein innerer Zusammenhang mit dem Medium Fernsehen besteht. Der Begriff der Marktbeherrschung konkretisiert sich weitgehend nach den wettbewerbsrechtlichen Maßstäben des § 19 Abs. 2 und 3 GWB.

Bezogen auf die bisherige Entscheidungspraxis zum Zuschaueranteils- und Mediennutzungsmodell bildet die Untersagungsentscheidung im Verfahren „Springer - ProSiebenSat.1" eine Zäsur. Schon vor der Springer-Entscheidung hatte sich die KEK wiederholt mit der Frage auseinandergesetzt, ob vorherrschende Meinungsmacht im Sinne des § 26 Abs. 1 RStV allein unter Rückgriff auf die nachfolgenden Vermutungsregeln zu bestimmen ist oder ob es sich um einen eigenständigen Rechtsbegriff handelt, dessen Voraussetzungen auch unterhalb der Vermutungsschwellen erfüllt sein können. Relativ früh folgte die KEK einem Verständnis, wonach es sich bei den Vermutungstatbeständen des § 26 Abs. 2 S. 1 und S. 2 RStV um Regeln der materiellen Beweislast handelt (relevant in Fällen des „non liquet") und nicht um gesetzliche Konkretisierungen, die den Begriff vorherrschender Meinungsmacht materiellrechtlich festlegen würden. Das Bundesverwaltungsgericht hat den Vermutungstatbeständen inzwischen allerdings zusätzlich eine Funktion als Regelbeispiele zugewiesen, denen als solchen eine indizielle Wirkung zukomme. Anders als im Springer-Beschluss hatte die KEK in ihren vorherigen Entscheidungen in erster Linie einzelfallbezogen argumentiert und ihre Aufgabe in einer wertenden Gesamtbetrachtung gesehen, die alle Gesichtspunkte „der Einflussnahme auf die Meinungsbildung im bundesweiten Fernsehen in ihre Beurteilung einbezieht"[897].

In ihrer Springer-Entscheidung hat die KEK dann ein medienübergreifend angelegtes Grundsatzmodell für die Bewertung crossmedialer Einflüsse auf die Meinungsbildung entwickelt, das sich auf andere Fallgestaltungen prinzipiell gut übertragen lässt, das sich in seiner Plausibilität aber zum Teil erheblichen Zweifeln ausgesetzt sieht. Ausgangspunkt dieses Modells ist die Annahme eines auf den Vermutungsregeln des § 26 Abs. 2 S. 1 und S. 2 RStV basierenden gesetzlichen Leitbilds, wonach eine Mehrzahl gattungsverschiedener Medieneinflüsse in der Summe nicht ein Maß erreichen darf, das dem Einfluss eines Unternehmens mit einem TV-Zuschaueranteil von 30 Prozent entspricht. Die unterschiedlichen Meinungseinflüsse sollen dabei für die einzelnen Märkte quantifiziert und im Ergebnis mit dem tatsächlich erreichten Zuschaueranteil zusammengeführt und verrechnet werden. Als Relevanzkriterien für die Gewichtung der fernsehver-

897 KEK, Beschluss v. 24.10.2000, KEK 090-5, S. 20 f. „ProSiebenSat.1 Media AG", abrufbar unter http://www.kek-online.de/kek/verfahren/kek0905versch.pdf; vgl. ferner oben, Fünfter Teil, Gliederungspunkt IV C 1 b).

wandten Einflüsse hat die KEK auf die Breitenwirkung, die Suggestivkraft und die Aktualität des jeweiligen Mediums abgestellt.

Anzuerkennen ist zunächst der Gedanke eines normkonkretisierenden gesetzlichen Leitbilds, das als Grundlage für eine umfassende rechtliche Maßstabsbildung dienen kann. Positiv zu bewerten ist auch die Idee eines transparenten und operationalisierenden Verfahrensansatzes zur Bewertung marktübergreifender Meinungseinflüsse. Da es sich um ein durchaus anspruchsvolles Vorhaben handelt, bei dem sich mögliche Bewertungskonzepte gerade im Detail nur sehr bedingt aus den vorhandenen rechtlichen Rahmendaten ableiten lassen und das gefundene Modell insofern ausgeprägte politisch-normative Züge trägt, bietet es allerdings fast zwangsläufig umfangreiche Ansatzpunkte für Zweifel und Kritik.

Die zentralen Schwächen des Modells manifestieren sich in methodisch anfechtbaren Gewichtungen und Quantifizierungen zur Bewertung fernsehverwandter Märkte, dabei insbesondere in einer unzureichend fundierten Entscheidung für die besagten Relevanzkriterien zur Beurteilung fernsehverwandter Meinungseinflüsse und in einer allenfalls geringen Nachvollziehbarkeit der Umsetzung inhaltlicher Bewertungen in quantitative Parameter. In noch stärkerem Maße richten sich bestehende Zweifel gegen die anschließende Addition von Zuschaueranteilen und fernsehverwandten Medieneinflüssen innerhalb eines unveränderten Bezugsrahmens.

Eine über die inhaltliche Auseinandersetzung hinausgehende Frage liegt schließlich darin, ob die KEK mit ihrem Beschluss den Beurteilungsspielraum überschritten hat, der ihr für den unbestimmten Rechtsbegriff vorherrschender Meinungsmacht eingeräumt ist. Das VG München hat dies in seinem Urteil aus dem Jahr 2008 verneint und vor allem den Einwand einer Verletzung der Gesetze der Denklogik verworfen. Der Sichtweise des VG München ist jedoch entgegenzuhalten, dass in der Konkretisierung des maßgeblichen Rechtsbegriffs ein evidenter wissenschaftlich-methodischer Fehler unterlaufen ist. Dieser Fehler dürfte sich in einem fehlerhaften Verständnis der gesetzlichen Grundlagen fortsetzen und damit den Schluss auf eine Verkennung des Begriffs vorherrschender Meinungsmacht zulassen. Auch ein Blick auf die Legitimationskriterien für die Einräumung von Beurteilungsspielräumen stützt im vorliegenden Fall die Annahme, dass der Fehler der Verrechnung ungleicher Rechengrößen, noch dazu unter Beibehaltung des Bezugsrahmens (Zuschauermarkt im Prozentsystem), von dem Beurteilungsspielraum nicht mehr gedeckt ist.

Aber auch wenn man diesen Schluss nicht zieht und das Vorliegen eines Beurteilungsfehlers ablehnt, bleibt es dabei, dass die Entscheidungsbegründung der KEK in einem tragenden Gesichtspunkt auf einem nicht unerheblichen methodischen Fehler aufbaut, der sich in der künftigen Rechtsanwendung nicht fortschreiben sollte. Zumindest aus politischer Sicht kann eine Perpetuierung des in sich fehlerhaften Bewertungsmodells der KEK nicht gewollt sein.

V. Zusammenfassung und Ergebnis

Medienrechtlich sind drei Regelungszusammenhänge zu unterscheiden. Es sind dies das Europarecht, die besonderen landesrechtlichen Vorgaben, die sich in der Regel auf das jeweilige Bundesland beziehen, und das bundesweit ausgerichtete Vielfaltsschutzsystem des Rundfunkstaatsvertrags.

Auf europäischer Ebene gibt es bislang keine rechtlichen Vorgaben zur Förderung von Medienpluralismus und Meinungsvielfalt. Die Beurteilung der Zulässigkeit einer Normierung verbindlicher Vielfaltsschutzanforderungen hängt maßgeblich von der Frage ab, ob die Europäische Union kompetenzrechtlich befugt ist, in diesem Feld legislativ tätig zu werden. Bei näherem Hinsehen bestehen erhebliche Zweifel, ob eine entsprechende Kompetenz besteht. In Betracht kommen die Harmonisierungskompetenzen zur erleichterten Wahrnehmung der Dienstleistungs- und der Niederlassungsfreiheit (Art. 53 Abs. 1, 62, 114 AEUV). Auf die Vorgängernormen des ehemaligen EG-Vertrags sollte auch die in den Entwurfsfassungen von 1996 und 1997 vorgelegte und letztlich gescheiterte Medienkonzentrationsrichtlinie gestützt werden. Gegen eine solche Rechtsetzungsbefugnis spricht indessen, dass die angenommenen Beeinträchtigungen der genannten Freiheiten durch die divergierenden nationalen Vielfaltsschutzregelungen weitgehend abstrakter und theoretischer Natur sind und allenfalls eine marginale praktische Relevanz haben. Auf der zweiten Prüfungsstufe könnte das Subsidiaritätsprinzip als Schranke der Kompetenzausübung zum Tragen kommen. Die Subsidiaritätsprüfung kennzeichnet sich vorliegend allerdings durch erhebliche Spielräume in der Festlegung der maßstabsbildenden Ziele und damit auch der möglichen Subsumtionsergebnisse. Unabhängig von der kompetenzrechtlichen Beurteilung stellt sich die Frage, ob eine einheitliche europäische Regelung nicht einen unerwünschten Rückschritt für die Vielfaltssicherung in Hinblick auf das in einigen Mitgliedsstaaten bereits erreichte Schutzniveau bedeuten würde. Zudem ist zu bezweifeln, ob eine einheitliche Regelung den zum Teil sehr unterschiedlichen Bedingungen innerhalb der nationalen Medienmärkte gerecht werden könnte, dies zum Beispiel in Hinblick auf die Größe der Märkte, auf die demografische Struktur, auf die Wirtschaftskraft und auf die Anbieter- und Nachfragestruktur. In der aktuellen Entwicklung hat die Kommission eine umfassende Auseinandersetzung insbesondere mit den rechtlichen, politischen und tatsächlichen Rahmenbedingungen für die Entwicklung von Medien- und Meinungsvielfalt initiiert. Bestrebungen zu einem legislativen Tätigwerden sind derzeit nicht festzustellen.

In der deutschen Rechtsordnung bestehen medienrechtliche Vielfaltsschutzvorkehrungen zum einen im Rundfunkstaatsvertrag der Länder und zum anderen in den landesrechtlichen Regelungen mit zumeist landesweiter, regionaler oder lokaler Ausrichtung. Anders als im wettbewerbsrechtlichen Zusammenhang ist der Vielfaltsschutz insoweit gerade auch Ziel der rechtlichen Bestimmungen.

Die einzelnen landesrechtlichen Vorkehrungen sind denkbar vielgestaltig. Vor dem Hintergrund bundesverfassungsgerichtlicher Vorgaben zur Verhinderung lokaler und regionaler „Doppelmonopole" sind in die meisten Landesmediengesetze auch Beschränkungen crossmedialer Verflechtungen aufgenommen worden. Neben so genannten Kumulationsbeschränkungen, die eine zahlenmäßige Begrenzung von Beteiligungsmöglichkeiten oder Programmträgerschaften implizieren, finden sich relativ häufig anteilsbezogene Beschränkungen für die Beteiligung an privaten Rundfunkunternehmen (Ausschluss der Alleinveranstaltung). Es sind zum Teil Beschränkungen normiert, die sich zum Beispiel an lokale und regionale Zeitungsverlage richten und ihnen je nach Marktstärke lediglich reduzierte Beteiligungen an Hörfunk- oder Fernsehveranstaltern zubilligen. Ein schon in seiner Grundstruktur binnenpluralistisch angelegtes Schutzkonzept wurde 1988 in Nordrhein-Westfalen eingeführt. Das dortige Zwei-Säulen-Modell basiert auf einer organisatorischen Trennung von Programmverantwortung und wirtschaftlicher Trägerschaft und eröffnet damit wirtschaftliche Partizipationsmöglichkeiten, ohne zugleich publizistische Einflüsse zu gewähren. Andere binnenpluralistische Steuerungselemente bestehen in Möglichkeiten zur Einrichtung eines unabhängigen Programmbeirats und in der Einführung von Drittsendezeiten und Programmrichtlinien. In allen Fällen ist eine zumindest potenzielle Eignung zum Vielfaltsschutz zu bejahen. Eine vergleichende Analyse und Bewertung der Wirksamkeit der unterschiedlichen Regelungen scheitert indessen an den divergenten Ausgangsbedingungen. So sind von demselben Regelungsansatz andere Wirkungen zu erwarten, wenn er zum Beispiel in einem großen Verbreitungsraum mit hoher Einwohnerzahl verwirklicht wird als wenn dies in einem kleinen Stadtstaat geschieht. Verfassungsrechtlich sind die unterschiedlichen Vielfaltschutzbestimmungen als einfachgesetzliche Regelungen zur Ausgestaltung der Rundfunkfreiheit zu werten und nicht als Grundrechtseingriffe. Durchgreifende verfassungsrechtliche Bedenken bestehen nicht.

Die Vielfaltsschutzbestimmungen des Rundfunkstaatsvertrags beziehen sich in erster Linie auf das bundesweite Fernsehen und sehen insoweit ein Verbot vorherrschender Meinungsmacht vor. Dem heutigen Zuschaueranteilsmodell entsprechend darf ein Unternehmen zwar unbegrenzt viele Programme veranstalten. Ab einem Zuschaueranteil von 30 Prozent wird allerdings vermutet, dass vorherrschende Meinungsmacht gegeben ist. Ergänzt wird das Zuschaueranteilsmodell durch das marktübergreifend angelegte Mediennutzungsmodell. Danach wird die Vermutungsschwelle für das Vorliegen vorherrschender Meinungsmacht auf einen Zuschaueranteil von 25 Prozent abgesenkt, wenn eine marktbeherrschende Stellung auf einem medienrelevanten verwandten Markt besteht oder eine Gesamtbeurteilung der Aktivitäten auf dem Fernsehmarkt und auf medienrelevanten verwandten Märkten ergibt, dass der dadurch erzielte Meinungseinfluss dem Einfluss eines Unternehmens mit einem Zuschaueranteils von 30 Prozent entspricht. Bereits relativ früh hat die KEK die angesprochenen Normzusammenhänge so gedeutet, dass das Verbot vorherrschender Meinungsmacht nach § 26 Abs. 1 RStV trotz der Bezugnahme auf die nachfolgenden Bestimmungen einen eigenständigen Regelungsgehalt besitzt. Dagegen fungieren die Vermutungen des Absatz zwei als Regelungen der materiellen Beweislast (wobei das Bundesverwaltungsgericht den Vermutungstatbeständen zwischenzeitlich auch eine Funktion als Regelbeispiele zuerkannt hat). Die anfängliche Entscheidungspraxis unter dem Zuschaueranteilsmodell kennzeichnete sich durch eher einzelfallbezogene Gesamtabwägungen, denen sich allenfalls in geringem Maße übergeordnete Beurteilungskriterien entnehmen ließen. In der Springer-Entscheidung aus dem Jahr 2006 – die bisher einzige Entscheidung, mit der vorherrschende Meinungsmacht bejaht wurde – entwickelte die KEK ein Leitbildmodell, das eine umfassende Quantifizierung medienrelevanter fernsehverwandter Einflüsse vorsah. Vermittelt über die Kriterien der Breitenwirkung, Suggestivkraft und Aktualität wurden medienrelevante fernsehverwandte Märkte in ihrer Bedeutung für die öffentliche Meinungsbildung gewichtet und mit konkreten Gewichtungsfaktoren belegt. Verrechnet mit dem jeweiligen Marktanteil ergaben sich so Werte, die die KEK als Äquivalenzwerte zu tatsächlichen Zuschaueranteilen behandelte und diesen hinzurechnete. Nach ausgleichender Berücksichtigung von Regional- und Drittfenstern prüfte sie schließlich, ob in der Summe ein Maß überschritten war, das einem Zuschaueranteil von 30 Prozent entsprechen würde. Dieses System wurde auch in späteren Entscheidungen beibehalten. Der zentrale Vorteil des beschriebenen und vom VG München später bestätigten Leitbildmodells besteht darin, dass sich mit ihm ein Beurteilungsmaßstab verbindet, der relativ rechtssichere Vorhersagen zu künftigen Entscheidungen möglich macht. Problematisch ist das Modell aber unter anderem deshalb, weil die Quantifizierungen methodisch in hohem Maße anfechtbar sind. Sie sind weder empirisch noch kommunikationswissenschaftlich ausreichend begründet und abgesichert. Darüber hinaus manifestieren sich erhebliche Zweifel an der rechtlichen Vertretbarkeit der Entscheidung, dies vor allem in Hinblick auf die Addition ungleicher Rechengrößen innerhalb eines unveränderten – prozentualen – Bezugssystems. Es ist dies ein evidenter wissenschaftlich-methodischer Fehler, der ein Verkennen des Begriffs vorherrschender Meinungsmacht implizieren und damit eine Überschreitung des rechtlichen Beurteilungsspielraums begründen dürfte. In jedem Fall handelt es sich um einen Fehler, an dessen Fortschreibung auch unabhängig von der Frage der Rechtmäßigkeit der Entscheidung kein begründetes Interesse bestehen kann.

Sechster Teil: Regelungsperspektiven

I. Einleitung

Die Vorgaben des Wettbewerbsrechts einerseits und des Medienkonzentrationsrechts andererseits können trotz unterschiedlicher Zielrichtungen je für sich zur Sicherung von Pluralismus und freier Meinungsbildung beitragen.

Das Wettbewerbsrecht ermöglicht zurzeit einen relativ wirksamen Schutz der Meinungsvielfalt vor den Gefahren crossmedialer Konzentration. Hervorzuheben ist die vielfaltsbegünstigende Wirkung der deutschen Fusionskontrolle. Sie verfügt über einen weiten Anwendungsbereich und arbeitet mit einem konzentrationsverhütenden Regelungsansatz. Zudem kennzeichnet sich die deutsche Fusionskontrolle gegenwärtig durch einen vergleichsweise restriktiven Umgang mit marktübergreifenden Zusammenschlüssen. Dies gilt aufgrund der Berücksichtigung crossmedialer Effekte gerade auch im Medienbereich. Ein annähernd lückenloser Schutz durch das Wettbewerbsrecht ist jedoch nicht gegeben. Vor allem wird eine verlässliche Vielfaltssicherung auf Dauer nicht zu erwarten sein.

Was das Medienkonzentrationsrecht und sein Potenzial zu einer effektiven Vielfaltssicherung anbetrifft, so hat sich im fünften Kapitel gezeigt, dass das Regelungsmodell des Rundfunkstaatsvertrags in der Kombination von Zuschaueranteils- und Mediennutzungsmodell zwar Vielfaltsrisiken sowohl aufgrund fernsehbezogener Konzentration wie auch aufgrund multimedialer Vermachtungen adressiert. Es ist aber auch deutlich geworden, dass die KEK in ihrem Leitbildmodell zu einer Konkretisierung des Begriffs vorherrschender Meinungsmacht gefunden hat, die insbesondere in Hinblick auf die vorgenommenen Quantifizierungen und Verrechnungen auf Bedenken stößt und im Ergebnis insgesamt korrekturbedürftig erscheint.

Ziel des vorliegenden Kapitels ist die Klärung der Frage, auf welche Weise den Gefahren crossmedialer Konzentration für die Zukunft am besten begegnet werden kann. Es wird zu thematisieren sein, welche Handlungs- und Gestaltungsmöglichkeiten aus legislativer Sicht bestehen und welche Korrekturmöglichkeiten sich gegebenenfalls auf der Ebene der Rechtsanwendung anbieten. Zunächst stellt sich die Frage, welche allgemeinen Anforderungen ein sachgerechtes und funktionsfähiges Vielfaltsschutzkonzept unter den gegenwärtigen tatsächlichen und rechtlichen Bedingungen erfüllen sollte. Anschließend wird darzulegen sein, welche Regelungsmodelle in Betracht kommen und welche Vor- und Nachteile sie mit sich bringen. Es soll bewertet werden, ob das aktuell bestehende Regelungskonzept den zentralen Anforderungen genügt und lediglich in der praktischen Umsetzung anders gehandhabt werden könnte oder ob sich eventuell ganz andere Modelle zum Schutz der Meinungsvielfalt vor vorherrschender und multimedialer Meinungsmacht als vorzugswürdig darstellen. Die nachfolgenden Ausführungen sollen sich auf die Vielfaltsschutzbelange im überregionalen Kontext beschränken.

II. Anforderungen an ein sachgerechtes Regelungskonzept

Schon in seinem FRAG-Urteil aus dem Jahr 1981 forderte das Bundesverfassungsgericht eine positive Ordnung, die „sicherstellt, daß die Vielfalt der bestehenden Meinungen im Rundfunk in möglichster Breite und Vollständigkeit Ausdruck findet und daß auf diese Weise umfassende Information geboten wird"[898]. Hierzu seien neben materiellen auch organisatorische und verfahrensrechtliche Regelungen erforderlich, die sich an der Aufgabe der Rundfunkfreiheit orientierten und damit das zu bewirken geeignet seien, was Art. 5 Abs. 1 GG gewährleisten wolle[899]. In seinen Urteilen zum Niedersächsischen Rundfunkgesetz und zum Nordrhein-westfälischen „Zwei-Säulen-Modell" stellte das Bundesverfassungsgericht in den Jahren 1986 und 1991 weiter fest, dass die Rundfunkfreiheit auch dann bedroht sein könne, wenn sich meinungsbildende Einflüsse im Rundfunkbereich mit publizistisch relevanten Marktstellungen im Pressegeschäft verbinden würden. Insofern sei es geboten, besondere gesetzliche Vorkehrungen auch gegen „die Entstehung vorherrschender multimedialer Meinungsmacht" zu treffen[900].

Ein direkter Einfluss auf die Verwirklichung größtmöglicher Meinungs- und Informationsvielfalt ist mit rechtlichen Mitteln nicht möglich. Vielfalt lässt sich rechtlich nicht positiv vorgeben. Insbesondere kann einem Medienunternehmen nicht vorgeschrieben werden, welche Inhalte es vermitteln, welche Meinungsrichtungen es berücksichtigen und für welche Minderheiten es ein Forum bieten soll[901]. Für den Gesetzgeber kann es deshalb nur darum gehen, vielfaltsbegünstigende Rahmenbedingungen zu schaffen[902]. Seine Aufgabe ist es insoweit, für

---

898 BVerfGE 57, 295, 320.

899 Ebenda; 74, 297, 324.

900 BVerfGE 73, 118, 175-177; 83, 238, 324 f.

901 Vgl. von Mangoldt/Klein/Starck - Starck, Kommentar zum GG, Band 1, Art. 5 Abs. 1, 2 Rn. 149-154, zu den Grenzen staatlicher Kontrolle unter den Bedingungen eines außenpluralistisch organisierten Rundfunksystems.

902 Schon der Begriff gleichgewichtiger Vielfalt ist operational kaum zu fassen, vgl. BVerfGE 73, 118, 156, 159.

einen effektiven Schutz vor den Gefahren wachsender Meinungsmacht Sorge zu tragen, wobei ihm ein weiter Einschätzungs- und Ausgestaltungsspielraum zugestanden wird[903].

Bevor darauf einzugehen ist, wie einige der bedeutendsten Konzeptionen zur Begrenzung von Meinungsmacht im Rundfunk- und Medienbereich ausgestaltet sind, erhebt sich die Frage, welche allgemeinen Anforderungen an ein rechtlich tragfähiges und sachgerechtes Regelungssystem zu stellen sind.

A. Grundausrichtung am Medium Rundfunk

Aus verfassungsrechtlicher Sicht ist zunächst zu berücksichtigen, dass das Vielfaltsgebot und das Verbot vorherrschender Meinungsmacht rundfunkbezogene Vorgaben sind. Sie sind dogmatisch aus der Rundfunkfreiheit und deren dienender Funktion hergeleitet worden[904] und nicht etwa aus anderen Mediengrundrechten. Ein Bezug beispielsweise zur Pressefreiheit besteht nicht.

Soweit der Gesetzgeber aufgerufen ist, über den rein rundfunkbezogenen Vielfaltschutzauftrag hinaus auch den Gefahren multimedialer Meinungsmacht vorzubeugen, handelt es sich nicht um einen Regelungsauftrag, der alle Medienformen und alle Kombinationen medienrelevanter Märkte in gleicher Weise betreffen würde. Vielmehr geht es aus verfassungsrechtlicher Perspektive allein um eine Beschränkung marktübergreifender Meinungseinflüsse, soweit sie zu einer Rückwirkung auf den Rundfunkbereich und zu einer Verstärkung der dort bereits bestehenden Vielfaltsgefahren führen können[905]. Trotz der markt- und medienübergreifenden Ausrichtung des Schutzgebots gibt es also keine verfassungsrechtlichen Vorgaben zur Sicherung der Meinungsvielfalt, die nicht zumindest auch das Medium Rundfunk einbeziehen würden.

B. Vertikale Konzentration

Ein weiterer Gesichtspunkt, den es im Sinne einer effektiven Vielfaltssicherung zu berücksichtigen gilt, besteht darin, dass ein funktionsfähiges und zukunftsof-

903 Vgl. BVerfGE 57, 295, 323, 325; vgl. auch BVerfG Urteil v. 12.03.2008, 2 BvF 4/03, Rn. 127, abrufbar unter http://www.bverfg.de/entscheidungen/fs20080312_2bvf000403.html; ferner Engels, ZUM 1996, 44, 52.

904 Siehe oben, Erster Teil, Gliederungspunkt III A 1.

905 BVerfGE 73, 118, 176; vgl. auch BVerfGE 83, 238, 324.

fenes Vielfaltsschutzsystem in der Lage sein sollte, auch vertikale Verflechtungserscheinungen[906] einzubeziehen[907].

Das Bundesverfassungsgericht hat bislang keine konkreten Vorgaben zu einer verpflichtenden Einbeziehung vertikaler Konzentrationserscheinungen formuliert. Wohl aber wurde eine zunehmende Konzentration in der Verbindung vor- und nachgelagerter Märkte im Rundfunkbereich als potenzielle Gefahr für die Belange der Meinungsvielfalt eingestuft. So stellte das Bundesverfassungsgericht in seinem DSF-Beschluss aus dem Jahr 1996 fest, dass unter anderem die vertikale Integration von „Rundfunkveranstaltern mit Produktionsfirmen, Inhabern von (Programm-)Zeitschriften sowie die Privatisierung der Übertragungswege eine Berücksichtigung“ des Gebots der Vielfaltssicherung nach wie vor dringlich mache[908]. In seiner zweiten Gebührenentscheidung aus dem Jahr 2007 hob das Bundesverfassungsgericht zuletzt hervor, dass der Prozess auch der vertikalen Konzentration weiter voranschreite. Die „Veranstaltung und Verbreitung von Rundfunk“ sei „häufig nur ein Glied in einer multimedialen Wertschöpfungs- und Vermarktungskette“[909]. Ergänzend wies es darauf hin, dass die neuen technologischen Entwicklungen den „Einsatz von Navigatoren und elektronischen Programmführern“ erlaubten, „deren Software ihrerseits zur Beeinflussung der Auswahlentscheidung der Rezipienten genutzt werden“ könne[910].

Welche konkreten Folgen eine mögliche Zunahme vertikaler Konzentration im Rundfunkbereich für die Entwicklung von Pluralismus und Meinungsvielfalt haben kann, ist nicht leicht zu beantworten. Auf der Hand liegt jedoch, dass vertikal ausgerichtete Konzentrationsprozesse ebenso wie horizontale und diagonale Verflechtungen unter Umständen erhebliche Verzerrungen des ökonomischen und des publizistischen Wettbewerbs bewirken können. Gelingt es einem Rundfunk veranstaltenden Unternehmen, die Stufen der Produktion und des Rechtehandels einerseits und die Stufen des Vertriebs und der Distribution andererseits zusammenzuführen, kann dies je nach Umfang der Aktivitäten etwaige Abhängigkeiten von Marktteilnehmern auf vor- und nachgelagerten Märkten vermindern oder aufheben. Zugleich können sich aus einer erweiterten Abdeckung der Wertschöpfungskette Möglichkeiten zur strategischen Behinderung anderer Marktteilnehmer ergeben, gegebenenfalls sogar zu einem – etwa über die Preisgestaltung vermittelten – Ausschluss von bestimmten Zulieferungs- und Distri-

---

906 Siehe oben, Erster Teil, Gliederungspunkt II B 1.

907 Vgl. Janik, AfP 2002, 104, 108; vgl. auch Engels, ZUM 1996, 44, 54 f.; ferner Altes, Media Perspektiven 2000, 482, 489; Stockmann/Zigelski, ZUM 1995, 537, 541.

908 BVerfGE 95, 163, 173.

909 BVerfGE 119, 181, 216 f.

910 BVerfGE 119, 181, 217.

butionsleistungen. Im Allgemeinen ist davon auszugehen, dass vertikale Konzentrationsprozesse zu einer Begünstigung von Verdrängungswirkungen und von Effekten der Marktschließung und damit potenziell auch zu einer Verkürzung der Meinungsvielfalt führen[911].

C. Entwicklungsoffenheit

In der momentanen Entwicklung massenmedialer Ausdrucksformen sind Prognosen über künftige Angebotsentwicklungen und Verlagerungen im Nutzungsverhalten der Rezipienten nur schwer möglich. Die Frage etwa nach den Durchsetzungschancen bestimmter Dienstetypen stellt sich unter anderem unter technischen und unter wirtschaftlich-kommerziellen Gesichtspunkten und ist letztlich von sehr komplexen Voraussetzungen abhängig.

Die Inhalte der klassischen Medientypen werden seit einigen Jahren in zum Teil modifizierter Form sämtlich auch über das Medium Online zur Verfügung gestellt. Bedingt unter anderem durch die Ausdifferenzierung der Übertragungsmöglichkeiten ist eine Vielzahl medialer Gattungs- und Zwischenformen entstanden. Die Digitalisierung von Inhalten und Übertragungswegen hat zu einer fortschreitenden Konvergenzentwicklung beigetragen, in der auch den kombinatorischen Möglichkeiten massenkommunikativer Ausdrucksformen immer weniger Grenzen gesetzt sind. Nicht zuletzt gehen Merkmale individueller und überindividueller Kommunikationsformen verstärkt ineinander über[912]. Frühzeitig war in diesem Zusammenhang von einer „Integration und Hybridisierung von Medien- und Kommunikationsformen" die Rede[913]. Angesichts dieser Wandlungen ist davon auszugehen, dass es auch in Zukunft immer wieder zu Entwicklungen kommen wird, die vorhandene rechtliche Abgrenzungen in Frage stellen und gegebenenfalls obsolet werden lassen.

Das Recht der Vielfaltssicherung wird sich deshalb so orientieren müssen, dass es durch künftige Veränderungen im Angebot und durch mögliche Verschiebungen in der Mediennutzung keine Einbußen in seiner Funktionsfähigkeit

---

911 Kiefer, Media Perspektiven 1995, 58, 61 f.; dieselbe, Media Perspektiven 1994, 430, 434 f.; Herdzina, Wettbewerbspolitik, S. 183; vgl. ferner Kübler, Media Perspektiven 1995, 48, 52 f.; vgl. denselben, Media Perspektiven 1999, 379 (379); ferner BVerfG NJW 1997, 1147, 1147; vgl. auch Landesmedienanstalten, Crossmediale Verflechtungen, S. 235 ff.

912 Petersen, Medienrecht, S. 14 f.; Bullinger/Mestmäcker, Multimediadienste, S. 15 ff.; vgl. Stürner, AfP 2002, 283 (283); vgl. auch den Beck'schen Kommentar zum RundfunkR - Vesting, Einführung Rn. 18-25; vgl. ferner Zmeck, AfP 1995, 545, 546.

913 Ladeur, RTkom 1999, 68 (68).

erfährt[914]. Von welchen Angebotstypen und publizistisch relevanten Plattformen in Zukunft nach Reichweiten und unter Berücksichtigung qualitativer Gesichtspunkte die bedeutendsten Einflüsse auf die öffentliche Meinungsbildung ausgehen werden, lässt sich nicht absehen. Für das System der Vielfaltssicherung ist daher entscheidend, dass es zu einer Ausrichtung findet, in der es neu entstehenden Risiken und Regelungsbedürfnissen möglichst beweglich und entwicklungsoffen gegenübersteht[915].

III. Mögliche Vielfaltsschutzkonzepte

In der Frage nach den konstruktiven Möglichkeiten zur Regulierung verfassungsrechtlich unerwünschter Vermachtungserscheinungen im Rundfunk und in crossmedialen Zusammenhängen sind in der Vergangenheit unterschiedliche Ansätze entwickelt und vorgeschlagen worden. Einen ihrer Höhepunkte erlebte die Diskussion um mögliche Lösungskonzepte in der Mitte der neunziger Jahre[916], als sich eine Abkehr vom so genannten Beteiligungsmodell abzeichnete und sich die Frage nach einem wirksamen Folgekonzept stellte[917].

Nachfolgend wird zunächst auf das Zuschaueranteilsmodell und das Mediennutzungsmodell und damit auf diejenigen Schutzkonzepte einzugehen sein, die im gegenwärtigen Rundfunkstaatsvertrag normiert sind. Im Anschluss sollen mit dem Werbemarktanteilsmodell und dem Ressourcenmodell mögliche Alternativkonzepte vorgestellt werden. Weitere Regelungsmodelle, die zu beleuchten sein werden, betreffen die Möglichkeit von Beteiligungsbeschränkungen, wie sie etwa im Rundfunkstaatsvetrag von 1991 (RStV 1991) umgesetzt worden waren, ferner die Überlegungen der so genannten Günther-Kommission und schließlich das in wettbewerbsrechtliche Normvorgaben eingebettete, von der Monopolkommission bereits zu Beginn der achtziger Jahre vorgeschlagene Sendelizenzmodell. Für alle Vielfaltsschutzmodelle wird der Frage nachzugehen sein, welche Vor- und Nachteile bestehen. Insoweit wird insbesondere auf die obigen Kriterien für ein sachgerechtes Regelungssystem Bezug zu nehmen sein. Im Ergebnis soll eine vergleichende Bewertung vorgenommen werden, um auf dieser

914 Holznagel/Grünwald in: Holznagel/Grünwald, Meinungsvielfalt im kommerziellen Fernsehen, S. 106 f.

915 Stockmann/Zigelski, ZUM 1995, 537, 541; vgl. auch Trute, VVDStRL 57 (1998), 218 ff.; ferner Ladeur, Rtkom 1999, 68 f.

916 Vgl. hierzu beispielsweise Stockmann/Zigelski, ZUM 1995, 537, 540-551; vgl. aber auch schon die Überlegungen von Bullinger, AfP 1983, 319, 324-327.

917 Vgl. z.B. Kübler, Media Perspektiven 1995, 48 (48).

Grundlage Überlegungen zu einem sinnvollen künftigen Umgang insbesondere mit crossmedialen Verflechtungen anstellen zu können.

A. Zuschaueranteilsmodell

Will man – den bundesverfassungsgerichtlichen Vorgaben folgend – die Entstehung vorherrschender Meinungsmacht verhindern, erhebt sich die Frage, auf welche Weise dies am besten geschehen kann. Eine unmittelbare Erfassung von Meinungsmacht ist nicht möglich[918]. Es gibt aber unterschiedliche Indikatoren, die Rückschlüsse auf publizistische Meinungsmacht und damit eine indirekte Erfassung publizistischer Einflusspotenziale ermöglichen. Ein möglicher Indikator ist der Rezipientenmarktanteil, den ein Unternehmen in einem bestimmten Zeitraum mit den ihm zurechenbaren Angeboten erreicht. Bezogen auf das Medium Fernsehen ist dies der mit einem oder mehreren Programmen erzielte Zuschaueranteil. Genau an diesem Kriterium knüpft der Rundfunkstaatsvertrag an, indem er normiert, dass vorherrschende Meinungsmacht ab einem jahresdurchschnittlichen Zuschaueranteil in Höhe von 30 Prozent vermutet wird (§ 26 Abs. 2 S. 1 RStV).

Zweifel am Zuschaueranteilsmodell wurden zunächst in Hinblick auf methodische Unsicherheiten geäußert. Die notwendigen Datenerhebungen zur Ermittlung der Zuschaueranteile würden zwangsläufig gewissen Schwankungen unterliegen, und die Methoden zur Messung von Zuschaueranteilen seien nicht ausreichend gesichert und damit juristisch angreifbar[919]. Das Abstellen auf die zeitliche Nutzungsdauer lasse zudem unberücksichtigt, dass für die Rezipienten individuell sehr unterschiedliche Nutzungszeiten festzustellen seien. Damit impliziere das Modell die Annahme, dass im Falle von „Vielsehern" im Vergleich zu „Wenigsehern"[920] auch ein größeres Potenzial für die gesellschaftliche Meinungsbildung bestehe[921]. Beanstandet wurde ferner, dass das Zuschaueranteilsmodell keine Berücksichtigung von Programminhalten und Rezeptionsprozessen mögliche mache[922].

Zugunsten des Zuschaueranteilsmodells ist jedoch anzuführen, dass der Rezipientenmarktanteil eine vergleichsweise sachnahe und zielgerechte Größe zur

918 Vgl. Kiefer, Media Perspektiven 1995, 58, 58 f., 62 f.

919 Ebenda, S. 58, 63; vgl. auch Engels, ZUM 1996, 44, 53; vgl. auch Kübler, Media Perspektiven 1995, 48, 54.

920 Engels, ZUM 1996, 44, 53.

921 Kiefer, Media Perspektiven 1995, 58, 63; vgl. auch Engels, ZUM 1996, 44, 53.

922 Kiefer, Media Perspektiven 1995, 58, 63.

Erfassung publizistischer Meinungsmacht liefert[923]. Das Kriterium ist inhaltlich plausibel und operational gut nutzbar. Für die Rechtsanwendung ermöglicht eine Begrenzung von Zuschaueranteilen eine relativ feine Steuerung und Dosierung in der Beschränkung publizistischer Einflusspotenziale[924].

Zugleich ist davon auszugehen, dass eine differenziertere, auch zum Beispiel an programminhaltlichen Kriterien orientierte Ermittlung von medialer Meinungsmacht mit einem vertretbaren Aufwand kaum realisierbar sein dürfte. Nicht zuletzt bedürfte es umfangreicher kommunikationswissenschaftlicher Studien zur meinungsbildenden Bedeutung unterschiedlicher Inhaltetypen und vermutlich einer fortlaufenden Anwendung der gewonnenen Bewertungsmaßstäbe auf eine unüberschaubare Vielzahl relevanter Angebote.

Es sprechen deshalb gute Gründe dafür, den Zuschaueranteil als den möglicherweise wichtigsten Indikator publizistischer Meinungsmacht einzustufen. Zutreffend wurde etwa die Auffassung formuliert, dass allein die durch das Erreichen eines bestimmten Zuschauerkreises gegebene Möglichkeit, auf die öffentliche und individuelle Meinungsbildung einzuwirken, je nach Umfang ein bestimmtes Maß an Meinungsmacht indiziere[925]. Darüber hinaus ist das Kriterium Zuschaueranteil geeignet, alle Fernsehformen in gleicher Weise zu erfassen, nämlich unabhängig von der jeweiligen Finanzierungsart. Anders als zum Beispiel der Anteil eines Unternehmens am Werbemarkt bildet der Zuschauermarktanteil einen Maßstab, der ohne Anpassungsbedarf gleichermaßen auf Pay-TV-Angebote, auf öffentlich-rechtliche Programme und auf das private, überwiegend werbefinanzierte Fernsehen anwendbar ist.

B. Mediennutzungsmodell

Nach dem Gesagten sprechen unterschiedliche Gesichtspunkte für eine sehr gute Eignung des Zuschaueranteilsmodells, der Entstehung vorherrschender Meinungsmacht im bundesweiten Fernsehen vorzubeugen. Medienübergreifende

---

923 Vgl. Stockmann/Zigelski, ZUM 1995, 537, 549 f.; vgl. auch Zmeck, AfP 1995, 545, 547; betont kritisch dagegen, auch unter methodischen Gesichtspunkten, Clausen-Muradian, ZUM 1996, 934, 943-947; ähnlich Engels, ZUM 1996, 44, 53; ebenso Kiefer, Media Perspektiven 1995, 58, 62 f.

924 Kritisch zu den gewählten Grenzwerten allerdings Janik, AfP 2002, 104, 114; die Gesamtkonferenz der Arbeitsgesmeinschaft der Landesmedienanstalten hatte in ihren „Lübecker Beschlüssen" von 1994, abgedruckt in: Landesmedienanstalten, Sicherung der Meinungsvielfalt, S. 489, eine Obergrenze von höchstens 25 Prozent vorgeschlagen.

925 Engels, ZUM 1996, 44, 53.

Einflüsse auf die individuelle und öffentliche Meinungsbildung lassen sich über das Kriterium der Zuschaueranteile naturgemäß allerdings nicht erfassen[926].

Um auch den Vorgaben des Bundesverfassungsgerichts zur Verhinderung multimedialer Meinungsmacht Rechnung zu tragen, hat der Rundfunkgesetzgeber eine Ergänzung des Zuschaueranteilsmodells festgeschrieben. Nach dem so genannten Mediennutzungsmodell wird die an einem Zuschaueranteil von 30 Prozent im bundesweiten Fernsehen ausgerichtete Vermutungsgrenze zum Nachteil des betreffenden Unternehmens um fünf Prozent abgesenkt, wenn zugleich entweder eine marktbeherrschende Stellung auf einem medienrelevanten verwandten Markt besteht oder wenn eine Gesamtbeurteilung der Aktivitäten des Unternehmens im Fernsehen und auf medienrelevanten Märkten zu dem Ergebnis gelangt, dass der Einfluss dem eines Unternehmens entspricht, das allein im Fernsehbereich einen Zuschaueranteil von mindestens 30 Prozent auf sich vereint[927]. Durch eine Aufnahme von Regionalfensterprogrammen und Drittsendezeiten kann das betreffende Unternehmen aber dafür sorgen, dass vom tatsächlich erreichten Zuschaueranteil bis zu fünf Prozentpunkte in Abzug gebracht werden, sodass die Verschärfung wieder ausgeglichen wird.

Nicht unproblematisch erscheint das Mediennutzungsmodell insofern, als der marktübergreifend angelegte Vermutungstatbestand, der an das Vorliegen einer beherrschenden Stellung auf einem medienrelevanten verwandten Markt anknüpft, eine potenziell wertungswidersprüchliche Gleichbehandlung von Märkten impliziert, deren Einflüsse auf die öffentliche und private Meinungsbildung signifikant voneinander abweichen können. So macht es unter Wertungsgesichtspunkten einen Unterschied, ob eine beherrschende Stellung zum Beispiel auf einem publizistisch einflussreichen überregionalen Pressemarkt besteht oder auf einem lokal oder regional begrenzten Hörfunkmarkt[928]. Überdies stellt sich die Frage, ob das Vorhandensein mehrerer marktbeherrschender Stellungen auf medienrelevanten fernsehverwandten Märkten ebenso zu einer nur einmaligen Absenkung der Vermutungsgrenze führen soll wie eine einzelne marktbeherrschende Stellung. Der Wortlaut des § 26 Abs. 2 S. 2 Alt. 1 RStV zumindest gibt keine Anhaltspunkte für eine mehrmalige Berücksichtigung entsprechender Marktbeherrschungen.

Für das Mediennutzungsmodell lassen sich aber auch gewichtige Vorteile feststellen. So ergibt sich über die funktionelle Verknüpfung mit dem Zuschau-

---

926 Kritisch insoweit Kübler, Media Perspektiven 1995, 48, 55.

927 Zu den Einzelheiten des Mediennutzungsmodells siehe oben, Fünfter Teil, Gliederungspunkt IV B.

928 Vgl. zur Frage der Berücksichtigungsfähigkeit lokaler und regionaler Märkte den Fünften Teil, Gliederungspunkt IV B 1.

eranteilsmodell ein Vielfaltsschutzkonzept, das den verfassungsrechtlichen Anforderungen sowohl in Hinblick auf die Gefahren rein fernsehbezogener Vermachtung wie auch auf die Risiken multimedialer Konzentrationstendenzen Rechnung trägt. Es ermöglicht eine Berücksichtigung vertikaler Konzenrationsprozesse[929] und bezieht damit einen Aspekt ein, dessen Bedeutung für die weitere Vielfaltsentwicklung nicht zu unterschätzen sein dürfte. Insgesamt bietet das Mediennutzungsmodell ein flexibles und zukunftsoffenes Vielfaltsschutzmodell, das aufgrund der inhaltlichen Weite und Offenheit des Tatbestandsmerkmals der medienrelevanten verwandten Märkte auch neu entstehende Märkte und Medienformen einbeziehen kann. Eine relativ rechtssichere Handhabung des Mediennutzungsmodells ergibt sich zudem aus dem Umstand, dass der vornehmlich nach den Grundsätzen des § 19 Abs. 2 und 3 GWB zu bestimmende Begriff der marktbeherrschenden Stellung (vgl. die erste Vermutungsvariante des § 26 Abs. 2 S. 2 RStV) in der kartellrechtlichen Entscheidungspraxis bereits eine weitreichende Konkretisierung gefunden hat. Positiv zu bewerten ist ferner, dass die Vermutungsregelungen des § 26 Abs. 2 RStV keine abschließende Konkretisierung des Verbots vorherrschender Meinungsmacht vorgeben. Vielmehr bildet das Verbot des § 26 Abs. 1 RStV einen eigenständigen Tatbestand, dessen Prüfung auf vielfältige Wertungsgesichtspunkte gestützt werden kann. Aus den genannten Gründen ist das Mediennutzungsmodell prinzipiell positiv zu bewerten. Es besitzt ein erhebliches Steuerungspotenzial und kann wesentlich zur Begrenzung crossmedialer Konzentration beitragen.

C. Werbemarktanteilsmodell

Als Alternative zum Zuschaueranteilsmodell ist zum Teil auch erwogen worden, die Vermutung vorherrschender Meinungsmacht an gesetzlich zu definierenden Anteilsgrenzen auf den Werbemärkten festzumachen. Bezugsgröße der Konzentrationserfassung wären dann die anteiligen Werbemarktumsätze eines Unternehmens[930].

Es wäre beispielsweise vorstellbar, eine Vermutung vorherrschender Meinungsmacht zu statuieren, die sich an einem bestimmten Werbemarktanteil im überregionalen Fernsehen ausrichtet. Ähnlich wie bei der Malusregelung des derzeit geltenden Mediennutzungsmodells könnte diese Grenze herabgesetzt und verschärft werden, wenn ein bestimmter, ebenfalls gesetzlich zu definierender

929 Engels, ZUM 1996, 44, 55.

930 Kübler, Media Perspektiven 1995, 48, 55 f.; vgl. auch Engels, ZUM 1996, 44, 52, 54.

Marktanteil auf anderen, benachbarten Werbemärkten überschritten wird[931]. In Hinblick auf das Gefahrenpotenzial crossmedialer Konzentrationstendenzen wurde alternativ aber auch vorgeschlagen, neben dem Fernsehwerbemarkt von vornherein auch andere medienrelevante Märkte mit einzubeziehen, nach damaliger Vorstellung namentlich die Märkte der Printmedien und des Hörfunks. Kriterium der Konzentrationserfassung sollte einheitlich der Anteil am jeweiligen Werbemarkt sein. In weiterer Ausdifferenzierung dieses Ansatzes ist in Erwägung gezogen worden, dass die auf den benachbarten Märkten erzielten Erlöse „nicht notwendig in vollem Umfang einbezogen werden"[932]. So könne über die Einführung von Koeffizienten eine „angemessene Gewichtung der unterschiedlichen Beiträge des Multimediaangebots" ermöglicht werden[933].

Ein zentraler Vorteil, den eine Orientierung konzentrationsbegrenzender Vorgaben an Werbemarktanteilen mit sich bringen würde, bestünde darin, dass Werbemarktanteile ein Kriterium bilden, das sich über den Fernsehbereich hinaus auf eine Vielzahl von Medienformen anwenden ließe. Mit ihm ist eine marktübergreifend nutzbare Maßeinheit gegeben, die eine mögliche Systematisierung unterschiedlicher Indikatoren zur Erfassung publizistischer Meinungsmacht eventuell überflüssig machen würde (Zuschaueranteile, Verkaufsauflagen, Pageimpressions etc.)[934].

Darüber hinaus ist zu konzedieren, dass Werbemarktanteile sachlich plausible Schlüsse auf die publizistische Meinungsmacht eines Unternehmens zulassen. Zumindest dürften wachsende Werbemarktanteile einen wachsenden Einfluss auch auf die öffentliche Meinungsbildung indizieren und umgekehrt. Bezogen auf die spezifische Aussagefähigkeit des Kriteriums wurde unter anderem mit der Überlegung argumentiert, dass es trotz des Fokus auf die ökonomischen Marktverhältnisse letztlich die „Medienpublizität" und damit eine publizistisch relevante Größe sei, die beim Verkauf von Werbemöglichkeiten gehandelt werde[935]. Zudem würden hohe Werbeumsätze größere Investitionen in die Programmgestaltung ermöglichen. Auch unter diesem Aspekt weise der Werbemarkt „spezifisch für werbefinanzierten Rundfunk aktuelle und zukünftige pub-

---

931 Vgl. Kübler, in: Landesmedienanstalten, Sicherung der Meinungsvielfalt, S. 320, der sich dort allerdings für einen Koeffizienten ausspricht, eine Marktbeherrschung müsse nicht festgestellt werden.

932 Kübler, Media Perspektiven 1995, 48, 55.

933 Ebenda; vgl. zudem Kiefer, Media Perspektiven 1995, 58, 63.

934 Kübler, Media Perspektiven 1995, 48, 55; Henle, in: Landesmedienanstalten, Sicherung der Meinungsvielfalt, S. 84, sieht außerdem den Vorteil einer gleichberechtigten Einbeziehbarkeit auch regionaler Medienangebote.

935 Engels, ZUM 1996, 44, 54.

lizistische Machtpotentiale aus“[936]. Von anderer Seite wurde ein Anknüpfen am Kriterium Werbemarktanteil deshalb als sachgerecht angesehen, weil es an den besonderen ökonomischen Konzentrationsmechanismen ansetze, „die durch die Größenvorteile werbefinanzierter Medien [...] zu der Vermachtung von Medienmärkten beigetragen“ hätten[937].

Die Zweifel an der Eignung und Aussagefähigkeit des Werbemarktanteils als Kriterium zur Erfassung medialer Meinungsmacht dürften aber überwiegen. Im Ergebnis verbleiben nicht unerhebliche Unschärfen in der Spiegelung publizistischer Einflusspotenziale. Zu berücksichtigen ist insoweit, dass Werbeumsätze nicht allein auf die Reichweiten eines Angebots zurückgeführt werden können. Von Bedeutung ist auch zum Beispiel die Abhängigkeit des Umsatzes von der Preisgestaltung. Einfluss auf die Festlegung von Werbepreisen haben nicht zuletzt der Zielgruppentypus, den ein mediales Angebot erreicht, ferner gegebenenfalls die Homogenität des Publikums aus Sicht der Werbenden und der Umfang etwa resultierender Streuverluste in der Zielgruppenansprache. Es kommen also Kriterien zum Tragen, die aufgrund fehlender Relevanz für die öffentliche Meinungsbildung einen verzerrenden Einfluss auf die Bestimmung von medialer Meinungsmacht haben[938].

Hinzu kommt, dass bestimmte Märkte und Medienformen bei einer Orientierung an Werbemarktanteilen nicht oder nur unzureichend in die Bewertung einbezogen werden können. Eine Berücksichtigung von Einflüssen auf vertikal vor- oder nachgelagerten Märkten ist ohne gegebenenfalls schwer zu begründende Hilfskonstruktionen nicht möglich. Die unterschiedlichen Wertschöpfungsstufen verfügen nicht über eigene Werbemärkte, und eine mögliche Anrechnung von Vertriebserlösen wäre aus normativer Sicht mit erheblichen Schwierigkeiten verbunden. Nicht zuletzt dürfte es an überzeugenden Gewichtungskriterien fehlen. Ähnliches gilt für ausschließlich direkt bezahlte Angebote in Form zum Beispiel von Pay-TV-Angeboten und für die Programme der öffentlich-rechtlichen Rundfunkanstalten. Auch in diesen Fällen ist eine adäquate Erfassung der meinungsbildenden Einflüsse kaum realisierbar[939]. Ähnlich wie das Zuschaueranteilsmodell ist also auch das Werbemarktanteilsmodell letztlich

---

936 Engels, ZUM 1996, 44, 54.

937 Kiefer, Media Perspektiven 1995, 58, 63.

938 Vgl. auch Stockmann/Zigelski, ZUM 1995, 537, 549 f.

939 Vgl. hierzu mit konkreten Abhilfevorschlägen Kübler, Media Perspektiven 1995, 48, 56; Engels, ZUM 1996, 44, 54, spricht davon, dass das „publizistische Potential des öffentlich-rechtlichen Rundfunks [...] ausreichend berücksichtigt werden“ müsse; vgl. Beck'scher Kommentar zum RundfunkR - Trute, § 26 Rn. 21; ferner Stockmann/Zigelski, ZUM 1995, 537, 550 f.

auf normative Erweiterungen angewiesen. Nur ist seine spezifische Steuerungsfähigkeit von vornherein geringer und die Regelungswirkung damit weniger präzise.

D. Ressourcenmodell

Noch einen etwas weiteren Ansatz verfolgt das Ressourcenmodell. Ähnlich wie das Werbemarktanteilsmodell arbeitet das Ressourcenmodell mit Unternehmensumsätzen. Doch knüpft es nicht an Werbeeinnahmen an, sondern an die anteiligen Gesamtumsätze, die ein Unternehmen auf bestimmten medienrelevanten Märkten erzielt[940]. Das Ressourcenmodell versteht sich vornehmlich als Antwort auf die Nichtberücksichtigung entgeltfinanzierter Medien im Rahmen des Werbemarktanteilsmodells, vor allem auf die Nichtberücksichtigung des Pay-TV-Markts[941].

In einem Vorschlag aus dem Jahr 1995 wurde ausgeführt, dass Grundlage der Berechnung „der mit Bildschirmmedien erzielte Gesamtumsatz" sein könne, „wobei für Videokassetten eine den Zeitschriften vergleichbare Lösung" zu finden sei'[942]. Presseprodukte sollten in diesem Modell – trotz der nahezu universellen Anwendbarkeit des Beurteilungsmaßstabs – nicht mit einbezogen werden. Konkretisierend war in diesem Zusammenhang auch von einer Erfassung von „rundfunkspezifischen" Umsätzen die Rede, die die Basis der Marktanteilsermittlungen bilden sollten[943]. Eine Berücksichtigung öffentlich-rechtlicher Angebote war ebenfalls nicht vorgesehen. Die binnenplurale Organisationsstruktur des öffentlich-rechtlichen Rundfunks biete bereits eine ausreichende Gewähr für die Umsetzung des Vielfaltsgebots[944].

Was die Vorteile des Ressourcenmodells anbetrifft, so ist mit der Anknüpfung an Unternehmensumsätze ein umfassend und über bestimmte Einzelmärkte hinausgehend anwendbares Kriterium gegeben, das ähnlich wie der Anteil eines Unternehmens am Werbemarkt grundsätzlich plausible Vermutungen zum publizistischen Einflusspotenzial eines Unternehmens zulässt. Zugleich reicht das Kriterium in den Möglichkeiten seiner Anwendung über die Grenzen des Wer-

---

940 Kiefer, Media Perspektiven 1995, S. 58, 63, 65 f.; Engels, ZUM 1996, 44, 52, 54, betont, dass an die Erreichung bestimmter Grenzwerte nur gesetzliche Vermutungen geknüpft werden könnten. Denn es handele sich auch beim „Entgeltmarktanteil" nur um einen Indikator für vorherrschende Meinungsmacht.

941 Vgl. Engels, ZUM 1996, 44, 54; vgl. auch Kiefer, Media Perspektiven 1995, 58, 63 f.

942 Kiefer, Media Perspektiven 1995, 58, 63.

943 Ebenda, S. 58, 66.

944 Ebenda.

bemarktanteilsmodells hinaus, weil es neben den Werbeeinnahmen insbesondere auch Pay-TV-Erlöse erfasst. Theoretisch wäre auch eine Erstreckung zum Beispiel auf Pressemedien und unter Umständen sogar auf die gebührenfinanzierten Angebote des öffentlich-rechtlichen Rundfunks denkbar. Überdies ließe sich eine Einbeziehung vertikaler Konzentrationsstrukturen in Betracht ziehen. Ein so weit gefasster Anwendungsbereich ist indes nicht Gegenstand der vorgeschlagenen Konzeption gewesen. Seine Gründe dürfte dies nicht zuletzt in den Schwierigkeiten einer zum Teil wohl unumgänglichen Gewichtung der Umsätze nach Maßgabe der unterschiedlichen Medien- und Finanzierungsformen gehabt haben.

Aufgrund der vergleichsweise geringen Belastbarkeit der Rückschlüsse auf die publizistischen Machtverhältnisse muss die Eignung des Ressourcenmodells jedoch als deutlich begrenzt angesehen werden. Ähnlich wie Werbeumsätze spiegeln Gesamtumsätze das publizistische Einflusspotenzial eines Medienunternehmens nur ungenau und wenig unmittelbar wider. Ferner kann nicht ohne weiteres angenommen werden, dass die Umsätze eines Pay-TV-Veranstalters den Einfluss auf die öffentliche Meinungsbildung in annähernd gleicher Weise abbilden wie die Werbeeinnahmen eines Free-TV-Anbieters oder wie die Umsätze, die auf vor- und nachgelagerten Marktstufen erzielt werden. Mit noch größeren Schwierigkeiten wäre vermutlich eine Gewichtung der Gebühreneinnahmen im öffentlich-rechtlichen Bereich verbunden. Zugleich ist zu bedenken, dass der zentrale Vorteil, das Vorhandensein eines einheitlichen Bewertungsmaßstabs, wieder entscheidend an Bedeutung verlieren würde, sobald die Umsätze der unterschiedlichen Medien- und Marktformen mit Umrechnungsschlüsseln belegt werden würden. Im Ergebnis dürfte ein marktübergreifendes Ressourcenmodell deshalb allenfalls als ergänzendes Prinzip der Konzentrationskontrolle in Frage kommen, nicht jedoch als Haupt- oder Kernelement einer gesetzlichen Vielfaltsschutzkonzeption[945].

E. Beteiligungsbeschränkungen

Wie etwa die verschiedenen Regelungsmodelle im Bereich der Landesmediengesetze zeigen, kann eine Beschränkung von Beteiligungsmöglichkeiten auf unterschiedliche Art und Weise vorgenommen werden. Zum einen besteht die Möglichkeit einer rein zahlenmäßigen Begrenzung zulässiger Beteiligungen (Kumulationsbeschränkungen). Eine solche kann sich auf Beteiligungen an be-

945 Ähnlich Engels, ZUM 1996, 44, 54; vgl. ergänzend auch Europäisches Medieninstitut, in Landesmedienanstalten, Sicherung der Meinungsvielfalt, S. 195.

stimmten Unternehmen, auf Programmträgerschaften oder auf Beteiligungen an Produkten anderer Mediengattungen beziehen. Der strengste in dieser Richtung bislang erwogene Regelungsvorschlag kommt zum Ausdruck in dem Prinzip des „One Man – One Show". Danach darf ein Unternehmen schlechterdings nur ein bundesweit verbreitetes Fernsehvollprogramm oder ein Spartenprogramm mit Schwerpunkt Information veranstalten. Ob es dabei als Teilhaber oder als Alleininhaber in Erscheinung tritt, ist unbeachtlich[946]. Zum anderen können Beteiligungen nach Kapital- und Stimmrechten differenziert und dann der Höhe nach limitiert werden. Auf diese Weise werden die Einflüsse innerhalb eines Unternehmens begrenzt, und es müssen Anbietergemeinschaften gebildet werden.

Beide Instrumente miteinander kombinierend, sah das Beteiligungsmodell des Rundfunkstaatsvertrags von 1991 vor, dass ein Veranstalter bundesweit im Hörfunk und im Fernsehen jeweils bis zu zwei Programme verbreiten darf, darunter jeweils nur ein Vollprogramm oder ein Spartenprogramm mit Schwerpunkt Information, § 21 Abs. 1 S. 1 RStV 1991. Die Zulassung für ein solches Programm durfte nur an einen Veranstalter erteilt werden, an dem keiner der Beteiligten 50 Prozent der Kapital- oder Stimmrechtsanteile auf sich vereinen konnte, § 21 Abs. 2 RStV 1991. Zugleich galt, dass wer als Veranstalter an einem bundesweit verbreiteten Fernsehvollprogramm oder an einem ebensolchen Informationsprogramm mit mehr als 25 Prozent der Kapital- oder Stimmrechtsanteile beteiligt war, sich nur an zwei weiteren Veranstaltern solcher Programme beteiligen durfte, und auch dies nur mit Kapital- oder Stimmrechtsanteilen von unter 25 Prozent, § 21 Abs. 3 RStV 1991. Im privaten Fernsehen konnte ein Vollprogramm also nicht in alleiniger Trägerschaft verbreitet werden, unbegrenzt viele Vollprogramme aber grundsätzlich im Rahmen von Anbietergemeinschaften. Einen eigenständigen Ansatz zur Begrenzung multimedialer Meinungsmacht gab es noch nicht (vgl. etwa § 21 Abs. 6 S. 2 RStV 1991).

Einer der Hauptkritikpunkte, mit dem sich dieses Modell konfrontiert sah[947], betraf die angesprochene Verpflichtung zur Bildung von Anbietergemeinschaften und die damit bewirkte Förderung von Mehrfachbeteiligungen[948]. Dieser Ansatz trug im Ergebnis nicht unwesentlich zur Förderung horizontaler Ver-

946 Vgl. Stockmann/Zigelski, ZUM 1995, 537, 544, 551; ferner Beck'scher Kommentar zum RundfunkR - Trute, § 26 Rn. 16; vgl. auch Gericke, Beurteilung von vorherrschender Meinungsmacht, S. 46.

947 Vgl. den Überblick bei Clausen-Muradian, ZUM 1996, 934, 935; vgl. ferner den Beck'schen Kommentar zum RundfunkR - Trute, § 26 Rn. 12 f.

948 Kübler, Media Perspektiven 1995, 48 (48); vgl. auch Hoffmann-Riem, in: Schmidt, Öffentliches Wirtschaftsrecht BT 1, S. 623 f.

flechtungserscheinungen bei und verfehlte damit die eigentliche Zielsetzung[949]. Auf Grundlage der damaligen Normvorgaben hätte sich eine stärker pluralistisch geprägte Anbieterstruktur vermutlich nur dann herausbilden können, wenn eine größere Zahl unabhängiger Investoren zur Verfügung gestanden hätte[950].

Unabhängig von der damaligen Konstruktion lässt sich feststellen, dass Beteiligungsbeschränkungen sehr gut auch marktübergreifende Konzentrationsstrukturen adressieren können. Die konzeptionellen Möglichkeiten sind denkbar vielfältig. Vorstellbar wäre beispielsweise ein allein auf kumulative Begrenzungen gestütztes Konzept, in dem mit zunehmenden Zuschauermarktanteilen im bundesweiten Fernsehen in einer gesetzlich zu definierenden Abstufung eine immer geringere Anzahl von Beteiligungen an Unternehmen in anderen medienrelevanten Märkten erlaubt ist.

Ein zentraler Vorteil von Beteiligungsbeschränkungen besteht also darin, dass sie sich relativ flexibel gestalten lassen und neben monomedialen Vermachtungen ohne weiteres auch zum Beispiel auf crossmediale, aber auch etwa auf vertikale Verflechtungen bezogen werden können. Beteiligungsbeschränkungen kennzeichnen sich – jedenfalls in Form von Kumulationsbeschränkungen – durch ein hohes Maß an Klarheit und Transparenz. Hinzu kommt, dass die Kosten zur Durchführung der gesetzlichen Vorgaben in aller Regel gering sind. Die Rechtsanwendung wäre nicht auf eine unter Umständen kostenintensive Erhebung von Marktanteilen angewiesen (zum Beispiel Rezipienten- oder Werbemarktanteile). Zugleich sind die Offenlegungspflichten, die den Unternehmen aufzuerlegen wären, zumindest im Fall von Kumulationsbeschränkungen gering. Schließlich bliebe es den betroffenen Unternehmen im Rahmen der gesetzlichen Vorgaben selbst überlassen, welche Beteiligungen sie eingehen, aufrechterhalten oder wieder aufgeben. Damit bliebe es jedem Unternehmen unbenommen, seine Reichweiten und Umsätze im Rahmen des gesetzlich Zulässigen nahezu beliebig zu maximieren.

Negativ fällt allerdings ins Gewicht, dass eine bestimmte Anzahl zulässiger Beteiligungen einen vergleichsweise groben Maßstab zur Begrenzung von Meinungsmacht darstellt. Gerade im Vergleich zu einer Anknüpfung an Zuschaueranteilen ermöglicht eine Begrenzung kumulativ zulässiger Beteiligungen kaum eine normative Feinjustierung. Die Steuerung bleibt oberflächlich und wenig dosierbar. Denn die Aussagefähigkeit der Anzahl von Unternehmensbeteiligun-

---

949 Vgl. Kübler, in: Landesmedienanstalten, Sicherung der Meinungsvielfalt, S. 319.

950 Vgl. Kübler, Media Perspektiven 1995, 48 (48); für eine differenzierte Sichtweise spricht sich Clausen-Muradian, ZUM 1996, 934, 942 f., aus. Sie wirft die Frage auf, ob die negativen Folgen des Beteiligungsmodells nicht vorrangig unzureichenden Kontroll- und Überwachungsmechanismen geschuldet sind.

gen für den Einfluss eines Unternehmens auf die öffentliche Meinungsbildung ist zwangsläufig gering. Eine konzentrationsbegrenzende Steuerung durch Kumulationsbeschränkungen impliziert damit immer auch eine undifferenzierte Gleichbehandlung potenziell ungleicher Medieneinflüsse.

F. Modell der Günther-Kommission in erweiterter Konzeption

In eine andere Richtung weist eine Empfehlung aus dem Jahr 1997. Sie will auf einem Ansatz der so genannten Günther-Kommission aus dem Jahr 1968 aufbauen[951].

Die Günther-Kommission war eine von der Bundesregierung 1967 eingesetzte Pressekommission[952], benannt nach dem damaligen Präsidenten des Bundeskartellamts[953]. In ihrem Bericht aus dem Jahr 1968, an dessen Vorgaben sich die nachfolgend darzustellenden Erwägungen ausdrücklich anlehnen, war vorgeschlagen worden, auflagenbezogene Marktanteilsbeschränkungen für Presseunternehmen einzuführen, die sich an den Begriffen der Gefährdung und der Beeinträchtigung der Pressefreiheit orientieren. Eine Beeinträchtigung der Pressefreiheit sollte dem Bericht zufolge dort anzunehmen sein, wo ein Unternehmen entweder im Segment der Tages- und Sonntagszeitungen oder im Segment der Publikumszeitschriften einen Auflagenanteil von 40 Prozent erreichen würde. Dasselbe sollte auf der Basis eines abgestuften bimedialen Ansatzes für beide Segmente gelten, sofern ein Unternehmen auf Marktanteile von 40 Prozent für das erste und auf 15 Prozent für das zweite Medium kommen würde. Eine Gefährdung der Pressefreiheit auf einem der Pressesegmente sollte hingegen – anders als eine Beeinträchtigung der Pressefreiheit – schon ab einem Auflagenanteil von 20 Prozent zu bejahen sein. In der bimedialen Konstruktion war vorgesehen, bei Vorliegen einer Gefährdung im ersten Segment eine Gefährdung im zweiten Segment schon dann zu bejahen, wenn dort ein Marktanteil von lediglich 10 Prozent erreicht wäre[954].

---

951 Vgl. Stock/Röper/Holznagel, Medienmarkt und Meinungsmacht, 102, 105 f.

952 Kommission zur Untersuchung der Gefährdung der wirtschaftlichen Existenz von Presseunternehmen und der Folgen der Konzentration für die Meinungsfreiheit in der Bundesrepublik. Zum Auftrag und zur Besetzung der Kommission vgl. BT-Drucks. V/2403, S. 5 f.

953 Vgl. Lange, Media Perspektiven 2005, 546, 556.

954 Bericht der Günther-Kommission, abgedruckt in BT-Drucks. V/3122, vgl. S. 44 f.

Der tragende Gedanke des späteren Konzepts von 1997 lag nun darin, das bimediale System der Günther-Kommission so auszuweiten, dass das Fernsehen als drittes Medium mitberücksichtigt werden kann. Ein „akuter Handlungsbedarf zugunsten der Medienvielfalt" sollte namentlich dort bestehen, wo ein Unternehmen in einem der drei Mediensektoren einen Rezipientenmarktanteil – Zuschauer- oder Auflagenanteil – von 20 Prozent erreicht[955]. Aus medienübergreifender Sicht sollte dasselbe mit Blick auf den jeweils zweiten Medientypus bereits dann gelten, wenn mit ihm ein Marktanteil von 10 Prozent erreicht wird. Offen gelassen wurde, ob für ein mögliches drittes Medium ebenfalls eine Marktanteilsgrenze von 10 Prozent anzusetzen sein würde oder ob eine nochmalige Absenkung der Gefährdungsschwelle vorzunehmen wäre[956]. Welche Rechtsfolgen im Falle eines „akuten Handlungsbedarfs" zum Tragen kommen könnten, wurde nicht konkretisiert. Zuvor war aber die Möglichkeit angesprochen worden, dass die Politik sich dem Modell der Günther-Kommission hätte annähern und den Begriff vorherrschender Meinungsmacht „am damaligen Terminus Gefährdung der Pressefreiheit" festmachen können[957].

Eine Bewertung dieses Systems bereitet gewisse Schwierigkeiten, weil weder die tatbestandlichen Voraussetzungen noch die Rechtsfolgen abschließend festgelegt sind. Im Unklaren bleibt etwa, welcher rechtsfolgenrelevante Unterschied zwischen Gefährdung und Beeinträchtigung der Pressefreiheit bestehen sollte. Ebenfalls erläuterungsbedürftig erscheint, welchen Unterschied es macht, ob eine Gefährdung oder Beeinträchtigung auf einem oder auf mehreren der genannten Sektoren anzunehmen ist.

Um zunächst den verfassungsrechtlichen Rahmenvorgaben gerecht zu werden, müsste die Orientierung an der Pressefreiheit[958] zugunsten einer Ausrichtung an der Rundfunkfreiheit und an dem Medium Fernsehen aufgegeben werden. Der Fernsehmarkt müsste eine Art Primärmarkt bilden, der immer in die Betrachtung einzubeziehen wäre. Unter dieser Voraussetzung könnte das Modell voraussichtlich einen positiven Beitrag zur Verhinderung multimedialer Meinungsmacht leisten. Mit der Anknüpfung an Rezipientenmarktanteilen ist auf ein Kriterium zurückgegriffen worden, das einen geeigneten und sachgerechten Indikator zur Erfassung medialer Meinungsmacht bildet. Unmittelbar einleuchtend ist auch der Gedanke einer multimedialen Abstufung zulässiger Rezipientenmarktanteile. In ihm kommt zum Ausdruck, dass publizistische Meinungsmacht sich auch medienübergreifend nicht beliebig maximieren darf. Hinzu kommt,

955 Stock/Röper/Holznagel, Medienmarkt und Meinungsmacht, S. 102, 105 f.

956 Vgl. ebenda, S. 105 f.

957 Vgl. ebenda, S. 102.

958 Vgl. hierzu den Bericht der Günther-Kommission, BT-Drucks. V/3122, S. 44, 46.

dass das Modell vermutlich keine besonderen Verständnisschwierigkeiten aufwerfen würde und behördlich relativ unkompliziert umsetzbar wäre.

Die Konzeption lässt zugleich aber relevante Schwächen erkennen. So stellt sich die Frage, wie die gewählte Markt- bzw. Sektorenabgrenzung begründet werden könnte. Die Typenbildung lässt sich jedenfalls nicht auf bekannte rechtliche Kategorien zurückführen. Eine Übereinstimmung zum Beispiel mit kartellrechtlichen Marktabgrenzungen könnte nicht in Anspruch genommen werden. Ferner erhebt sich aus heutiger Sicht die Frage, wie die Onlineaktivitäten eines Unternehmens berücksichtigt werden könnten. Würde man das Modell nochmals erweitern und den Bereich publizistisch relevanter Onlineangebote als weiteren Sektor mit aufnehmen, müsste zunächst festgelegt werden, auf welcher Grundlage die Reichweiten ermittelt werden sollten. In Betracht kämen zum Beispiel Page Impressions, Visits und die Verweildauer. Problematisch ist vor allem aber die sodann durchzuführende marktanteilige Reichweitenermittlung selbst. Denn nicht alle Betreiber von Internetseiten lassen die Nutzung ihrer Angebote messen. Der Erhebungsrahmen ist damit von vornherein unvollständig[959]. Schon in der Entscheidung der KEK im Verfahren „Springer - ProSiebenSat.1" ist der Versuch einer Marktanteilsmessung für publizistisch relevante Onlineangebote untergenommen worden. Damals wurde zugestanden, dass das Ergebnis auf einer „groben Rechnung" beruhe[960]. Abgesehen von den genannten Unsicherheiten ist schließlich zu konstatieren, dass eine Erfassung vertikaler Konzentrationsentwicklungen mit diesem Bewertungssystem nicht möglich wäre.

G. Sendelizenzmodell

Die bisher dargestellten Modellvorschläge arbeiten überwiegend mit – zum Teil vermutungsbegründenden – Marktanteilsbegrenzungen und mit kumulativen oder kapital- und stimmrechtsbezogenen Beteiligungsbeschränkungen. Im Kontext von medialer Konzentrations- und Vielfaltsentwicklung wurden wiederholt aber auch Erweiterungen kartellrechtlicher Vorgaben erwogen[961].

---

959 Vgl. KEK, Beschluss v. 10.01.2006, KEK 293-1 bis -5, S. 61 „Springer - ProSiebenSat.1", abrufbar unter http://www.kek-online.de/kek/verfahren/kek293prosieben-sat1.pdf.

960 Ebenda.

961 Vgl. zum Sendelizenzmodell Monopolkommission, Wettbewerbsprobleme Hörfunk/Fernsehen, Sondergutachten Bd. 11, S. 9, 17 ff.; vgl. zum sog. Redaktionsmodell den Gesetzentwurf der Bundesregierung aus dem Jahr 2004, BR-Drucks. 441/04, S. 1, 15, 63 ff.

In vorliegenden Zusammenhang soll das von der Monopolkommission bereits Anfang der achtziger Jahre vorgeschlagene so genannte Sendelizenzmodell[962] herausgestellt und kurz beleuchtet werden. Ausgangspunkt des Modells war der Wunsch, den Wettbewerb zwischen den Medien Rundfunk und Presse in möglichst weitem Umfang zu erhalten[963]. Zu diesem Zweck sah der Vorschlag vor, den Erwerb einer Rundfunklizenz durch Presseunternehmen im Wege einer gesetzlichen Fiktion einem Unternehmenszusammenschluss gleichzustellen. Eine solche Fiktion hätte zur Folge, dass nicht nur bei klassischen Zusammenschlusstatbeständen, sondern auch im Falle eines in Aussicht genommenen Lizenzerwerbs zu prüfen wäre, ob es in seiner Folge zur Entstehung oder Verstärkung einer marktbeherrschenden Stellung kommen würde (vgl. § 36 GWB n.F.). Je nach Prüfungsausgang wäre die Erteilung der Rundfunklizenz gegebenenfalls kartellbehördlich zu versagen[964].

Durch eine solche Erweiterung der Zusammenschlusskontrolle sollte ein strukturelles Defizit beseitigt werden, das die Zusammenschlusskontrolle aus der Sicht eines effektiven Vielfaltsschutzes mit sich bringt, nämlich die Nichterfassung konzentrativer Entwicklungen infolge internen Unternehmenswachstums. Der Vorteil des Sendelizenzmodells bestünde also darin, dass mit ihm ergänzend zu den allgemeinen Vorgaben des Rundfunk- und Kartellrechts auch potenziell vielfaltsgefährdende interne Wachstumsprozesse mit marktübergreifender Zielrichtung begrenzt werden könnten[965].

Das Sendelizenzmodell führt allerdings zu erheblichen Bedenken[966]. Zunächst würden die Anwendungsmöglichkeiten voraussichtlich auf eher seltene Ausnahmefälle beschränkt bleiben. Vor allem aber stellt sich die Frage, ob der Bundesgesetzgeber zu einem derartigen Eingriff in die Wettbewerbsordnung unter kompetenzrechtlichen Gesichtspunkten überhaupt befugt wäre. In der grundgesetzlichen Zuständigkeitsverteilung unterliegen Wirtschafts- und Wettbewerbsfragen der Gesetzgebungskompetenz des Bundes (vgl. die Art. 72, 74

---

962 Monopolkommission, Wettbewerbsprobleme Hörfunk/Fernsehen, Sondergutachten Bd. 11, S. 9, 17 ff.; dieselbe, 5. Hauptgutachten 1982/1983, S. 187; dieselbe, 9. Hauptgutachten 1990/1991, Tz. 687, 808; vgl. auch Mestmäcker, Medienkonzentration, S. 217 f.

963 Monopolkommission, Wettbewerbsprobleme Hörfunk/Fernsehen, Sondergutachten Bd. 11, S. 9.

964 Mit positiver Bewertung Groß, ZUM 1996, 917, 932; ähnlich Wagner, AfP 1992, 1, 11.

965 Stockmann/Zigelski, ZUM 1995, 537, 541, sprechen sich indessen gegen einen regulativen Ausschluss internen Wachstums aus, „wettbewerbliche Anreize“ müssten erhalten bleiben.

966 Vgl. etwa Spieler, Fusionskontrolle, S. 165-168; vgl. auch Bender, Cross-Media-Ownership, S. 233 f.

Abs. 1 Nr. 11 und Nr. 16 GG). Von seiner konkurrierenden Zuständigkeit hat der Bund insbesondere durch das Gesetz gegen Wettbewerbsbeschränkungen umfassend Gebrauch gemacht[967]. Die Gesetzgebungskompetenzen für die Bereiche Medien und Kultur sind demgegenüber weitgehend den Ländern zugeordnet. Der Rundfunk liegt in der alleinigen Regelungszuständigkeit der Länder[968]. Dasselbe gilt für das Pressewesen. Telemedien unterliegen einer nach Regelungsmaterien zwischen Bund und Ländern geteilten Zuständigkeit. Die landesrechtlichen Vorgaben des Rundfunkstaatsvertrags normieren vor allem inhaltliche Anforderungen an Telemedien. Wirtschaftsbezogene Regelungen finden sich dagegen im Telemediengesetz[969].

Zugunsten einer ausreichenden Kompetenzgrundlage des Bundes für das Sendelizenzmodell ist argumentiert worden, dass die Zulassung privater Rundfunkveranstalter zwar vorrangig eine „medienpolitische und medienverfassungsrechtliche Frage“ sei[970]. Im hiesigen Zusammenhang seien jedoch Rechtsfragen tangiert, die über rundfunkspezifische Fragestellungen hinaus auch wirtschaftspolitische Zielvorstellungen beträfen. Als Kompetenzgrundlage sei insoweit auf den Kompetenztitel der Verhütung des Missbrauchs wirtschaftlicher Machtstellung nach Art. 74 Abs. 1 Nr. 16 GG abzustellen. Ebenso wie im Fall der besonderen Regelungen zur Pressefusionskontrolle gelte auch für das vorgeschlagene Sendelizenzmodell, dass unmittelbarer Regelungsgegenstand nicht der Vielfaltschutz auf den Pressemärkten sei, sondern „die Wettbewerbszwecken dienende Ausgestaltung der Fusionskontrolle unter den besonderen Bedingungen der Pressemärkte zur Schaffung einer effektiven Fusionskontrolle auch in diesem Bereich“[971]. Soweit die Fiktionsregelung auf eine Begrenzung intermediärer Verflechtungen abziele, sei auch dies von der Kompetenzgrundlage gedeckt, weil die Aufrechterhaltung von Substitutionswettbewerb einen anerkannten Schutzgegenstand des Gesetzes gegen Wettbewerbsbeschränkungen bilde[972].

Starke Zweifel an der Konformität mit der grundgesetzlichen Kompetenzordnung bestehen jedoch insoweit, als die Hauptzielrichtung der Zusammenschlussfiktion in der Erhaltung der publizistischen Vielfalt und damit in einer

---

967 Vgl. Sachs - Degenhart, Kommentar zum Grundgesetz, Art. 74 Rn. 65 f.; vgl. auch Schmidt-Bleibtreu/Hofmann/Hopfauf - Sannwald, Kommentar zum GG, Art. 74 Rn. 183.

968 Vgl. von Mangoldt/Klein/Starck - Heintzen, Kommentar zum GG, Band 2, Art. 73 Rn. 74.

969 Vgl. z.B. Kitz, ZUM 2007, 368 (368); vgl. auch Roßnagel, NVwZ 2007, 743 ff.

970 Monopolkommission, 5. Hauptgutachten 1982/1983, S. 187.

971 Ebenda, mit Verweis auf BVerfG Beschluss v. 29.08.1983 - 1 BvR 516 /82 (siehe BVerfG NJW 1986, 1743 (1743)) und BGHZ 76, 55, 64 ff.

972 Monopolkommission, 5. Hauptgutachten 1982/1983, S. 187.

spezifisch medienpolitischen Zielvorgabe liegen dürfte und gerade nicht in der Sicherung wettbewerbsrechtlicher Schutzgüter[973]. Es handelt sich nicht um eine Anpassung der Fusionskontrollregelungen, die lediglich den Eigenheiten des Marktes geschuldet wäre. Gegen ein solches Verständnis spricht schon, dass die damaligen Ausführungen der Monopolkommission ihren Ausgang in einer Darstellung des Dritten Fernsehurteils des Bundesverfassungsgerichts zu den „Anforderungen an die Wahrung der Meinungspluralität" nahmen[974]. Von Bedeutung ist vor allem aber, dass die beabsichtigte Beschränkung unternehmsinternen Wachstums der Fusionskontrolle letztlich wesensfremd und – anders als die Bestimmungen zur Pressefusionskontrolle – nicht „durch die besonderen Bedingungen der Pressemärkte" zu rechtfertigen ist[975]. Was schließlich das Argument des Substitutionswettbewerbs als anerkanntes Regelungsziel des Gesetzes gegen Wettbewerbsbeschränkungen anbelangt, so kann eine andere Bewertung auch aus ihm nicht hergeleitet werden. Auch ohne die Fiktion des Sendelizenzmodells trägt die Fusionskontrolle dem Schutz von Substitutionswettbewerb Rechnung[976]. Insoweit sprechen die besseren Argumente dafür, dass es dem Bundesgesetzgeber an den erforderlichen Regelungskompetenzen fehlt[977].

H. Zwischenergebnis und Bewertung

Die Darstellungen zu den angesprochenen Vielfaltsschutzkonzepten deuten an, dass es aus rechtsgestaltender Sicht sehr unterschiedliche Möglichkeiten und Ansatzpunkte gibt, der Entstehung vorherrschender Meinungsmacht entgegenzuwirken.

In Verbindung mit dem Mediennutzungsmodell zählt das Zuschaueranteilsmodell nach hier vertretener Auffassung zu den überzeugendsten und bestgeeigneten Schutzkonzepten zur Begrenzung übermäßiger Meinungsmacht. Die Aus-

---

973 Ähnlich auch die Stellungnahme der Bundesregierung zum 5. Hauptgutachten der Monopolkommission 1982/1983, BT-Drucks. 10/3683, S. 11.

974 Monopolkommission, Wettbewerbsprobleme Hörfunk/Fernsehen, Sondergutachten Bd. 11, S. 17.

975 Vgl. Stellungnahme der Bundesregierung zum 5. Hauptgutachten der Monopolkommission 1982/1983, in BT-Drucks. 10/3683, S. 11; vgl. auch BGHZ 76, 55, 65.

976 Siehe oben, Vierter Teil, Gliederungspunkte V B 2 c) und V B 7.

977 Vgl. Stellungnahme der Bundesregierung zum 5. Hauptgutachten der Monopolkommission 1982/1983, BT-Drucks. 10/3683, S. 8-12; ferner Kübler, Media Perspektiven 1999, 379, 384; Scholz, AfP 1983, 261, 263; zu dieser Frage ausführlich und mit etwas anderer Schwerpunktsetzung Spieler, Fusionskontrolle, S. 165-167; anderer Auffassung Trafkowski, K&R 2002, 62, 64 f.

richtung am Kriterium Zuschaueranteil trägt der verfassungsrechtlichen Orientierung an der Rundfunkfreiheit und der Bedeutung des Mediums Fernsehen Rechnung. Der von einem Fernsehprogramm erreichte Zuschaueranteil hat eine vergleichsweise hohe Aussagefähigkeit zur Indizierung publizistischer Meinungsmacht. Nicht zuletzt aufgrund seiner Indifferenz gegenüber den unterschiedlichen Finanzierungsformen im Rundfunkbereich bildet das Kriterium Zuschaueranteil einen sachgerechten Orientierungsmaßstab. Daneben ermöglicht das Mediennutzungsmodell eine Einbeziehung möglicher Verstärkungswirkungen im Verbund mit publizistisch relevanten Einflüssen auf verwandten Märkten (Verhinderung multimedialer Meinungsmacht). Da eine Festlegung auf bestimmte Markt- und Medienformen mit ihm nicht gegeben ist, besteht eine hohe Anpassungsfähigkeit. Ohne Schwierigkeiten kann das Mediennutzungsmodell zudem zur Begrenzung vertikaler Konzentrationsstrukturen beitragen.

Dieser Bewertung steht nicht entgegen, dass mit dem Zuschaueranteil letztlich ein vereinfachendes Kriterium angelegt wird, das bestimmte sachliche Differenzierungsmöglichkeiten bei der Bewertung von Einflüssen auf die öffentliche und private Meinungsbildung außer Acht lässt, und dass die erforderlichen Reichweitenerhebungen gewissen Schwankungen unterliegen. Es fällt auch nicht wesentlich ins Gewicht, dass das Mediennutzungsmodell auf eine Gleichbehandlung von Märkten hinausläuft, deren publizistischer Einfluss sehr unterschiedlich sein kann. Der Zuschaueranteil eines Unternehmens bildet das vermutlich sachnaheste Kriterium zur Erfassung publizistischer Einflusspotenziale im Medium Fernsehen. Das Mediennutzungsmodell seinerseits kann in seiner zukunftsoffenen Ausrichtung prinzipiell alle Märkte berücksichtigen, die für mögliche Verstärkungswirkungen auf den Fernsehbereich von Bedeutung sein können. Weder dem Zuschaueranteils- noch dem Mediennutzungsmodell kann vorgehalten werden, Meinungsmacht lediglich schematisch zu erfassen. Es handelt sich insbesondere nicht um Aufgreifschwellen, sondern lediglich um Vermutungstatbestände.

Die anderen Schutzkonzepte kennzeichnen sich durch eine zum Teil deutlich schwächere Regelungseignung. Ein grundsätzlich gutes Regelungspotenzial zur Sicherung einer freien und umfassenden Meinungsbildung besteht im Fall von Beteiligungsbeschränkungen, dies insbesondere auf Grundlage von kumulativen Beteiligungsbeschränkungen. Dies gilt auch für crossmediale Konzentrationsentwicklungen und damit für das Ziel der Verhinderung multimedialer Meinungsmacht. Je nach Ausgestaltung können Beteiligungsbeschränkungen medienübergreifenden Konzentrationsprozessen wirksame Grenzen setzen, ebenso aber auch zum Beispiel vertikalen Konzentrationstendenzen. Zugleich aber impliziert der Einsatz von Kumulationsbeschränkungen immer auch einen relativ statischen Steuerungsansatz. Die Anzahl von Programmträgerschaften oder sonstiger Beteiligungen bildet zwangsläufig einen vergleichsweise groben Maßstab, der über die tatsächlichen Einfluss- und Machtverhältnisse im publizistischen Bereich im Zweifel nur wenig aussagt und jedenfalls geringere Aufschlüsse zulässt als etwa die Zuschaueranteile für den Fernsehbereich.

Auch das Werbemarktanteilsmodell ist der Verbindung und den normativen Steuerungsmöglichkeiten von Zuschaueranteils- und Mediennutzungsmodell unterlegen. Die Aussagefähigkeit von Werbemarktanteilen zur Erfassung publizistischer Einflusspotenziale bleibt deutlich hinter der Aussagefähigkeit von Rezipientenmarktanteilen zurück. Mit einem Abstellen auf Werbemarktanteile besteht keine Möglichkeit einer angemessenen Berücksichtigung von Fernsehmärkten oder relevanten verwandten Märkten, die nicht oder nicht schwerpunktmäßig werbefinanziert sind. Dies betrifft etwa den öffentlich-rechtlichen Rundfunk, den Pay-TV-Markt und den gesamten Bereich vor- und nachgelagerter Märkte. Das Werbemarktanteilsmodell würde sich deshalb allenfalls als ergänzendes Regelungselement anbieten. Auch insoweit wäre sein Nutzen allerdings begrenzt. Ähnliches gilt für das Ressourcenmodell. Mit ihm lassen sich zwar nahezu beliebig viele andere medienrelevante Märkte in die Bewertung einbeziehen. Problematisch erscheint allerdings auch in seinem Fall die vergleichsweise geringe Aussagefähigkeit, die den Umsätzen eines Unternehmens für die Erfassung publizistischer Wirkungsmacht zukommt.

Zu den entscheidenden Schwächen des martkübergreifenden Vielfaltsschutzkonzepts, das in Anlehnung an die bimedial angelegten Vorschlägen der Günther-Kommission von 1968 eine stufenweise Beschränkung von Rezipientenmarktanteilen vorsah, gehören die nicht unmittelbar einleuchtende Einteilung der relevanten Mediensegmente und die Nichtberücksichtigung neu entstehender Märkte. Zwar könnten aus heutiger Sicht in einer nochmals erweiterten Konzeption auch zum Beispiel die publizistischen Einflüsse im Onlinebereich einbezogen werden. Gerade die Feststellung der Rezipienten- bzw. Nutzermarktanteile eines Unternehmens auf dem Markt für publizistisch relevante Onlineangebote ist aber mit größeren Schwierigkeiten verbunden als in allen anderen Mediensegmenten. Zudem ist eine Einbeziehung vertikaler Konzentrationsphänomene mit dem vorgeschlagenen Modell nicht vereinbar.

Das bereits zu Beginn der achtziger Jahre vorgeschlagene Sendelizenzmodell schließlich dürfte maßgeblich an verfassungsrechtlichen Vorgaben scheitern. Eine Einführung des Sendelizenzmodells, in dem der Erwerb einer Rundfunklizenz einem Zusammenschluss im Sinne des Gesetzes gegen Wettbewerbsbeschränkungen gleichgestellt werden sollte, hätte einer Gesetzgebungskompetenz des Bundes bedurft. Genau an einer solchen Kompetenz dürfte es aber gefehlt haben und bis heute fehlen.

IV. Auslegungs- und Gestaltungsmöglichkeiten

Nach den obigen Erwägungen sprechen gute Gründe dafür, am bestehenden, im Rundfunkstaatsvertrag derzeit normierten Konzept zum Schutz der Meinungsvielfalt auch für die Zukunft festzuhalten. Die Verbindung von Zuschaueranteils- und Mediennutzungsmodell bietet eine tragfähige Grundlage für eine wirksame Vielfaltssicherung im bundesweiten Fernsehen unter gleichzeitiger Berücksichtigung publizistisch relevanter Einflüsse auf fernsehverwandten Märkten.

Unbefriedigend erscheint allerdings das im fünften Kapitel dargestellte Leitbildmodell, zu dem die KEK in ihrer Springer-Entscheidung aus dem Jahr 2006 gefunden hat. Dieses an den Vermutungstatbeständen des § 26 Abs. 2 S. 1 und S. 2 RStV orientierte Bewertungsmodell zur Konkretisierung des Begriffs vorherrschender Meinungsmacht (§ 26 Abs. 1 RStV), das eine Quantifizierung und Verrechnung unterschiedlicher Medieneinflüsse innerhalb eines prozentualen zuschauermarktbezogenen Bezugssystems vorsieht, unterliegt erheblichen rechtlichen Bedenken. Aufgrund der schwerwiegenden methodischen Fehler ist eine Abkehr von diesem Modell aber selbst dann geboten, wenn die Rechtmäßigkeit zu bejahen wäre[978].

Es stellt sich vor diesem Hintergrund die Frage, welche Auslegungs- und Gestaltungsmöglichkeiten bestehen, um für die Zukunft eine möglichst konsistente und sachgerechte Anwendung der gesetzlichen Vorgaben zu gewährleisten. Die Frage bezieht sich insbesondere auf diejenigen Fälle, in denen markt- und medienübergreifende Einflüsse unterhalb der Schwellenwerte des § 26 Abs. 2 S. 2 RStV auf ihre Vereinbarkeit mit dem Verbot vorherrschender Meinungsmacht nach § 26 Abs. 1 RStV geprüft werden sollen. In Betracht zu ziehen sind gegebenenfalls auch legislative Ergänzungen oder Korrekturen, um der Anwendung des § 26 RStV einen konkretisierenden Rahmen vorzugeben.

A. Mehrfache Berücksichtigung marktbeherrschender Stellungen

Es wird die Auffassung vertreten, dass im Rahmen des angegebenen Leitbildmodells eine andere Deutung und Konzeption näher gelegen hätte. So hätte sich angeboten zu ermitteln, wo marktbeherrschende Stellungen auf medienrelevanten fernsehverwandten Märkten bestehen und sie – zusätzlich zu dem tatsächlich erreichten Zuschaueranteil im bundesweiten Fernsehen – mit jeweils fünf Pro-

978 Siehe oben, Fünfter Teil, Gliederungspunkt IV C 2 c) (4).

zentpunkten zu bewerten. Weitere, nicht beherrschende Positionen auf medienrelevanten Märkten hätten zudem „im Rahmen einer Gesamtabwägung“ berücksichtigt werden können[979].

Hinter dieser Deutungsvariante steht die Annahme, dass der Gesetzgeber marktbeherrschende Stellungen auf medienrelevanten verwandten Märkten so bewertet, dass der Meinungseinfluss jeweils einem Fernsehzuschaueranteil von fünf Prozent gleichkommt. Abgeleitet wird dies aus der Differenz der in den ersten zwei Vermutungsregelungen des § 26 Abs. 2 (S. 1 und S. 2) RStV normierten Grenzwerte. Denn während die erste Vermutung für das Vorliegen vorherrschender Meinungsmacht an einen TV-Zuschaueranteil von 30 Prozent anknüpft, lässt die zweite Vermutungsregel – bei Vorliegen einer marktbeherrschenden Stellung auf einem medienrelevanten verwandten Markt – einen Zuschaueranteil von 25 Prozent genügen. Daraus wird gefolgert, dass eine marktbeherrschende Stellung auf einem verwandten Markt innerhalb des Vermutungssystems mit einem Wert von eben fünf Prozentpunkten zu quantifizieren ist. Darüber hinaus wird in dieser Interpretation ein Abzug für Regional- und Drittfensterprogramme erwogen[980].

Die Bewertung marktbeherrschender Stellungen auf medienrelevanten verwandten Märkten mit jeweils fünf Prozentpunkten ist sachlich plausibel und gut begründbar. Das Modell bietet eine vergleichsweise hohe Rechtssicherheit und ist methodisch weniger angreifbar als das Bewertungskonzept der KEK. Der zentrale Rechtsgedanke, der dieser Interpretation zugrunde liegt, lässt sich widerspruchsfrei auf die normativen Vorgaben des § 26 Abs. 2 S. 1 und S. 2 RStV zurückführen, und das Konzept muss nicht auf unter Umständen schwer zu legitimierende Gewichtungskriterien zurückgreifen. Schließlich setzt es sich auch nicht dem Verdacht aus, zu zufälligen, empirisch und wissenschaftlich nicht ausreichend fundierten Ergebnissen zu gelangen.

Festzustellen ist allerdings auch, dass sich diese Interpretation nicht als zwingend darstellt. Im Rundfunkstaatsvertrag ist weder von einer Mehrzahl marktbeherrschender Stellungen auf verwandten Märkten noch von einer mehrmaligen Berücksichtigung solcher Stellungen die Rede. Einwenden könnte man zudem, dass dieses Fünf-Prozent-Modell keine Möglichkeit bietet, unterschiedlich starke publizistische Einflüsse auf angrenzenden Märkten auch unterschiedlich zu bewerten. Welches Potenzial der jeweilige Markt für die individuelle und öffentliche Meinungsbildung hat, lässt sich mit ihm nicht berücksichtigen. Dabei liegt zumindest nahe, dass die potenziell sehr unterschiedlichen medienrelevan-

---

979 Beck'scher Kommentar zum RundfunkR - Trute, § 26 Rn. 38, 49a; vgl. auch Lange, Media Perspektiven 2005, 546, 556 f.

980 So jedenfalls Lange, Media Perspektiven 2005, 446, 556.

ten Märkte – zum Beispiel der überregionale Markt für Verkaufszeitungen einerseits und ein lokaler oder regionaler Markt für Hörfunkangebote andererseits – in ihrem Einfluss auf die Meinungsbildung nicht gleichgesetzt werden können. Trotz ungenügender Differenzierungsmöglichkeiten wäre dieses ebenfalls quantifizierende Modell dem Verrechnungsmodell der KEK aber sicherlich vorzuziehen.

B. Qualitativer Bewertungsansatz

Noch überzeugender wäre es allerdings, auf Quantifizierungen zu verzichten und zur Erfassung crossmedialer Einflüsse insbesondere unterhalb der Vermutungsschwellen des § 26 Abs. 2 S. 1 und S. 2 RStV einen qualitativen Bewertungsansatz zu verfolgen. Es erscheint insoweit nahe liegend, ganz ähnliche Kriterien heranzuziehen wie diejenigen, auf die die KEK ihr Verrechnungsmodell stützt.

Ausgangspunkt der Bewertung wäre auch in diesem Fall der tatsächliche Zuschaueranteil des Unternehmens und eine Orientierung an den unterschiedlichen Vermutungstatbeständen. Als wichtige weitere Beurteilungskriterien neben dem Zuschaueranteil bieten sich das Vorhandensein marktbeherrschender Stellungen auf medienrelevanten verwandten Märkten und die Anzahl solcher Stellungen an, ferner das meinungsrelevante Einflusspotenzial, das dem jeweiligen Markt innewohnt, die Verteilung der Marktanteile und die Intensität des Wettbewerbs auf den unterschiedlichen Einzelmärkten. Des weiteren wäre gegebenenfalls nach dem Zugang zu Inhalten und Rechten einerseits und zu relevanten Distributionsmöglichkeiten andererseits zu fragen. Ebenfalls zu berücksichtigen wären ausgleichende Faktoren wie namentlich das Vorhandensein von Dritt- und Regionalfensterprogrammen.

Eine solche qualitative Bestimmung markt- und medienübergreifender Meinungseinflüsse würde zwar zunächst nur ein relativ geringes Maß an Rechtssicherheit vermitteln. Es ist zugleich aber zu bedenken, dass sich juristische Bewertungszusammenhänge ohnehin nur selten – wenn überhaupt – sinnvoll in quantifizierende Systeme überführen lassen. Juristische Bewertungen kennzeichnen sich vielmehr durch normativ geleitete Subsumtions- und Abwägungsleistungen, die durchaus auch in komplexen Entscheidungsstrukturen erbracht werden können.

Vorteilhaft wäre eine anhand qualitativer Kriterien erfolgende Bewertung crossmedialer Einflüsse vor allem deshalb, weil sie sach- und einzelfallgerechte Entscheidungen ermöglichen würde, ohne dabei auf juristisch schwer begründbaren Gewichtungen und Verrechnungen aufzubauen. Bei verständiger Berücksichtigung der angegebenen Kriterien könnte sich zudem eine behördliche und gerichtliche Entscheidungspraxis entwickeln, die zur weiteren Klärung der Beurteilungsmaßstäbe beitragen und damit die Vorhersehbarkeit der Rechtsanwendung erhöhen würde.

Um eine Abkehr vom quantifizierenden System der KEK zu erleichtern und zugleich einen konkretisierenden Rahmen für das vorgeschlagene Modell vorzugeben, wäre es hilfreich, die gesetzlichen Vorgaben um eine Festlegung relevanter Wertungskriterien zu erweitern. Eine solche Festlegung auf legislativer Ebene hätte nicht zuletzt den Vorteil, dass damit eine Rückkehr zu eher partikulären Gegenüberstellungen vielfaltsverengender und vielfaltsförderlicher Faktoren im Sinne früherer Entscheidungen in der Medienkonzentrationskontrolle[981] verhindert werden würde. Es könnte im Ergebnis ein offener Kriterienkatalog entwickelt und als neuer Absatz zwei in die Vorschrift des § 26 RStV eingefügt werden. Ihm würden dann die quantitativ orientierten Vermutungsregeln zum Vorliegen vorherrschender Meinungsmacht folgen. Im Normaufbau könnte man sich an der Struktur des § 19 GWB orientieren (vgl. § 19 Abs. 2 und 3 GWB).

Die ersten zwei Absätze des § 26 RStV könnten danach wie folgt lauten:

> Ein Unternehmen (natürliche oder juristische Person oder Personenvereinigung) darf in der Bundesrepublik Deutschland selbst oder durch ihm zurechenbare Programme bundesweit im Fernsehen eine unbegrenzte Anzahl von Programmen veranstalten, es sei denn, es erlangt dadurch vorherrschende Meinungsmacht nach Maßgabe der nachfolgenden Bestimmungen.
>
> Bei der Beurteilung vorherrschender Meinungsmacht sind insbesondere der jahresdurchschnittliche Zuschaueranteil der einem Unternehmen zurechenbaren Programme, das Vorhandensein und die Anzahl marktbeherrschender Stellungen des Unternehmens auf medienrelevanten verwandten Märkten, das publizistisch relevante Einflusspotenzial des jeweils beherrschten Markts, die Intensität des dortigen Wettbewerbs, der Zugang des Unternehmens zu Inhalten, Rechten und Distributionsmöglichkeiten sowie das Bestehen von Fensterprogrammen gemäß § 25 Abs. 4 oder von Sendezeit für Dritte nach Maßgabe des Absatz 6 zu berücksichtigen Eine Quantifizierung der Einflüsse auf verwandten Märkten kommt nicht in Betracht.

Auf diesen neuen Absatz zwei würden die im heutigen Absatz zwei festgehaltenen Vermutungsregeln und dann die weiteren Normaussagen des § 26 RStV folgen.

---

981 Siehe oben, Fünfter Teil, Gliederungspunkt IV C 1 b).

V. Zusammenfassung und Ergebnis

Den konstruktiven Möglichkeiten zur Förderung der Meinungsvielfalt und zur Begrenzung von medienwirtschaftlichen Konzentrationsentwicklungen sind kaum Grenzen gesetzt. Bei der Auswahl und Konkretisierung eines sachgerechten und rechtlich tragfähigen Regelungskonzepts muss allerdings unterschiedlichen Kriterien Rechnung getragen werden. Es sind dies im Wesentlichen die verfassungsrechtlich vorgegebene Ausrichtung des Vielfaltsgebots an den Rundfunkmedien, die Möglichkeit, neben konglomeraten Verflechtungen auch vertikale Konzentrationserscheinungen einer regulierenden Kontrolle zu unterwerfen, und das Erfordernis der Offenheit und Neutralität gegenüber künftigen technischen und kommerziellen Entwicklungen einerseits und möglichen Wandlungen im Nutzerverhalten andererseits.

Berücksichtigt man zusätzlich die Eignung und Aussagefähigkeit der unterschiedlichen Indikatoren in Hinblick auf die Erfassung publizistischer Einflusspotenziale und die Präzision in der Steuerungsfähigkeit der jeweiligen Regelungsansätze, so spricht vieles dafür, die im Rundfunkstaatsvertrag derzeit festgeschriebene Kombination von Zuschaueranteilsmodell und Mediennutzungsmodell als eines der überzeugendsten und bestgeeigneten Schutzkonzepte einzustufen, auf die man unter den heutigen Bedingungen zurückgreifen kann. Der Rezipientenmarktanteil bildet ein sehr sachnahes Kriterium zur Bestimmung medialer Meinungsmacht. Zudem erlaubt es eine vergleichsweise einfache Handhabung in der Rechtsanwendung. Kriterien, die weitergehenden Anforderungen zum Beispiel nach Maßgabe programminhaltlicher Differenzierungen gerecht werden würden, dürften in der rechtlichen Praxis kaum mehr mit vertretbarem Aufwand geprüft werden können. Das komplementierende Mediennutzungsmodell erfüllt insoweit eine zentrale Funktion, als es die Regelungsperspektive um publizistisch relevante Einflüsse auf fernsehverwandten Märkten erweitert. Seine Stärken liegen darin, dass es benachbarte Medienmärkte ebenso erfasst wie vor- und nachgelagerte Märkte und dass es aufgrund der inhaltlichen Weite seines Tatbestandes keine Schwierigkeiten erwarten lässt, sich zum Beispiel an medientechnische Wandlungen anzupassen.

Die Alternativmodelle, die im vorliegenden Kapitel vorgestellt wurden, sind der Verbindung von Zuschaueranteils- und Mediennutzungsmodell tendenziell unterlegen. Das Werbemarktanteilsmodell, das nicht auf eine Begrenzung von Rezipienten-, sondern eben von Werbemarktanteilen abzielt, vermag nicht in vergleichbarer Weise zu überzeugen. Die Anteile an Werbemärkten haben zwar Indizwirkung für die publizistischen Einflüsse eines Unternehmens. In den Aussagen über Werbemarktanteile finden aber immer auch Kriterien ihren Niederschlag, die keine Berührungspunkte mit Fragen von Vielfalt und Meinungsmacht haben. Ähnliches gilt für das Ressourcenmodell und die mit ihm vorgesehene Anknüpfung an die Gesamtumsätze eines Unternehmens. Dass die Umsätze oder Umsatzanteile eines Unternehmens nur in vergleichbar geringem Maße Rückschlüsse auf die publizistischen Einflussmöglichkeiten zulassen, liegt auf der Hand. Der zentrale Vorteil dieses Kriteriums, seine nahezu universelle Anwendbarkeit auf alle relevanten Marktformen, fällt insoweit nicht entscheidend ins Gewicht.

Eine etwas überzeugendere Regelungseignung haben demgegenüber Beteiligungsbeschränkungen. So können zum Beispiel kumulativ angelegte Beteiligungsbeschränkungen unproblematisch auch auf medien- und marktübergreifende Einflüsse ausgerichtet werden. Damit könnte crossmedialen Verflechtungen ebenso effektiv vorgebeugt werden wie zum Beispiel vertikalen Konzentrationsentwicklungen. Hinzu kommt, dass derartige Regelungen sehr klar und transparent ausgestaltet werden können und in der Rechtsanwendung keine unter Umständen kostenintensiven Marktanteilserhebungen erforderlich machen. Auch Beteiligungsbeschränkungen reichen jedoch nicht an die Regelungsfähigkeit heran, die mit einer Begrenzung von Rezipientenmarktanteilen erzielt werden kann. Denn die Anzahl von Beteiligungen an bestimmten Unternehmen oder Medienerzeugnissen sagt letztlich wenig über die publizistischen Einflüsse aus, die mit den jeweiligen Beteiligungen verbunden sind. Insofern implizieren Beteiligungsbeschränkungen typischerweise eine undifferenzierte Gleichbehandlung ungleicher Medieneinflüsse.

In dem relativ statischen Modellvorschlag von 1997, der eine Erweiterung des Konzepts der Günther-Kommission von 1968 und damit ein abgestuftes System zulässiger Rezipientenmarktanteile vorsah, blieb unter anderem offen, wie die gewählten Sektorenabgrenzungen begründet werden sollen. Zudem dürfte es schwer fallen, auch publizistisch relevante Onlineangebote einzubeziehen oder die Einflüsse eines Unternehmens auf vertikal vor- oder nachgelagerten Märkten zu berücksichtigen. Mit dem so genannten Sendelizenzmodell schließlich könnten zwar auch medienübergreifende Konzentrationsentwicklungen infolge internen Wachstums begrenzt werden. Für eine entsprechende Regelung dürfte es dem Bundesgesetzgeber jedoch an der erforderlichen Kompetenzgrundlage fehlen. Denn die Hauptzielrichtung einer solchen Anpassung der Fusionskontrolle bestünde in einer medienpolitischen Zielvorgabe und gerade nicht in wirtschaftspolitischen Erwägungen.

Vor dem Hintergrund dieser Überlegungen scheint es geboten, an dem gegenwärtigen Regelungskonzept und damit an der Verbindung von Zuschaueranteils- und Mediennutzungsmodell festzuhalten. Zugleich aber erscheint es unumgänglich, das von der KEK entwickelte Leitbildmodell abzulösen und zu einer methodisch überzeugenderen Konkretisierung des Verbots vorherrschender Meinungsmacht zu gelangen.

Ein vorzugswürdiges Alternativmodell basiert auf dem Gedanken, jede marktbeherrschende Stellung eines fernsehveranstaltenden Unternehmens auf medienrelevanten verwandten Märkten zusätzlich zu dem tatsächlich erreichten Zuschaueranteil mit fünf Prozentpunkten zu bewerten. Es ist dies eine Interpretation, die an der Differenz von fünf Prozentpunkten im Vergleich der ersten zur zweiten Vermutungsregelung des § 26 Abs. 2 RStV anknüpft und hieraus den Schluss einer wiederholbaren Bewertung marktbeherrschender Stellungen auf verwandten Märkten in Höhe eben dieses Differenzwerts zieht. Diese Deutung der vorhandenen Regelungssystematik ist inhaltlich plausibel. Man müsste nicht auf schwer begründbare Gewichtungskriterien zurückgreifen, und es bestünde von vornherein eine hohe Rechtssicherheit. Zugleich ist aber zu konstatieren, dass der Rundfunkstaatsvertrag keine Hinweise auf die Möglichkeit einer mehrmaligen Berücksichtigung marktbeherrschender Stellungen enthält und dass eine pauschale Hinzurechnung von jeweils fünf Prozentpunkten tendenziell zu undifferenzierten Ergebnissen führt.

Im Ergebnis sollte deshalb ein Konzept gewählt werden, in dem das Vorliegen oder Nichtvorliegen vorherrschender Meinungsmacht in erster Linie anhand qualitativer Kriterien beurteilt wird. Zu diesem Zweck sollte ein offener Kriterienkatalog formuliert und in die Regelung des § 26 RStV aufgenommen werden, auf den die bereits bestehenden Vermutungsregelungen folgen würden (vgl. die Regelungssystematik des § 19 Abs. 2 und 3 GWB). Im Einzelnen könnte der Gesetzgeber festlegen, dass neben dem Zuschaueranteil insbesondere die Anzahl marktbeherrschender Stellungen auf verwandten Märkten, der publizistische Einfluss dieser Märkte und die Intensität des dort jeweils herrschenden Wettbewerbs in die Bewertung einzubeziehen sind. Ohne auf ein System quantifizierender Gewichtungen aufzubauen, könnte auf diese Weise ein hohes Maß an Einzelfallgerechtigkeit erreicht werden. Zugleich wäre durch den genannten Kriterienkatalog in wesentlichen Zügen vorgegeben, an welchen Wertungsgesichtspunkten sich die Rechtsanwendung zu orientieren hätte. Sie müsste sich dann weder selbst auf ein generalisierendes Bewertungskonzept festlegen, noch bestünde das Risiko, dass im Einzelfall gleichsam partikulär und zufällig entschieden wird, welche Kriterien in der Entscheidungsfindung zur Anwendung gelangen.

Literaturverzeichnis

Ablasser, Astrid, Medienmarkt und Fusionskontrolle : Die Anwendung der Europäischen Fusionskontrollverordnung auf den Mediensektor, Köln u.a. 1998 (zitiert: Ablasser, Medienmarkt und Fusionskontrolle).

Alger, Dean, Megamedia : How Giant Corporations Dominate Mass Media, Distort Competition, and Endanger Democracy, Lanham, Maryland/USA u.a. 1998 (zitiert: Alger, Megamedia).

Altes, Bärbel, Paradigmenwechsel in der europäischen Fusionskontrolle?, Media Perspektiven 2000, S. 482-490.

Augst, Gerhard, Wortfamilienbuch der deutschen Gegenwartssprache : Studienausgabe, Tübingen 2009 (zitiert: Augst, Wortfamilienbuch).

Bartosch, Andreas, Neues zur Beweislastverteilung in der Europäischen Fusionskontrolle, EuZW 2006, S. 619-621.

Baßeler, Ulrich/Heinrich, Jürgen/Utecht, Burkhard, Grundlagen und Probleme der Volkswirtschaft, 18. Auflage, Stuttgart 2006 (zitiert: Baßeler/Heinrich/Utecht, Volkswirtschaft).

Bechtold, Rainer, Kartellgesetz : Gesetz gegen Wettbewerbsbeschränkungen ; Kommentar, 5. Auflage, München 2008 (zitiert: Bechtold, Kartellgesetz Kommentar).

Bechtold, Rainer/Bosch, Wolfgang/Brinker, Ingo/Hirsbrunner, Simon, EG-Kartellrecht : Kommentar ; Art. 81-86 EG, EG-Kartell-VO 1/2003, Gruppenfreistellungsverordnungen 2790/1999, 1400/2002, 772/2004, 2658/2000 und 2659/2000 sowie EG-FusionskontrollVO 139/2004, München 2005 (zitiert: Bechtold/Bosch/Brinker/Hirsbrunner, EG Kartellrecht Kommentar).

Beck'sches Handbuch der Personengesellschaften : Gesellschaftsrecht – Steuerrecht, hrsg. von Müller, Welf/Hoffmann, Wolf-Dieter, 3. Auflage, München 2009 (zitiert: Beck'sches Handbuch Personengesellschaften - Bearbeiter).

Beck'scher Kommentar zum Rundfunkrecht, hrsg. von Hahn, Werner/Vesting, Thomas, 2. Auflage München 2008 (zitiert: Beck'scher Kommentar zum RundfunkR - Bearbeiter).

Bender, Gunnar, Cross-Media-Ownership : Multimediale Konzentration und ihre Kontrolle, Heidelberg 1999 (zitiert: Bender, Cross-Media-Ownership).

Beucher, Klaus/Leyendecker, Ludwig/von Rosenberg, Oliver, Mediengesetze : Rundfunk, Mediendienste, Teledienste ; Kommentar zum Rundfunkstaatsvertrag, Mediendienste-Staatsvertrag, Teledienstegesetz und Teledienstedatenschutzgesetz, München 1999 (zitiert: Beucher/Leyendecker/von Rosenberg, Mediengesetze).

Beyer, Andrea/Beck, Hanno, Glücklose Medienfusionen, Wirtschaftsdienst 2004, S. 91-97.

Beyer, Andrea/Carl, Petra, Einführung in die Medienökonomie, 2. Auflage, Konstanz 2008 (zitiert: Beyer/Carl, Einführung in die Medienökonomie).

Bleymüller, Josef/Gehlert, Günther/Gülicher, Herbert, Statistik für Wirtschaftswissenschaftler, 15. Auflage, München 2008 (zitiert: Bleymüller/Gehlert/Gülicher, Wirtschaftsstatistik).

Blum, Ulrich, Volkswirtschaftslehre : Studienhandbuch, 4. Auflage, München/Wien 2004 (zitiert: Blum, Volkswirtschaftslehre).

Bohne, Michael, Cross-mediale Effekte in der Konzentrationskontrolle, WRP 2006, S. 540-548.

Bornemann, Roland, Die Bedeutung der »starken Stellung« in der Medienkonzentrationskontrolle, ZUM 2006, S. 200 ff.

Braams, Beate, Die Kompetenzordnung im Vertrag von Lissabon, in: Pernice, Ingolf (Hrsg.), Der Vertrag von Lissabon : Reform der EU ohne Verfassung?; Kolloquium zum 10. Geburtstag des WHI, S. 115-134, Baden-Baden 2008 (zitiert: Braams, in: Pernice, Vertrag von Lissabon).

Breyer-Mayländer, Thomas/Werner, Andreas, Handbuch der Medienbetriebslehre, München/Wien 2003 (zitiert: Breyer-Mayländer/Werner, Medienbetriebslehre).

Bruderer, Herbert, Redaktionelle Zusammenarbeit von Tageszeitungen : Möglichkeiten und Grenzen, Rorschach/Schweiz 1990 (zitiert: Bruderer, Redaktionelle Zusammenarbeit von Tageszeitungen).

Brühann, Ulf, Pluralismus und Medienkonzentration im Binnenmarkt : Beitrag zum Expertengespräch des Europäischen Medieninstituts am 12. Mai 1993 in Saarbrücken, ZUM 1993, S. 600-605.

Bruhn, Manfred, Marketing : Grundlagen für Studium und Praxis, 10. Auflage, Wiesbaden 2010 (zitiert: Bruhn, Marketing).

Bühner, Rolf (Hrsg.), Managementlexikon, München/Wien 2001 (zitiert: Bühner, Managenementlexikon).

Bullinger, Martin, Zugang der Presse zu den elektronischen Medien – Rechtliche Aspekte –, AfP 1983, S. 319-327.

Bullinger, Martin/Mestmäcker, Ernst-Joachim, Multimediadienste : Struktur und staatliche Aufgaben nach deutschem und nach europäischem Recht, Baden-Baden 1997 (zitiert: Bullinger/Mestmäcker, Multimediadienste).

Bundeskartellamt, Diskussionspapier für die Sitzung des Arbeitskreises Kartellrecht am 21. September 2006, „Konglomerate Zusammenschlüsse in der

Fusionskontrolle", http://www.bundeskartellamt.de/wDeutsch/download/pdf/Diskussionsbeitraege/060830_AK_Kartellrecht.pdf (besucht am 20.06.2010) (zitiert: BKartA, Diskussionspapier „Konglomerate Zusammenschlüsse").

Bundeskartellamt, Diskussionspapier für die Sitzung des Arbeitskreises Kartell recht am 27. September 2004, „Wettbewerbsschutz und Verbraucherinteressen im Lichte neuer ökonomischer Methoden", http://www.bundeskartellamt.de/wDeutsch/download/pdf/Diskussionsbeitraege/04_AKK.pdf (besucht am: 8.10.2010) (zitiert: BKartA, Diskussionspapier „Wettbewerbsschutz und Verbraucherinteressen im Lichte neuer ökonomischer Methoden").

Bunte, Hermann-Josef, Kartellrecht : Lehrbuch für Studium und Praxis, 2. Auflage, München 2008 (zitiert: Bunte, Kartellrecht).

Busemann, Katrin/Gscheidle, Christoph, Web 2.0: Communitys bei jungen Nutzern beliebt, Media Perspektiven 2009, S. 356-364.

Calliess, Christian/Ruffert, Matthias (Hrsg.), EUV/EGV : Das Verfassungsrecht der Europäischen Union mit Europäischer Grundrechtecharta ; Kommentar, 3. Auflage, München 2007 (zitiert: Calliess/Ruffert - Bearbeiter, Kommentar zu EUV und EGV).

Calliess, Christian/Ruffert, Matthias (Hrsg.), Verfassung der Europäischen Union : Kommentar der Grundlagenbestimmungen (Teil I), München, Wien 2006 (zitiert: Calliess/Ruffert - Bearbeiter, Kommentar zur Verfassung der EU (Teil I)).

Cezanne, Wolfgang, Allgemeine Volkswirtschaftslehre, 6. Auflage, München/Wien 2005 (zitiert: Cezanne, Volkswirtschaftslehre).

Christiansen, Arndt, Der „more economic approach" in der EU-Fusionskontrolle – eine kritische Würdigung, Deutsche Bank Research, Working Paper Series, Research Notes 21, Stand: 24.01.2006, http://www.dbresearch.com/PROD/DBR_INTERNET_DE-PROD/PROD0000000000195710.pdf (besucht am 8.07.2010).

Christiansen, Arndt, Die „Ökonomisierung" der EU-Fusionskontrolle: Mehr Kosten als Nutzen?, WuW 2005, S. 285-293.

Clausen-Muradian, Elisabeth, Konzentrationskontrolle im privaten Rundfunk - Der neue Rundfunkstaatsvertrag (RfStV) 1997, S. 934-947.

Degen, Matthias, Mut zur Meinung : Genres und Selbstsichten von Meinungsjournalisten, Wiesbaden 2004 (zitiert: Degen, Mut zur Meinung).

Demmler, Horst, Einführung in die Volkswirtschaftslehre, 7. Auflage, München/Wien 2001 (zitiert: Demmler, Volkswirtschaftslehre).

Denzel, Ulrich Stefan/Hermann, Maximilian, Der Leitlinienentwurf der Europäischen Kommission zur Bewertung nicht-horizontaler Zusammenschlüsse: Post-Chicago-Ansätze in Brüssel?, WuW 2007, S. 566-577.

Deselaers, Wolfgang, Die „Essential Facilities" – Doktrin im Lichte des Magill-Urteils des EuGH, EuZW 1995, S. 563-569.

Dörr, Dieter/Schwartmann, Rolf, Medienrecht, Heidelberg u.a. 2006 (zitiert: Dörr/Schwartmann, Medienrecht).

Ebel, Hans-Rudolf, GWB und EG-Vertrag : Kommentar, Loseblattsammlung, Neuwied u.a. Stand: November 2003 (zitiert: Ebel, GWB und EGV Kommentar).

Eberle, Carl-Eugen, Das europäische Recht und die Medien am Beispiel des Rundfunkrechts, AfP 1993, S. 422-429.

Eifert, Martin, Die Zuordnung der Säulen des Dualen Rundfunksystems, ZUM 1999, S. 595-603.

van Eimeren, Birgit/Frees, Beate, Der Internetnutzer 2009 – multimedial und total vernetzt?, Media Perspektiven 2009, S. 334-348.

van Eimeren, Birgit/Frees, Beate, Nutzungsoptionen digitaler Audio- und Videoangebote, Medien Perspektiven 2009, S. 349-355.

Eisenhardt, Ulrich, Gesellschaftsrecht, 14. Auflage, München 2009 (zitiert: Eisenhardt, Gesellschaftsrecht).

Emmerich, Volker, Fusionskontrolle 2006/2007, AG 2007, S. 517-531.

Emmerich, Volker, Kartellrecht : ein Studienbuch, 11. Auflage, München 2008 (zitiert: Emmerich, Kartellrecht).

Engel, Christoph, Privater Rundfunk vor der Europäischen Menschenrechtskonvention, Baden-Baden 1993 (zitiert: Engel, Privater Rundfunk).

Engel, Christoph, Sonderlasten für Fernsehveranstalter mit einem Zuschaueranteil von 10 %, ZUM 2000, S. 345-356.

Engel, Christoph, Zuschaueranteile in der publizistischen Konzentrationskontrolle : Grenzwerte oder bloß ein Indiz unter vielen?, ZUM 2005, S. 776-782.

Engels, Stefan, Verfassungsrechtliche Strukturvorgaben für Rundfunkkonzentrationsbekämpfung, ZUM 1996, S. 44 ff.

Fechner, Frank, Medienrecht : Lehrbuch des gesamten Medienrechts unter besonderer Berücksichtigung von Presse, Rundfunk und Multimedia, 11. Auflage, Tübingen 2010 (zitiert: Fechner, Medienrecht).

Fink, Udo/Cole, Mark D./Keber, Tobias O., Europäisches und Internationales Medienrecht, Heidelberg 2008 (zitiert: Fink/Cole/Keber, Europäisches und Internationales Medienrecht).

Frenz, Walter, Die Kontrolle von Fusionsgenehmigungen als Spiegelbild von Untersagungen, WuW 2007, S. 138-144.

Frey, Dieter, Fernsehen und audiovisueller Pluralismus im Binnenmarkt der EG, Baden-Baden 1999 (zitiert: Frey, Fernsehen und audiovisueller Pluralismus).

Frowein, Jochen Abr./Peukert, Wolfgang, Europäische Menschenrechtskonvention : EMRK-Kommentar, 3. Auflage, Kehl am Rhein 2009 (zitiert: Frowein/Peukert - Bearbeiter, Kommentar zur EMRK).

Gabler Wirtschaftslexikon, Band 2 (E-J); Band 3 (K-R); Band 4 (S-Z), 16. Auflage, Wiesbaden 2004 (zitiert: Gabler Wirtschaftslexikon).

Geiger, Rudolf, EUV/EGV : Vertrag über die Europäische Union und Vertrag zur Gründung der Europäischen Gemeinschaft, 4. Auflage, München 2004 (zitiert: Geiger, Kommentar EUV/EGV).

Gericke, Gun, Beurteilung von vorherrschender Meinungsmacht privater Fernsehunternehmen nach dem Rundfunkstaatsvertrag, Diss. jur., Berlin 2001 (zitiert: Gericke, Beurteilung von vorherrschender Meinungsmacht).

Glaum, Martin/Hommel, Ulrich/Thomaschewski, Dieter (Hrsg.), Wachstumsstrategien internationaler Unternehmungen : Internes vs. externes Unternehmenswachstum, Stuttgart 2002 (zitiert: Bearbeiter, in: Glaum/Hommel/Thomaschewski, Wachstumsstrategien internationaler Unternehmungen).

Goldhammer, Klaus, Wissensgesellschaft und Informationsgüter aus ökonomischer Sicht, in: Hofmann, Jeanette (Hrsg.), Wissen und Eigentum : Geschichte, Recht und Ökonomie stoffloser Güter, S. 81-106, Bonn 2006 (zitiert: Goldhammer, in: Hofmann, Wissen und Eigentum).

Gounalakis, Georgios/Zagouras, Georgios, Konglomerate Zusammenschlüsse und die Wettbewerbsaufsicht – Eine Nachlese zum Fall Springer/ProSiebenSat.1, NJW 2006, S. 1624-1627.

Gounalakis, Georgios/Zagouras, Georgios, Plädoyer für ein europäisches Medienrecht, ZUM 2006, S. 716-725.

Groß, Rolf, Redakteursmitbestimmung und Pressefusionskontrolle, ZUM 1996, S. 917-934.

Gruber, Utta/Kleber, Michaela, Grundlagen der Volkswirtschaftslehre, 4. Auflage, München 2000 (zitiert: Gruber/Kleber, Volkswirtschaft).

Hachmeister, Lutz/Rager, Günther (Hrsg.), Wer beherrscht die Medien? Die 50 größten Medienkonzerne der Welt : Jahrbuch 2003, München 2002 (zitiert: Hachmeister/Rager, Wer beherrscht die Medien, Jahrbuch 2003).

Hain, Karl-E., Sicherung des publizistischen Pluralismus auf europäischer Ebene?, AfP 2007, S. 527-534.

Hain, Karl-E., Vorherrschende Meinungsmacht i.S.d. § 26 Abs. 1, 2 RStV : Die Kontroverse um eine „quantitative" oder „qualitative" Bestimmung, MMR 2000, S. 537-544.

Hain, Karl-E., Zum ersten Akt des (verwaltungs-) gerichtlichen Nachspiels der gescheiterten Fusion von Springer und Pro7Sat.1, K&R 2008, S. 160-165.

Hamburger Kommentar : Gesamtes Medienrecht, hrsg. von Paschke, Marian/ Berlit, Wolfgang/Beyer, Claus, Baden-Baden 2008 (zitiert: Hamburger Kommentar zum Medienrecht – Bearbeiter).

Handbuch des Verfassungsrechts der Bundesrepublik Deutschland : Studienausgabe, Teil 1, hrsg. von Benda, Ernst/Maihofer, Werner/Vogel, Hans-Jochen, 2. Auflage, Berlin/New York 1995 (zitiert: Bearbeiter, in: Handbuch des Verfassungsrechts).

Hartstein, Reinhard/Ring, Wolf-Dieter/Kreile, Johannes, Rundfunkstaatsvertrag : Kommentar, Ordner II, Loseblattsammlung, Heidelberg u.a., Stand: August 2010 (zitiert: Hartstein/Ring/Kreile, Rundfunkstaatsvertrag).

Hasebrink, Uwe, Zur Berücksichtigung medienrelevanter verwandter Märkte bei der Anwendung des Zuschauermodells (§ 26 Abs. 2 Satz 2 RStV) : Kommunikationswissenschaftliches Gutachten für die Kommission zur Ermittlung der Konzentration im Fernsehbereich, Stand: 8.08.2003, http://www.kek-online.de/kek/information/publikation/bredow2003.pdf (besucht am 01.08.2010) (zitiert: Hasebrink, Zur Berücksichtigung medienrelevanter verwandter Märkte).

Heine, Michael/Herr, Hansjörg, Volkswirtschaftslehre : Paradigmenorientierte Einführung in die Mikro- und Makroökonomie, 3. Auflage, München/ Wien 2003 (zitiert: Heine/Herr, Volkswirtschaftslehre).

Heinrich, Jürgen, Medienökonomie, Band 1: Mediensystem, Zeitung, Zeitschrift, Anzeigenblatt, 2. Auflage, Wiesbaden 2001 (zitiert: Heinrich, Medienökonomie Band 1).

Heinrich, Jürgen, Medienökonomie, Band 2: Hörfunk und Fernsehen, 2. Auflage, Wiesbaden 2010 (zitiert: Heinrich, Medienökonomie Band 2).

Heinrich, Jürgen, Theorien der Medienverflechtung, in: Leonhard, Joachim-Felix/Ludwig, Hans-Werner/Schwarze, Dietrich/Straßner (Hrsg.), Erich, Medienwissenschaft : Ein Handbuch zur Entwicklung der Medien und Kommunikationsformen, Band 15.1 der Handbücher zur Sprach- und Kommunikationswissenschaft, S. 200-212, Berlin/New York 1999 (zitiert: Heinrich, in: Leonhard/Ludwig/Schwarze/Straßner, Medienwissenschaft).

Helberger, Natali/Scheuer, Alexander/Strothmann, Peter, Diskriminierungsfreier Zugang zu digitalen Kontrolldiensten, IRIS plus, Rechtliche Rundschau der Europäischen Audiovisuellen Informationsstelle, Ausgabe 2001/2, S. 2-8, http://www.obs.coe.int/oea_publ/iris/iris_plus/iplus2_2001.pdf.de (besucht am 4.07.2010).

Hepach, Stefan, Anmerkung zu VG München, Urteil vom 8. November 2007 – M 17 K 06.2675, ZUM 2008, S. 351-353.

Hepach, Stefan, Der Kompetenzrahmen der KEK nach dem Sechsten Rundfunkänderungsstaatsvertrag, ZUM 2003, S. 112-121.

Hepach, Stefan, Nochmals: Verfahrensrechtlicher Status und materielle Prüfungskompetenz der KEK, ZUM 2007, S. 40-47.

Herdegen, Matthias, Europarecht, 11. Auflage, München 2009 (zitiert: Herdegen, Europarecht).

Herdzina, Klaus, Wettbewerbspolitik, 5. Auflage, Stuttgart 1999 (zitiert: Herdzina, Wettbewerbspolitik).

Herrmann, Günter, Fernsehen und Hörfunk nach dem 6. Rundfunkurteil des Bundesverfassungsgerichts vom 5.2.1991, ZUM 1991, S. 325-337.

Hess, Thomas/Schulze, Thomas, Die Mehrfachnutzung von Inhalten in der Medienindustrie, Das Wirtschaftsstudium 2003, S. 1377-1382.

Hess, Wolfgang, Medienkartellrecht, AfP 2000, S. 61-68.

Hess, Wolfgang, Medienkonzentrationsrecht nach dem neuen Rundfunkstaatsvertrag – Teil 1: Materielles Medienkonzentrationsrecht –, AfP 1997, S. 680-688.

Hildebrand, Doris, Der „more economic approach“ in der Wettbewerbspolitik : Dynamik & Ausblick, WuW 2005, S. 513-520.

Hinterhuber, Hans H., Strategische Unternehmensführung : Strategisches Denken ; Vision, Unternehmenspolitik, Strategie, 7. Auflage, Berlin/New York 2004 (zitiert: Hinterhuber, Strategische Unternehmensführung).

Hofer, Paul/Williams, Mark/Wu, Lawrence, Empirische Methoden in der Europäischen Fusionskontrolle, WuW 2005, S. 155-162.

Hoffmann-Riem, Wolfgang, Kommerzielles Fernsehen : Rundfunkfreiheit zwischen ökonomischer Nutzung und staatlicher Regelungsverantwortung: das Beispiel USA, Baden-Baden 1981 (zitiert: Hoffmann-Riem, Kommerzielles Fernsehen).

Hoffmann-Riem, Wolfgang, Öffentliches Recht der Kommunikation und der Medien, in: Schmidt, Reiner (Hrsg.), Öffentliches Wirtschaftsrecht : Besonderer Teil 1, S. 563-690, Berlin u.a. 1995 (zitiert: Hoffmann-Riem, in: Schmidt Öffentliches Wirtschaftsrecht, BT 1).

Holznagel, Bernd/Grünwald, Andreas, Meinungsvielfalt im kommerziellen Fernsehen : medienspezifische Konzentrationskontrolle in Deutschland, Großbritannien, Frankreich, Italien, den U.S.A. und auf der Ebene von Europarat und Europäischer Gemeinschaft, Berlin 2001 (zitiert: Bearbeiter in: Holznagel/Grünwald, Meinungsvielfalt im kommerziellen Fernsehen).

Hufen, Friedhelm, Verwaltungsprozessrecht, 7. Auflage, München 2008 (zitiert: Hufen, Verwaltungsprozessrecht).

Hungenberg, Harald, Strategisches Management in Unternehmen : Ziele – Prozesse – Verfahren, 5. Auflage, Wiesbaden 2008 (zitiert: Hungenberg, Strategisches Management).

Immenga, Ulrich, Der „more economic approach“ als Wettbewerbspolitik, WuW 2006, S. 463.

Immenga, Ulrich/Mestmäcker, Ernst-Joachim, GWB : Gesetz gegen Wettbewerbsbeschränkungen ; Kommentar, 2. Auflage, München 1992 (zitiert: Immenga/Mestmäcker - Bearbeiter, Kommentar zum GWB).

Immenga, Ulrich/Mestmäcker, Ernst-Joachim, Wettbewerbsrecht : Band 1. EG/Teil 1 ; Kommentar zum Europäischen Kartellrecht, 4. Auflage, München 2007 (zitiert: Immenga/Mestmäcker - Bearbeiter, Kommentar zum Europäischen Kartellrecht, Teil 1).

Immenga, Ulrich/Mestmäcker, Ernst-Joachim, Wettbewerbsrecht : Band 1. EG/Teil 2 ; Kommentar zum Europäischen Kartellrecht, 4. Auflage, München 2007 (zitiert: Immenga/Mestmäcker - Bearbeiter, Kommentar zum Europäischen Kartellrecht, Teil 2).

Immenga, Ulrich/Mestmäcker, Ernst-Joachim, Wettbewerbsrecht : Band 2. GWB ; Kommentar zum Deutschen Kartellrecht, 4. Auflage, München 2007 (zitiert: Immenga/Mestmäcker - Bearbeiter, Kommentar zum Deutschen Kartellrecht).

Janik, Viktor, Kapitulation vor der eingetretenen Konzentration?, AfP 2002, S. 104-114.

Jarass, Hans D./Pieroth, Bodo, Grundgesetz für die Bundesrepublik Deutschland : Kommentar, 10. Auflage, München 2009 (zitiert: Jarass/Pieroth - Bearbeiter, Kommentar zum Grundgesetz).

Jarren, Otfried, Medien- und Öffentlichkeitswandel im modernen Staat : Anmerkungen zum Öffentlichkeitsverständnis des Bundesverfassungsgerichts, AfP 1994, S. 191-196.

Jöst, Markus, Verfassungsrechtliche Aspekte des Verhältnisses von Presse und Rundfunk : Am Beispiel der Privatrundfunkgesetze, Baden-Baden 1994 (zitiert: Jöst, Verfassungsrechtliche Aspekte des Verhältnisses von Presse und Rundfunk).

Karst, Klaus, Strategisches Management, Berlin 1998 (zitiert: Karst, Strategisches Management).

Kaufer, Erich, Industrieökonomik : Eine Einführung in die Wettbewerbstheorie, München 1980 (zitiert: Kaufer, Industrieökonomik).

Kiefer, Marie-Luise, Konzentrationskontrolle: Bemessungskriterien auf dem Prüfstand, Media Perspektiven 1995, S. 58-68.

Kiefer, Marie Luise, Medienökonomik : Einführung in eine ökonomische Theorie der Medien, 2. Auflage, München/Wien 2005 (zitiert: Kiefer, Medienökonomik).

Kiefer, Marie-Luise, Wettbewerb im dualen Rundfunksystem?, Media Perspektiven 1994, S. 430-438.

Kitz, Volker, Das neue Recht der elektronischen Medien in Deutschland – sein Charme, seine Fallstricke, ZUM 2007, S. 368-375.

Klein, Hans H., Die Rundfunkfreiheit, München 1978 (zitiert: Klein, Rundfunkfreiheit).

Kleinert, Jörn/Klodt, Henning, Megafusionen : Trends, Ursachen und Implikationen, Tübingen 2000 (zitiert: Kleinert/Klodt, Megafusionen).

Kleist, Thomas, Medienmonopoly im Konzentrationsprozess, ZUM 1993, S. 503-508.

Kling, Michael/Thomas, Stefan, Kartellrecht, München 2007 (zitiert: Kling/Thomas, Kartellrecht).

Klocker, Peter, Cross-mediale Verflechtungen : Brauchen wir ein neues Medienrecht?, epd medien Nr. 26/2006, S. 29-34.

König, Michael, Die Einführung des digitalen Fernsehens : Neue Probleme und Implikationen für den Wettbewerb und die Medienkonzentration, Baden-Baden 1997 (zitiert: König, Digitales Fernsehen).

Kommission zur Ermittlung der Konzentration im Medienbereich, Elfter Jahresbericht : Berichtszeitraum 1. Juli 2007 bis30. Juni 2008, Stand. 30.06. 2008, http://www.kek-online.de/Inhalte/jahresbericht_07-08.pdf (besucht am 11.08.2010) (zitiert: KEK, Elfter Jahresbericht (2008)).

Kreile, Johannes/Stumpf, Christoph A., Das neue „Medienkartellrecht" : Die Sicherung der Meinungsvielfalt im novellierten Rundfunkstaatsvertrag, MMR 1998, S. 192-195.

Kresse, Hermann (Hrsg.), Pluralismus, Markt und Medienkonzentration: Positionen, Berlin 1995 (zitiert: Kresse, Pluralismus, Markt und Medienkonzentration).

Kruse, Jörn, Publizistische Vielfalt und Medienkonzentration zwischen Marktkräften und politischen Entscheidungen, in: Altmeppen, Klaus-Dieter (Hrsg.), Ökonomie der Medien und des Mediensystems : Grundlagen, Ergebnisse und Perspektiven medienökonomischer Forschung, S. 27-52, Opladen 1996 (zitiert: Kruse, in: Altmeppen, Ökonomie der Medien).

Kuchinke, Björn A./Schubert, Jens M., Der Beschluss des Bundeskartellamts in Sachen Springer – ProSiebenSat.1 : Eine Einordnung und Bewertung, WuW 2006, S. 477-485.

Kübler, Friedrich, Argumente für ein Werbemarktanteilsmodell, Media Perspektiven 1995, S. 48-57.

Kübler, Friedrich, Medienkonzentrationskontrolle im Streit, Media Perspektiven 1999, S. 379-385.

Kübler, Friedrich, Medienverflechtung : Eine rechtsvergleichende Untersuchung der Marktstrukturprobleme privaten Rundfunks, Frankfurt am Main 1982 (zitiert: Kübler, Medienverflechtung).

Kull, Edgar, Das Europäische Recht und die Presse, AfP 1993, S. 430 ff.

Kunczik, Michael/Zipfel, Astrid, Publizistik : Ein Studienhandbuch, 2. Auflage, Köln u.a. 2005 (zitiert: Kunczik/Zipfel, Publizistik).

Kurz, Josef/Müller, Daniel/Pötschke, Joachim/Pöttker, Horst, Stilistik für Journalisten, 1. Auflage, Wiesbaden 2000 (zitiert: Kurz/Müller/Pötschke/Pöttker, Stilistik für Journalisten).

Ladeur, Karl-Heinz, Die Regulierung von Telekommunikation und Medien im Zeitalter ihrer Konvergenz, RTkom 1999, S. 68-75.

Landesmedienanstalten (Hrsg.), Crossmediale Verflechtungen als Herausforderung für die Konzentrationskontrolle : Bericht der Kommission zur Ermittlung der Konzentration im Medienbereich (KEK) über die Entwicklung der Konzentration und über Maßnahmen zur Sicherung der Meinungsvielfalt im privaten Rundfunk; Konzentrationsbericht der Kommission zur Ermittlung der Konzentration im Medienbereich (KEK), Berlin 2007 (zitiert: Landesmedienanstalten, Crossmediale Verflechtungen).

Landesmedienanstalten (Hrsg.), Die Sicherung der Meinungsvielfalt : Berichte, Gutachten und Vorschläge zur Fortentwicklung des Rechts der Medienkonzentrationskontrolle, Berlin 1995 (zitiert: Bearbeiter, in: Landesmedienanstalten, Sicherung der Meinungsvielfalt).

Lange, Bernd-Peter, Die Übernahme von ProSiebenSat.1 durch den Axel-Springer-Konzern, Media Perspektiven 2005, S. 546-557.

Langen, Eugen/Bunte, Hermann-Josef, Kommentar zum deutschen und europäischen Kartellrecht, Band 1: Deutsches Kartellrecht, 10. Auflage, München 2006; Band 2: Europäisches Kartellrecht, 11. Auflage, Köln 2010 (zitiert: Langen/Bunte - Bearbeiter, Kommentar Kartellrecht, Band 1/Band 2).

Leidinger, Christiane, Medien – Herrschaft – Globalisierung : Folgenabschätzung zu Medieninhalten im Zuge transnationaler Konzentrationsprozesse, Münster 2003 (zitiert: Leidinger, Medien Herrschaft Globalisierung).

Löffler, Martin, Presserecht : Kommentar zu den deutschen Landespressegesetzen mit systematischen Darstellungen zum pressebezogenen Standesrecht, Anzeigenrecht, Werbe- und Wettbewerbsrecht, Vertriebsrecht, Urheber- und Verlagsrecht, Arbeitsrecht, Titelschutz, Jugendmedienschutz und Steuerrecht, 5. Auflage, München 2006 (zitiert: Löffler - Bearbeiter, Presserecht Kommentar).

Loewenheim, Ulrich/Meessen, Karl M./Riesenkampff, Alexander (Hrsg.), Kartellrecht : Kommentar, 2. Auflage, München 2009 (zitiert: Loewenheim/Meessen/Riesenkampf - Bearbeiter, Kartellrecht Kommentar).

Ludwig, Johannes, Ökonomie der Medien : zwischen Marktversagen und Querfinanzierung ; von J. W. Goethe bis zum Nachrichtenmagazin Der Spiegel, Opladen/Wiesbaden 1998 (zitiert: Ludwig, Ökonomie der Medien).

Lutter, Siegfried/Broich, Alexander, Diversifikation versus Fokussierung – Strategisches Portfoliomanagement am Beispiel der Bertelsmann AG, in: Hungenberg, Harald/Meffert, Jürgen (Hrsg.), Handbuch Strategisches Management, S. 143-163, 2. Auflage, Wiesbaden 2005 (zitiert: Lutter/Broich, in: Hungenberg/Meffert, Handbuch Strategisches Management).

Mailänder, Peter, Konzentrationskontrolle zur Sicherung von Meinungsvielfalt im privaten Rundfunk : Eine vergleichende Untersuchung der Rechtslage in Deutschland, Frankreich, Italien, Großbritannien, Spanien, Österreich sowie den Niederlanden und im Europäischen Recht, Baden-Baden 2000 (zitiert: Mailänder, Konzentrationskontrolle im privaten Rundfunk).

von Mangoldt, Hermann/Klein, Friedrich/Starck, Christian, Kommentar zum Grundgesetz, Band 1: Präambel, Artikel 1-19, 6. Auflage, München 2010; Band 2: Artikel 20-82, 6. Auflage, München 2010 (zitiert: von Mangoldt/Klein/Starck - Bearbeiter, Kommentar zum GG).

Marquardt, Gernot, Kernkompetenzen als Basis der strategischen und organisationalen Unternehmensentwicklung, Wiesbaden 2003 (zitiert: Marquardt, Kernkompetenzen und Unternehmensentwicklung).

Maunz, Theodor/Dürig, Günter, Grundgesetz : Kommentar, Band I: Texte, Art. 1-5, Loseblattsammlung, München, Stand: Januar 2010 (zitiert: Maunz/Dürig - Bearbeiter, Kommentar zum Grundgesetz).

Meckel, Miriam, Redaktionsmanagement : Ansätze aus Theorie und Praxis, Opladen/Wiesbaden 1999 (zitiert: Meckel, Redaktionsmanagement).

Meier, Werner A., Gesellschaftliche Folgen der Medienkonzentration, Aus Politik und Zeitgeschichte (Beilage zur Wochenzeitung „Das Parlament"), B 12-13/2004, S. 3-6.

Mestmäcker, Ernst-Joachim, Medienkonzentration und Meinungsvielfalt : Eine vergleichende wirtschaftsrechtliche Untersuchung im Auftrage des Bundesministers des Innern, Baden-Baden 1978 (zitiert: Mestmäcker, Medienkonzentration).

Meyer-Ladewig, Jens, Europäische Menschenrechtskonvention : Handkommentar, 2. Auflage, Baden-Baden 2006 (zitiert: Meyer-Ladewig, Kommentar zur EMRK).

Meyn, Hermann, Massenmedien in Deutschland : Neuauflage 2004, Konstanz 2004 (zitiert: Meyn, Massenmedien).

Monopolkommission, Marktöffnung umfassend verwirklichen, Hauptgutachten 1996/1997, Baden-Baden 1998 (zitiert: Monopolkommission, 12. Hauptgutachten 1996/1997).

Monopolkommission, Mehr Wettbewerb auch im Dienstleistungssektor! Hauptgutachten 2004/2005, Baden-Baden 2006 (zitiert: Monopolkommission, 16. Hauptgutachten 2004/2005).

Monopolkommission, Ökonomische Kriterien für die Rechtsanwendung, Hauptgutachten 1982/1983, Baden-Baden 1984 (zitiert: Monopolkommission, 5. Hauptgutachten 1982/1983).

Monopolkommission, Wettbewerbspolitik in Zeiten des Umbruchs, Hauptgutachten 1994/1995, Baden-Baden 1996 (zitiert: Monopolkommission, 11. Hauptgutachten 1994/1995).

Monopolkommission, Wettbewerbspolitik im Schatten „Nationaler Champions", Hauptgutachten 2002/2003, Baden-Baden 2005 (zitiert: Monopolkommission, 15. Hauptgutachten 2002/2003).

Monopolkommission, Wettbewerbspolitik oder Industriepolitik, Hauptgutachten 1990/1991, Baden-Baden 1992 (zitiert: Monopolkommission, 9. Hauptgutachten 1990/1991).

Monopolkommission, Wettbewerbsprobleme bei der Einführung von privatem Hörfunk und Fernsehen, Sondergutachten der Monopolkommission, Band 11, Baden-Baden 1981 (zitiert: Monopolkommission, Wettbewerbsprobleme Hörfunk/Fernsehen, Sondergutachten Bd. 11).

Müller, Jens/Schröder, Roland, Ökonomie der Auslandskorrespondenz – Eine Makroperspektive, in: Hahn, Oliver/Lönnendonker, Julia/Schröder, Roland (Hrsg.), Deutsche Auslandskorrespondenten : Ein Handbuch, Konstanz 2008, S. 99-115 (zitiert: Müller/Schröder, in: Hahn/Lönnendonker/Schröder, Auslandskorrespondenten).

Müller, Ulf, Deutsches Medienkartellrecht – ein Scherbenhaufen?, MMR 2006, S. 125-126.

Müller-Henneberg/Schwartz, Gustav/Hootz, Christian, Gesetz gegen Wettbewerbsbeschränkungen und Europäisches Kartellrecht : Gemeinschaftskommentar ; Zusammenschlusskontrolle §§ 35 - 43 GWB, 5. Auflage, Köln u.a. 2000 (zitiert: Müller-Henneberg/Schwartz/Hootz - Bearbeiter, GWB Gemeinschaftskommentar).

Müller-Kalthoff, Björn (Hrsg.), Cross-Media Management : Content-Strategien erfolgreich umsetzen, Berlin u.a. 2002 (zitiert: Bearbeiter, in: Müller-Kalthoff, Cross-Media Management).

Müller-Stewens, Günter/Lechner, Christoph, Strategisches Management : Wie strategische Initiativen zum Wandel führen, 3. Auflage, Stuttgart 2005 (zitiert: Müller-Stewens/Lechner, Strategisches Management).

Murschitz, Katharina, Das Joint Venture (JV) Sony/BMG – der Versuch einer kritischen Betrachtungsweise, WRP 2006, S. 232-236.

Neft, Hans, KEK und KDLM – unorthodoxe Organfiguration zur Sicherung der Meinungsvielfalt im Fernsehen, ZUM 1999, S. 97-104.

Nettesheim, Martin, Das Kulturverfassungsrecht der Europäischen Union, JZ 2002, S. 157-166.

Nothelfer, Wolfgang, Wann behindern konglomerate Fusionen den Wettbewerb?, EuZW 2007, S. 332-336.

Pelny, Stefan, Konzentrationskontrolle für den privaten Rundfunk : Wirksame Sicherung der Meinungsvielfalt durch Konzentrationskontrolle?, AfP 1998, S. 35-40.

Peters, Anne, Einführung in die Europäische Menschenrechtskonvention : Mit rechtsvergleichenden Bezügen zum deutschen Grundgesetz, München 2003 (zitiert: Peters, Einführung in die Europäische Menschenrechtskonvention).

Peters, Hans-Rudolf, Wirtschaftspolitik, 3. Auflage, München 2000 (zitiert: Peters, Wirtschaftspolitik).

Petersen, Jens, Medienrecht : ein Studienbuch, 4. Auflage, München 2008 (zitiert: Petersen, Medienrecht).

Podszun, Rupprecht, Fernsehkartellrecht – Die Entscheidungspraxis des Bundeskartellamts, MMR 2007, S. 761-765.

Porter, Michael E., Wettbewerbsstrategie (Competitive Strategy) : Methoden zur Analyse von Branchen und Konkurrenten, 11. Auflage, Frankfurt am Main/New York 2008 [Porter, Wettbewerbsstrategie).

Prodoehl, Hans Gerd, Organisationsprobleme des lokalen Rundfunks : Das „Zwei-Säulen-Modell“ im nordrhein-westfälischen Landesrundfunkgesetz, Media Perspektiven 1987, S. 229-238.

Prütting, Hanns, Die Vermutung vorherrschender Meinungsmacht, in: Prütting, Hanns, Marktmacht und Konzentrationskontrolle auf dem Fernsehmarkt : Gemeinsame Vortragsveranstaltung der Institute für Rundfunkrecht und Rundfunkökonomie an der Universität zu Köln vom 7. Mai 1999, S. 115-131, München 2000 (zitiert: Prütting, in: Prütting, Marktmacht und Konzentrationskontrolle auf dem Fernsehmarkt).

Pürer, Heinz, Einführung in die Publizistikwissenschaft : Systematik, Fragestellungen, Theorieansätze, Forschungstechniken, 6. Auflage, Konstanz 1998 (zitiert: Pürer, Publizistikwissenschaft).

Rager, Günther/Weber, Bernd (Hrsg.), Publizistische Vielfalt zwischen Markt und Politik : Mehr Medien – mehr Inhalte?, Düsseldorf u.a. 1992 (zitiert: Bearbeiter, in: Rager/Weber, Publizistische Vielfalt).

Rasek, Arno, Konglomerate Zusammenschlüsse in der Fusionskontrolle – Bestandsaufnahme und Ausblick : Tagungsbericht des Bundeskartellamts, WuW 2007, S. 38-45.

Renck-Laufke, Martha, Probleme der Konzentrationskontrolle im privaten Fernsehen, ZUM 2000, S. 105-114.

Ress, Georg/Bröhmer, Jürgen, Europäische Gemeinschaft und Medienvielfalt : Die Kompetenzen der Europäischen Gemeinschaft zur Sicherung des Pluralismus im Medienbereich, Frankfurt am Main 1998 (zitiert: Ress/ Bröhmer, Europäische Gemeinschaft und Medienvielfalt).

Ring, Wolf-Dieter, Konzentrationstendenzen im Bereich des Rundfunks und ihre Rechtsprobleme, ZUM 1993, S. 7-10.

Röller, Lars-Hendrik, Economic Analysis and Competition Policy Enforcement in Europe, in: van Bergeijk, Peter A.G./Kloosterhuis, Erik (Hrsg.), Modelling European Mergers, S. 13-26, Cheltenham, UK/Northampton, MA, USA 2005 (zitiert: Röller, in: van Bergeijk/Kloosterhuis, Modelling European Mergers).

Röper, Horst, Konzentrationssprung im Markt der Tageszeitungen, Media Perspektiven 2008, S. 420-437.

Roider, Claudia, Perspektiven einer europäischen Rundfunkordnung : Eine Untersuchung der gemeinschaftsrechtlichen Direktiven unter besonderer Berücksichtigung des Pluralismusgebots, Berlin 2001 (zitiert: Roider, Europäische Rundfunkordnung).

Rossnagel, Alexander, Das Telemediengesetz : Neuordnung für Informations- und Kommunikationsdienste, NVwZ 2007, S. 743-748.

Sachs, Michael (Hrsg.), Grundgesetz : Kommentar, 5. Auflage, München 2009 (zitiert: Sachs - Bearbeiter, Kommentar zum Grundgesetz).

Sachverständigenrat zur Begutachtung der Gesamtwirtschaftlichen Entwicklung, Erfolge im Ausland – Herausforderungen im Inland : Jahresgutachten 2004/05, Wiesbaden 2004 (zitiert: Sachverständigenrat zur Begutachtung der Gesamtwirtschaftlichen Entwicklung, Jahresgutachten 2004/ 2005).

Säcker, Franz Jürgen, Die Kontrolle konglomerater Fusionen im Medienbereich: „Two shops stop the merger“, WuW 2006, S. 223.

Säcker, Franz Jürgen, Zur Ablehnung des Zusammenschlussvorhabens Axel Springer AG/ProSiebenSat.1 Media AG durch KEK und Bundeskartellamt, K&R 2006, S. 49-54.

Sánchez-Tabernero, Media Concentration in Europe : Commercial Enterprise and the Public Interest, Manchester c 1993 (zitiert: Sánchez-Tabernero, Media Concentration in Europe).

Satzky, Horst, Die Beurteilung vertikaler und konglomerater Zusammenschlüsse nach dem GWB, WuW 2006, S. 870-880.

Schellenberg, Martin, Europäische Konzentrationskontrolle im Medienbereich – Ein Anwendungsfall des Subsidiaritätsprinzips? –, DZWir 1994, S. 410-415.

Schellenberg, Martin, Rundfunk-Konzentrationsbekämpfung zur Sicherung des Pluralismus im Rechtsvergleich : Rundfunkstaatsvertrag 1997 und Landesmediengesetze im Vergleich mit den Kontrollsystemen in Frankreich, Italien und Großbritannien, Baden-Baden 1997 (zitiert: Schellenberg, Rundfunk-Konzentrationsbekämpfung).

Schenk, Michael, Medienwirkungsforschung, 3. Auflage, Tübingen 2007 (zitiert: Schenk, Medienwirkungsforschung).

Schierenbeck, Henner/Wöhle, Claudia B., Grundzüge der Betriebswirtschaftslehre : Studienausgabe, 17. Auflage, München 2008 (zitiert: Schierenbeck/Wöhle, Betriebswirtschaftslehre).

Schmidt, André, Wie ökonomisch ist der „more economic approach"? Einige kritische Anmerkungen aus ordnungsökonomischer Sicht, Freiburger Diskussionspapiere zur Ordnungsökonomik 06/10, S. 1-28, http://www.walter-eucken-institut.de/fileadmin/bilder/Publikationen/Diskussionspapiere/06_10bw.pdf (besucht am 08.07.2010) (zitiert: Schmidt, Freiburger Diskussionspapiere zur Ordnungsökonomik 06/10).

Schmidt, Ingo, More economic approach versus Justitiabilität, WuW 2005, S. 877.

Schmidt, Ingo, Wettbewerbspolitik und Kartellrecht : Eine interdisziplinäre Einführung, 8. Auflage, Stuttgart 2005 (zitiert: Schmidt, Wettbewerbspolitik und Kartellrecht).

Schmidt, Ingo/Röhrich, Martina, Zielkonflikte zwischen dem Erhalt kompetitiver Marktstrukturen und der Realisierung von Effizienzsteigerungen durch externes Unternehmenswachstum?, WiSt (Wirtschaftswissenschaftliches Studium) 1992, S. 179-184.

Schmidtchen, Dieter, Der „more economic approach" in der Wettbewerbspolitik, WuW 2006, S. 6-17.

Schmidtchen, Dieter, Fehlurteile über den „more economic approach" in der Wettbewerbspolitik, WuW 2006, S. 707.

Schmidt-Bleibtreu, Bruno/Hofmann, Hans/Hopfauf, Axel (Hrsg.), Kommentar zum Grundgesetz, 11. Auflage, Köln 2008 (zitiert: Schmidt-Bleibtreu/Hofmann/Hopfauf - Bearbeiter, Kommentar zum GG).

Scholz, Rupert, Medienverflechtung, Anmerkungen zu dem gleichnamigen Buch von Kübler, AfP 1983, S. 261-266.

Schulz, Wolfgang/Held, Thorsten/Laudien, Arne, Suchmaschinen als Gatekeeper in der öffentlichen Kommunikation : Rechtliche Anforderungen an Zugangsoffenheit und Transparenz bei Suchmaschinen im WWW, Berlin 2005 (zitiert: Schulz/Held/Laudien, Suchmaschinen als Gatekeeper in der öffentlichen Kommunikation).

Schüll, Ralf, Schutz der Meinungsvielfalt im Rundfunkbereich durch das europäische Recht unter besonderer Berücksichtigung des europäischen Wettbewerbsrechts, Bern 2006 (zitiert: Schüll, Schutz der Meinungsvielfalt).

Schumann, Matthias/Hess, Thomas, Grundfragen der Medienwirtschaft : Eine betriebswirtschaftliche Einführung, 2. Auflage, Berlin u.a. 2002; 4. Auflage, Berlin/Heidelberg 2009 (zitiert: Schumann/Hess, Medienwirtschaft (2002); Schumann/Hess, Medienwirtschaft (2009)).

Schwartz, Ivo E., Subsidiarität und EG-Kompetenzen : Der neue Titel „Kultur“ : Medienvielfalt und Binnenmarkt, AfP 1993, S. 409 ff..

Seufert, Wolfgang, Medienübergreifende Medienkonzentration - Mittel zur Kostensenkung oder zur Erhöhung der Marktmacht?, in: Schatz, Heribert/Jarren, Otfried/Knaup, Bettina (Hrsg.), Machtkonzentration in der Multimediagesellschaft? Beiträge zu einer Neubestimmung des Verhältnisses von politischer und medialer Macht, S. 258-273, Opladen 1997 (zitiert: Seufert, in: Schatz/Jarren/Knaup, Machtkonzentration).

Simon, Hermann, Die heimlichen Gewinner (Hidden Champions) : Die Erfolgsstrategien unbekannter Weltmarktführer, Frankfurt am Main 1996 (zitiert: Simon, Die heimlichen Gewinner).

Sjurts, Insa, Gabler Kompakt-Lexikon Medien, Wiesbaden 2006 (zitiert: Sjurts, Gabler Kompakt-Lexikon Medien).

Sjurts, Insa, Strategien in der Medienbranche : Grundlagen und Fallbeispiele, 3. Auflage, Wiesbaden 2005 (zitiert: Sjurts, Strategien in der Medienbranche).

Sodan, Helge/Ziekow, Jan, Verwaltungsgerichtsordnung : Großkommentar, 3. Auflage, Baden-Baden 2010 (zitiert: Sodan/Ziekow - Bearbeiter, Kommentar zur VwGO).

Spieler, Ekkehard, Fusionskontrolle im Medienbereich, Berlin 1988 (zitiert: Spieler, Fusionskontrolle).

Spindler, Gerald/Schuster, Fabian (Hrsg.), Recht der elektronischen Medien : Kommentar, München 2008 (zitiert: Spindler/Schuster - Bearbeiter, Kommentar zum Recht der elektronischen Medien).

Stelkens, Paul/Bonk, Heinz Joachim/Sachs, Michael (Hrsg.), Verwaltungsverfahrensgesetz : Kommentar, 7. Auflage, München 2008 (zitiert: Stelkens/Bonk/Sachs - Bearbeiter, Kommentar zum VwVfG).

Stock, Martin, Medienfreiheit als Funktionsgrundrecht : Die journalistische Freiheit des Rundfunks als Voraussetzung allgemeiner Kommunikationsfreiheit, München 1985 (zitiert: Stock, Medienfreiheit als Funktionsgrundrecht).

Stock, Martin/Röper, Horst/Holznagel, Bernd, Medienmarkt und Meinungsmacht : zur Neuregelung der Konzentrationskontrolle in Deutschland und Großbritannien, Berlin 1997 (zitiert: Stock/Röper/Holznagel, Medienmarkt und Meinungsmacht).

Stockmann, Kurt/Zigelski, Sabine, Novellierung des Rundfunkstaatsvertrages : Anmerkungen zur Konzentrationskontrolle aus wettbewerblicher Sicht, ZUM 1995, S. 537-552.

Streinz, Rudolf, Europarecht, 8. Auflage, München 2008 (zitiert: Streinz, Europarecht).

Strunck, Alexander W., Strategien für Mergers & Acquisitions in der Medienindustrie, Diss. jur. St. Gallen 2003 (zitiert: Strunck, Mergers & Acquisitions in der Medienindustrie).

Stürner, Rolf, Medien zwischen Regulierung und Reglementierung – Sanktionen gegen Medien?, AfP 2002, S. 283 ff.

Theilmann, Timm, Medienwirtschaft und Kartellrecht : Begriff des relevanten Marktes im deutschen und europäischen Medienkartellrecht, Hamburg 2007 (zitiert: Theilmann, Medienwirtschaft und Kartellrecht).

Thommen, Jean-Paul/Achleitner, Ann-Kristin, Allgemeine Betriebswirtschaftslehre, 6. Auflage, Wiesbaden 2009 (zitiert: Thommen/Achleitner, Allgemeine Betriebswirtschaftslehre).

tns infratest, Beurteilung der Rechenmethode der KEK zur Bestimmung von Meinungsmacht als Grundlage für die Ablehnung der Übernahme der ProSiebenSat.1 Media AG durch die Axel Springer AG : Gutachterliche Stellungnahme, Stand: 25.01.2006, http://www.blm.de/apps/press/data/pdf1/gutachten_rechenmethode_kek.pdf (besucht am 26.06.2010) (zitiert: tns infratest, Beurteilung der Rechenmethode der KEK).

Trafkowski, Armin, Medienkartellrecht – Die Notwendigkeit der Harmonisierung zweier Rechtsgebiete, K&R 2002, S. 62-67.

Trappel, Josef/Meier, Werner A./Schrape, Klaus/Wölk, Michaela, Die gesellschaftlichen Folgen der Medienkkonzentration, Opladen 2002 (zitiert: Trappel/Meier/Schrape/Wölk, Medienkonzentration).

Trute, Hans-Heinrich, Öffentlich-rechtliche Rahmenbedingungen einer Informationsordnung, VVdStRL 57 (1998), S. 216 ff.

Tschon, Michaela S., Cross Ownership und publizistische Gewaltenteilung : Rechtstatsächliche Grundlagen und rechtliche Zulässigkeit der marktübergreifenden Eigentumskonzentration in den Medien ; Zugleich ein

Beitrag zur Dogmatik der Cross Ownership Beschränkung unter besonderer Berücksichtigung des § 26 Abs. 2 Satz 2 RStV, Berlin 2002 (zitiert: Tschon, Cross Ownership).

Vedder, Christoph/Heintschel von Heinegg, Wolff (Hrsg.), Europäischer Verfassungsvertrag : Kommentar, Baden-Baden 2007 (zitiert: Vedder/Heintschel von Heinegg - Bearbeiter, Kommentar zum Europäischen Verfassungsvertrag).

Vogel, Andreas, Stabile Positionen in schrumpfenden Märkten, Media Perspektiven 2008, S. 467-484.

Wagner, Christoph, Konzentrationskontrolle im Medien-Binnenmarkt der EG : Wettbewerbsrechtliche und medienspezifische Ansätze, AfP 1992, S. 1-12.

Wagner, Martin, Auslandskorrespondent/in für Presse, Radio, Fernsehen und Nachrichtenagenturen, München 2001 (zitiert: Wagner, Auslandskorrespondent/in).

von Wallenberg, Gabriela, Das Grünbuch der EG-Kommission zu »Pluralismus und Medienkonzentration im Binnenmarkt«, WuW 1993, S. 910-916.

von Wallenberg, Gabriela, Eine „Heuschrecke" steigt bei ProSiebenSat.1 Media ein, WuW 2007, S. 115.

Weber, Rolf H., Medienkonzentration und Meinungspluralismus : Entwicklungstendenzen in Europa und Diskussionsstand in der Schweiz, Zürich 1995 (zitiert: Weber, Medienkonzentration).

Weichler, Kurt, Redaktionsmanagement, Konstanz 2003 (zitiert: Weichler, Redaktionsmanagement).

Weischenberg, Siegfried, Journalistik : Band 1: Mediensysteme – Medienethik – Medieninstitutionen, 3. Auflage, Wiesbaden 2004 (zitiert: Weischenberg, Publizistik Band 1).

Weischenberg, Siegfried, Medienfusionen und Meinungsbildung : Steht die Meinungsvielfalt auf dem Spiel?, epd medien Nr. 26/2006, S. 10-17.

Wieland, Joachim, Wahlwerbung im Spannungsfeld zwischen Freiheit des Rundfunks und Freiheit der Parteien, ZUM 1994, S. 447-454.

Wildenmann, Rudolf/Kaltefleiter, Werner, Funktionen der Massenmedien, Frankfurt am Main/Bonn 1965 (zitiert: Wildenmann/Kaltefleiter, Funktionen der Massenmedien).

Wilhelm, Jan, Kapitalgesellschaftsrecht, 3. Auflage, Berlin 2009 (zitiert: Wilhelm, Kapitalgesellschaftsrecht).

Windbichler, Christine, Gesellschaftsrecht : Ein Studienbuch, 22. Auflage, München 2009 (zitiert: Windbichler, Gesellschaftsrecht).

Wirtz, Bernd W., Medien- und Internetmanagement, 6. Auflage, Wiesbaden 2009 (zitiert: Wirtz, Medien- und Internetmanagement).

Zagouras, Georgios, Der „Reding-Wallström-Plan“ zum Schutz der Meinungsvielfalt in Europa, AfP 2007, S. 1-5.

Zagouras, Georgios, Konvergenz und Kartellrecht : Die Regulierung des Wettbewerbs im Bereich der Medien und Kommunikationsplattformen nach GWB, TKG und RStV sowie Optionen für eine Umstrukturierung, München 2002 (zitiert: Zagouras, Konvergenz und Kartellrecht).

Zentralverband der deutschen Wirtschaft (ZAW), Werbung in Deutschland 2009, Berlin 2009 (zitiert: Zentralverband der deutschen Wirtschaft, Werbung in Deutschland 2009).

Zerdick, Axel/Picot, Arnold/Schrape Klaus/Artopé, Alexander/Goldhammer, Klaus/Lange, Ulrich T./Vierkant, Eckart/López-Escobar, Esteban/Silverstone, Roger, Die Internet-Ökonomie : Strategien für die digitale Wirtschaft, Berlin u.a. 1999 (zitiert: Zerdick u.a., Internet-Ökonomie).

Zippelius, Reinhold/Würtenberger, Thomas, Deutsches Staatsrecht : Ein Studienbuch, 32. Auflage (des von Theodor Maunz begründeten Werks), München 2008 (zitiert: Zippelius/Würtenberger, Deutsches Staatsrecht).

Zmeck, Gottfried, Konzentrationskontrolle des privaten Fernsehens nach § 21 Rundfunkstaatsvertrag, AfP 1995, S. 545-548.